미시마 유키오

BORU NO HITO MISHIMA YUKIO
by Takashi Inoue
ⓒ Takashi Inoue 2020
All rights reserved .
Originally published in Japan by HEIBONSHA LIMITED, PUBLISHERS, Tokyo
Korean translation rights arranged with
HEIBONSHA LIMITED, PUBLISHERS, Japan
through The English Agency (Japan) Ltd. and Danny Hong Agency

이 책의 한국어판 저작권은 대니홍 에이전시를 통한
저작권사와의 독점 계약으로 교양인에 있습니다.
저작권법에 의해 한국 내에서 보호를 받는 저작물이므로
무단 전재와 복제를 금합니다.

미시마 유키오
죽음의 충동과 허무의 미학

이노우에 다카시
정선태 옮김

| 한국어판 출간에 부쳐 |

　제가 2020년에 펴낸 미시마 유키오 평전이 이번에 한국어로 번역되어 한국 독자들에게 선보이게 된 것을 매우 영광스럽게 생각합니다. 새로운 독자와 만난다는 것은 제게 무척이나 큰 기쁨입니다.
　이 책의 원제는 '폭류(暴流)의 인간 미시마 유키오'입니다. '폭류(暴流)'는 불교, 특히 미시마의 유작인 《풍요의 바다》 4부작의 사상적 기초가 된 유식불교(唯識佛敎)에서 가져온 개념입니다. 이 세상의 모든 것은 매 순간 사라지지만 그럼에도 어디선가 끊임없이 이어져가는 어떤 것이 존재한다는, 서로 모순되는 두 이미지를 동시에 품은 단어입니다. 저는 이 말이 미시마 유키오라는 존재의 복잡성을 상징한다고 느껴 평전의 제목으로 삼았습니다. 한국어판의 제목이 '미시마 유키오, 죽음의 충동과 허무의 미학'으로 정해졌는데, 제가 제목에서 담고자 했던 의미를 매우 선명하게 포착하고 있다고 생각합니다.
　제가 이 책에서 추구한 문제의식 중 하나는 미시마 유키오를 '쇼와 문학' 혹은 '일본'이라는 협소한 맥락 안에만 가두어 읽지 않고,

세계 문학과 세계사의 더 큰 맥락 속에서 다시 읽어내는 것입니다.

 이 책을 출간한 지 5년이 지났습니다만, 이러한 관점의 필요성은 날이 갈수록 더욱 커지고 있다는 생각이 듭니다. 그런 의미에서도 이번에 제 책이 한국어로 번역된 데 대해 깊은 감사의 마음을 전합니다.

2025년 11월 25일
미시마 유키오 사망 55주기에
이노우에 다카시

| 차 례 |

한국어판 출간에 부쳐
시작하며 • 13

제1부 – 비상　　　　　　　　　　1925~1949

제1장 유폐된 어린 시절

탄생 • 23 | 조모 나쓰코와 조부 사다타로 • 26 | "잃어버린 꿈, 꺾여버린 자부심, 차오르는 분노" • 31 | "나는 몽상을 향한 용기를 배웠다" • 34 | "촛불은 꺼졌다. 눈앞은 캄캄한 어둠" • 39 | 〈사양〉, 분절된 시간, 파편화한 공간 • 42 | 세바스티아누스와 세례자 요한 • 45

제2장 시를 쓰는 소년

어린 시인 • 50 | "시를 쓸 수 없게 되었습니다" • 53 | 〈흉사〉, "밤이면 밤마다 불행을 기다렸다" • 58 | "너의 세계에는 넘보기 어려운 뭔가가 있다" • 60

제3장 불안의 문학적 모험

시에서 소설로 • 65 | 첫 문학 스승 시미즈 후미오 • 72 | 〈관〉, 죽음이라는 무서운 쾌락 • 73 | "나 자신이 뿔뿔이 흩어져버릴 것 같다" • 76 | 〈조감도〉에서 〈채색 유리〉로 • 81

제4장 열여섯 살 천재 소설가

〈꽃이 한창인 숲〉, 미시마 유키오의 탄생 • 88 | 프루스트, 릴케, 호리 다쓰오 • 91 | 시미즈 후미오와 하스다 젠메이 • 94 | "고전의 권위는 땅에 떨어졌다" • 97 | "역사가 점지한 아이" • 99 | 사라진 히라오카 기미타케 • 104 | 미시마 유키오와 《문예문화》 • 108

제5장 불타는 도쿄

조부의 죽음과 〈만가 일편〉 • 111 | 새로운 무대 《아카에》 • 116 | 〈야차〉, "커다란 혼돈 속에서 살인은 얼마나 아름다운가" • 120 | 시인 하야시 후지마와 〈분장광〉 • 122 | 미타니 구니코와 〈만다라 초고〉 • 125 | 공습과 윤회 • 129

제6장 폐허 속의 문학

"내 생활의 황량한 공백감은 소름이 끼친다" • 137 | 존재하지 않는 책 《가짜 돈 후안》 • 140 | 네 스승 • 143 | 《도적》과 구니코 • 146 | 《곶에 서 있었던 이야기》, 극심한 갈증의 산물 • 150 | "나 자신에게 어울리는 작품을 쓸 수 있기를" • 152

제7장 가면의 고백

1948~1949년 • 157 | 《서곡》 실험 • 159 | "사형수이자 사형 집행인이 되고자 한다" • 161 | 소재와 구성 • 165 | "마음속의 괴물을 정복하고자 한 소설" • 167 | '나'라는 신화 • 171 | '전후 일본'이라는 공허한 신화 • 173

제2부 ‒ 절정   1950~1962

제8장 무대 위의 욕망

《사랑의 갈증》과 《푸른 시절》• 179 | 《금색》, 윤회전생하는 아라비안나이트 • 185 | 은폐된 욕망의 무도회 • 191 | 전후 문학의 새로운 얼굴 • 195 | 극작가 미시마 유키오의 출발 • 200

제9장 태양과 신화

"태어나 처음으로 나는 태양과 악수했다" • 206 | 그리스 신전의 폐허 더미에서 • 210 | 《금색》 제2부 • 213 | 《금색》의 주제 • 219 | 청춘 로맨스 《파도 소리》• 223 | '미시마 가부키'의 탄생 • 225 | 《가라앉는 폭포》의 사랑 • 229 | 문학적 생애의 재검증 • 233

제10장 파괴의 아름다움

세계 문학으로서 《금각사》• 236 | 시대의 기만에 도전하다 • 241 | 파괴 욕망 • 243 | 소설가의 운명, 창조자이자 파괴자 • 249 | 상상력의 문제 • 254

제11장 미시마 문학의 '정오'

〈로쿠메이칸〉, '걸작 희곡' • 257 | 시대와 겨루다 • 261 | 〈다리 밟기〉, 절정의 단편 • 264 | '가짜 전후'의 환상 • 266

제12장 허무의 숲 속에서

생명의 도취감, 미코시 메기 • 270 | 시대의 덫을 보다 • 274 | 미국 방문과 게이 바 • 279 | 멕시코의 우슈말과 치첸이트사 • 282 | "《교코의 집》은 나의 니힐리즘 연구다" • 288 | 아오키가하라 숲과 우슈말 • 293 | "나의 모든 것을 쏟아부은 작품" • 298

제13장 어긋남과 전락

쏟아지는 악평 • 302 | 왜 어긋난 걸까 • 305 | 프라이버시 재판 • 308 | 가와바타 야스나리를 추천하다 • 313 | 시마나카 사건 • 318 | 〈기쁨의 거문고〉 • 323

제14장 육체라는 오브제

〈실없는 놈〉의 주연 배우 • 328 | 할복과 〈우국〉 • 333 | 카메라 앞의 오브제 • 339 | 하이데거를 만나다 • 343 | 하이데거 3부작 1 《아름다운 별》 • 345 | 하이데거 3부작 2 〈사랑의 돛 그림자〉 • 349 | 하이데거 3부작 3 《비단과 명찰》 • 351 | 《오후의 예항》 • 356

제3부 – 소멸　1963~1970

제15장 전체 소설의 꿈

"세계 해석의 소설을 쓰고 싶었다" • 361 | 발자크에서 조이스까지 • 366 | 전체 소설이란 무엇인가 • 368 | 두 관문 • 371 |《하마마쓰 중납언 이야기》와 유식 사상 • 372 | 영화 〈우국〉 • 377

제16장 일본 근대의 얼굴

《봄눈》, "일생의 대작" • 382 | 오마주와 아이러니 • 385 | 세계의 비밀 열쇠와 순금 조각상 • 389 | 전사자 위령제의 환영 • 392 | "어찌 폐하는 인간이 되었사옵니까" • 397 |《사드 후작 부인》• 403

제17장 죽음의 미학

《달리는 말》, 두 번째 삶 • 407 | 오미와 신사, 히로시마, 구마모토 순례 • 409 |《고킨와카슈》와《신고킨와카슈》• 412 | 〈도의적 혁명'의 논리〉• 419 | 체험 입대 • 422 | 조국방위대 구상 • 429 | 〈문화방위론〉• 434 |《태양과 철》• 436

제18장 폭류의 언어

《새벽의 사원》제1부 • 442 | "자네, 사병을 만들어서는 안 되네" • 443 | 방패회와 야마모토 기요카쓰 • 445 | 시간과 공간의 분절 • 448 | 노벨문학상 논란 • 451 | "노벨상 따위에는 흥미가 없습니다" • 461 | "또 만날 거야, 폭포 아래에서" • 463 | '동시상호인과' • 466 | 공습과 유식 • 472

제19장 종말 전야

《새벽의 사원》 제2부 • 478 | 도쿄대 전공투 토론회 • 482 | 모리타 마사카쓰 • 487 | 사라진 잉 찬과 〈진세츠 유미하리즈키〉 • 494 | "정말 정말 정말 불쾌했다" • 497 | 《동트기 전》과 《새벽의 사원》 • 500 | "선생님은 언제 죽습니까?" • 503

제20장 허무의 바다

두 가지 계획 • 507 | 《잃어버린 시간을 찾아서》 • 514 | 자크 뒤부아와 바르가스 요사 • 516 | 뒤바뀐 결말 • 519 | "이 정원에는 아무것도 없다" • 521 | 코카콜라, 아우슈비츠, 우슈말 • 524 | 시작으로 돌아가다 • 526 | 최후 • 531 | 문예의 '동시상호인과' • 535 | 미시마 문학의 '정오' • 542

후기 • 545
주석 • 548
옮긴이 후기 • 563
연보 • 569

| 시작하며 |

지금으로부터 반세기 전, 미시마 유키오는 헌법 개정을 호소하며 할복함으로써 충격적인 죽음을 맞았다. 도대체 미시마란, 미시마 문학이란 무엇이었을까. 사후 50년을 맞이하여 새삼 그 의미를 되묻는 뜻에서, 먼저 2019년 11월 21일부터 사흘 동안 파리대학에서 대규모 국제 미시마 유키오 심포지엄이 개최되었고, 올해(2020년) 3월에는 전설적인 토론회로 알려진 도쿄대 전공투와의 격론이 도요시마 게이스케 감독에 의해 다큐멘터리 영화로 부활했다(〈미시마 유키오 vs. 도쿄대 전공투 50년의 진실〉).

나도 이 기회에 평전을 정리하고 싶었다. 《결정판 미시마 유키오 전집》(신초샤, 2000~2006년)을 편집할 때부터 조금씩 모은 자료를 바탕으로 삼아 2018년 여름부터 쓰기 시작해 얼추 원고를 마쳤을 무렵 코비드19(COVID-19, 신형 코로나 바이러스 감염증)가 세계적으로 유행하기 시작했다. 이 머리말을 쓰고 있는 지금 우리들은 팬데믹의 한가운데 있으며, 이 책이 무사히 간행될 수 있을지 어떨지 몰라 나는 적잖이 불안하다. 실제로 사후 50년을 맞이해 국내외에서 기획된 강연회와 프로젝트가 잇달아 중지되거나 연기될 수밖에 없는 상황에 처해 있다.

코비드19는 우리에게 모든 것을 근본에서부터 다시 생각할 기회를 제공했다. 삶이란 무엇인가. 사회란 무엇인가. 근대란 무엇인가……. 이러한 근원적인 물음이 한꺼번에 던져졌다. 그러한 조건 속에서 미시마를 읽고, 미시마에 관해 쓰는 것은 특별한 의미가 있다고 생각한다. 미시마 문학 자체가 우리에게 모든 것을 근저에서부터 다시 생각하게 하는 점이 있고, 그것이 현실의 상황과 공명하는 것이다. 이 점이 이 평전이 지닌 하나의 특징일지도 모른다. 내가 이 책의 대부분을 마무리한 것은 올해 봄이기 때문에 구체적으로 팬데믹을 의식하고 쓴 문장은 거의 없지만, 그렇더라도 그렇게 말할 수 있다.

물론 코비드19가 유행하기 이전부터 나는 이 책을 쓰면서 기존의 미시마 평전과 어떤 점에서 달라야 할 것인지 생각해 왔다. 이미 간행된 평전 가운데 잘 알려진 것은 무라마쓰 다케시(村松剛)의 《미시마 유키오의 세계》와 이노세 나오키(猪瀬直樹)의 《페르소나 미시마 유키오전(傳)》이 아닐까 싶다.

약 30년 전, 죽기 4년쯤 전이었던 듯한데, 보수파 언론인으로 알려진 무라마쓰와 딱 한 번 이야기를 나눈 적이 있다. 그때 그는, 자결 후 얼마 동안은 심리적 압박감 때문에 미시마의 저서를 손에 쥘 수조차 없었지만 이제야 어렵사리 미시마를 다시 읽을 수 있게 되었노라고 말했다. 무라마쓰의 평전의 특징은, 극단적인 사상의 소유자로서 스캔들에 가까운 죽음을 맞이했다고도 볼 수 있는 미시마를, 오히려 어디서나 만날 수 있을 법한 친숙한 벗으로 묘사했다는 데 있다. 하지만 사실 미시마는 그런 틀을 부수는 인간이었는데, 그렇게 알고서도 굳이 이런 점을 무시하는 면이 무라마쓰에게는 있었다. 이와 관련하여 그의 책은 사실을 사실로서 적고 있지 않은데, 《가면의 고백》의 여성 모델이 된 인물과 미시마 자신의 연애의 전말을 이야기할 때 그의 말투는 불가사의한 열기를 띠며, 확실히 그 지점에서 마음에 둔 사람과의 사랑 때문에 괴로워하는 한 사람의 젊은이라는, 우리들과 같은 크기의 미시마 상(像)을 내세웠던 것이다.

이노세의 《페르소나》는 관료 집안에서 자라나 고작 9개월가량이지만 자신도 대장성에서 근무한 미시마의 문학과 생애를 메이지 이후 일본의 관료 조직, 넓게는 근대 일본의 뒤틀린 역사 그 자체의 반영으로 독해하는 평전이다. 《페르소나》는 영역판도 있는데, 영역을 담당한 뉴욕 거주 번역가 사토 히로아키(佐藤紘彰)가 집필에 힘을 보태면서 내용이 훨씬 풍부해졌다. 캘리포니아대학 버클리캠퍼스 대학원에 적을 두고 있는 나의 젊은 친구는 일본 연구자보다 훨씬 박식한데, 그는 《페르소나》가 필독 문헌이어서 그 책을 통해 배웠다고 했다.

또 한 권의 중요한 평전이 있다. 위 두 저서의 참고문헌이기도 한 존 네이선(John Nathan)의 《미시마 전기》(Mishima: A Biography)다. 네이선은 미시마 사후 3년쯤 지나 이 책을 썼다. 도대체 어떻게 그토록 짧은 시간에 상세한 평전을 쓸 수 있었을까. 이전부터 그 비밀을 알고 싶었는데, 작년 가을, 앞에서 언급한 파리의 국제 미시마 유키오 심포지엄 자리에서 처음으로 네이선을 만난 나는 곧바로 그의 인간적 매력에 빠져버렸다. 그는 미시마의 《오후의 예항(曳

航)》을 영역한 사람이기도 하다. 그 후 미시마로부터 의뢰받은 《비단과 명찰(明察)》의 번역을 거절하고 오에 겐자부로(大江健三郎)의 《개인적인 체험》을 번역하면서부터 관계가 소원해졌지만, 심포지엄에서 미시마 문학의 매력에 대해 열렬히 말하는 것을 보고 80세를 맞는 네이선이 여전히 미시마에게 깊은 애정과 경의를 품고 있다는 것을 잘 알 수 있었다. 그는 미시마의 죽음을 어떻게 받아들여야 할지 모르지만 존경하는 전 주일대사 에드윈 라이샤워(Edwin O. Reischauer)로부터 평전 집필을 의뢰받지 않았다면 이 책을 쓰지 않았을지도 모른다고 말했다. 하지만 내가 보기에는 네이선 자신이 미시마를 각별하게 생각했고, 그랬기 때문에 미시마 연구의 바이블로 간주되는 평전을 쓸 수 있었을 터이다.

이 저자들과 비교할 때 나의 강점은 무엇이고 약점은 무엇일까. 네이선이나 무라마쓰와 달리 나는 미시마와 개인적으로 친밀하게 교제하지 않았다. 미시마가 죽었을 때 나는 일곱 살짜리 아이에 지나지 않았다. 또 이노세 나오키처럼 취재력이나 구상력이 뛰어난 것도 아니다. 이것은 약점이다.

그러나 내 앞에는 이러한 뛰어난 평전들이 있어서 미시마 작품의 독해를 이끌어준다. 게다가 미발표 원고와 창작 노트, 편지 등 이전에는 알려지지 않았던 자료를 열람하고 조사할 수 있게 된 것도 큰 강점이다. 그중 다수는 작년 개관 20주년을 맞이한 야마나카코무라(山中湖村)의 미시마 유키오 문학관에 소장되어 있으며, 《결정판 미시마 유키오 전집》에 수록되었다.

예를 들어 《가면의 고백》의 경우 소설의 바탕이 된 복수의 초고가 있고, 《금각사》와 《풍요의 바다》의 경우 다수의 창작 노트가 남아 있다. 특히 《풍요의 바다》의 창작 노트와 집필 전과 집필 시에 쓴 편지는 상당히 중요한데, 이 노트와 편지를 정독함으로써 이 작품이 환생 소설이라는 형식을 취하면서 미시마가 더 깊은 곳에서 전후란 무엇인가, 일본의 근대란 무엇이었는가, 무릇 인간이란 무엇인가와 같은 질문에 답을 찾고자 했다는 것을 알아차릴 수 있었다.

《가면의 고백》과 《금각사》를 읽으면 알 수 있듯이 미시마의 내면에는 제어하기 어려운 폭력성이 소용돌이치고 있었다. 또 《풍요의 바다》의 결말이 보여주듯이 모든 것은 헛것〔幻〕에 지나지 않는다는 차가운 니힐리즘이 미시마의 정신을 잠식하고 있었다. 하지만 중요한 것은 미시마는 이것을 단지 개인의 문제로 여긴 것이 아니라 근대라는 시대의 병, 인간 존재의 어둠으로 간주하고서 질문을 던졌다는 점이다. 사실 사후 반세기가 지난 시점에서 그 질문은 우리 모두가 직면한 문제가 되었다. 미시마는 말하자면 현대를 살고 있는 셈이다.

그렇지만 실제로 평전을 써 나가는 과정에서 적지 않은 난제들이 있었다. 먼저 네이선, 무라마쓰, 이노세가 묘사하는 미시마 상(像)은 저마다 다르고, 서로 모순되는 점도 있다. 세 저자 모두 뛰어난 개성의 소유자인 까닭에 그것도 당연한 일이겠지만, 원래 미시마라는 사람 자체가 다면체여서 보는 사람마다, 접하는 사람마다 다른 얼굴을 보여주었기 때문이다. 그 가운데 어떤 것이 가짜고 어떤 것이 진짜인지 단순하게 분류하는 것은 불가능하다. 새로운 평전을 쓸 바에야 '다면체 미시마'를 전체로서 포착해야 한다고 나는 생각했다.

 그것은 쉬운 일이 아니며, 자칫 맨주먹으로 덤볐다가는 맥락 없는 에피소드를 긁어모으는 수준에 그치고 말 것이다. 이를 우려한 나는 개별적인 에피소드의 연속성과 문맥을 유지하기 위해 세 개의 열쇠 개념을 준비했다. 여기에서 밝혀 두자면 '허무', '세바스티아누스 콤플렉스', 그리고 '전체 소설'이 그것이다. 상세한 것은 본문에서 서술하겠지만, 이 세 개념은 이 평전에서 뼈대 역할을 하며, 동시에 미시마 유키오라는 존재 그 자체의 근간을 이루는 세 개의 초점이기도 하다는 것이 이 평전을 쓰는 나의 입장이다.

 이 책의 표제 '폭류(暴流)의 인간'에서 '暴流'는 '보오류(ぼうりゅう)'가 아니라 '보루(ぼる) 또는 보오루(ぼうる)'라고 읽는다.*

恒轉如暴流(끊임없이 변하는 것이 폭류와 같다)

 이는 불교 유식의 교리를 불과 30편의 시구로 정리한 《유식삼십송(唯識三十頌)》 중 일절이다. '아뢰야식(阿賴耶識)'으로 불리는 근원적인 마음이 쉼 없이 활동하고 있는 것을 광포(狂暴)한 강의 흐름에 비유한 것이다. 잘 알려져 있듯이 유식은 《풍요의 바다》의 골격을 이루는 사상인데, 원래 '폭류'라는 말이 뿜어내는 강렬한 이미지 그 자체가 서로 모순되는 다양한 얼굴을 지니고서 격렬한 곡절로 가득

---

* '暴'은 '드러내다'와 '사납다'는 뜻을 지니고 있다. '暴露'처럼 '드러내다'의 뜻으로 쓰일 경우는 '폭'으로 읽고, '暴惡'처럼 '사납다'의 뜻으로 쓰일 경우는 '포'로 읽는다. 따라서 '사나운 흐름'를 뜻하는 '暴流'는 '포류'라고 읽어야 옳을 듯하다. 그런데 《유식삼십송》 해설서와 불교 사전에서는 '폭류'라고 읽는다. 이 책에서는 일단 '폭류'로 읽기로 한다.

찬 인생을 산 미시마 유키오라는 인물 그 자체를 비유하는 것은 아닐까.

　이와 같은 관점에서 나는 '폭류'라는 말을 표제로 골랐다.

제1부

비상

1925~1949

제1장

유폐된 어린 시절

탄생

　미시마 유키오, 본명은 히라오카 기미타케(平岡公威). 그가 태어난 것은 1925년 1월 14일, 도쿄 요쓰야의 자택이었다.
　미시마에 관하여 생각할 때 거시적 관점에서 모든 것을 바라보는 자세를 잊어서는 안 된다. 이 해는 어떤 해였던가. 1925년은 남자보통선거법이 시행되고, 간토 대지진(1923년)으로부터 부흥이 진행되는 가운데 라디오 방송과 야마노테선(山手線)의 환상(環狀) 열차 운행이 시작된 해이다. 이상이 시대의 밝은 부분이었다면, 같은 해 치안유지법이 공포된 것은 어두운 부분이다.
　중국에서는 상하이의 조계(租界) 경찰이 시위대에 발포하여 13명이 사살되는 사건이 발발했다. 요코미쓰 리이치(橫光利一)의 소설 《상하이》의 모티프가 된 5·30 사건이다. 다음 해 12월, 천황의 사망과 함께 연호가 쇼와(昭和)로 바뀌면서 미시마는 쇼와의 연수(年數)와 동시에 나이를 먹게 되는데, 이것은 미시마가 시대와 역사를 상징하는 존재라는 것을 암시하는 듯하다.

아울러 뮌헨 폭동(1923년 11월에 히틀러가 일으킨 쿠데타 미수 사건) 진압 후 비합법화되었던 나치의 재결성이 승인되고, 히틀러의 《나의 투쟁》 제1권이 발행된 것도 1925년이었다.

그 시대 속에서 미시마는 어떻게 자랐을까. 미시마에 대해 생각할 때 한편으로 미시적 관점에서 모든 것을 바라보는 자세도 잊어서는 안 된다. 가쿠슈인(學習院) 고등과 과제로 작성한 〈히라오카 기미타케 자전(自傳)〉이라는 글에서 "1925년 1월 14일 요쓰야 나가스미초의 집에서 태어났다. 이곳에서 8년을 살았다."[1]라고 했듯이, 미시마는 요쓰야의 생가에서 가쿠슈인 초등과 3학년 진급을 앞둔 1933년 봄까지 살았다. 부모, 조부모가 함께 생활했고, 하녀 여섯 명 외에 서생과 하인도 있었다고 한다. 1928년에는 여동생 미쓰코가, 1930년에는 남동생 치유키가 태어났다.

코비드19가 유행하기 전(2019년 12월), 나는 아르테 텔레비전(프랑스, 독일의 TV 방송국) 프로그램 '항해로의 초대(Invitation au voyage)'(2020년 8월 25일 방송)의 기획으로 생가가 있었던 장소를 안내했는데, 지금은 상당히 밀집된 도심의 주택가 모습이다. 그러면 어린 미시마가 생활하고 있던 무렵에는 어떠했을까. 《미시마 유키오 전설》을 쓴 오쿠노 다테오(娛野健男)는 자신이 자란 시모시부야(현재의 에비스미나미) 고지대의 주택가에서 유추하여 미시마의 생가도 흡사한 모습이었다고 했는데,[2] 정말 그랬을까.

마침 미시마가 이곳에 살던 무렵의 지도가 남아 있다.[3] 이 지도를 보면 당시의 분위기가 손에 잡힐 듯 다가오는 것만 같다.

생가는 당시의 주소로 요쓰야구 나가스미초 2번지 한쪽 구석에 있었고(현주소는 신주쿠구 요쓰야 4초메 22-100, 108), 지도에서 확인하면 '2-12'라고 기록된 구획의 일부에 해당한다. 지도에 딸린 '지적대장'을 보면 이 일대의 소유자는 의사이자 실업가로 널리 알려진 이다 다케오(井田武雄)였고, 히라오카 가족의 집은 셋집이었다.

생가에서 남쪽으로 좁은 길을 따라가면 시영 전차 오키도 정류장이 나온다. 그 근처에 넓은 삼거리가 있는데, 현재의 요쓰야 4초메 교차점에 해당한다. 당시에는 없었던 길이 지금은 앞에서 말한 좁은 길과 나란히 북쪽 도초지(東長寺)의 서편을 향해 뻗어 있다(가이엔니시토리外苑西通り). 오키도에서 신주쿠로 가는 길에 있었던 쇼치쿠좌(松竹座)는 원래 리쇼지(理性寺, 1914년 니시에이후쿠로 이전) 자리에 세워져 '이류 연극'을 표방한 다이코쿠좌(大國座)였는데, 그 주변은 일찍이 많은 요릿집, 기생집으로 흥청거렸다. 묘지가 있던 곳을 정리할 때에는 유골과 토장용(土葬用) 항아리가 다수 발굴되었는데, 그 항아리에 남아 있는 물을 매일 마시면 매독 치료에 좋다는 미신이 기생들 사이에 널리 퍼져 있었다고 한다.

그런데 대지진 후 신주쿠 일대가 발전하면서 요쓰야 주변이 쇠락의 길로 접어들자 다이코쿠좌는 경영난을 타개하기 위해 1929년 쇼치쿠와 계약을 맺고 파라마운트 영화를 개봉하는 한편, 도쿄 쇼치쿠 소녀 가극을 무대에 올리기도 했다. 그런데 얼마 지나지 않아 쇼치쿠가 신주쿠 무사시노관(武藏野館)을 빌려 그곳을 거점으로 삼는 바람에 옛 다이코쿠좌는 재계약을 거부당하고 1937년 경매 처분을 피할 수 없게 되었다.[4]

지도를 보면서 흥미로운 것은 도초지 근처 도로변에 '변소'가 있다는 점이다. 이른바 공중변소인데, 그 분뇨는 화학비료가 보급되기 시작한 당시에도 상당히 비싸게 거래되었다. 《가면의 고백》 제1장에 "언덕길을 내려온 것은 한 젊은이였다. 분뇨통을 앞뒤로 짊어지고, 더러운 수건을 머리에 묶고, 혈색 좋은 아름다운 뺨에 눈을 반짝이며, 발로 앞뒤 무게의 균형을 잡아가면서 언덕길을 내려왔다."라는 잘 알려진 구절이 있는데, 이 젊은 분뇨 수거인은 일반 주택의 분뇨를 퍼서 짊어지고 히라오카 집 앞을 지나 언덕길을 내려가서는 공중변소 근처에서 기다리고 있던 소달구지에 실었던 것일까. 또 하나 잊지 말아야 할 것은 도초지 북쪽 이치가야토미히사초(市谷富久町)에 있었던 이치가야 형무소이다. 《달리는 말》의 주인공 이이누마 이사오(飯沼勳)가 기소되어 수용된 곳이 바로 이 형무소다.

이렇게 보면 미시마가 태어나 자란 지역의 독특한 분위기가 눈앞에 떠오른다. 오쿠노 다테오가 기억을 더듬어 그리는 것은 조금 고급스런 집들인데, 미시마가 나고 자란 요쓰야는 그런 장소가 아니다. 그곳에는 어둠과 외설스러움이 자욱하다.

조모 나쓰코와 조부 사다타로

미시마의 조모 나쓰코(夏子, 호적명은 나쓰)는 명망 있는 집안 출신으로서 자부심이 상당했다. 나쓰코가 이런 생활환경을 싫어했으리라는 것은 어렵지 않게 짐작할 수 있다.

나쓰코의 아버지 나가이 이와노조(永井岩之丞)는 막부에서 와카도시요리(若年寄)*를 지낸 나가이 겐바노카미나오유키(永井玄蕃頭尚志, '나오유키'는 '나오무네', '나오타다'라고도 한다)의 아들이었고, 사법계에서 일하다가 마지막에는 대법원 판사를 지낸 인물이다. 도쿠카와 가에 봉사한 나가이 가문의 초대 종가(宗家)인 나오카쓰(直勝)부터 헤아리면 10대째에 해당한다. 나쓰코의 어머니 다카(鷹 또는 高)는 미토번(水戶藩)의 지번(支藩)인 히타치시시도번(常陸宍戶藩)의 전 번주 마쓰다이라 요리타카(松平賴位) 측실의 딸이었다. 나쓰코는 열두 살이 되던 1888년부터 5년간 예의범절 견습 명목으로 아리스가와노미야 다루히토(有栖川宮熾仁) 친왕 저택에 맡겨졌는데, 나쓰코의 왕가 위탁은 아리스가와노미야 가문과 미토 도쿠카와 가문이 인척 관계여서 가능했을 것이라 생각한다. 무라마쓰 다케시의 추측에 따르면, 나쓰코는 다루히토 친왕의 비(후실인 다다코董子)의 명을 받았다.[5]

다루히토 친왕은 메이지 신정부에서 최고위직인 총재에 취임했고, 또 동정대총독(東征大總督)으로서 에도카이조(江戶開城)**를 완수한 황족의 중진이다. 가즈노미야 지카코 내친왕(和宮親子內親王)과 정혼한 사이였지만, 가즈노미야가 공무합체책(公武合體策)***에 따라 황족이 아닌 쇼군 이에모치(家茂)의 아내가 되었기 때문에, 미토번의 도쿠가와 나리아키(德川齊昭)의 딸 사다코(貞子)와 결혼한 것으로도 잘 알려져 있다.

1884년 신축된 가스미가세키(霞ヵ關)의 저택은 로쿠메이칸(鹿鳴

---

* 에도 막부의 관직명. 로추(老中)의 다음 지위이며, 쇼군에 직속되어 정무에 참여하고 하타모토(旗本, 쇼군 직속 무사)를 통할했다.
** 에도 시대 말기인 1868년 음력 3월부터 4월에 걸쳐, 메이지 새 정부군(동정대총독부)과 옛 막부(도쿠가와 종가) 사이에서 진행된 협상. 에도성을 새 정부에 인도하는 일련의 협상 과정을 가리킨다.
*** 조정(公家)과 막부로 대표되는 무가(武家)의 이원화된 정치 구조를 하나로 합체하자는 이론에 따른 정책.

館)과 마찬가지로 영국 출신 건축가 조시아 콘더(Josiah Conder)가 직접 설계했는데, '눈부실 정도로 현란하다'⁶⁾는 평가를 받았으며 메이지 천황도 두 차례 이곳을 다녀갔다. 1895년에는 궁내성에서 이 건물을 사들여 가스미가세키 이궁(離宮)이 되었고, 그 뒤에는 쇼와 천황이 황태자 시절에 이곳에 머물기도 했다. 무라마쓰가 말하듯 나쓰코가 친왕 비에게 딸린 사람이었다면 이 저택에서 침식을 했을 것이다. 5년 동안 이어진 이 생활은 틀림없이 나쓰코의 감성에 큰 영향을 끼쳐서 자부심을 강하게 자극했을 것이다.

그런 나쓰코가 궁가(宮家) 생활을 마치고 곧바로 히라오카 사다타로(平岡定太郎, 데이타로라고도 한다), 즉 미시마의 조부와 결혼을 했던 것이다. 환경의 격변이다. 사다타로는 당시 내무성에서 시보(試補, 사무견습)로 일하고 있었다. 1893년의 일인데, 1876년생인 나쓰코는 17세, 1863년생인 사다타로는 30세였다.

사다타로는 현재 행정구역으로는 효고현 가코가와(加古川) 시의 농민 출신이다. 히라오카 집안의 조상을 모신 신부쿠지(眞福寺)에서 소장하고 있는 과거장(過去帳)에는 '시오야(塩屋)' 또는 '시오모노야(塩物屋)'라는 옥호가 적혀 있다고 하는데, 복수의 과거장이 있었고 둘 다 기재되어 있었던 것으로 보인다. 현재 신부쿠지는 주지가 없는 사정까지 겹쳐서 유감스럽게도 실물을 확인할 수는 없다. 다만 어느 쪽이든 자신의 가계에 관하여 미시마의 아버지 아즈사(梓)가 "부농 '시오야'라는 자긍심"을 견지하고 있었다라고 적은 것은⁷⁾ 오해가 아니면 과장이라 할 수 있는데, 실제로 히라오카가는 미개간 토지를 일구면서 길가에서 소금에 절인 물고기 따위를 파는 농가였을 것이다.⁸⁾ 5정보(약 5헥타르)의 전답이 있어서 결코 가난하지는 않지만 그렇다고 '부농'이라고까지 말할 수는 없다. 이러한 경위를 고려하면 나쓰코와의 혼인은 본래대로라면 있을 수 없는 일이었다.

그러나 여기에서 유의해야 할 것이 사다타로의 아버지 다이키치(太吉)가 기회를 살피는 데 남달리 예민했다는 점이다. 장남 만지로(万次郎)와 차남 사다타로 형제가 학문을 익히도록 도쿄로 보냈던 것이다. 두 형제는 수재로 이름이 높았고, 변호사가 된 만지로는 1898년부터 1904년까지 중의원 의원을 역임한다.《중의원 의원 열전》에는 이렇게 적혀 있다.

> 그는 효고현 사람이며 1860년 3월 8일 하리마국 인나미군 시카타촌의 우미토미키촌 시카타촌(가운데 이전의 행정구역상 '가미토미키촌'으로 불렸던 지역을 가리킨다 — 인용자)에서 태어났다. 어려서부터 영어 공부를 좋아해 큰 뜻을 세웠고, 아우 아무개 씨 역시 배움에 독실했다. 이에 서로를 경계하면서 장래 크게 될 것을 다짐했다. 그는 1881년(메이지 14년) 짐을 싸서 도쿄로 올라온 후 메이지 법률학교 및 전수학교에 들어가 법률과 경제 공부에 각고의 노력을 기울였다. 〔……〕 법조계에서 두각을 드러냈고, 이시카와현 전문학교 강사로서 수년 동안 후진 양성에 종사하기도 했다. 그의 아우 또한 처음 세운 목표를 관철하여 제국대학을 졸업한 후 히로시마현 서기관이 되었다.[9]

여기에서 말하는 '아우'가 바로 사다타로이다. 나쓰코와 결혼한 후 그는 갑자기 출세하여 1906년 7월 후쿠시마현 지사, 1908년 6월 가라후토청(樺太庁) 장관 자리에 오른다. 가라후토청은 러일전쟁 후

가라후토(사할린) 남부를 획득한 일본의 행정기관인데, 사다타로는 실질적인 초대 장관으로서 만만찮은 식민지 경영을 맡아 특히 삼림 자원을 활용한 펄프 공업 진흥에 힘을 쏟았다. 부임 당시 입헌정우회의 하라 다카시(原敬)가 내무대신 자리에 있었는데, 사다타로는 번벌(藩閥) 세력과 관련이 없는 우수한 인재로서 하라 다카시의 눈에 띄어 발탁되었던 것이다. 1913년에는 남만주철도회사 총재 후보가 되기도 했다.

저널리스트 다카하라 미사오(高原操)의 기행문 《극북 일본 가라후토 답사 일록》에 부친 서문에서 나쓰메 소세키(夏目漱石)는 "가이도가 친히 대경영의 방침을 들었다는 히라오카 장관과 훗날 그가 신세를 졌다는 나카가와 제1부장 둘 다 제국대학 예과 시절 나의 동창이다. 히라오카 군과는 그다지 친하지 않았지만 나카가와 군과는 각별한 사이였다."[10]라고 했는데, 여기에서 말하는 '히라오카'가 바로 사다타로이다.

두 집안의 격이 워낙 맞지 않아서 본래대로라면 나쓰코와 사다타로의 혼인은 있을 수 없는 일이었다. 하지만 이상의 사정을 고려하면, 나쓰코의 가계는 막부와 관련이 있다고는 해도 실은 쇠망의 길에 접어들었다는 것, 사다타로야말로 새로운 시대에 등장한 새로운 계급의 인간이었다는 것을 알 수 있다. 가문의 위세의 역전이라 해도 좋을 것이다.

나쓰코에게는 한층 더 타격을 가하는 사태가 일어났다. 자부심의 원천이었던 아리스가와노미야 집안은, 후계자 다네히토(栽仁) 왕이 1908년 스무 살 나이에 세상을 떠나는 바람에 그의 아버지 다케히토(威仁) 친왕이 사망한 1913년 7월 완전히 대가 끊기고 말았던 것이다(정식으로 단절된 것은 1924년. 덧붙이면 다케히토 친왕의 죽음은 《봄눈》에서 하나의 에피소드로 그려진다).

"잃어버린 꿈, 꺾여버린 자부심, 차오르는 분노"

그러나 불운하게도 사다타로의 전락(轉落)이 여기에서 시작되었다. 나쓰코의 입장에서 보자면, 본의 아니게도 의지하지 않을 수 없었던 남편 사다타로에게 다시 한번 호되게 배신당하는 형국이다. 이와 관련하여 《가면의 고백》에는 이렇게 적혀 있다.

> 대지진 다다음 해에 나는 태어났다.
> 그 10년 전, 조부가 식민지 장관 시절에 일어난 의옥사건(疑獄事件)으로 부하의 죄를 떠안고 자리에서 물러난 뒤(나는 미사여구를 가지고 노는 게 아니다. 조부는 어리석게도 인간을 완벽하게 신뢰했는데, 내 반생에서도 그와 비교할 수 있는 사람을 달리 찾을 수 없을 정도였다), 우리 집은 거의 콧노래라도 흥얼거리고 싶을 만큼 느긋한 속도로 내리막길을 미끄러져 가기 시작했다. 막대한 빚, 차압, 집과 대지의 매각, 그리고 궁핍이 죄어올수록 어두운 충동처럼 점점 더 타오르는 병적인 허영. ―그리하여 내가 태어난 곳은 주변 환경이 그리 좋지 못한 동네 한 귀퉁이에 있는 낡은 셋집이었다.

희화화에다 각색까지 더해지긴 했지만 이 문장은 히라오카 집안의 실태를 충실하게 전하고 있다. 1914년 4월, 반입헌정우회 계열인 오쿠마 시게노부(大隈重信) 내각이 들어서자, 하라 다카시의 심복으로 알려진 사다타로를 함정에 빠뜨리려는 음모가 기획되었고, 같은 해 6월에 사다타로는 어쩔 수 없이 장관직에서 물러나야 했다. 사다타로의 사의를 전해들은 6월 3일, 하라 다카시는 일기에 "나는 히라오카가 하등 비난을 받을 만한 사실이 없다는 것을 안다"라고 쓴 다음, 정부의 행태를 다음과 같이 비판한다.

> 정부의 처사는 너무도 비열하다. 〔……〕 히라오카를 함정에 빠뜨리고자 히라오카가 정우회를 위해 어장(漁場)을 이용하여 선거비용을 마련하려 했다고 알리고, 야마토 같은 어용신문에 게재토록 하여 근거 없는 풍설을 유포함으로써 히라오카에게 상처를 입혀 끝내 자리에서 물러나게 하려는 것일까, 아니면 이를 구실로 삼아 휴직을 명하는 수단을 쓰려는 것인가.[11]

그 후 사다타로는 공금횡령죄 혐의로 추궁을 당했다. 이것은 누명이었고 재판에서는 무죄판결을 내리지만, 가라후토청에서 발행한 어음, 인지의 판매수수료 처리가 잘못되어 발생한 적자를 메우기 위해 약 10만 엔을 사비로 지불한 것, 관계된 사업의 예측이 틀어진 것까지 겹쳐 히라오카 집안은 경제적으로 궁지로 내몰린다. 주거도 혼고 히가시카타마치, 고지마치 후지미 등을 전전하다가 1919년 앞에서 본 것처럼 어둠과 외설스러움이 자욱한, 《가면의 고백》의 표현에 따르면 "주변 환경이 그리 좋지 못한" 요쓰야구 나가스미초로 이사하게 되었던 것이다.

게다가 곤궁한 사다타로의 초조함을 하라 다카시가 '이용'하는 모양새가 된 것은 불행한 운명이었다. 왜냐하면 1918년 일본에서 처음으로 본격적인 정당내각을 조직한 하라 다카시에게 긴요한 과제였던 자금 조달을 떠받치는 역할을 하면서, 사다타로는 만주에서 아편 거래에 관련되었던 것이다. 그 사실을 1921년 2월 18일 자 《오사카마이니치신문》에서 폭로했는데, 이노세 나오키가 암시하는 바에 따르면, 이것이 일본 최초의 현직 총리 암살 사건인 하라 다카시 척살(1921년 11월)을 야기한 하나의 원인이었을 수도 있다.

뒷배를 잃어버린 사다타로는 역사의 표면에서 모습을 감춘다. 아니, 딱 한 번 세상을 떠들썩하게 한 적이 있었다. 1933년, 히라오카 일가는 시나노마치(당시의 이름은 니시시나노마치)의 작은 셋집으로 이사하는데, 그다음 해 5월, 메이지 천황이 친히 '國家'라고 쓴 글의 유래서(由來書)를 날조해 판매한 사기 사건의 주모자 혐의로 사다타로가 검거되었던 것이다. 이 사건 역시 "어리석게도 인간을 완벽하게 신뢰한" 탓에 때맞춰 이용당하고 말았던 것이리라. 증거 부족으로 2개월 후에 불기소 처분을 받긴 하지만, 도쿄로 상경한 후 일본의 급속한 근대화를 상징하듯이 출세가도를 쉼 없이 내달려온 사다타로는 연이은 좌절 끝에 지위와 명예를 모두 잃었다. 미시마 유키오가 아홉 살, 가쿠슈인 초등과 4학년 때이다. 다행스럽게도 초등과 안에서는 특별히 화제가 되지는 않았던 듯하지만,[12] 가족의 심적 고통은 이만저만이 아니었을 것이다.

나쓰코의 입장에서 보면, 일찍이 메이지 천황의 신임이 두터웠던 아리스가와노미야 집안에서 어린 시절을 보낸 것이 자랑이었는데, 이제는 천황의 글을 둘러싼 사기 사건의 주모자 일가로 전락하고 만 것이다. 덧붙이자면 일가가 이사한 시나노마치는 요쓰야보다 '주변 환경'은 나았을지 모르는데, 원래 이곳은 나가이 가문의 이대

종가인 나오마사(尙政)의 별장이 있었던 땅이다. 이곳에서 자신의 자손이 셋집살이를 해야 하다니, 그건 꿈에도 생각지 못한 일이었을 터이다. 《가면의 고백》에서 "조모는 조부를 증오하고 멸시했다. 그녀는 고집스럽고 꿋꿋한, 또는 미친 듯이 시적인 영혼이었다."라고 했듯이 나쓰코의 병적 결벽증은 잘 알려져 있는데, 일련의 사정을 고려하면 그것도 무리는 아니었을 성싶다.

그런 나쓰코가 유일하게 마음을 의지하는 존재가 있었다. 바로 기미타케, 훗날의 미시마 유키오였다. 나쓰코는 아들 부부에게서 첫 손자를 빼앗는다. 그리고 잃어버린 황홀한 꿈, 몇 번이나 꺾여버린 자부심, 시도 때도 없이 치밀어 오르는 분노……, 이 모든 정념을 모조리 미시마에게 쏟아부었다.

"나는 몽상을 향한 용기를 배웠다"

그런데 이 일이 가정에 새로운 긴장을 불러일으켰다. 사다타로와 나쓰코의 외동아들 아즈사는 1894년에 태어나 도쿄제국대학 법학부를 졸업하고 농상무성에 들어갔다.(동기로 기시 노부스케가 있다. 1925년 농상무성이 농림성과 상공성으로 분할되었을 때 아즈사는 농림성에, 기시는 상공성에 배속되었다.) 그리고 한학자로 훗날 가이세이중학교 교장이 되는 하시 겐조(橋健三)의 둘째 딸로 1905년에 태어난 시즈에(倭文重)와 1924년 결혼한다. 이때 아즈사는 29세, 시즈에는 19세였다. 기미타케가 태어난 것은 그다음 해인데, 나쓰코가 이 첫 손자를 독점했던 것이다.

《가면의 고백》에서 미시마는 이렇게 말한다. "아버지와 어머니는 이층에서 지냈다. 이층에서 아기를 키우는 것은 위험하다는 핑계를 대고 조모는 태어난 지 49일째 되던 날 나를 어머니의 손에서 빼앗았다. 늘 닫혀 있고 질병과 노년의 냄새로 숨이 막힐 듯한 조모의 병실에서, 그 병상에 침대를 나란히 하고 나는 자라났다." 이어서 이렇게 쓰기도 한다.

조모가 나의 병약함을 다스리기 위해 또 내가 나쁜 짓을 배우지 못하게 하겠다는 이유로 가까이에 있는 사내아이들과 노는 것을 금지했기 때문에 나의 놀이 상대는 하녀와 간호사를 빼면 조모가 이웃의 계집아이들 중에서 나를 위해 골라준 세 명뿐이었다. 대수롭지 않은 소음, 거칠게 문 여닫는 소리, 장난감 나팔 소리나 씨름할 때 나는 소리까지 모든 시끄러운 소리나 울림은 조모의 왼쪽 무릎 신경통에 해로웠기 때문에 우리들의 놀이는 계집아이들이 흔히 하는 놀이 이상으로 조용조용해야만 했다.

덧붙이자면, 나쓰코의 신경통과 관련하여 아즈사는 그것이 사다타로의 임질에서 비롯했을 가능성을 내비친다.[13] 유년기 기미타케의 생활에 관해서는 미시마 사후 시즈에가 공개한 당시 자신의 수기를 보아도 상세하다. 예를 들면 미시마가 세 살 되던 해, 1928년 8월 무렵의 수기를 보면 다음과 같다.

아침에 일어나 몸단장을 하고 있는데 귀여운 아가의 소리가 들려온다. 한시라도 빨리 얼굴을 보고 싶지만, 부르기라도 하면 큰일이 나기 때문에 꾹 참는다. 어쩔 수 없이 침실 다음 칸 닫힌 맹장지문 앞에서 가만히 기다린다. 한 시간이 지났다. 더 기다리지 못하고 손가락 하나 들어갈 만큼 당지(唐紙) 바른 문을 살짝 열고서 들여다보았다. 눈치 빠르게 나를 발견한 아이는 "앗, 어머니다!" 하고 소리를 쳤다. 그 순간 조용했던 방 안에서 으스스한 기운이 이는가 싶더니, 아니나 다를까 걱정하던 일이 일어나고야 말았다.

"그렇게 어머니가 좋거든 빨리 가거라. 저기로 가라니까. 모처럼 둘이서 재미나게 이야기하고 있는데 말이야, 다시 돌아오지 않아도 된다. 어서 빨리 가거라." 이 '말이야'가 정말이지 차갑고도 독특한 가락으로 나의 귀청을 때렸다. 아아, 조금 더 참았어야 했는데, 후회했지만 이미 늦었다.[14]

시나노마치로 이사하면서 히라카와가는 서로 떨어져 있는 집 두 채를 얻었는데, 그곳에서도 미시마는 나쓰코와 함께 생활했다.

이렇게 부자연스러운 양육 환경은 좀처럼 생각할 수 없다. 어린 시절 미시마는 병약해서 자가중독(自家中毒)이라는 습관성 구토에 시달렸는데, 이 역시 스트레스성이었던 것 같다.

그러나 이 점이 중요한데, 미시마가 일방적으로 억압을 당하기만 했던 것처럼 보이지만 꼭 그렇지는 않았다. 오히려 그는 스트레스로 가득하고 도망칠 곳도 없는 이 환경을 스스로 받아들였고 동시에 훗날 문학 세계의 모태가 되는 내면의 우주를 착실하게 창출하고 있었던 것처럼 보인다.

시즈에의 수기는 미시마도 자전적 소품 〈의자〉[15]에서 인용했는데, 예를 들면 이러하다. "아침부터 오후까지 다타미 여덟 장 크기의 어두침침한 조모의 병실에 갇힌 채 단정하게 앉아 오로지 그림만 그리고 있는 이 아이. 그것을 말없이 바라보아야만 하는 젊은 어머니가 나다. 맘껏 달아나고 싶을 것이다. 큰 소리로 노래도 부르고 싶을 것이다. 그렇게 생각하자 나의 손발이 근질근질해진다." "내 몸의 일부라고밖에 생각할 수 없는 내 아들을 하필이면 일반인과는 두뇌가 기능적으로 다른 데다가 생판 남인 사람〔……〕이 병적으로 기르고 있다." 하지만 미시마는 같은 소품에서 어머니의 생각을 다음과 같이 부정한다.

> 어머니의 이러저러한 감정이입에는 오산이 있었다. 나는 밖에 나가 놀고 싶기도 하고 장난을 치고 싶기도 한 것을 참으면서 병자의 베갯머리에 소리도 내지 않고 앉아만 있었던 것은 아니다. 나는 그렇게 있는 것이 좋았다. 〔……〕 조모의 병적이고 절망적이며 집요한 애정이 싫기만 한 것은 아니었다.

게다가 미시마는 뭐든 조모 나쓰코가 시키는 대로만 한 것은 아니었다. 《아라비안나이트》를 비롯해 동화로 다시 쓰이긴 했지만 아이에게 건전하다고는 할 수 없는 책을 나쓰코와 아즈사는 미시마에게서 빼앗았다. 그런데 그랬기 때문에 오히려 "그저 수동적이기만 했던 몽상에서 빠져나와 나는 몽상을 향한 용기를 배웠다"라고 미시마는 말한다. 이것은 1937년 지시마현 우바라 해안에서 피서를 한 경험을 바탕으로 삼아 종전(終戰) 후에 쓴 자전적 단편소설 〈곶에서 있었던 이야기〉[16]에서 인용한 것인데, 이 작품에 따르면 "유년기에서 소년기에 걸쳐〔……〕 몽상을 위해서라면 기나긴 하루를 다 쓰는 것도 아까워하지 않는 성질이었던" 주인공은 "주어진 책을 기

8살 무렵 초등과 시절의 미시마 유키오.

다릴 것 없이 아라비안나이트는 나 자신의 손으로 쓸 수 있어야 했다" 하고 결심하기에 이른다.

확실히 미시마는 나쓰코에 의해 유폐라고 해도 지나치지 않은 상황에 놓여 있었다. 그러나 그런 상황은 단지 미시마의 존재를 억압만 한 것이 아니라 오히려 상상력의 비상을 돕기도 했다.

"촛불은 꺼졌다. 눈앞은 캄캄한 어둠"

미시마가 상상력으로 키운 내면 우주는 구체적으로 어떤 것이었을까. 당시의 미시마가 남긴 자료를 참조해 그 세계를 살펴보자.

1931년 4월, 요쓰야에 있는 가쿠슈인 초등과에 입학한 미시마는 재건축을 위해 교사(校舍)를 메지로(目白)로 임시 이전하는 1936년 1학기 말까지 요쓰야로 다녔는데, 열 살이 된 1935년, 마침 초등과 4학년에서 5학년에 이르는 시기에 쓴 화문집(畵文集)이 남아 있다.[17] 이것은 학교 과제와 별도로 자유롭게 지은 것인데, 그 마지막 페이지에 "기나긴 천일 밤의 이야기, 화려하게도 끝을 고한다"라고 적혀 있다. 이는 "나 자신의 손으로 써야 할" "아라비안나이트"(〈곳에서 있었던 이야기〉)의 하나라 할 수 있다. 그중에서 단연 눈길을 끄는 것은 〈종이 위 그림 연극. 세계의 경이〉라는 작품인데, 이것은 MGM(Metro Goldwyn Mayer)의 가공의 영화 〈세계의 경이〉를 '꿈'이라는 일본어 제목으로 종이 위 영화로 상영하고자 하는 정교한 취향을 보여준다. 여기에서 특히 주목하고 싶은 것은 그 결말이다.

영화의 무대는 바다 저쪽에 있는 극락도이다. 미시마는 바다와 범선, 극락도의 꽃과 새를 그리면서 "나비는 꽃에서 춤추고, 작은 새는 나뭇가지에서 노래한다. 즐거운 섬의 화창한 봄. 오늘 밤도 울어 예는 밤 꾀꼬리"라고 적어 넣었다. 그런데 이 섬에 가을이 찾아온다. 그러자 "참억새 흔들림도 구슬퍼라, 흐느끼는 바이올린 소리처럼 춤추며 다가오는 가을의 선율"이라는 시문(詩文)과 함께 쓸쓸한 가을 풍경을 그린다. 여기에서 스토리는 예상치 못한 방향으로 나아간다. 놀랍게도 노트의 다음 페이지에는 불 꺼진 양초를 그린 다음, "아니나 다를까 아름다운 꿈은 붙잡을 수 없었다. 아아, 끝 모를 환상. 〔……〕 촛불은 꺼져버렸다. 그리고 눈앞은 모두 캄캄한 어둠이다."라고 썼다. 이어서 끝에는 MGM의 트레이드마크인 사자를 베낀 그림이 그려져 있다.

미시마는 자신의 영화 체험에 관하여 "집이 요쓰야에 있었기 때문에 주로 무사시노관(武藏野館)에 갔다. 집에서는 교육에 해롭다는 이유로 중학교에 들어갈 때까지 영화를 보지 못하게 했지만, 영화는 아무리 보아도 물리지 않았다. 참 이상할 정도였다."[18]라고 회고한다. 〈종이 위 그림 연극. 세계의 경이〉는 이러한 체험을 《나이팅게일》《성냥팔이 소녀》와 같은 동화, "가을날/바이올린의/긴 흐느낌/몸에 스미어/한없이/서글프기만 하구나"[19]라는 구절로 이름 높은 폴 베를렌의 시 〈가을의 노래〉를 흉내 내 만든 그림 동화라 할 수 있다.

그렇긴 하지만 마지막에 불 꺼진 양초를 그리고 그 전까지 이어온 줄거리를 전면 부정해버리는 결말은 열 살짜리 소년의 작품치고는 참으로 이상해서 단순한 모방이라고는 말할 수 없다. 마치《풍요의 바다》마지막 장의 반전을 연상시키는 섬뜩한 결말인데, 뜻밖에도 여기에는 미시마의 독자적인 우주의 핵심적 요소 중 하나가 이미 드러나 있다. 나는 그것을 단적으로 '허무'라고 부르고자 한다. 바로 그 허무가 얼굴을 내밀고 있는 것이다.

덧붙여 말하자면, 미시마의 담임선생은 6년 내내 스즈키 고이치(鈴木弘一)였다. 도쿄고등사범학교를 졸업한 스즈키는 교육열이 높은 교사로서 황태자(아키히토 천황)를 가르친 것으로도 잘 알려져 있는데, 그가 보기에 초등과 시절 미시마는 특별히 주목할 만한 능력을 지닌 아이였다고는 말할 수 없었을 것 같다. 초등과 1학년 성적은 "국어(읽기)-중상, 산술-중, 도화-중, 수공-중, 창가-중, 체조-중, 평균평점-을, 품행-중, 수업일수-223, 결석일수-40, 결과시수-1, 판정-통과", 4학년 성적은 "국어(읽기)-중, (작문)-중상, (쓰기)-중, 산술-중, 이과-중, 지리-중, 도화-중상, 수공-중, 창가-중, 체조-중, 평균평점-을, 품행-중, 수업일수-216, 결석일수-33, 결과시수-30, 지각횟수-3, 판정-통과". 1학년과 4학년 모두 건강상 문제로 결석이 많다.

미시마는 폐문(肺門) 림프선염에 걸려 있었다. 내가 인터뷰한 미시마의 가쿠슈인 2년 후배 시마 다카시(嶋裕)는 "초등과 시절 히라오카는 안색도 그다지 좋지 않았고 [……] 눈에 띄지 않는 사람이었던 듯하다"라고 회고한다.[20] 가쿠슈인 초등과 유년도서관에서 발행한 문집《어린 벚나무》를 보면, 미시마의 시와 단카(短歌), 하이쿠(俳句)는 게재되어 있지만, 〈내가 사는 지역 이야기 — 요쓰야구〉[21]라는 공동 집필한 글을 빼면 작문은 없다.《어린 벚나무》는 사실적이고 실증적인 작품을 모범으로 간주해서 우선 채택했고, 여기에 들지 못한 학생들의 경우 시, 단카, 하이쿠 등을 게재했다고 하는 것으로 보아 초등과 시절 미시마는 교사의 평가 기준에도 못 미쳤던 것이다.

그러나 미시마는 학교나 학과와는 다른 지점에서 독자적인 우주를 창출하고 있었다.

〈사양〉, 분절된 시간, 파편화한 공간

1937년, 미시마는 메지로의 가쿠슈인 중등과에 진학한다. 중일전쟁이 발발한 해이자 그 전해에는 2·26 사건이 일어나는 등 쇼와 시대의 격동이 시작되고 있었는데, 미시마의 개인사에서도 특필할 만한 해였다. 중등과에 진학하면서 미시마는 처음으로 조부모를 시나노마치에 남겨 두고 부모, 누이동생, 아우와 함께 시부야구 오야마초(현재의 시부야구 쇼토)의 셋집으로 이사한다. 집은 작았는데, 이층에 있는 다타미 석 장 남짓한 공간이 미시마의 방이었다. 아버지 아즈사는 같은 해 가을부터 1941년까지 오사카에서 혼자 생활하며 근무했다.

변화는 학교에서도 찾아왔다. 하이쿠 연구자이자 하이쿠 시인으로도 알려진 국어 교사 이와타 구로(岩田九郎)에게 문학적 재능을 인정받은 미시마는 학업 성적도 상승했고, 점차 주변 사람들이 알아주는 존재가 되었다. 여덟 살 연상이었던 당시 고등과 3학년 보조 도시타미(坊城俊民)도 미시마의 이채로운 재능에 주목했다.[22] 그가 추천하기도 해서 가쿠슈인 보인회(輔仁會) 문예부에서 발행한 《보인회 잡지》 160호(1937. 12.)에 미시마의 창작 시 몇 편이 게재되는데, 여기에서는 허무가 단순히 드러나는 것이 아니라 이미 시적 표현으로서 정교하게 형상화되어 있다. 예를 들면 다음 시가 그러하다(말미의 괄호 안 숫자는 창작일을 쇼와 연호로 표시한 것이다. 쇼와 12년 8월에 썼다는 뜻이다).

사양(斜陽)

붉은 원반 같은 태양이,
초록의 나무와 나무 사이로
떨어지고 있다.
막 숨어버렸는가 싶더니,
다시 나온다.

그러나
내가 잠깐 뒤돌아보고 있으면,
어느 사이엔가,
다 타버리고,
담배꽁초처럼,
반짝,
붉은 색이 남아 있을 뿐이었다.(12. 8.)

'사양'이라는 테마 자체는 가쿠슈인의 과제로서 특이할 게 없는 것이었던 듯하다. 예를 들면 약 일 년 전 《어린 벚나무》(1936. 7.)에는 초등과 시절부터 미시마의 동기생이었던 호조 히로시(北條浩, 나중에 제4대 창가학회 회장이 된다)가 쓴 같은 제목의 시가 실려 있다.

사양

멀리서 가까이서 들리는 개구리 울음 소리
논두렁길에 핀 연꽃
풀숲에는 시골집 하나
좁다란 길을 걸어가는 사람의 그림자
날아오르는 작은 새 떼 저녁 해를 향하고
산 그림자에 봄 태양 저물어가네

 두 편의 시 세계의 차이는 명확하다. 호조 히로시의 작품에서는 석양에 비친 정경이 사생화처럼 그려진다. 하지만 미시마가 그리는 것은 '사양'이라기보다 오히려 석양에 비친 정경의 부재, 아니 사양 그 자체의 상실이다. 이러한 시적 취향은 훗날 미시마가 사랑한 에이후쿠 몬인(永福門院)의 빼어난 와카(和歌) "저녁 햇살 꽃 위에 잠깐 비치는가 싶더니 어느새 그림자마저 사라져버렸네"[23)]에 가까운데, 그러나 에이후쿠 몬인이 평온한 시간의 흐름에 따라 석양이 사라져 가는 정경을 노래하는 데 비해 미시마의 경우에는 '내'가 '잠깐 뒤돌아보고' 있는 사이에 '태양'은 '다 타버리고' 만다. 여기에서 시간은 평온하게 흐르는 것이 아니라 분절되며, 공간도 호조의 작품에서 볼 수 있는 넓이를 잃고 파편화한다. 미시마는 이와 같이 언어를 구사하여 허무를 형상화하고 있다. 그 표현력은 단연 독보적이다. 〈사양〉은 기지나 기교에 머무르지 않는, 명확한 시적 실질을 갖추고 있는 것이다.
 〈종이 위 그림 연극. 세계의 경이〉든 〈사양〉이든 이런 글을 쓰는 소년은 도대체 어떤 사람일까. 거기에서 조부모의 영향을 감지할 수는 있지만, 그것은 종종 지적되곤 하는 농민 출신 히라오카 혈통에 흐르는 야성적 취향도 아니며, 아리스가와노미야 집안에서 나쓰코가 접한 우아함도 아니다. 물론 그런 것들이 미시마에게 큰 영향을 준 것은 틀림없지만, 그 이상으로 지적하고 싶은 것은 문자 그대로 입신출세의 길을 걸었던 조부 사다타로의 장렬한 전락과, 꿈과 자부심 모두 산산이 부서져버린 나쓰코의 깊은 절망이다.

미시마가 자란 요쓰야와 시나노마치의 집에는 이러한 부정적 요인이 감돌고 있었다. 그것이 어린 감성을 유달리 예민하게 한 까닭에 미시마는 똑같은 사양을 노래하면서도 호조의 아이다운 작품과도 다르고 에이후쿠 몬인의 우아한 와카와도 다른 독특한 세계를 낳았던 것은 아닐까.

조금 더 대담하게 말하자면, 인간이 쌓아가는 역사의 본질은 원래 허무한 것인지도 모르고, 우주의 시원도 본래는 허무한 것인지도 모른다. 그것을 항상 그리고 이미 알고 있었기 때문에 미시마는 요쓰야와 시나노마치의 집에 감도는 부정적 요인에 짓눌리지 않고 맞서서, 그것을 시공을 분할하고 파편화하는 차원에서 형상화할 수 있었던 것은 아닐까.

세바스티아누스와 세례자 요한

만약 미시마의 내면 우주가 타원의 형체였다면 그 초점의 하나는 허무이다. 그런데 타원에는 또 하나의 초점이 있다. 그것은 무엇일까.

앞에서 서술했듯이 1937년 가을 아버지 아즈사는 오사카에 부임한다. 쇼토(松濤)의 셋집에 사는 미시마는 이미 조부모와 별거하고 있었다. 그러던 어느 날, 같은 해 봄 유럽 여러 나라로 출장을 떠났던 아즈사가 사온 서양화집을 미시마는 다타미 석 장 남짓한 자신의 방으로 들고 가서 혼자 들여다보고 있었다. 또 하나의 초점이 그 때 모습을 드러냈다. 미시마는 훗날 이 체험을 다음과 같이 표현한다.

나는 얼마 남지 않은 페이지를 왼편으로 한 장 넘겼다. 그러자 한 귀퉁이에서 나를 위해 그곳에서 기다리고 있었다고밖에 생각할 수 없는 한 장의 그림이 모습을 드러냈다.
그것은 제노바의 팔라초 로소에 소장되어 있는 귀도 레니(Guido Reni)의 〈성 세바스티아누스〉였다. 〔……〕 그 그림을 본 순간 나의 전 존재(全存在)는 일종의 이교도적인 환희에 휩싸였다. 나의 피는 끓어올랐고 나의 기관(器官)은 분노의 색채로 가득 찼다. 이 거대한, 금방이라도 터질 듯 부풀어 오른 나의 일부는 전에 없이 격하게 나의 어떤 짓을 기다렸고, 나의 무지를 힐책했으며, 격분해서 헐떡거렸다. 어느 누구에게 배우지 않았는데도 내 손은 저도 모르게 움직이기 시작했다. 나의 내부에서 어둡고 빛나는 뭔가가 잰걸음으로 치밀어 오르는 것만 같았다. 그렇게 생각하는 사이 그것은 아찔한 도취를 동반하고 솟구쳤다…….

《가면의 고백》의 일부인데, 3세기 로마의 기독교도 세바스티아누스의 순교화를 본 주인공이 처음으로 사정(射精)을 체험하는 장면

귀도 레니의 〈성 세바스티아누스의 순교〉(1615년).

이다. 여기에서 볼 수 있는 성(性)과 죽음의 폭력적인 융합이야말로 미시마의 독자적인 우주의 또 다른 초점이라 아니할 수 없다. 관능적인 순교의 유열(愉悅)을 그린 귀도 레니의 세바스티아누스에게서 미시마는 그것을 찾았던 것이다. 시부사와 다쓰히코(澁澤龍彥)가 명명한 대로 이것을 세바스티아누스 콤플렉스라고 부르기로 하자.[24] 여기에서 말하는 '콤플렉스'란 열등감을 뜻하는 것이 아니라 성과 죽음에 따르는 관념이나 충동이 복잡하게 뒤얽힌 복합체를 가리킨다.

오스카 와일드의 《살로메》도 미시마에게 같은 의미를 지니고 있었다. 성서에서 볼 수 있는 세례자 요한의 참수 이야기를, 잘린 머리를 안고 입을 맞추는 살로메의 광적인 사랑의 이야기로 그린 이 희곡에 관하여 미시마는 이렇게 말한다.

> 열두세 살 무렵이었을까, 서점에서 이와나미문고판 와일드의 《살로메》를 보았다. 비어즐리(Aubrey Beardsley)의 삽화가 아프도록 나를 매료했다. 집에 돌아와 읽고 벼락을 맞은 듯했다. 〔……〕 악(惡)은 거침이 없었고, 관능과 미는 해방되었으며, 교훈 비슷한 것은 어디에서도 찾을 수가 없었다.[25]

세바스티아누스와 세례자 요한의 만남. 그것은 미시마에게 존재의 근저와 관련된 사건이었다. 여기에서는 섹슈얼리티와 죽음의 욕망이 불가분의 관계에 있다. 그것은 어디에서 유래한 것일까. 먼저 떠오르는 것은 미시마가 태어난 곳, 요쓰야 근처의 주변 환경이다. 앞에서 언급한 분뇨 수거인 에피소드, 토장용 항아리에 남아 있는 물이 매독에 좋다는 미신 따위가 그것이다. 다른 한편, 신주쿠로 나오면 《가면의 고백》에서도 묘사하고 있는 마술사 쇼쿄쿠사이 덴카쓰(松旭齋天勝)의 매혹적인 무대가 있었다(미시마가 본 것은 신주쿠 신가부키좌에서 있었던 공연이다). 이것들은 모두 나중의 세바스티아누스 체험, 살로메-요한 체험을 위한 준비인 듯하다.

그러나 성과 죽음의 폭력적인 결합의 연원은 더욱 깊은데, 이렇게 말해도 좋다면, 인간이 이승에 태어나기 이전으로까지 거슬러 올라간다. 그것을 감지하는 남다른 감성의 강도(强度) 때문에 미시마는 조모 나쓰코의 압박이나 요쓰야 부근의 깊은 어둠과 균형을 유지할 수 있지 않았을까. 결국 예민한 허무 감각에 관하여 지적한 것과 같은 구조를 여기에서 발견할 수 있는 셈이다.

나는 미시마의 독자적인 우주의 두 초점으로 허무와 세바스티아누스 콤플렉스를 제시하고자 한다. 이 두 초점은 앞으로 써 내려갈 이 평전의 여러 에피소드들과 문맥을 연결하는 물림쇠 역할을 하는 개념이기도 하다. 미시마 유키오는 너무나도 다면체적인 존재여서 열쇠 개념을 마련하지 않으면 죄다 맥락을 잃고 뿔뿔이 흩어져버릴지 모른다. '시작하며'에서 조금 언급했듯이, 미시마라는 인간과 문학에 대해 고찰하려면 또 하나의 물림쇠가 필요할 것이라고 생각하는데, 그것과 관련해서는 순서가 되면 말하기로 하겠다.

제2장

시를 쓰는 소년

어린 시인

이리하여 내면의 우주를 키우고 있던 미시마는 초등과 시절과는 완전히 다르게 학내에서 독특한 존재감을 드러낸다. 동창생인 시마 다카시는 앞에서도 인용한 인터뷰에서 "'와카 짓기'가 숙제라는 말을 들으면 히라오카한테 부탁하러 갔는데, 히라오카는 막힘없이 쓱쓱 써주었다. 그야말로 보물 같은 존재였다"라고 말한다.[1]

또 학교 과제와 별도로 미시마는 노트나 손수 원고용지를 실로 묶어 만든 필기장에 많은 시를 썼다. 초등과 시절의 것까지 포함하면 현재 '작은 배(笹舟)'라고 제목을 붙인 것에서부터 《말(馬)과 그 서곡》에 이르기까지 16책을 확인할 수 있으며, 중복이 많아 세는 방법에 따라 다르긴 하지만, 여기에는 총 500편 이상의 작품이 수록되어 있다. 이 가운데 몇 편은 《보인회 잡지》에 실렸고, 시 〈사양〉도 그중 하나이다. 《기미타케 시집 II》라는 자작 시집에 수록되어 있고, 《보인회 잡지》 165호(1940. 3.)에 '소곡집'으로 묶여 게재된 두 편을 소개한다.

환한 떡갈나무

푸른 잔과 나른한 미소

그대의 속눈썹 그대의 눈꺼풀
은가루를 뿌린 무정한 잠.

파묻힌 보석의 반짝임

그리고 웃음소리를 내면서
달려가는 돛단배

아아 바다여, 오렌지색 여름 구름이여.

이때다 싶어 모충(毛蟲)들은,
벚나무 이파리를 레이스로 바꾼다.

이제, 나의 이 작은 돌멩이는
환한 떡갈나무를 넘어서
바다를 보러 간다.(14. 7. 24.)

불신

이토록 투명한 유리조차,
베인 상처는 푸른빛이다
하물며 그대의 두 눈
얼마나 많은 사랑 감추었으랴.(15. 1. 26.)

 현실을 뛰어넘는 상상력의 비상과 정교한 기지(機智). 중등과 3년생의 작품치고는 확실히 수작이다.
 뿌리부터 공무원 기질인 아버지 아즈사는 자신의 아들이 시작(詩作)으로 기우는 것을 이해하려 하지 않고 강하게 반대했는데, 그런 아버지의 지인 소개로 1940년 초여름에 미시마는 어머니 시즈에와 함께 가와지 류코(川路柳虹)를 찾아간다. 1907년 벌레가 들끓는 쓰레기장을 묘사한 〈쓰레기터〉(나중에 〈쓰레기 무덤〉으로 개제)를 발표한 가와지는 자연주의에 기초한 구어자유시(口語自由詩)의 선구자로 일컬어지는 시인이다. 그러나 실제로는 베를렌을 번역하고, 다다이즘을 소개했으며, 미술평론에도 손을 대는 등 광범위한 영역에서 활약하는 한편, 열심히 후배를 지도하기도 했다. 미시마가 방문했을 무렵에는 제자가 떠나는 등 이런저런 이유로 동시대 시단의 중심에서 떨어져 있었지만, 상냥한 태도로 미시마를 맞았으며 이후 그의 작품을 첨삭 지도했다.

"시를 쓸 수 없게 되었습니다"

그런데 이 일이 도리어 미시마에게 시 창작과 거리를 두는 계기가 되었다. 1940년 11월 말부터 친하게 지냈던 가쿠슈인 선배 아즈마 다카시(필명은 아즈마 후미히코)에게 보낸 미시마의 편지(1941년 1월 14일 자. 미시마의 16세 생일날)에서 "조금 더 어린아이 같은 솔직한 눈으로 사물을 바라보고 싶었습니다. 가와지 선생은 그것을 진보가 아니라고 얘기합니다만, 결국 그렇게 하다 보니 느리지만 진보가 있었던 듯합니다. 사실은 슬슬 시를 쓸 수 없게 되었습니다."라고 하는데, 여기에는 가와지의 지도를 받기 시작한 후부터 자유롭게 시를 쓰지 못하게 된 그의 당혹감이 배어 있다(또는 바로 그러한 상황을 아즈사가 비밀리에 의도한 것인지도 모른다). 훗날 발표한 자전적 단편 〈시를 쓰는 소년〉[2]에는, 시작(詩作)의 행복을 끝까지 맛본 소년이 이윽고 그것은 착각이었으며, 자신은 가짜 시인에 지나지 않았다는 자각에 이르는 전후 사정이 기록되어 있다.

도대체 무엇이 마음에 들지 않았던 것일까. 〈시를 쓰는 소년〉에서 미시마는 시작에 탐닉하는 행복과 그 행복이 사라져 갈 때의 비애를 훌륭하게 표현하고 있지만, 자작(自作)의 난점 그 자체를 분석적으로 논하고 있지는 않다. 이 지점에서 한 걸음 더 들어가, 미시마 자신이 직면했으면서도 명확한 자기 비판을 피한 것으로 보이는 문제점을 검토해보고자 한다.

첫째, 엄밀하게 말하자면 상상력의 비상이라고 하지만 결국 미시마의 시는 표면적인 언어 유희의 수준을 넘어서지 못하고 있다.

앞에서 인용한 〈환한 떡갈나무〉나 〈불신〉은 확실히 수작이긴 하지만, 니시와키 준자부로(西脇順三郞)의 〈날씨〉, 하기와라 사쿠타로(萩原朔太郞)의 〈제목 없는 노래〉, 사토 하루오(佐藤春夫)의 〈소년의 나날〉 등의 영향이 뚜렷하다.

날씨 _ 니시와키 준자부로

(뒤집힌 보석) 같은 아침
몇 사람이 문 앞에서 누군가와 속삭인다
그것은 신이 탄생한 날.

제목 없는 노래 _ 하기와라 사쿠타로

남양(南洋)의 태양에 그을린 벌거벗은 여자처럼
여름 풀 무성한 부두 쪽으로 붉게 녹슨 이상한 기선이 들어왔다
둥실둥실 구름이 하얗게 떠오르고
선원이 들이마시는 담배 연기가 쓸쓸하다.
나는 메추라기처럼 날개를 치면서
저렇게 키가 큰 찔레나무 위를 날아다녔다
아아 구름이여 배여 어디에서 그녀는 항해의 닻을 내렸는가
이상한 정열에 괴로워하면서
나는 침묵의 묘지를 찾아 걷고 있었다
그것은 이 풀숲의 바람에 불리고 있다
고요히 녹이 슨 두견새(戀愛鳥)의 미라였다.

소년의 나날 _ 사토 하루오

1

들로 가고 산으로 가고 해변으로 가고
한낮 언덕 가장자리 꽃을 깔고
둥근 눈동자 그대 때문에
슬픔은 깊어라 맑은 하늘보다도.

2

그림자 드리운 숲을 더듬고
꿈결에 눈동자를 그리워하며
따스한 한낮 언덕 가장자리
꽃을 깔고, 서글픈 젊은 날.

3

그대 눈동자는 둥글고
그대 마음은 알기 어렵구나.
그대를 보내고 나 혼자서
달밤 바다에 돌을 던진다.

4

그대는 밤마다 털실 뜨개질을 한다
은색 뜨개바늘로 짜는 실은
검은 실 붉은 실

가쿠슈인 시절에 그린 자화상.

그 램프 받침 누구 것인가.

당시 이미 니시와키, 사쿠타로, 사토의 작품을 접했던 미시마는 눈에 띄는 시구, 마음에 드는 표현을 기억했다가 특별히 '모방'이라 의식하지 않고 그것들을 모자이크하듯이 조합해서 작품을 쓸 수 있었던 것이다.

그것도 확실히 재능임에 틀림없다. 그러나 그때 《캔터베리 이야기》 가운데 〈수녀원장의 이야기〉에 딸린 에드워드 번존스(Edward Burne-Jones)의 삽화 이미지와 존 키츠(John Keats)의 이야기 시 〈엔디미온〉의 시구를 연결함으로써 참신한 서정을 낳았던 니시와키 시의 지적 구성[3]이나, 사쿠타로 고유의 어둡고 냉엄한 정념과 거기에서 이탈하는 시적 이미지의 집요한 순환 관계, 다니자키 준이치로(谷崎潤一郎)의 부인 지요코를 둘러싼 복잡한 연애 관계를 배경으로 삼아 과감하게 그것에 반하여 소년 시절의 감상을 표현하는 사토 시의 방법론은 빠뜨리고 만다. 사실 시의 실체는 그러한 구성이나 방법론 속에 감춰져 있는 것인데, 미시마의 작품에서는 그 부분이 공백으로 남아 있다. 가와지도 그것을 금세 알아챘음에 틀림없다.

둘째, 깊이 파고들면 같은 이야기이긴 하지만, 〈환한 떡갈나무〉와 〈불신〉 둘 다 허무와 세바스티아누스 콤플렉스라는 미시마의 독자적인 내면 우주의 초점과는 동떨어진 지점에서 쓰인 것이다.

〈흉사〉, "밤이면 밤마다 불행을 기다렸다"

물론 이 초점에 다가서는 작품이 없는 것은 아니다. 앞에서 서술했듯이 시 〈사양〉은 허무를 정교하게 포착하고 있긴 하지만, 그 외에 에토 준(江藤淳)이 "미시마 유키오의 주조음이 감춰져 있다"[4]라고 평하면서 널리 알려진 시 〈흉사〉도 한 예로 거론할 만하다. 이 시는 〈환한 떡갈나무〉, 〈불신〉과 함께 시집 《기미타케 시집 II》에 실려 있는데, 당시에는 활자화되지 않았고 훗날 《미시마 유키오 선집》 제1권(신초샤, 1957. 11.) 권두에 미시마 본인이 처음으로 발표한 것이다.

흉사

나는 밤이면 밤마다
창가에 서서 갑작스런 불행을 기다렸다.
흉변(凶變)을 전하는 불길한 모래 먼지가
밤의 무지개처럼 거리
저쪽에서 몰려드는 것을.

말라비틀어진 고목의
해면(海綿)처럼 보이는
메마름 사이에는
장미휘석(薔薇輝石) 색으로
저녁 하늘이 떠올랐다……

짙은 옥도정기를 섞은,
저녁놀의 흉사(凶事)의 색을 보면
내 가슴은 지나(支那) 비단의 문을 닫고
하늘에는 비참함 가득하다
흑노(黑奴)들 나타나
밤 내내 말다툼하고
별이 피를 흘리는 가운데
밤의 소란스러움이 침실을 울리고 있었다.

나는 흉사를 기다리고 있다
길보(吉報)는 흉보였다
오늘도 치어 죽은 사람의 이마는 검고
나의 피는 검붉게 얼어붙었다…….

  여기에서는 억누르기 힘든 폭력 충동이 드러난다. 그러나 동시에 시 〈사양〉의 석양이 순식간에 사라지는 것과 마찬가지로 '저녁놀의 흉사'도 어느새 사라지고 만다. 그것은 찾아오는 것처럼 보이지만 실은 그때마다 멀어져 무화하는 환영(幻影)이고, 바로 그렇기 때문에 '나는 밤이면 밤마다' 기다리지 않으면 안 된다. 그런 의미에서 〈흉사〉는 허무와 세바스티아누스 콤플렉스라는 두 초점을 훌륭하게 형상화한 작품처럼 보이기도 한다.
  그런데 이 작품이 명암의 대비를 강조하는 2부 구성(제1부 '한낮의 집', 제2부 '부음')으로 이루어진 다른 자작 시집에 수록되어 있는 것도 주목할 필요가 있다. 그것은 미시마의 시심(詩心)이 허무와 세바스티아누스 콤플렉스의 형상화로 나아가기보다 명암의 대비를 두드러지게 하는 레토릭에 대한 흥미와, 어떻게든 세련되게 보이고 싶다는 유혹에 사로잡혀 있었다는 사실을 암시한다. 이 2부 구성의 시집 전편을 아우르는 표제로 〈흉사〉가 아니라 제1부 '한낮의 집'에 수록된 〈환한 떡갈나무〉를 골랐다는 점을 생각하면, 자신의 내면 우주의 실태를 실수 없이 포착하는 것을 두려워했고 오히려 이것을 교묘하게 피하고자 하는 심리가 작동하고 있었다고 볼 수도 있다.

이런 종류의 시작이 늘어감에 따라 〈사양〉과 같은 시적 결정(結晶)을 얻을 수 있는 기회는 줄어들고 있었다. 이러한 사정을 고려하면 상상력과 기지의 측면에서 뛰어난 것처럼 보이는 미시마의 시는 내면 우주의 심연을 표현하는 역할을 담당하기에는 불충분한 그릇이었다고 말하지 않을 수 없다.

미시마가 열심히 시를 쓴 것은 1937년부터 1941년까지이고 머잖아 시에서 빠져나오는데, 그것은 이와 같은 사정 때문이었다. 훗날 스스로 회고하듯이 "소년 시절에 저토록 나를 들뜨게 하고 그 후 저토록 나를 괴롭혔던 시는 사실 가짜 시이자 서정의 악취였던"[5] 것이다.

"너의 세계에는 넘보기 어려운 뭔가가 있다"

여기에서 당시 미시마의 친구 관계로 눈을 돌리면 흥미로운 구도가 드러난다.

앞에서 서술했듯이 1937년 미시마의 재능을 발견하고 적극 성원한 사람은 여덟 살 연상인 보조 도시타미였다. 보조는 미시마의 자전적 단편 〈시를 쓰는 소년〉에서 묘사하는 선배 R의 모델인 인물이다. 이어서 1940년 11월 다섯 살 연상인 아즈마 다카시가 편지를 보내오면서 미시마와 아즈마의 교류가 시작된다.

아즈마는 미시마와 마찬가지로 유년 시절부터 자가중독과 폐문림프선염에 시달렸고, 1938년 가쿠슈인 중등과를 수석으로 졸업했지만 다음 해 폐결핵이 발병하는 바람에 학교에 다니지 못하고 줄곧 와병 상태에 놓여 있었다. 그러나 지병과 싸우면서 보조 도시타미와 함께 《어린 시인 밤의 연회》[6]를 간행한다. 그런데 그때 보조가 시가 나오야(志賀直哉)에게 서문을 부탁했다가 거절당하면서 서로 어긋나기 시작했고, 그 후 아즈마와 보조 사이에는 서서히 골이 깊어지고 있었다.

그러던 중 아즈마가 처음으로 미시마에 편지를 보내 미시마의 소설 〈채색 유리〉[7]를 읽고 난 후의 감명을 전했다. 1940년 11월 30일자 편지[8]인데, 〈채색 유리〉의 내용 분석은 다음 장으로 미루고 여기에서는 그 편지의 한 부분을 보기로 한다.

정직하게 말하면 같은 잡지에 작품을 실을 것을 보고 나는 너에게 외경의 마음을 품었다. 내가 조금 나이가 많다고 해서 잘난 척할 수는 없다. 적어도 너의 독특한 감성의 세계(조금 다른 언어)는 흉내 낼 수가 없다. 〔……〕 너의 세계에는 넘보기 어려운 뭔가가 있다. 냉정한 비평이 너를 불필요하게 몰아세우지나 않을까 두렵다.

당시 시작(詩作)에서 막다른 골목에 몰렸던 미시마는 새로운 거점으로서 소설의 세계에 발을 들여놓으려 애쓰고 있었다. 아즈마 또

한 죽음에 맞서면서 문학에 몸을 바칠 각오였다. 현재 확인할 수 없는 것까지 포함해 미시마가 아즈마에게 보낸 편지는 200통 가까이 될 것이라고 하는데,[9] 두 사람에게 편지 왕래는 살기 위한 명줄과 같은 것이었다고 말해도 지나치지 않다.

거꾸로 보조는 점차 두 사람으로부터 멀어지고 있었다. 위에서 인용한 첫 번째 편지에서 아즈마는 "보조 씨는 요즘 대단히 흥분한 상태인 듯하다. 전에 보조 씨로부터 너의 얘기를 조금 들었다. 지금 내가 갑자기 너에게 편지를 썼다느니 어쨌다느니 하는 말을 들으면 묘한 표정을 지을지도 모른다."라고 쓴다. 미시마도 1941년 12월 27일 자 편지에서 이렇게 말한다.

> 조금 다른 이야기입니다만 보조 씨는 어떻게 지내고 있습니까. 이런 말을 하면 아직도 서로 이해할 여지가 있다고 생각하느냐며 꾸중을 듣겠지만, 그리고 저로서도 저렇게 제멋대로인 사람을 오랫동안 이해하는 것은 어차피 불가능하다고 생각합니다만, 가끔씩 아직 말끔하게 정리되지 않은 뭔가가 가슴에 남아 있는 것 같아 찜찜한 기분입니다. 〔……〕 그건 그렇고 다시 한번 교제를 해보는 게 어떨까 하는 생각은 아무리 참을성이 많은 나에게도 아예 남아 있지 않습니다.

뒤에서도 언급하겠지만, 이러한 흐름의 연장선상에서 1942년 7월 아즈마와 미시마는 가쿠슈인에서 도쿄제국대학(문학부 미학미술사과)에 입학한 도쿠가와 요시야스(德川義恭)와 함께 동인지《아카에(赤繪)》를 간행하는데, 그때 보조는 함께하자는 권유를 받지 못했다. 다음 해 6월에는《아카에》 2호가 발행되었는데 여기에도 보조는 참여하지 못했다. 그해 10월 8일 아즈마는 스물세 살의 나이로 영면한다.

인간관계라는 점에서 보면 미시마가 보조를 버리고 아즈마로 갈아탔다고도 말할 수 있다. 조금 냉정하고 딱 부러지는 성격인 것처럼 보이지만, 여기에서 알 수 있는 것은 그가 보조를 떠나 아즈마와 깊은 관계를 맺게 되는 경위가 시에서 소설로 발길을 돌리는 과정과 나란히 가고 있다는 점이다. 미시마에게 보조는 버려야 할 '가짜 시'를 상징하는 역할을 떠안았다고 말할 수 있을지도 모른다.

하지만 미시마와 보조의 관계가 이것으로 완전히 끊긴 것은 아니었다. 앞서 서술한 아즈마와의 공저에 수록된 보조의 〈야회〉는 빌리에 드 릴라당(Villiers de L'Isle-Adam) 백작의 성에 바이런 경과 셸리, '나'와 그리스 신들이 모였다는 설정의 산문시인데, 이것을 근거로 한 미시마의 미완 원고 〈보조 백작의 야회(夜會) — 나의 벗 보조 도시타미 씨에게〉[10]가 남아 있다. 집필은 태평양전쟁 말기로 추정되며, 내용은 제5장에서 거론할 시 〈밤을 알리는 새 — 동경과의 결별과 윤회를 향한 사랑에 관하여〉[11] 및 생전에 발표하지 못한 결손 원고 〈2605년의 시론〉[12]과 겹치는 부분이 있다. 그리고 그 글에서 전개하는 모티프는 《풍요의 바다》 4부작과 가장 깊은 지점에서 조응한다. 자결하기 약 일주일 전에 이별을 고하는 편지를 미시마가 보조에게 보낸 것도 빠뜨릴 수 없다. 사정이 그러하다면 정말로 미시마에게 보조는 '가짜 시'를 상징하는 존재였는지도 모르지만, 확실히 일시적으로는 '가짜 시' 덕분에 꿈과 같은 행복을 맛볼 수 있었고, 그 경험이 한층 깊은 지점에서 광맥이 되어 훗날 미시마 문학의 원천으로 이어졌던 것도 부정할 수 없다. 그 경위에 관해서는 이 책에서 하나씩 밝혀질 것이다.

한편 미시마는 〈아즈마 다카시 형을 곡한다〉를 《보인회 잡지》 169호(1943. 12.)에 쓴 후, 미시마 자신의 죽음 직전에 편찬된 《아즈마 후미히코 작품집》(고단샤, 1971. 3.)에 서문을 쓰기까지 아즈마에 관해서는 거의 아무런 말도 하지 않는다. 하지만 그것은 친밀하게 편지를 주고받았던 연장자 친구에 대한 냉담함을 의미하는 것은 전혀 아니다. 미시마에게 보조가 '가짜 시'를 상징했다면, 아즈마는 소설을 추구하는 열의와 고달픔을 상징하는 역할을 맡고 있었다. 그런 의미에서 아즈마는 오히려 미시마의 내면의 대화 상대로 계속 살아 있었던 게 아닐까. 미시마 자신은 이때부터 생을 마치는 날까지 소설 쓰기의 기쁨과 괴로움을 끊임없이 맛보게 되기 때문이다. 미시마는 아즈마의 기일이 되면 빠짐없이 묘소를 찾았는데, 그 사실을 누구에게도 말하지 않았다고 한다.[13] 이는 아즈마에 대한 미시마의 생각을 상징적으로 보여준다.

제3장

불안의 문학적 모험

시에서 소설로

미시마가 시작 지도를 받은 가와지 류코를 처음 만난 것은 1940년인데, 얼마 후 미시마는 가와지를 떠나 소설의 세계로 들어선다. 그 첫 번째 발걸음은 미시마 유키오라는 필명으로 가쿠슈인 밖의 잡지 《문예문화》 39~42호(1941. 9~12. 중등과 5년)에 〈꽃이 한창인 숲〉을 연재하면서 내딛었다. 아즈마와 문학적 교류를 시작한 지 일 년도 지나지 않은 시점이라는 것을 고려하면 놀랄 만큼 역동적인 변신이다. 고작 16세인 소년에게 어떻게 이와 같은 놀라운 비약이 가능했을까. 그 과정에는 쉽지 않은 갈등과 긴장의 드라마가 있었던 게 틀림없다. 이 과정은 소설가 미시마 유키오의 탄생에 이르는 드라마로서 중요한 지점이기 때문에 그 경위를 상세하게 살펴볼 필요가 있다.

사실 〈꽃이 한창인 숲〉 이전에도 미시마는 시작과 병행하여 소설에 손을 대서 여섯 편을 《보인회 잡지》에 발표한다. 개략적인 내용과 함께 열거하면 다음과 같다.

《보인회 잡지》161호(1938. 3.) 중등과 1년
〈수영*―아키히코의 어린 시절 추억〉: 탈옥수와 어린이 아키히코의 마음의 교류를 묘사한 동화풍의 소품.
〈좌선 이야기〉: 자신을 따르는 자들을 희생하고 자기 혼자 깨달음을 얻은 중의 이야기를, 중의 시중을 들었던 소년의 자손이 들려준다.

《보인회 잡지》162호(1938. 7.) 중등과 2년
〈성묘길〉: 친부모를 잃은 소년이 계모, 백부와 함께 아버지의 묘를 찾아간다.
〈새벽종 성가(聖歌)〉: 산문시로 발표. 예수의 '황야의 유혹' 이야기를 악마의 입장에서 그린다.

《보인회 잡지》163호(1939. 3.) 중등과 2년
소설 게재 없음.

《보인회 잡지》164호(1939. 11.) 중등과 3년
〈관(館)〉 제1회: 연재 1회차. '이마자마 네로'라고 불리는 유럽의 잔학한 공작 이야기를, 호종(扈從)으로서 공작의 시중을 드는 소년이 들려준다. 문체는 《오카가미(大鏡)》**의 설화체를 흉내 낸 것이다.

---
* 마디풀과의 여러해살이풀. 어린잎과 줄기는 식용하며, 뿌리는 약용하기도 한다.
** 1119년경에 간행된 작자 미상의 일본 역사 이야기. 후지와라 가문 통치의 황금기인 850년부터 1025년까지의 기간을 다루고 있다.

《보인회 잡지》 165호(1940. 3.) 중등과 3년

소설 게재 없음.

《보인회 잡지》 166호(1940. 11.) 중등과 4년

〈채색 유리〉: 데이노스케와 아키코라는 이름의 무나가타 남작 부부의 심정과, 부부가 맡아 보살피고 있는 데이노스케의 조카 겐노스케와 사토미가(家)의 딸 노리코의 사랑을 병행하여 그린다.

이 목록을 보면 두 가지 물음이 떠오른다.

하나는 소설 발표가 없는, 이른바 공백 시기를 어떻게 보아야 할 것인가라는 물음이다. 구체적으로는 《보인회 잡지》 163호와 165호의 시기에서 〈채색 유리〉 발표 이후 〈꽃이 한창인 숲〉 발표에 이르는 10개월 정도의 기간이다.

《보인회 잡지》 163호에는 희곡 〈동방박사들〉(예수의 탄생을 두려워하여 유아 학살을 자행한 헤로데 왕의 입장에서 그린 작품)과 시편이, 《보인회 잡지》 165호에는 앞서 언급한 시 〈환한 떡갈나무〉, 〈불신〉을 포함한 '소곡집'이 실려 있다. 또 《보인회 잡지》 167호는 《보인회 잡지》 166호로부터 약 일 년 후인 1941년 12월에 간행되었는데, 여기에는 '서정시초'라는 표제 아래 여섯 편의 시('새'를 일관된 이미지로 삼은 연작 형태이다)와 산문시 〈말과 그 서곡〉이 게재되어 있다. 결국 미시마는 소설이 아닌 장르의 작품을 발표하고 있는 셈인데, 이 시기의 실상을 좀 더 상세하게 알면 〈꽃이 한창인 숲〉 이전 시기를 훨씬 주의 깊게 분석할 수 있을 것이다.

다른 하나는 여기에 발표된 소설 작품은 주제든 구성이든 제각각

인 것처럼 보이는데, 그 작품들을 관통하는 테마나 방법론을 찾아낼 수 있을까라는 물음이다. 다시 말하면 시가 교묘하게 피했던 허무와 세바스티아누스 콤플렉스는 소설에서 어떻게 그려지고 있는가, 또는 그려지고 있지 않은가라는 물음이다.

이 내면 우주의 두 개의 초점 덕분에 미시마 집안을 휘감고 있는 부정적인 요인이나 요쓰야 근처의 주변 환경과 균형을 유지할 수 있었고, 미시마의 존재가 지켜질 수 있었다고 나는 말했다. 그렇게 보면 이 초점은 자기 방어를 위한 '도구'여서 그것 자체는 직접적인 물음의 대상이 되지 않는 것처럼 보인다. 그러나 내면 우주의 초점 그 자체가 심각한 어둠을 품은 것이라면, 결국은 이것을 주제로 다룰 것을 미시마에게 요구했을 것이고 사실 그러했다.

이 두 가지 물음에 답하기 위해, 이야기가 조금 지엽적인 방향으로 흐르는 감이 없지 않으나, 희곡까지 포함하여 사적으로 쓰인 것이지만 미발표로 끝난 작품과 쓰다 만 원고, 가쿠슈인의 과제로 제출한 문장까지 아울러 살펴보기로 한다. 이 자료들은 야마나카코무라의 미시마 유키오 문학관에 소장되어 조사와 연구가 진행되고 있는데, 이 가운데 주요한 것을, 추정되는 집필 시기에 따라 정리하면 다음과 같다(《결정판 전집》 15, 20, 21 참조).

〈수영〉, 〈좌선 이야기〉, 〈성묘길〉, 〈새벽종 성가〉.

〈봄빛〉(중등과 2년의 과제 작문): 조부모와 손자의 평온한 생활 정경을 적은 글. 미시마 자신의 현실 상황보다 훨씬 아름답게 각색되어 있으며, 봄빛을 쬐며 정원을 거니는 조부의 모습을 그리는 것으로 막이 내린다.

〈노정〉(사적 원고): 성서에 기초한 시극으로 〈동방박사들〉의 모태가 되었다. 표제는 "예수 그리스도는 성장하지만 그의 길은 아직 끝나지 않았다"라는 천사 가브리엘의 대사와 관련이 있다.

〈그리스도 탄생기〉(사적 원고. 중단?): 〈동방박사들〉과 같은 취향의 희곡.

〈관〉 제1회.

〈관〉 제2회(미완이며, 게재되지 않은 채 남은 원고): 모반자를 살해한 공작은 내심 좀 더 과격한 모반을 기다리게 된다. 그리고 유례없는 잔치를 기획하는데, 호종은 공작의 마음의 공백을 간파한다.

〈마음의 빛〉(미완의 사적 원고): 미망인 레이코, 아키하라 자작, 아키토시, 아키토시의 약혼녀 스미코 네 사람의 연애 심리 소설.

〈공원 앞〉(사적 원고): 사장 부인 '저', 사장의 친구 레이지로, 전문학교 학생 '나', 사장 전속 타이피스트 모토코를 둘러싼 연애 심리 소설. 화자가 '저', '나', 모토코 순으로 바뀌고 마지막에 개개 에피소드가 서로 조응하는 등 구성에 관한 공부가 응축되어 있다.

〈우기〉(미완의 사적 원고): 〈조감도〉의 전신.

〈조감도〉(미완의 사적 원고): 모리마사와 그의 아내, 모리마사 부부가 돌보고 있는 조카 료타로와 노리코를 중심으로 하여 그들의 연애 심리를 묘사한 소설. 〈채색 유리〉의 전신. 정서가 불안정한 료타로의 내면 묘사는, 일찍이 《가면의 고백》의 '나'가 쓴 문장으로 《가면의 고백》 가운데 인용되어 있다.

〈채색 유리〉, 이때부터 아즈마와 교제한다.

〈전차〉(중등과 4년의 과제 작문): 〈꽃이 한창인 숲〉(제1회)에서 다루고 있는 것과 같은 유년기의 에피소드를 적은 글.
〈저택〉(미완의 사적 원고): 백부, 백부 집의 하녀 오만, 백부에게 맡겨진 '나'(가즈마)를 둘러싼 소설. '나'의 친구 덴키치가 사고로 신을 모신 가마에 깔려 죽는 에피소드는 《가면의 고백》(제1장)에서 묘사되는 미코시(神輿)가 정원을 밟고 들어오는 에피소드와 동형이다. 나중에(1943년 또는 1944년) 〈유년 시절〉로 개제.
〈가산인〉(중등과 4년의 과제 작문): 《오카가미》 중 가산인(花山院)의 출가 장면을 소설화한 것.
〈밀라노 혹은 루체른 이야기〉(미완의 사적 원고): 루체른에 사는 후미사다, 후미사다의 아들 가즈마, 가즈마를 맡아 양육하는 백부를 둘러싼 소설. 〈저택〉의 줄거리를 가즈마의 아버지 쪽에서 다시 쓰고자 했던 것으로 보인다.

〈꽃이 한창인 숲〉.

이상 〈수영〉이 발표된 1938년부터 〈꽃이 한창인 숲〉이 발표된 1941년까지 주요 작품을 사적인 습작까지 포함하여 개괄했다. 그러면 앞서 제기한 두 물음에 관하여 차례대로 살펴보자.
먼저 소설의 공백 기간에 관해서인데, 《보인회 잡지》 163호 시기에는 작문 〈봄빛〉을 제외하면 분명히 소설이라 할 만한 것은 쓰지 않았다. 전에 게재한 〈새벽종 성가〉는 〈노정〉, 〈그리스도 탄생기〉,

〈동방박사들〉과 마찬가지로 성서에서 유래하는 시극으로 간주할 수도 있는데, 그렇게 보면 애초에 미시마는 〈관〉 이전에는 〈네 편의 처녀작〉[1]이라는 짤막한 글에서 스스로 첫 번째 처녀작으로 거론한 〈수영〉 이외에는 소설을 쓰지 않은 셈이다(미시마가 거론한 다른 세 편의 처녀작은 〈채색 유리〉, 〈담배〉, 《도적》이다).

다른 한편, 《보인회 잡지》 165호 시기에는 발표는 하지 않았지만 다수의 소설을 썼다는 것을 알 수 있다. 따라서 소설의 공백 기간이라고 말할 수 없다. 1941년 9월, 미시마는 가쿠슈인의 스승 시미즈 후미오(淸水文雄)에게 〈마음의 빛〉과 〈공원 앞〉 등 〈꽃이 한창인 숲〉 이전에 쓴 원고를 보여주는데, 그때 시미즈에게 보낸 1941년 9월 17일 자 편지(미발송)에 따르면, 이 무렵 미시마는 레몽 라디게(Raymond Radiguet)의 《도르젤 백작의 무도회》, 《육체의 악마》와 제임스 조이스의 《율리시스》의 강한 영향 속에서 습작을 이어 가고 있었다. 〈채색 유리〉는 그 연장선상에서 나온 최초의 결실이었다.

더욱이 이때 이후에도 미시마는 계속해서 소설을 썼는데, 과제작문 〈전차〉와 같은 글에서는 〈꽃이 한창인 숲〉에서도 활용되는 소재를 발견할 수 있다. 또 같은 편지에서 미시마는 미완성 원고 〈저택〉도 읽어 달라고 부탁하면서 이렇게 쓴다. "〈저택〉은 프루스트에 빠져 있었던 최근의 글입니다만 얼마간 〈꽃이 한창인 숲〉의 모태가 된 부분도 있고, 〔……〕 프루스트식의 지루함을 일부러 드러내는 듯한 부분도 있습니다. 이것은 처음으로 아이들의 세계로 복귀한 것이었습니다."

정리하자면 〈꽃이 한창인 숲〉 이전 시기는 〈관〉이 중단되기까지를 전(前) 습작기, 그 후 〈채색 유리〉 집필까지를 습작기 I, 그 이후

〈꽃이 한창인 숲〉 이전을 습작기 II, 이렇게 세 시기로 나눌 수 있을 것이다.

첫 문학 스승 시미즈 후미오

이어서 두 번째 물음을 검토하기 전에 앞으로 유의해야 할 두 가지 사항을 지적하고 싶다.

먼저 앞에서 언급한 시미즈 후미오와의 만남이다. 1938년, 미시마가 중등과 2년으로 진급한 해, 그의 문학에서 최초의 스승이 되는 시미즈 후미오가 국어 교사로 가쿠슈인에 부임했고, 다음 해에는 미시마가 속한 중등과 3년의 국문법과 작문 담당 교사가 되었다. 다만, 진정한 의미에서 미시마와 시미즈의 관계가 깊어진 것은 〈꽃이 한창인 숲〉의 초고를 끝낸 1941년 7월 19일 전후였다. 이 점에 대해서는 뒤에서 상세하게 살펴보기로 한다.

또 하나 빠뜨려서는 안 되는 것이 있다. 미시마가 담당 교사로 시미즈를 만나기 꼭 3개월 전의 일인데, 1939년 1월 18일, 조모 나쓰코가 궤양출혈로 사망한 것이다. 향년 62세였다. 미시마 작품의 성립 시기와 비교해보면 바로 《보인회 잡지》163호에 희곡 〈동방박사들〉을 발표하기 직전에 해당한다. 조모의 장례식 때 찍은, 어깨가 축 처진 미시마의 사진이 남아 있지만, 그때의 감회를 직접 담은 문장은 쓰지 않았다. 도대체 나쓰코의 죽음은 미시마 작품에 어떤 영향을 주었을까. 이 점에도 유의하면서 고찰을 이어 가기로 하자.

〈관〉, 죽음이라는 무서운 쾌락

이어서 두 번째 물음은 허무와 세바스티아누스 콤플렉스라는 미시마의 독자적인 내면 우주의 두 초점에 관한 것이다. 여기에서 먼저 주목해야 할 것은 《보인회 잡지》 164호에 게재된 〈관〉 제1회이며, 더 간과하지 말아야 할 것은 이 작품이 한 번만 연재되고 중단되었다는 점이다.

'이마자마 네로'라고 불리는 공작은 "나는 나 자신의 손으로 벼린 날카로운 칼을 쥐고 상대에게 다가가 내 손이 뜨뜻한 피로 흠뻑 젖는 것을 보고 싶다"라고 말하는 잔학한 인물인데, 어느 날 밤, 희생자의 목전에서 기둥에 묶인 호종은 자신도 처형당할 것을 각오한다. 그때 호종의 마음속에 생각지 못한 일이 일어난다. 다음 인용문 가운데 '쿠와이라쿠(くわいらく)'란 '쾌락(快樂, かいらく)'을 가리킨다.

그러자 무서운 쾌락(くわいらく)이 찾아왔습니다. 저는 결사적으로 그것으로부터 눈을 돌리려 했지만, 그것을 언뜻 보아버리고 무시무시한 냄새를 맡은 후에는 호흡이 점점 빨라지는 것을 느꼈습니다. 이윽고 아무것도 알아볼 수 없을 만큼 사방이 온통 캄캄해졌고, 그 가운데서 적색, 녹색, 회색, 주색(朱色), 은색 등이 뒤섞인 탑이 빙글빙글빙글 격렬하게 도는 것만 같았습니다. 얼마나 지났을까, 제 앞에 추한 사람의 얼굴이 무수히 나타나더니 일제히 일어서서 덮쳐오는 것이었습니다.

위는 〈관〉 제1회에서 인용한 것이다. 이때 호종은 살아나지만 공작의 잔학한 행위는 그치지 않는다. 끝내 발표되지 못한 속편에서는 벽과 마루바닥은 물론이고 집기에 이르기까지 온통 붉은 색으로 칠한 넓은 홀에서 연회가 열린다. 연회를 열기 직전 이곳을 향해 계단을 내려오는 공작의 모습을 몰래 엿본 호종은 이렇게 생각한다.

〔……〕 저에게도 빙긋 미소를 지으면서 내려오시는 전하 뒤쪽으로, 너무나도 넓게 펼쳐진 벽의 음산한 흰 빛이 마치 전하의 마음인 것만 같아, 왠지 쓸쓸하고 가엾다고 생각했습니다. 한 사람 한 사람의 인사를 받으시고 홀 쪽으로 걸어가시는 전하의 머리카락 한 올 한 올이 햇빛에 비쳐 이상하게 흔들리는 것처럼 보이기도 했고, 또 약간 앞으로 구부린 회백색 등에 화창한 봄날 햇빛을 쓸쓸하게 받으시는 모습이 참으로 안쓰러움을 더했던 것입니다.

이후 일어났음에 틀림없는 선혈 낭자한 참극을 예측케 하는 이 장면으로 〈관〉의 제2회 원고는 끝난다. 당시의 메모에 따르면, 1939년 9월 28일 시점에서 〈관〉은 제3회까지 예정되어 있었다는 것을 알 수 있다. 그러나 미시마의 붓은 여기에서 멈추고 말았다. 제3회를 쓰지 않았을뿐더러 제2회 원고도 발표하지 않았다.
이것은 무엇을 의미할까.
유년 시절 이래 미시마는 내면 우주를 키웠고, 거꾸로 내면 우주도 미시마를 키워 왔다. 그 본질을 미시마는 이미 감지하고 있었을 터이다. 하지만 정말로 그것이 무엇을 의미하는 것인지, 〈관〉을 집필하는 과정에서 미시마는 처음으로 그 두려움에 직면했던 게 아닐까. 허무와 세바스티아누스 콤플렉스라는 미시마의 내면 우주의 두 초점이 지금 소설 〈관〉의 주제로 모습을 드러내 작가를 응시하고, 그것을 주시하고 있던 미시마는 두려움에 어찌할 바를 모른다. 나는 그렇게 생각하지 않을 수 없다.

굳이 〈관〉을 계속 쓰고자 할 경우, 그때는 현실 생활을 이어 가는 데 필요한 자기 방어의 '도구'였을 터인 허무와 세바스티아누스 콤플렉스가 단순한 '도구'로 그치지 않고, 소설 표현이라는 틀을 넘어 범람하여 작가인 미시마의 존재 자체를 뿌리부터 위협하게 된다.

목가적인 동화로 볼 수도 있는 〈수영〉을 제외하면, 사실상 최초의 소설이라고도 할 수 있는 〈관〉의 집필과 중단은 이러한 사태의 도래를 의미했다.

이런 징후는 〈관〉 이전인 전 습작기 작품에서도 확인할 수 있다.

확실히 〈수영〉과 〈관〉의 내용 차이는 크다. 하지만 〈수영〉에서 아키히코-탈옥수 관계가 호종-공작의 원형이라는 점을 이해하면 한 줄기 선이 드러난다. 〈좌선 이야기〉에서 소년-소년이 시중드는 중, 〈성묘길〉에서 소년-망부에서도 이러한 관계를 발견할 수 있다.

덧붙여 지적해야 할 것은, 〈수영〉은 요쓰야의 생가에서 가까운 이치가야 형무소 근처를 산책했던 네다섯 살 무렵 미시마 자신의 경험을 바탕으로 하는데,[2] 그 내용을 동화풍으로 바꿔 썼다는 사실이다. 이런 변환을 촉발한 뭔가가 있었던 게 아닐까. 이야기 내용의 유사성을 통해 곧바로 알 수 있는 것은, 성질이 비뚤어진 거인과 손발에 성스러운 흉터가 있는 어린아이의 마음의 교류를 그린 오스카 와일드의 동화 〈자기만 아는 거인〉이다. 〈수영〉은 미시마가 자신의 유년 시절 체험을 와일드를 읽고서 변용한 것이라 할 수 있다.

다른 한편. 〈새벽종 성가〉, 〈노정〉, 〈그리스도 탄생기〉, 〈동방박사들〉 등 일련의 시극도 와일드의 영향이 농후하다. 이 작품들 모두가 《살로메》와 마찬가지로 성서에서 소재를 구한 것이기 때문이다.

이처럼 미시마는 전 습작기 초기부터 와일드에게 지도를 받기라도 한 것처럼 조금씩 〈관〉을 향해 나아가고 있었던 것이다.

하지만 또 다른 추진력이 필요했을 것이다. 〈수영〉에서 발견할 수 있는 서정성이나 〈봄빛〉에 묘사된 평온한 정경을 "화창한 봄날 햇빛을 쓸쓸하게 받으시는"(〈관〉 제2회 말미) 공작의 잔학한 이야기로 변모시키는, 뭔가 강렬한 추진력이.

여기에는 틀림없이 미시마의 생활을 압박했던 조모 나쓰코의 죽음이 관련되어 있다. 앞에서 서술했듯이 나쓰코가 죽은 것은 바로 희곡 〈동방박사들〉이 발표되기 직전이다. 그 죽음을 계기로 하여 판도라의 상자가 열렸던 것은 아닐까. 나쓰코의 죽음이 끼친 영향은 적지 않았을 터이다. 그렇게 생각하면 〈관〉 제2회에서 묘사되는 온통 붉은 색으로 칠한 넓은 홀은 아리스가와노미야의 가스미가세키 저택이 미시마의 상상 세계 속에서 모습을 바꾸어 나타난 것으로 보인다(이것은 역사적 사실 속에서 형태를 바꾸어 실현된다. 이에 관해서는 뒤에서 언급한다).

"나 자신이 뿔뿔이 흩어져버릴 것 같다"

14세 소년 미시마는 〈관〉을 쓰기 시작했으나 곧 수습하기 어려운 혼란에 빠지는 것이 두려워 작품을 방기하기에 이르렀지만, 그렇다고 여기에서 소설 집필을 그만둔 것은 아니었다. 그것은 습작기 I 시기에 해당하는데, 이 시기는 전반기와 후반기 둘로 나눌 수 있다.

전반기에 쓰인 것은 〈마음의 빛〉과 〈공원 앞〉이다. 집필은 각각 1939년 가을(〈관〉 중단 직후로 추정된다)부터 1940년 3월까지, 1940년 1월부터 3월까지다. 둘 다 여러 사람의 시선과 이야기가 얽힌 가상의 연애 심리 소설인데, 작풍도 내용도 〈관〉과 전혀 달라서 왜 미시마가 이런 것을 열심히 썼는지 즉각 이해하기는 어렵다. 이것을 어떻게 보아야 할까.

여기에서 앞서 언급한 시미즈에게 보낸 1941년 9월 17일 자 편지에서 미시마가 이 두 작품은 레몽 라디게와 제임스 조이스의 강한 영향 아래 썼다고 고백한 점을 상기할 필요가 있다.

이 가운데 라디게에 관하여 미시마는 훗날 호리구치 다이가쿠(堀口大學)가 번역한 《도르젤 백작의 무도회》를 거론하면서 "소년 시절 나를 처음으로 매혹했던 것은 〔……〕 번역문을 가득 채우고 있는 특유의 건조한 엘레강스였다"[3]라고 말한다.

조숙한 천재 라디게는 16세에서 18세 사이에 자신의 연애 체험을 바탕으로 삼아 유부녀와 소년의 불륜의 사랑을 그린 《육체의 악마》를 집필했다. 그 후 《도르젤 백작의 무도회》에서는 사교계를 무대로 삼은 삼각관계의 연애 심리 소설을 썼는데, 직후 장티푸스에 걸려 20세에 사망한다. 미시마는 바로 그 작품의 번역문체에 매료되었던 것이다.

하지만 그 배경에는 더 깊은 의미가 가로놓여 있었다. 이와 관련하여 〈나를 매혹한 것〉[4]이라는 글에서 미시마는 다음과 같이 쓴다. 말은 평이하지만 여기에서 이야기하는 것은 습작기의 미시마를 고찰할 때 대단히 중요하다.

미시마 유키오의 창작에 큰 영향을 끼친 두 작가. 레몽 라디게(왼쪽)와 제임스 조이스.

소년기에 우리들이 성급하게 철학적인 책을 읽고 싶어 하고 지적인 것에 동경을 느낀 것은 나의 경우 역시 일종의 충동이었는데, 그것은 여드름투성이 소년이 자기 안에서 충동의 불안과 성의 불안을 감지함으로써 그것을 제어하고 조종하는 방법을 스스로 찾지 못하면 인생이 파멸할 것이라는 공포를 지니기에 이른 자각이라고 생각한다. 〔……〕 그렇게 나에게서도 자기의 불안에 대한 싸움이나 자기의 불안을 제어하는 지혜와 같은 것을 향한 본능적인 동경이 솟구쳤던 것인데, 레몽 라디게의 소설은 그러한 문제에 실로 완전하게 대답해주었다. 결국 20세의 소년이 그렇게 자기의 충동을 정리하고 쓸데없는 것을 배제하면서 저토록 평정하게 작품의 추상 세계를 구축하는 데 성공한 하나의 사례가 나에게는 마치 기적과 같았고 놀라움이었으며 일종의 신비였다. 다시 말해 소년 시절은 자기가 아무리 어려운 책을 읽고 지적인 힘을 쌓아도 그것을 넘어서는 것이 있어서 그것과 넘어서는 것과의 싸움에서 늘 지게 될 것이라는 불안 속에 펼쳐지는데, 레몽 라디게는 그것과 멋지게 싸워서 마치 악동을 제압하듯이 자기 안에 완전한 질서를 만들어내고 있었던 것이다.

훗날의 강연에서도 미시마는 문학적 출발기를 회고하면서 "나는 〔……〕 나 자신이 가장 걱정스럽다. 나라는 인간은 어찌 될 것인가. 내버려두면 와르르 무너질 것이다. 관념 세계로 하여금 자기라는 것을 유지하게 하지 않으면 나 자신이 뿔뿔이 흩어져버릴 것만 같은 위험을 느꼈다."[5]라고 말한다. 이러한 표현을 나는 과장이 아니라고 생각한다. 여기에는 〈관〉을 중단한 미시마가 일견 절실함 따위를 느낄 수 없는 가공의 연애 소설을 쓰지 않을 수 없었던 심리적 필연성이 솔직하게 진술되어 있다.

〈관〉을 계속 쓰는 것은 미시마 자신의 내면 우주가 둑을 넘어 범람할 위험을 무릅쓰는 것을 의미했다. 그 지점에서 "자신이 뿔뿔이 흩어져버릴 것만 같은", 문자 그대로 존재 해체의 위기에 직면한 미시마는 일단 연애 심리 소설이라는 틀 안에 틀어박혀 자기를 유지하려 했다. 또는 자기 조절에 뛰어난 재능을 발휘했던 라디게와 자신을 동일화하고자 했던 것이다.

아니, 미시마는 라디게 그 이상을 지향했는지도 모른다. 이쯤에서 조이스가 문제가 된다. 라디게에 비해 조이스가 던지는 문제는 훨씬 크고 훗날 미시마의 소설 창작에 일반적으로 언급되는 것 이상으로 깊이 관련되어 있다는 점은 뒤에서 서술하겠지만, 지금 주목해야 할 것은 《율리시스》에서 볼 수 있는 의식의 흐름 기법, 복수(複數)의 이야기와 문체의 전환, 저속한 에피소드 삽입, 이러한 요소들을 바탕으로 한 작품 전체의 촘촘한 구성이다. 일반적으로 모더니즘으로 일컬어지는 조이스의 이러한 방법을 미시마는 〈마음의 빛〉과 특히 〈공원 앞〉을 집필할 때 참조한다. 스케일은 훨씬 작지만 미시마 자신의 생각으로는 〈공원 앞〉 마지막 부분의 모토코의 독백은 《율리시스》 중 열여덟 번째 에피소드에서 볼 수 있는 몰리의 독백에 대응하는 것이다.

그 솜씨가 치졸한 모방 수준을 넘어서지 못하는 것은 어찌할 수 없다. 어쨌든 미시마는 아직 열다섯 살이다. 앞에서 본 시미즈에게 보낸 편지에서도 〈마음의 빛〉과 〈공원 앞〉에 관하여 각각 "모든 문장 표현이 한마디로 미숙합니다", "읽기만 해도 전율할 만합니다"라고 쓴다. 그러나 왜 그가 이와 같은 가공의 연애 심리 소설을 집필하지 않을 수 없었는지, 그 내적 필연성과 경위는 충분히 이해할 수 있다.

〈조감도〉에서 〈채색 유리〉로

이어서 습작기 I의 후반을 보자. 이 시기의 주목할 만한 작품은 1940년 3월에서 7월 사이에 집필되었으나 미완으로 끝난 〈조감도〉이다. 〈조감도〉도 큰 틀에서 말하면 〈마음의 빛〉이나 〈공원 앞〉과 다르지 않은 연애 심리 소설이지만, 몇 가지 점에서 이 작품들과 크게 다르다.

그것은 등장인물들이 균등하게 그려지는 것이 아니라 아버지와 가족이 만주로 떠나면서 백부 모리마사에게 맡겨지는 소년 료타로가 주인공에 해당하는 역할을 맡고 있다는 점이다. 료타로는 "우주의 균열로 인해 내부를 들여다본 듯한 공포"에 휩싸이기도 하고 "실재하지 않는 소리의 환청을 듣기"도 하는 정서 불안정한 소년인데, 얼마 지나지 않아 "자신을 기계로 간주해버리는 것이 가장 손쉬운 진정제"라고 생각하기에 이른다. 그러나 그 생각은 료타로를 자기 기만의 덫에 빠뜨리고 만다. 예를 들어 가든파티에서 료타로의 마음은 다음과 같이 묘사된다(이것은 모리마사가 그렇게 상상하고 있다고 해석할 수도 있다).

…… 료타로는 낯선 벗들 사이로 아무런 망설임도 없이 들어갔다. 그는 조금이라도 쾌활하게 행동함으로써, 혹은 행동해 보임으로써 저 이유 없는 우울과 권태를 억눌러버렸다고 믿었다. 신앙의 가장 훌륭

한 요소인 맹신 덕분에 그는 저 뜨거운 정지 상태에 놓여 있었다. 실없는 농담이나 장난에 가담하면서도 끊임없이 생각하기를…… "나는 이제 우울하지도 않아, 무료하지도 않아." 그는 "근심을 잊었다"고 했다.

나를 둘러싼 사람들은 내내 자신이 행복할 것일까, 이래도 쾌활한 것일까 하는 의문에 괴로워하고 있다. 의문이라는 사실이 가장 확실한 것이듯이, 이것이 행복의 정당한 모습이다.

그런데 료타로만 홀로 '쾌활하다'라는 정의를 내리고서 그 확신 속에 자신을 두고 있다.

이러한 순서로 사람들의 마음은 그의 이른바 '확실한 쾌활함' 쪽으로 기울어 간다.

마침내 어렴풋하긴 하지만 진실이었던 것이 단단해져서 가짜 기계 속에 갇힌다. 기계는 힘차게 움직인다. 그리하여 사람들은 자신이 '자기 기만의 방' 안에 있는데도 이를 알아채지 못한다.

앞에서 〈조감도〉 일부가 《가면의 고백》에 인용되어 있다고 서술했는데 바로 이 부분이다. 《가면의 고백》에서 인용된 부분의 문맥은, 동성애를 자각한 주인공이 그러한 자각을 자기 부정하는 의식의 사기술을 스스로 분석하는 지점에서(《가면의 고백》 제3장) "내가 현재의 생각으로 당시의 나를 분석하는 데 지나지 않는다는 비난을 면하기 위해 열여섯 살 당시 나 자신이 쓴 문장 한 구절을 옮겨 둔다"라고 하면서 그대로 인용하고 있는 것이다. 〈조감도〉의 료타로는 동성애자로 설정되어 있지는 않지만 본질적으로는 《가면의 고백》의 주인공 자신이고, 이것이 무리하게 인물을 설정한 면도 없지 않은 〈마음의 빛〉이나 〈공원 앞〉에서는 찾아볼 수 없는 〈조감도〉의 힘의 원천이 된다.

하지만 이 구도의 발전형인 〈채색 유리〉에서는 형태가 그대로 살아 있지는 않았다. 〈조감도〉의 모리마사와 그의 아내의 이름을 각각 데이노스케와 아키코, 료타로의 이름을 겐노스케로 바꾸었고 노리코는 그대로인데, 이 네 사람의 관계를 〈조감도〉처럼 특정한 한 사람(겐노스케)에게 쏠리지 않고 그리는 형태로 다시 구성한 것이 〈채색 유리〉이다. 〈채색 유리〉에서는 겐노스케의 내면을 구체적으로 서술하는 장면이 적고, 《가면의 고백》에서 인용한 부분과 같은 상세한 심리 묘사는 삭제되었다. 이러한 개작에 관하여 미시마 자신이 스스로 설명을 했고,[6] 무라마쓰 다케시도 상세하게 분석하고 있듯이, 호리 다쓰오(堀辰雄)의 영향이 현저하다.

뒤에서 서술하겠지만 〈꽃이 한창인 숲〉을 전후한 시기 호리 다쓰오가 미시마에게 끼친 영향은 대단히 컸는데, 〈채색 유리〉와 관련하여 말하자면, 부모 세대(데이노스케, 아키코)와 자녀 세대(겐노스케, 노리코)의 이야기 사이에서 확인할 수 있는 병행 관계는 호리 다쓰오의 〈성가족(聖家族)〉(1930년)에서 구키(아쿠타가와가 모델이다)-미망인 사이키의 이야기, 고노(호리가 모델이다)-기누코의 이야기 사이에서 확인할 수 있는 병행 관계의 구조적 모방이다.

그렇다면 이 시기 〈조감도〉가 쓰였으나 미완으로 끝나고 〈채색 유리〉로 재창작된 경위는 무엇을 의미하는 것일까.

료타로의 조형(造形)에서 알 수 있듯이, 〈마음의 빛〉과 〈공원 앞〉에서는 굳이 깊이 파고들지 않았던 미시마 자신의 내면 우주가 〈조감도〉에서는 주제로서 다시 모습을 드려내려 한다. 료타로가 본질적으로는 《가면의 고백》의 주인공 자신이라고 한다면, 허무와 세바스티아누스 콤플렉스라는 주제와 동성애가 구별하기 어렵게 연결되어 있다는 것도 이해할 수 있을 터이다. 이것은 어차피 정면에서 맞설 수밖에 없는 미시마에게 지극히 본질적인 문제이고, 그것을 예감한 미시마가 〈조감도〉에서 습작기 I 전반의 〈마음의 빛〉, 〈공원 앞〉의 세계를 지나 한 걸음 앞으로 나아갔다고 볼 수도 있다.

하지만 당시의 미시마에게 이 주제를 소설화하는 것은 아직 감당하기 어려운 무게로 다가왔을 터여서 미완으로 끝난 것은 당연했다. 너무 무거운 이 과제로부터 신중하게 비켜서서 전체를 이른바 호리 다쓰오적인 세계라는 오블라투로 감싸서 《보인회 잡지》 지상에 제시한 것이 〈채색 유리〉였다고 할 수 있다. 앞에서 서술했듯이 아즈마 다카시는 이것을 두고 "너의 세계에는 넘보기 어려운 뭔가가 있다"라고 평가했는데, 작품의 열쇠를 직감적으로 포착한 코멘트였다.

호리 다쓰오를 모방한다는 생각 그러니까 일종의 거푸집을 얻었다는 생각에 마음을 놓은 탓일까, 〈채색 유리〉에서는 몇 가지 장치나 장난기도 눈에 띈다. 각 에피소드가 화(化)라는 글자로 시작하는 것이나, '하늘색 양말대님'이라는 형상을 다루는 방법('양말대님'에 관한 묘사는 《율리시스》의 열세 번째 에피소드 〈나우시카〉와 관계가 있는 듯하다) 등이 그 예인데, 더 흥미로운 것은 미시마 자신을 본뜬 인물이라 할 수 있는 조카 겐노스케를 맡아 보살피는 데이노스케와 아키코 부부가 사다타로와 나쓰코 부부의 패러디라는 점이다.

〈채색 유리〉가 쓰인 1940년이면 이미 아내 나쓰코를 잃은(나쓰코의 죽음은 1939년 1월) 사다타로는 아들 아즈사의 가족과 따로 시나

노마치에서 생활하고 있었고 가끔씩 미시마가 함께 살기도 했던 듯한데, 앞에서 인용한 〈네 편의 처녀작〉이라는 글에서 〈채색 유리〉를 '제2의 처녀작'이라고 했던 미시마는 "시나노마치 집 2층에서 단숨에 썼다. 그토록 가슴에 온갖 것이 넘쳐흐른 적은 없다."라고 말한다.

이때 미시마는 마침 사다타로의 집에 '맡겨져' 있었고, 실제로는 영락한 조부와 이미 사망한 조모를 무나가타 남작 부부로 작품 세계 속에 등장시켰던 것이다. 〈채색 유리〉의 묘사 방식은 바로 작품 〈봄빛〉이 그러했듯이 화려하게 각색되어 있는데, 이것은 조부모에 대한 오마주라기보다 오히려 아이러니라 할 수 있다. 데이노스케(禎之助)와 아키코(秋子)라는 명명이 사다타로(定太郞)와 나쓰코(夏子)의 이름을 비튼 것이라는 점은 말할 필요도 없거니와, 조카의 이름이 '견개(狷介)'라는 말과 관련된 것으로 보이는 '겐노스케(狷之助)'인 것도 악의가 깃든 장난기의 발현이다.

지금까지의 내용을 정리하기로 하자. 미시마는 전 습작기의 〈관〉이나 습작기 I 후반의 〈조감도〉에서 허무와 세바스티아누스 콤플렉스라는 내면 우주의 핵을 주제로 다루라는 요구에 직면해 있다. 그러나 이 시점에서는 아직 준비가 제대로 되어 있지 않아서 어설프게 발을 들여놓는 것은 너무 위험하다. 그래서 미시마는 임계점 바로 앞에서 걸음을 멈춘다. 그리고 미묘한 균형점 위에 서서 〈채색 유리〉라는 소설 세계를 빚어냄으로써 조부 사다타로와 조모 나쓰코의 존재를 작품 창작을 위한 소재로 삼는 데도 성공한다. 미시마가 〈채색 유리〉에 관하여 "진정한 의미에서 처녀작이라고 생각한다"(〈네 편의 처녀작〉)라고 말한 것은 지극히 당연하다.

다음으로 습작기 II에 관하여 검토하기로 한다. 이 시기의 미시마는 소설을 활자화하여 발표하지는 않았지만, 백부에게 맡겨진 조카라는 설정을 유지하면서 계속해서 열심히 소설을 쓰고 있었다. 그 지점에서 라디게와 조이스에 이어 의미를 갖게 된 작가가 마르셀 프루스트이다.

하지만 열대엿 살의 미시마가 프루스트의 《잃어버린 시간을 찾아서》를 읽고 내용을 충분히 이해했다고 말하기는 어려우며, 이 작품의 완역본이 처음 나온 것은 전후 1955년 10월의 일이다. 그러나 《정본 미시마 유키오 서지》의 장서 목록[7]에 따르면, 미시마는 이노우에 규이치로(井上究一郎)가 '마음의 간헐(間歇)'이라는 표제로 묶은 신서 형식의 《잃어버린 시간을 찾아서》 다이제스트 판(발췌 역)의 제2판[8]을 지니고 있었고, 1941년 2월 1일에 아즈마 다카시에게 보낸 편지에서는 이 책을 아즈마에게 소개하면서 고라이 도루(伍來達)가 번역한 《잃어버린 시간을 찾아서》 제1권(스완네 집 쪽 1, 콩브레)[9]을 어렵사리 헌책방에서 구했다고 썼다.

당시의 습작에 끼친 프루스트의 영향은 금방 알아챌 수 있다. 예를 들면 미완성 원고 〈저택〉에 화자의 유년 시절 에피소드가 들어가 있는 것은 《잃어버린 시간을 찾아서》에서 화자의 유년 시절의 기억이 그려져 있는 것의 모방이다. 또 과제 작문 〈전차〉 첫 부분에서 그려지는, 주인공이 잠이 들려 하는 장면은 《잃어버린 시간을 찾아서》 전편(全篇)의 서두에서 촉발된 것이리라.

그러나 프루스트의 영향은 이 점에 그치지 않고, 이제부터 살펴보겠지만, 다른 요인과 복합적으로 관련되면서 〈꽃이 한창인 숲〉으로 전개된다. 다만 그 전개가 연속적이라고는 말할 수 없다. 오히려

〈꽃이 한창인 숲〉을 집필하는 과정에서 갑작스런 비약이 있었던 것처럼 보인다. 게다가 그것은 이중의 비약이었다. 거기에서 도달하게 되는 문학적 성취의 본질은 어떤 것이었을까. 그때 내면 우주의 초점인 허무와 세바스티아누스 콤플렉스는 어떻게 다루어질까.

다음 장에서 이 점을 상세하게 분석하기로 한다.

제4장

열여섯 살 천재 소설가

〈꽃이 한창인 숲〉, 미시마 유키오의 탄생

　〈꽃이 한창인 숲〉은 미시마 유키오의 처녀작으로 널리 알려져 있다. 사실 미시마라는 필명을 쓴 최초의 작품이다. 가쿠슈인 밖에서 발표한 최초의 소설이자 1944년 10월 간행된 미시마의 첫 단행본의 표제이기도 했다. 그 내용이나 형식 모두 미시마가 아니면 쓸 수 없는 개성 강한 작품이다.

　그런데 앞에서 말한 〈네 편의 처녀작〉에서 미시마는 이 작품을 거론하지 않는다. 1968년 간행된 자선 단편집 《꽃이 한창인 숲·우국》(신초문고)에 부친 자작 해설에서는, "훗날 나의 많은 장편소설의 주제의 맹아가 전부 포함되어 있다"라고 설명하는 〈중세 시대 어느 상습적 살인자가 남긴 철학적 일기에서 발췌〉[1]와 비교하면서, 〈꽃이 한창인 숲〉에 관하여 다음과 같이 말한다.

　　이것과 비교하여 전시 중에 쓴 또 다른 작품 〈꽃이 한창인 숲〉을 나는 더는 아끼지 않는다. 1941년에 쓴 릴케 풍의 이 소설에는 지금 보면 일종의 낭만파의 악영향과 애늙은이처럼 잘난척하는 것만 눈에 띄어 몸 둘 바를 모르겠다. 열여섯 살짜리 소년은 독창성에 손을 내밀려 하지만 아무리 해도 손이 닿지 않아 어쩔 수 없이 잘난척하기로 한 것처럼 보인다. 덧붙이자면, 이 단편집의 제명을 '꽃이 한창인 숲'으로 하고 싶다는 출판사의 뜻에 따라 나는 할 수 없이 선택했다.

이 인용을 읽고 미시마가 만년에 이르러서야 비로소 〈꽃이 한창인 숲〉을 자기 부정하기에 이르렀다고 생각하는 것은 잘못이다. 뒤에서 서술하듯이, 적어도 〈야차(夜の車)〉*가 쓰인 1944년 여름 무렵에 미시마는 이미 이 작품에 대해 명확한 위화감을 품고 있었고, 그 원점은 더 거슬러 올라갈 수 있을 것이라고 생각한다. 〈꽃이 한창인 숲〉이 소설가 미시마 유키오의 탄생을 알린 중요한 작품인 것과 그것을 그 후 미시마 문학의 근간으로 규정하는 사람이 있는 것은 틀림없지만, 그렇게 지적하는 것만으로는 풀리지 않는 문제가 숨어 있다.

〈꽃이 한창인 숲〉은 《문예문화》에 네 차례에 걸쳐 연재되었다. 개요는 다음과 같다.

《문예문화》 39호(1941. 9.)
서장. 화자인 '나'는 "추억은 '현재'의 가장 청순한 증거"라고 생각한다.

---

* '夜の車'는 '밤차'가 아니라 귀신을 뜻하는 '야차(夜叉)'이다. '夜車'와 '夜叉'의 일본어 발음 역시 같다.

제1장. 추억의 대상으로 '나'의 유년기를 회상한다. 과제 작문〈전차〉의 내용이 들어 있다.

《문예문화》40호(1941. 10.)
제2장. '나'의 먼 조상인 '크리스천' 히로아키 부인 이야기.

《문예문화》41호(1941. 11.)
제3장(상). 헤이안 시대의 당상관('나'의 더욱 먼 조상)을 사랑한 여인에 관하여 이야기한다.

《문예문화》42호(1941. 12.)
제3장(하). '나'의 조모의 숙모의 생애에 관하여 이야기한다. '손님'이 이미 노년이었던 이 여성을 찾아와 면회하는 장면에서 이 소설은 끝난다. 이 '손님'은 바로 화자인 '나'의 분신, 아니 분신이라기보다 '나'가 '손님'이라는 3인칭 인격으로 전신(轉身)한 것이라고 말하는 게 낫다. 이렇듯 시공을 초월하여 '추억'과 '현재'가 합치, 융합한다.

조금 구체적으로 내용을 살펴보자.
서장의 첫 부분, "원래 이 땅은 나 자신과도 또 내 핏줄 위로도 어떤 연고가 없는 땅에 지나지 않는데, 언젠가는 나 자신 그리고 나 이후의 핏줄과 모종의 깊은 연관을 갖지 못할 것도 없을 것"을 예감케 하는 땅으로 온 '나'는 제2장에서, "나는 무가(武家)와 공가(公家)의 조상을 갖고 있다. 둘 중 어느 쪽의 고향에 갈 때에도 우리들의 열차를 따라 아름다운 강이 나타났다 사라졌다 한다. 〔……〕 조모와 어머니에게 강은 지하를 흘렀다. 아버지에게 그것은 얕은 여울이 되었다. 나에게—아아 그것은 도도하게 흐르는 큰 강이 되지 못하고 무엇이 될까."라고 확신하고 조상들을 하나하나 추억한다.

제1장에서 펼쳐지는 나의 회상은 미시마 자신의 유년 시절을 각색한 것인데, 제2장 이후는 극히 일부를 빼고는 허구이다. 사실에서 출발해 허구로 연속적으로 옮겨가면서 발전하는 구성은 이 작품의 특징 중 하나이지만, 그 이상으로 주목해야 할 것이 시간 구조이다. 그것은 미완성 원고 〈저택〉처럼 단순히 화자의 과거 에피소드를 이것저것 모아놓은 것이 아니다. 작중에서 '나'의 시선은 늘 자기 자신의 과거로, 나아가 조상들의 과거로 향한다. 하지만 '어떤 연고도 없는 땅'과 새로운 '연관'을 가질 것을 예감하고, 조상들로부터 이어지는 계보가 '나'에게 '도도하게 흐르는 큰 강'이 될 것을 미리 알고 있다는 점에서 '나'의 시선은 미래로 향해 있기도 하다. 오히려 '나'에게 미래 지향과 과거 지향은 다른 것이 아니라 서로 어울려 '나'의 현재를 낳는다. 이러한 시간 구조는 충분히 주목할 만하다.

프루스트, 릴케, 호리 다쓰오

이 점에 관하여 작자 미시마는 대단히 의식적이다. 이 발상의 일단은 《잃어버린 시간을 찾아서》에서 촉발된 것이리라. 프루스트 작품의 화자도 단순히 과거의 에피소드를 기록한 게 아니다.

《잃어버린 시간을 찾아서》에서 중요한 것, 그것은 기억과 추억(=과거)이 생의 핵심적 계기라고는 하지만, 그 본질은 이제부터 간행

될 소설(=미래)에서 비로소 발현될 터이고, 그러한 생각을 지금(=현재) 여기에서 기록함으로써 존재를 회복하는 시간 구조이다. 《잃어버린 시간을 찾아서》의 화자가 일찍이 머물렀던 시골 마을 콩브레에는 두 개의 산책길이 있는데, 하나는 신흥 부르주아적인 것을 상징하는 '스완네 쪽'(그 배경에는 유대 세계가 가로놓여 있다), 다른 하나는 쇠퇴하고 있는 상류계급을 상징하는 '게르망트 쪽'(가톨릭 세계를 반영한다)이다.

그리고 《잃어버린 시간을 찾아서》 권말에서 질베르트와 생 루의 딸을 만난 화자는 '스완네 쪽'과 '게르망트 쪽' 두 길이 이 딸에 이르러서 훌륭하게 합류한다는 것을 안다. 이러한 자리매김은 '무가와 공가의 조상을 가진' 〈꽃이 한창인 숲〉의 '나'의 설정에 대응한다. 이 구조는 지극히 논리적으로 처리된다.

다른 한편, 〈꽃이 한창인 숲〉을 읽는 사람은 여기에서 논리의 날카로움보다 끊임없이 이어지는 문체의 모호함 같은 것을 느낄 것이다. 이 점에 관해 말하자면 미시마는 프루스트 이상으로 릴케의 영향을 받고 있다. 1941년 8월 5일 자 아즈마 다카시에게 보낸 편지에는 이렇게 적혀 있다. 미시마가 스스로 '릴케 풍의 영향'이라고 부른 연유이다.

    2, 3년 전 라디게에게 빠져 있을 무렵에는 빗살처럼 단아한 수미일관함에 마음을 빼앗겨 이것이 바로 내가 향후 나아갈 길이자 나에게 가장 어울린다고 스스로 인정했지만, 이때에는 난마처럼 뒤얽힌 아름다움에 마음을 빼앗기기 시작했습니다. 《말테의 수기》가 그것입니다. 〔……〕 셀 수 없는 에피소드의 집성이 빚어내는 저 불가사의한 평정과

현혹의 조화, 그러한 것이 예사로운 평정보다 아름답게 보였습니다.

그나저나 시에서 소설의 세계로 방향을 바꾸겠다고 마음먹은 이후 미시마의 재빠른 발걸음은 눈이 휘둥그레질 정도이다. 영향을 받은 외국 작가도 라디게, 조이스, 프루스트, 릴케 등 다채로운데, 그는 당시 일본에서 알 수 있는 세계 문학의 최첨단을 만나고 있었던 셈이다. 미시마가 아직 적으면 열네 살, 많으면 열여섯 살의 소년이었다는 점을 고려하면 놀라움을 금할 수가 없다.

미시마를 이끈 선배들의 이름을 거론할 때 호리 다쓰오를 빠뜨릴 수는 없다. 〈채색 유리〉에 끼친 호리의 영향에 대해서는 앞에서 서술했는데, 라디게, 조이스, 프루스트, 릴케는 모두 호리가 큰 영향을 받은 작가였다. 〈꽃이 한창인 숲〉 이후 미시마는 자신의 작품에 일본 고전 문예를 받아들이는데, 여기에서도 〈가게로후의 일기〉, 〈두견새〉, 〈광야〉 등 고전 문예를 재창작한 호리의 영향을 확인할 수 있다. 이처럼 호리를 주목하면 〈꽃이 한창인 숲〉 집필 시기 전후를 일관하는 하나의 선을 그려볼 수 있다.

하지만 〈꽃이 한창인 숲〉 이전인 습작기 II와 〈꽃이 한창인 숲〉 이후의 세계 사이에 어떤 비약이 있는 것도 사실이다. 독특한 시간 구조를 창안한 것은 그 비약의 제1단계이다. 하지만 뒤에서 보듯이 한층 더한 비약이 시간 구조에 이어졌다. 그것은 무엇을 의미하는가. 여기에서 묻지 않을 수 없는 것이 〈꽃이 한창인 숲〉이 게재된 《문예문화》라는 잡지이다.

시미즈 후미오와 하스다 젠메이

《문예문화》는 발행인 겸 편집인 하스다 젠메이(蓮田善明), 시미즈 후미오, 구리야마 리이치(栗山理一), 이케다 쓰토무(池田勉)에 의해 1938년 7월 창간된 일본 문학 잡지이다(종간은 1944년 8월). 하스다를 비롯한 네 명은 히로시마고등사범학교, 히로시마문리과대학 동창생인데, 모두 사이토 기요에(齋藤淸衛)를 사사했다. 사이토는 도쿄제국대학 국문과를 졸업한 연구자인데, 1933년 히로시마고등사범학교 교수를 그만두고 다네다 산토카(種田山頭火)를 본떠 국내외를 떠돌았고, 《문예문화》를 창간할 때에는 가장 중요한 정신적 지주 중 한 사람이 되었다. 이케다 쓰토무가 쓴 《문예문화》〈창간사〉 일부를 보면 이러하다.

> 전통의 권위는 땅에 떨어지고 고전을 칭송하는 순풍(淳風)도 사라져 텅 비었다. 일본 정신을 선전하는 소리 드높지만 현실을 분식(粉飾)하는 정론(政論)에 지나지 않고, 예문(藝文)의 고전은 애석하게도 공리(功利)의 도구로 활용되어 제멋대로 절단(截斷)되기 일쑤이고, 소위 일본 문학 연구는 널리 이루어지고 있지만 근거 없는 분석과 비판에 노출되어 고전 정신의 전모를 칭송할 수도 없는 실정이다. 오호라, 고전의 권위는 땅에 떨어졌도다. 지금 고전의 부활을 생각하지 않고 고전의 여명을 부르지 않는다면 우리 고전의 정신은 끝내 죽어버리고 말 것이다. 〔……〕 지금 우리들의 의무와 책임은 이 전통에 대해 마음으로부터 감사하고 만족하면서 믿고 따르는 것이어야 한다. 오히려 오늘날에 이르러 전통은 신성하고 엄숙하게 명하고 있다. 이

렇게 명하는 전통이 무엇이든 안에서 엄숙하게 명하는 것을 우리들은 믿는다.

그렇다면 우리들은 더는 전통에 관하여 말할 필요성을 알지 못한다. 전통으로 하여금 스스로 권위를 갖고 말하게 하고, 우리들은 그것에 대한 신뢰를 고백함으로써 일본 정신의 가르침에 귀를 기울여야 한다.

문학사적으로 보면 《문예문화》는 야스다 요주로(保田與重郞)를 중심으로 하는 잡지 《코기토》(1932년 3월~1944년 9월), 《일본낭만파》(1935년 3월~1938년 8월)의 주변에 위치하는데, 이 두 잡지에서는 사실상 배제하고 있는 일본 문학 연구를 기본으로 하여 연구와 비평 나아가 창작까지 아우르고자 했다는 점에서, 《코기토》와 《일본낭만파》를 보완한다기보다 오히려 비판하는 측면도 갖추고 있었다.

더욱이 "이렇게 명하는 전통이 무엇이든 안에서 엄숙하게 명하는 것을 우리들은 믿는다"라는 일절은 사이토 기요에와 함께 이 잡지의 정신적 지주였던 이토 시즈오(伊東靜雄)의 시 〈내 사람에게 주는 애가(哀歌)〉의 "이렇게 부르는 것이 무엇이든/우리들 안(內)이/맑게 부르는 것을 나는 믿는다"와 이어진다.

기묘하게도 《문예문화》가 창간된 1938년은 시미즈 후미오가 세이조고등학교를 퇴직한 후 가쿠슈인에 부임한 해이자, 그를 대신해 하스다 젠메이가 대만 타이중상업학교에서 세이조고등학교로 자리를 옮긴 해이기도 했다. 단지 같은 해 10월 하스다는 국가의 부름에 응해 고향 구마모토의 보병 제13연대 제2중대에 육군 보병소위로 입대한다.

덧붙여 말하자면 1903년 6월생인 시미즈는 1929년 히로시마고등사범학교를 졸업하고 히로시마문리과대학에 입학했고, 1932년 동 대학을 졸업한 후[2) 세이조고등학교에 부임했다. 고등사범학교 입학까지는 학업과 생활에서 어려움을 겪었지만 그 후 경력은 순조로워서 문리과대학을 제1기생으로 졸업하자마자 결혼도 한다.

한편 하스다는 1904년 7월생으로 시미즈보다 한 살 적다. 시미즈보다 빨리 1927년 히로시마고등사범학교를 졸업한 후, 가고시마 보병 제45연대에 간부후보생으로 입대한다. 그 후 기후(岐阜), 나가노의 중학교원을 거쳐(그 사이에 결혼해 장남을 얻는다) 1932년 히로시마문리과대학에 입학해 국어학과 《고사기(古事記)》를 연구했다.

1935년 이 대학을 졸업하고 상경을 희망하지만 폐문 림프선염 요양과 장학금 변제(辨濟) 때문에 본의 아니게 급여 면에서 우대를 받는 대만에 부임한다. 1938년 이미 이 학교에서 6년간 근무한 시미즈의 후임으로 세이조고등학교로 자리를 옮긴다. 그런데 부임 후 고작 반년 만에 소집영장을 받는다. 시국은 중일전쟁의 발단이 되는 루거우차오(盧溝橋) 사건으로부터 일 년이 지났고, 국가총동원법이 시행된 해였다.

하스다 쪽에서 시미즈를 보면 은혜에 고마움을 느낌과 동시에 자신의 불우함을 한탄해도 이상할 게 없는 입장이다. 그러나 서로를 돈독하게 신뢰했고, 그 핵심에 일본 문학에 대한 열의와 잡지 《문예문화》가 놓여 있었다.

"고전의 권위는 땅에 떨어졌다"

시미즈가 가쿠슈인에 부임한 해 미시마는 중등과 2년생이었다. 다음 해 1939년 시미즈는 중등과 3년의 국문법과 작문 담당 교사로 미시마의 수업을 맡는다. 그리고 1940년 신설된 기숙사(중등과 3년생 중 희망자를 수용하는 세이운료靑雲寮)의 사감이 되자 미시마는 그곳을 자주 방문했다고 한다.[3]

그렇다면 시미즈의 일본 문학관은 어떠했을까. 시미즈는 "학문의 고향이란 무엇인가. 그것은 마음을 비우고 [……] 작품을 읽을 때 깨닫는, 가슴 설레는 감동이다."[4]라고 말한다. 시미즈의 구체적인 작품 해석을 보기로 하자.

예컨대 〈우아함 ― 풍류론 5〉[5]라는 글에서는, 《이세 모노가타리(伊勢物語)》 제1장(이제 막 관례를 치른 남자가 아름다운 자매를 사모하여 노래를 부르는 이야기)에서 볼 수 있는 남자의 첫사랑의 심경을 '울결(鬱結)한 생각', '울정(鬱情)'으로 파악한다. 그리고 전례(처음 불렀던 노래)를 따라 새롭게 노래를 부름으로써 '울정'을 '문예'로 표현할 것을 희구하고, 그것은 "이 생각을 상대 여성이 헤아려주기를 바라는 마음과 다르지 않다"고 말한다.

또 《사라시나 일기(更級日記)》를 논한 〈동경의 자세 ― 사라시나 일기 2〉[6]에서는, 수도에 많이 있다고들 하는 '모노가타리(이야기)'를 동경한 시골 출신 소녀가 간신히 상경했을 때 "교토는 소녀 앞에 폐허처럼 황량하게 다가왔고" "그것은 정말이지 참혹한 환멸" 이외에 아무것도 아니었지만, 바로 그랬기 때문에 도리어 "아름다운 '모노가타리'의 세계를 향한 동경은 더욱 강렬하게 솟구쳐" "'꿈'을 생각하는 절실한 심정이 이윽고 훨훨 날개를 펼치게 되는 것"이라고 말한다.

여기에서는 '희구'나 '동경'과 같은 **미래** 지향을 강조하지만, 그 미래 지향은 전례가 되는 노래나 기존의 모노가타리를 향한 경도(傾倒)와 같은 **과거** 지향에 의해 뒷받침된다. 그리고 이 양자가 서로 어울려서 **현재**가 생겨나고, 나아가서는 '울결한 생각'이나 '폐허와 같은 황량함'으로 가득 찬 현실이 극복되는 것이다(이러한 시간 구조는 신토의 '나카이마中今'라는 개념과 겹칠 수 있다).

이것은 "고전의 권위가 땅에 떨어진" 현실에 맞서 "고전의 여명을 부르는"《문예문화》의 이념을 작품 해석의 차원에서 구체적으로 실천한 것이라고 할 수 있다(고전=**과거** 지향, 여명=**미래** 지향). 동시에 〈꽃이 한창인 숲〉의 시간 구조와도 완벽하게 공명하는데, 이와 관련하여 시미즈의 문학관은 가쿠슈인 수업에서도 자연스럽게 반영되었을 터이고, 그 영향을 받은 미시마가 자신의 작품 세계에 시미즈 후미오-《문예문화》의 이념을 따르는 시간 구조를 받아들였다고 보아야 할지도 모른다. 앞서 서술했듯이 〈꽃이 한창인 숲〉의 시간 구조는 한편으로는 프루스트에게서 촉발된 것이긴 하지만, 그것이 시미즈-《문예문화》를 접함으로써 한층 더 명확한 형태를 띠고 〈꽃이 한창인 숲〉의 작품 세계의 탄생으로 이어지는 것이다.

다만 "고전의 권위는 땅에 떨어졌다"라는《문예문화》동인의 현실 인식과 시미즈가《이세 모노가타리》나《사라시나 일기》의 세계에서 '울정'이나 '폐허와 같은 황량함'을 읽어내는 것을 미시마 자신이 어떻게 받아들였는지에 관해서는 뒤에서 다시 검토할 필요가 있다(제4장 끝 부분에서 다룬다).

"역사가 점지한 아이"

그렇다면 〈꽃이 한창인 숲〉은 어떤 경위로 《문예문화》에 게재되었을까. 미시마가 시미즈에게 〈꽃이 한창인 숲〉 원고를 보낸 것은 1941년 7월이다(7월 28일 자 편지). 이 편지에서 미시마는 "이것은 가을 《보인회 잡지》에 낼 생각입니다만, 아무쪼록 고귀한 말씀을 들을 수 있으면 좋겠습니다"라고 쓴다. 원고를 본 시미즈는 바로 이즈(伊豆) 슈젠지(修善寺)의 아라이료칸(新井旅館)에서 열린 《문예문화》 편집회의에 이 원고를 가져갔고, 열독한 동인들은 《문예문화》에 게재하기로 결정했다. 그 전후에 시미즈는 사토 하루오에게도 〈꽃이 한창인 숲〉을 읽어 달라고 부탁했는데, 사토는 작품 한 편만 보고 미래 작가의 탄생을 예견하기는 어렵다는 요지의 답을 했다고 한다. 이러한 경위는 시미즈, 구리야마, 이케다를 비롯한 동인들이 전하는 바와 같다.[7] 초고를 끝낸 직후에 이미 원고를 읽어주었던 아즈마 다카시에게 미시마는 8월 5일 자 편지에서 〈꽃이 한창인 숲〉이 《문예문화》에 실릴 예정이라는 소식을 알린다. 다만 미시마는 '제3장'을 중심으로 하여 고쳐 쓰는 등 퇴고를 이어 가고 있었다.[8]

여기에서 미시마가 시미즈에게 "《보인회 잡지》에 낼 생각"이라고 한 말을 액면 그대로 받아들여도 좋을까. 쉽게 판단할 수 없는 내용이다. 뒤에서 보겠지만 1941년 《문예문화》는 새로운 토대를 내세우려 하고 있었고, 미시마는 직접적이지는 않았더라도 시미즈의 모종의 권유에 응하여 굳이 《문예문화》의 이념을 따르려고 의식하면서 〈꽃이 한창인 숲〉을 썼다고 생각할 수도 있다. 《나의 편력 시대》에서 미시마는 《문예문화》를 '일본 문학계의 누벨바그'라고 평한다.

그 새로운 물결에 함께함으로써 가쿠슈인의 틀을 벗어나고 싶다는 생각에서 〈꽃이 한창인 숲〉을 써서 시미즈에게 열독을 청했을 가능성도 부정할 수 없을 것이다.

다른 한편《문예문화》쪽으로 눈을 돌리면, 이 잡지가 일본 문학을 기본으로 삼고 비평과 창작까지 아우르려 하고 있었다는 것은 위에서 언급했지만, 실제로 창작 작품을 헤아려보면 몇 편의 시, 단카, 하이쿠를 빼면 네 편의 소설밖에 실려 있지 않다. 그리고 그것은 모두 미시마의 작품이다(〈꽃이 한창인 숲〉, 〈수면 위의 달〉, 〈세상에 남기다〉, 〈야차〉). 소설풍의 수상(隨想), 평론까지 포함하면 일본 문학자이자 하이쿠 시인으로《산토카 전집》을 사이토 기요에 등과 편집한 것으로도 알려져 있는 다카토 가케마(高藤武馬)가 난반지 난조(南蠻寺万造)라는 필명으로 오토모노 야카모치(大伴家持, 718~785)*를 그린 〈고시노우미(越の海)〉[9], 동인인 이케다 쓰토무가 다케하야스사노 오노미코토(建速須佐之男命)**에 관하여 "나는 쫓겨나야 할 운명이었다"라는 식으로 '나'를 주인공으로 하여 이야기를 시작하는 〈다케하야스사노 오노미코토〉[10] 등은 소설로 간주할 수도 있다. 하지만 작품으로서는 뭔가 부족해서 잡지《문예문화》에 어울리는 다른 소설 작품을 기다리고 있지 않았을까. 그러던 차에 〈고시노우미〉와 〈다케하야스사노 오노미코토〉가 발표된 해 여름, 시미즈가 제자 미시마의 원고를 들고 왔던 것이다. 이것이 〈꽃이 한창인 숲〉 첫 회 게재호의 편집후기에서 볼 수 있는 찬사, 즉 "〈꽃이 한창인 숲〉의 작가는 완전한 연소자이다. 〔……〕 바로 우리들의 어린 동료이다."

---

* 나라 시대의 황실 관리이자 시인.
** 일본 신화에 등장하는 신. 일본 왕실의 신화적 조상인 아마테라스의 남동생.

"유구한 일본 역사가 점지한 아이다. 우리들보다 나이는 훨씬 적지만 이미 성숙한 뭔가가 탄생한 것이다."라는, 잘 알려진 하스다의 미시마 찬사로 이어지는 것이다.

하스다 개인의 입장에서 보아도 소설가 미시마의 출현에 깊이 기대하는 바가 있었음에 틀림없다.

당시 하스다의 동정을 뒤돌아보면, 1938년 소집영장을 받은 하스다는 다음 해 4월 중국으로 가서 후난성(湖南省) 둥팅호(洞庭湖) 동부의 옌지아다산(晏家大山)* 수비를 맡는다. 그런데 도착하자마자 이질로 의심되는 병에 걸리고, 9월에는 창사(長沙)를 향해 진격하던 중 총에 맞는다. 그러나 전쟁터에서 고통을 겪으면서도 〈시와 비평 — 고킨와카슈(古今和歌集)에 관하여〉를 써서 《문예문화》 17~19호(1939년 11월~1940년 1월)에 발표한다.

이 글에서 하스다는 〈노래를 짓는 사람에게〉에서 《고킨와카슈》를 비판한 마사오카 시키(正岡子規) 이후의 근대 와카론에 이의를 제기하면서 고킨슈(古今集)의 비평 정신, 지적 성격을 높이 평가한다(고킨슈에 관한 이러한 관점은 만년의 미시마에게 큰 영향을 주는데, 이에 대해서는 제17장과 제20장에서 상술한다). 하스다가 귀환한 것은 1940년 12월이었다.

하스다는 가장 우익적인 일본 문학자 중 한 사람이라는 인상이 강해서 건장하고 완강한 인물로 생각하는 경향이 있지만, 열다섯 살 때 늑막염으로 휴학하는 등 체력적으로 건강한 편은 아니었다. 전쟁터에서도 적지 않은 고난을 겪었으며, 귀국 길에는 "규슈의 한

---

* 현재의 웨양시(岳陽市) 웨양현.

구석에 귀국의 첫발을 내딛자마자 정신의 평형을 잃고 부두에서 혼절했다"11)고 전한다.

심신의 요양을 위해 1941년 1월부터 아소산(阿蘇山) 중턱의 다루타마 온천에서 머무는데 그때의 체험을 바탕으로 삼아 소설 〈유심(有心)〉을 집필한다. 이 소설에서 화자(하스다 자신이 모델이다)는 《헤이케 모노가타리(平家物語)》, 릴케의《로댕》, 곤고 이와오(金剛巖)의 《노(能)와 노멘(能面)*》 세 권을 가지고 온천으로 가는데 그곳에서 어떤 사건이 일어난다. 치료차 온천에 요양 온 아버지의 시중을 들고 있던 딸 앞으로 약혼자가 전사했다는 통지가 온 것이다.

소설 끝부분에서 아소산 분화구로 향하던 화자는 "아무런 소리도 없고, 공기의 진동도 없고, 대지가 으르렁거리는 것도 아닌데, 갑자기 거대한 울림 같은 것을 하늘과 대지에서 느낀"다. 그 정체는 모호하게 처리된 채 작품이 끝나는데,《하스다 젠메이와 그의 죽음》의 저자 오타카 곤지로(小高根二郎)는 약혼자를 잃은 딸이 투신자살한 것이며, 그것은 화자(하스다) 자신을 대신한 자살이었다는 식으로 이야기의 줄거리를 읽어낸다.12)

〈유심〉은 일종의 사소설이다. 하지만 이 소설처럼 요양지에 온 인물의 심경을 기록한 〈기노자키에서(城の崎にて)〉의 작가 시가 나오야가 지닌 평안한 깨달음이나 달관에 이르지 못한 하스다는 마음의 안정을 잃은 채 창작의 한계점에서 붓을 꺾지 않을 수 없었다. 결국 하스다는 이 소설을 그대로 책갑 바닥에 감추었고, 1943년 10월 다시 소집영장을 받아 모지(門司)로 향하는 화차 안에서 이제는 더 쓸

---

* 일본의 전통 예능인 노(能)에서 사용하는 가면.

미시마는 열여섯 살에 '천재 소설가'라는 경탄 속에 등단했다. 가쿠슈인 시절.

수 없다는 취지의 '결말'을 적고서, 처음으로 〈유심 — 요즘 이야기〉라는 타이틀을 달아 다른 원고와 함께 시미즈 후미오 앞으로 보냈던 것이다. 미시마가 후지 마사하루(富士正晴)에게 보낸 1944년 3월 25일 자 편지에 따르면 고단샤(講談社)가 이 소설의 간행을 거절한 것으로 알려져 있는데, 현대의 독자가 〈유심〉을 읽을 수 있는 것은 이 소설이 시미즈 후미오 등의 도움으로 잡지 《조국》(1950년 5월호 및 6월호)에 게재되었기 때문이다.

이렇게 보면 미래 지향과 과거 지향을 합치시킴으로써 현재를 살아갈 뿐만 아니라 나아가 초극하고자 하는 시간 구조를 지닌 〈꽃이 한창인 숲〉을 미시마가 막 쓰기 시작했을 무렵 하스다는 〈유심〉의 붓을 꺾었다는 것을 알 수 있다. 굳이 따지자면 하스다의 눈에는 〈꽃이 한창인 숲〉이 자기 작품의 뒤를 이어 더 높고 더 깊은 차원으로 발전시킨 것으로 비치지는 않았을까.

여기에 양자의 이른바 '결연(結緣)'이 있는데, 이것이 〈꽃이 한창인 숲〉이라는 작품에 두 번째 비약의 기회를 불러왔다. 정확하게 말하면 〈꽃이 한창인 숲〉의 내용 그 자체라기보다 오히려 그 작품의 존재 방식에 전대미문의 성격이 부여되기에 이르렀던 것이다. 이것은 미시마 유키오라는 필명의 탄생과도 관련된다.

사라진 히라오카 기미타케

시미즈를 비롯한 동인들의 말에 따르면, 아직 중등과 5년의 연소자인 필자를 세상으로부터 지키고 동시에 히라오카 집안을 배려하기 위해 필명을 지을 필요가 있었다. 그리고 편집회의가 열리는 슈

젠지로 가는 길에 **미시마**(三島) 역을 통과한 것과 그곳에서 올려다본 것이 후지산의 백설(白雪)이었던 것에서 자연스럽게 '미시마 유키오(三島ゆきお)'라는 이름이 정해졌다.* 그리고 고대의 대상제(大嘗祭)** 때 의식에 사용하는 햇곡식을 받치기 위해 점을 쳐서 선정하는 국도(國都) 두 곳 가운데 첫 번째 것을 가리키는 '유키(由紀)'에서 힌트를 얻어 두 글자가 선택되었다. '오(夫)'라는 한자는 귀경 후 시미즈가 본인과 상의하여 결정했다고 한다. '미시마'라는 성씨에 위화감이 없지나 않을까 하여 우선 가까이 있는 명부 등을 하나하나 뒤져 확인하고자 했다. 그것은 "이토 사치오(伊藤佐千夫) 같은 만요풍(万葉風)의 예스런 이름"을 좋아했다는 미시마의 생각과도 합치했다.[13]

이 이야기는 사실 그대로였던 듯하지만, 위에서 언급한 〈꽃이 한창인 숲〉 첫 회 게재호인 《문예문화》의 편집후기를 끝까지 읽어보면 그 배경 뒤에 숨은 다른 이유가 있다는 것을 알 수 있다. 편집후기에서 하스다는 "우리는 정리된 것은 아니지만 7월호를 낸 후 마음이 한결 새로워진 것을 느끼면서 뭔가를 기대했다. 전호(前號)에 실린 이케다의 〈다케하야스사노 오노미코토〉 등을 아는 사람이라면 그 과감함을 확실히 알 수 있으리라 생각한다. 또 우리는 그 기대를 위한 하나의 시도로서 동인의 집필 서명을 글 앞에서 지우기로 합의했다."라고 한 후에 다음과 같이 말을 잇는다.

---

* '白雪'의 '雪'의 훈독은 '유키(ゆき)'이며, '오(お)'는 남자의 이름에 흔히 쓰인다.
** 천황이 즉위 후 처음으로 거행하는 신상제(新嘗際). 신상제는 매년 11월 23일 천황이 햇곡식을 천지의 신에게 바치고 친히 이것을 먹기도 하는 궁중 의식이다.

그것은 뭔가를 기다렸기 때문이다. 실제로는 3월 무렵부터 생각해 온 것이기도 했다. 독자도 그 의미를 읽어낼 수 있으리라 기대한다. '작자 불명(よみ人しらず)'은 옛날 말이다. 그런데 그런 합의를 한 직후에 〈꽃이 한창인 숲〉이 나타난 것이다.

이와 관련하여 7월호 권두에는 사토 하루오의 시극 〈와나사(和奈佐) 소녀 이야기〉가 놓여 있는데, 이 편집후기가 의미하는 것은, 1941년의 《문예문화》는 시뿐만 아니라 소설까지 포함해 한층 더 높은 수준에서 문예와 일본 문학 연구의 융합을 지향하고 있었고, 그리고 그것은 개인의 창작이라기보다 더욱 보편적인 차원에서 고전과 전통 그 자체가 말하는 것이어야만 했다는 의미이다. 이것이 바로 《문예문화》의 새로운 토대였다.

이런 맥락에서 보면 〈꽃이 한창인 숲〉은 한 개인이 쓴 작품이라기보다 일반적이고 보편적인 주체, 하스다의 표현을 빌리면 '바로 우리들의 어린 동료', '유구한 일본 역사가 점지한 아이'가 들려주는 이야기로서 그야말로 새로운 토대를 체현하는 작품인 셈이다. 여기에 두 번째 비약이 있다. 굳이 말하자면 미시마 유키오라는 필명은 '작자 불명'과 동의어이다. 그것은 〈꽃이 한창인 숲〉의 화자인 '나'가 최후의 장면에서 '손님'이라는 3인칭 인격으로 변신하는 것과 부합한다.[14]

아즈마 다카시의 아버지 아즈마 스에히코(東季彦)에 따르면, 미시마는 아즈마 다카시의 소설 〈어린 시인〉에 등장하는 '유키코(悠紀子)'라는 이름을 좋아해서 처음에는 '유키오(悠紀夫)'를 필명으로 골랐지만 무슨 이유인지 '유키오(由紀夫)'로 바꾸었다. 이 설명은 《문예문화》 동인이 전하는 내용과 모순되는데, 여기에서 미시마가 생각했던 것을 추측해보면, 다카시에게는 필명의 진짜 유래를 감추고서 그 작품과 연관되는 것처럼 보이는 '유키오(悠紀夫)'보다 '유키오(由紀夫)'라는 이름이 '작자 불명'의 취지에 더 어울린다고 생각했을 것이다.[15]

이리하여 새로운 무대를 얻은 미시마는 계속해서 〈수면 위의 달〉, 〈세상에 남기다〉 두 편을 《문예문화》(53호, 1942. 11. 57~64호, 1943. 3~10.)에 발표한다. 이것은 호리 다쓰오의 〈가게로후의 일기〉와, 겐리이몬인 우쿄노다이부(建礼門院右京大夫)*에게 바친 후지와라노 사다이에(藤原定家)**의 와카 "같은 일이라면 마음을 두었던/그 이름 그대로 세상에 남기자"에서 힌트를 얻어 헤이안 시대와 가마쿠라 초기의 시공간을 무대로 삼아 일찍이 〈마음의 빛〉이나 〈공원 앞〉에서 시도했던 라디게 풍의 연애 소설을 전개한 것이다.

이러한 창작 활동의 이론적 배경이 된 것은 평론 〈왕조심리문학소사(王朝心理文學小史)〉였다. 이것은 중등과 5년 때 중등과 졸업논문으로 쓴 원고를 바탕으로 하며, 1943년 1월 가쿠슈인 도서관 현상논문에 입선한 글인데, 여기에서 미시마는 일본 고전문예의 세계와 유럽의 문학 세계를 연결해 논의를 펼친다.

---

* 생몰연대 미상. 헤이안 시대 말기부터 가마쿠라 시대 초기에 걸쳐 활약한 여류 시인.
** 1162~1241. 헤이안 시대 말기부터 가마쿠라 시대 초기에 걸쳐 활약한 황실 관리이자 시인.

미시마 유키오와 《문예문화》

하지만 이야기는 그렇게 간단하지 않다. 이러한 상황에서 미시마 자신은 스스로 만족했을까. 반드시 그렇지는 않았다. 사실 〈꽃이 한창인 숲〉이라는 작품의 명칭 자체가 이를 암시한다.

이 제목은 호리구치 다이가쿠의 번역시집 《월하의 일군(一群)》에 수록된 기-샤를 크로(Guy-Charles Cros)의 〈노래(小唄)〉[16]와 관련되는데, 미시마는 이 시의 마지막 연 "그녀는 숲의 꽃이 한창인 곳으로 죽으러 갔다/그녀는 다른 곳에 더 푸른 숲이 있다는 것을 알고 있었다"를 제사(題詞)처럼 인용하고 있다('더 푸른 숲'의 원어는 forêts plus vertes).

이 시 전체의 대체적인 내용은 '숲의 꽃이 한창인 곳'에서 아가씨가 죽은 것을 알고 사람들은 애도하며 울지만 그다지 슬퍼하지는 않는데, 왜냐하면 남은 사람들은 얼마 안 있어 '숲의 꽃이 한창인 곳'에서 일어난 일을 잊고 살벌한 현실을 살아갈 수밖에 없지만, 아가씨는 죽어서 한층 풍요로운 '꽃이 한창인 숲'으로 갔기 때문에 남은 사람들이 오히려 애도의 대상이 되어야 한다는 것이다.

미시마는 아즈마 다카시에게 보낸 1941년 7월 24일 자 편지에서 '꽃이 한창인 숲'이라는 타이틀에 관하여 "내부의 초자연적인 '동경'이라고는 하지만 상징인 셈"이라고 설명하는데, 시 전체의 대체적인 내용에 입각하여 보충하자면, 지금 눈앞에 있는 '숲의 꽃이 한창인 곳'은 중요하지 않으며, 그것은 현실의 세계를 떠나 죽음의 세계라는 진정한 의미에서 '꽃이 한창인 숲'으로 가는 입구이다.

이와 같은 제목의 함의는 미시마 유키오라는 필명이 '작자 불명'

과 동의어라는 취지와도 합치한다. 왜냐하면 미시마 유키오라고 스스로를 부름으로써 히라오카 기미타케라는 한 사람의 존재는 사라지고(즉 기-샤를 크로의 시 〈노래〉의 아가씨와 마찬가지로 죽음으로 가고), 개인으로서 직면하고 있던 현실의 생이 추상화됨으로써 새로운 세계('푸른 숲'이라는 진정한 의미의 '꽃이 한창인 숲')가 열리기 때문이다.

하지만 사실상 그것은 미시마(정확하게는 히라오카 기미타케라고 해야겠지만) 개인의 죽음을 의미한다. 그때, 〈관〉이나 〈조감도〉에서 다소나마 언급되었던 허무와 세바스티아누스 콤플렉스라는 내면 우주의 두 초점 그 자체는 더는 문제가 되지 않는다. 〈꽃이 한창인 숲〉은 미시마 이외의 다른 사람은 쓸 수 없는 개성 있는 작품임에 틀림없다. 그런데 여기에서는 허무와 세바스티아누스 콤플렉스라는 미시마 개인에게 절실하고 비장한 주제는 추구되지 않는다.

이것들은 머잖아 미시마가 정면으로 마주해야 할 터이다. 그런데 〈꽃이 한창인 숲〉이라는 제목도 미시마 유키오라는 필명마저도 그것을 금하고 있는 형국이다.

하기는 앞서 언급한 시미즈 후미오의 고전 평론이나 하스다 젠메이의 소설 〈유심〉에서 볼 수 있듯이, 이 두 사람은 허무와 세바스티아누스 콤플렉스 그 자체는 아니라고 해도 그것에서 유래하는 존재 해체의 위기를 날카롭게 느꼈을 뿐만 아니라 깊이 공감할 수 있는 인물이었다고 생각한다. 굳이 말하자면 바로 그것이 시미즈나 하스다와 미시마를 연결하는 핵심이었을지도 모른다.

하지만 《문예문화》라는 무대에 오른 이상 "나 자신이 뿔뿔이 흩어져버릴 것만 같은 위험" 자체를 마주하는 것은 허락되지 않는다.

"고전의 권위는 땅에 떨어졌다"는 《문예문화》의 현실 인식이나 고전문예의 세계에서 '울적한 심정'과 '폐허와 같은 황량함'을 읽어내는 시미즈의 해석을 미시마는 충분히 이해했을 것이다. 그러나 그것을 자신의 내면의 문제와 연결하는 것은 무용한 일이다.

이것은 미시마에게 적어도 한순간 어깨의 짐을 내려놓는 듯한 해방감을 주었음에 틀림없다. 그러나 미시마의 경우 그것으로 이야기가 끝난 것이 아니었다. 허무와 세바스티아누스 콤플렉스라는 내면 우주의 두 초점을 보류하고 미시마 유키오라는 이름을 사용한 것의 문제적 성격, 굳이 말하자면 그 기만성을 미시마는 알아차리고 있었다. 이 장 서두에서 언급했듯 〈꽃이 한창인 숲〉에 대한 위화감은 여기에서 비롯된 것이 아니었을까. 이런 생각은 1942년 이후 《문예문화》와 관계를 맺어가는 과정에서 서서히 확대되어 종간호에 쓴 〈야차〉(=〈중세 시대 어느 상습적 살인자가 남긴 철학적 일기에서 발췌〉)로 이어진다.

그것은 태평양전쟁의 전황이 뒤집혀서 "기울어 가는 대일본제국이 붕괴하리라는 예감"[17)]이 깊어지는 과정과 겹친다. 다음 장에서는 그 경로를 따라가보기로 한다.[18)]

제5장

불타는 도쿄

조부의 죽음과 〈만가 일편〉

네 번으로 나뉘어 《문예문화》에 게재된 〈꽃이 한창인 숲〉이 완결된 1941년 12월은 태평양전쟁이 개전한 달이었다. 이때 이후 전시 잡지 통합 요청에 따라 《문예문화》가 종간하고 첫 저작집 《꽃이 한창인 숲》이 간행되는 1944년까지 주요 사건을 정리해보면 미시마 자신의 발걸음과 국가로서 일본이 멸망해가는 궤적이 완전히 겹친다는 것을 알 수 있다.

1941년 12월 《문예문화》에 〈꽃이 한창인 숲〉 연재 종료. 《보인회 잡지》 167호에 〈서정시초〉 발표. 〈말과 그 서곡〉을 함께 게재. 태평양전쟁 개전.

1942년 1월 공연 관람을 좋아해 가부키를 중심으로 하여 극평을 쓰기 시작하다(이것을 바탕으로 삼아 1991년 7월 중앙공론사에서 《연극 일기(芝居日記)》가 간행되었다).

3월 가쿠슈인 중등과 졸업(석차 2등). 아버지 아즈사, 수산국장을 끝으로 하여 농림성을 나와 일본가스용목탄주식회사 사장에 취임.

5월 이 무렵 시즈에의 삶과 죽음을 서사화한 〈아오카키야마(青垣山)* 이야기〉(미발표)를 쓴다.

6월 미드웨이 해전에서 일본 패배.

7월 아즈마 다카시, 도쿠가와 요시야스와 함께 동인지 《아카에》 창간.

8월 조부 사다타로 사망. 향년 79세.

1943년 1월 〈왕조심리문학소사〉가 가쿠슈인 도서관 현상 논문에 입선(1941년 11월 쓰기 시작한 중등과 졸업논문을 바탕으로 한 논문이다).

2월 하스다 젠메이의 소개로 잡지 《고원(故園)》 창간호에 시 〈봄 여우〉 발표(간행일은 추정. 그 후 《고원》으로부터 동인이 될 것을 권유받지만 거절한다). 일본군, 과달카날섬에서 퇴각.

5월 이 무렵 이토 시즈오의 권유로 후지 마사하루가 미시마의 저작집 《꽃이 한창인 숲》 간행을 위해 움직이기 시작한다.

6월 《아카에》 2호 간행.

8월 미시마의 저작집 간행 계획이 구체화한다. 후지 마사하루의 연락을 받은 하스다 젠메이가 미시마에게 후지의 기획을 받아들이도록 권한다.

10월 하야시 후지마(林富士馬), 후지 마사하루와 함께 사토

---

* 울타리처럼 이어져 있는, 나무들이 푸르게 무성한 산.

하루오 방문. 하즈마 다카시 사망. 하스다 젠메이, 다시 소집영장을 받고 〈유심〉의 '맺음말'을 쓴다(다음 달 싱가포르 상륙). 출진학도장행회(出陣學徒壯行會) 개최.

1944년 1월 《꽃이 한창인 숲》의 출판사가 당초 생각했던 교토의 서점에서 간다(神田)의 시치조쇼인(七丈書院)으로 변경되자 미시마는 시미즈 후미오에게 도움을 구한다. 당시 후지 마사하루는 시치조쇼인의 간사이 주재원으로 일하고 있었다.

2월 후지 마사하루, 소집영장을 받는다.

4월 《꽃이 한창인 숲》 출판 허가가 내려오고, 이토 시즈오에게 서문을 의뢰했다가 거절당한다.

5월 효고현 가코가와초(加古川町) 공회당(현 가코가와 도서관)에서 징병검사. 제2을종 합격(신체적 결함이 없는 자로는 최저 등급). 검사 후, 이토 시즈오를 찾아가 그와 함께 중국 출정 직전인 후지 마사하루를 방문한다.

6월 나카가와 요이치(中河與一)로부터 《문예세기(文藝世紀)》 동인 요청을 받는다(다음 달에 거절). 마리아나 해전에서 패배.

7월 야마나시 가쓰노신(山梨勝之進) 가쿠슈인 원장의 제안으로 마이즈루(舞鶴) 해군기관학교에서 거행된 해상 훈련에 참가한다. 가쿠슈인 고등과 추천으로 도쿄제국대학 법학부에 합격. 일본군 사이판 수비대 옥쇄. 도조(東條) 내각 총사직.

8월 《문예문화》 종간호에 〈야차〉 발표.

9월 학업 단축 조치에 따라 가쿠슈인 고등과 졸업. 수석 졸업으로 졸업생 대표가 되며, 궁내성으로부터 은사(恩賜) 은시계를 받는다.

10월 도쿄제국대학 법학부에 입학. 시치조쇼인에서 《꽃이 한창인 숲》 간행. 하야시 후지마, '회람 학예 책자'《만다라》 창간.

11월 우에노 이케노하타(池之端)의 중화요리점 우게쓰소(雨月莊)에서 《꽃이 한창인 숲》 출판기념회 개최. 시미즈 후미오, 구리야마 리이치, 하야시 후지마, 도쿠가와 요시야스 등 참석. 마리아나 기지에서 출격한 B29 폭격기가 도쿄 공습 개시.

12월 근로동원 통지를 받는다(다음 달부터 학도 동원의 일환으로 군마현 닛타군新田郡 오타마치太田町의 나카지마中島 비행기 고이즈미小泉 제작소로 가 조사과 문서계에서 근무).

이 연보를 보면 〈꽃이 한창인 숲〉 발표를 계기로 하여 미시마의 인간관계가 《문예문화》의 틀을 넘어 크게 넓어졌다는 것을 알 수 있다. 이토 시즈오나 후지 마사하루도 그런 존재인데, 그것이 저작집 《꽃이 한창인 숲》 간행으로 이어지는 것이다.

이 사이에 미시마 개인에게 주목할 만한 사건이 있었다. 1944년 말까지 있었던 사건 중에서 특별히 거론해야 할 것은 네 건이다.

첫째는 아즈마 다카시의 아버지 아즈마 스에히코의 지원을 받은 동인지 《아카에》 간행이고, 둘째는 《문예문화》 종간호에 〈야차〉를 발표한 것이며, 셋째는 만년에 미시마가 "처음으로 얻은 외부의 문학 친구", "문학청년의 진정한 전형"(《나의 편력 시대》)이라고 부르게 되는 시인 하야시 후지마와 깊은 관계를 맺은 것이다.

그리고 넷째로 시기는 앞서지만 1942년 8월 조부 사다타로가 사망한 것도 빼놓을 수 없는 사건이다. 여기에서 중요한 것은 미시마가 이것을 단순한 사적인 사건으로 포착하고 있지 않다는 점이다.

조부의 죽음을 계기로 쓴 시 〈만가 일편(一篇)〉에서 그것을 알 수 있다.

먼저 이 시에 관하여 살펴보고 싶다. 〈만가 일편〉은 일찍이 미시마가 탐닉한 상상력과 작품과는 이질적인 시인데, 개전의 조칙과 전쟁 초반의 성과에 응해 쓰인 미시마의 시 〈대조(大詔)〉(《문예문화》 46, 1942. 4.)의 내용과 시풍을 잇는 것이다.

개전 당시 많은 국민은 기꺼이 전쟁의 성과를 받아들였고, 《문예문화》 43호(1942. 1.) 후기에서도 시미즈 후미오는 "쇼와 16년(1941년) 12월 8일 우리 역사가 지대하게 전개되는 날의 심야, 신국(神國)에 태어난 가슴 뛰는 기쁨을 안고 붓을 든다"라고 쓴다. "천황 폐하께옵서/조서를 내리신 날/온갖 새들은 울음 소리를 멈추었고/온갖 풀들은 전율하며 흐느꼈네"로 시작하여, "우리들의 마음은 어찌해야 하나/기쁨의 소리도 멈추지 않는 눈물도"로 마무리되는 〈대조〉는 슬픔과 암울함으로 뒤덮여 있다. 여기에서는 남편 덴무(天武) 천황의 죽음을 애도하는 황후(훗날의 지토持統 천황)의 만가 가락도 되울린다.

그리고 "지금까지 할아버지이셨던 몸은/조용히 누워 계시는구나"로 시작하여, "슬픔은 다시 응어리지더니/이제는 사라지네 또 다른 비탄으로"라는 구절로 마무리되는 〈만가 일편〉에도 같은 울림이 있다. 따라서 미시마는 이 시에서 단순히 조부를 가족의 한 사람으로서 추도하고 있는 것이 아니다. 생각건대 사다타로의 출세와 몰락만큼 막부 말기 이후 일본 근대사의 운명을 상징하는 것은 없다. 그렇다면 미시마는 여기에서 사다타로의 죽음을 애도하는 것만이 아니라 누구보다 일찍 일본 그 자체의 패배와 멸망을 애도하고 있다고 말할 수도 있을 것이다.

　미시마의 연령과 쇼와의 연수(年數)가 같다는 것은 미시마가 시대와 역사를 상징하는 존재라는 것을 말하며, 《문예문화》의 세계관에서 보아도 미시마는 다름 아닌 '역사가 점지한 아이'였던 것이다. 그렇지만 미시마 자신의 의도가 사적인 일을 묘사하는 데 있는 것처럼 보여도, 사실은 사정거리를 사회, 시대, 역사 전반으로 넓혀가고자 하는 경향이 내재해 있었다는 것을 엿볼 수 있다. 그것은 전후, 소설가로서 미시마라는 존재의 근거를 형성하는 중요한 특질이므로 지금 여기에서 마음에 새겨 두고자 한다.

　사다타로를 모델로 한 미시마의 작품으로는 앞에서 서술한 〈봄빛〉과 〈채색 유리〉가 있지만 모두 각색된 것이고, 사다타로를 정면에서 그린 것으로는 《가면의 고백》 제1장을 제외하면 〈만가 일편〉이 유일하다.[1] 그렇다면 미시마 문학에 사다타로의 그림자는 비치지 않는 것일까. 그렇지는 않다. 미리 말해 두지만 미시마의 유작인 《풍요의 바다》에는 사다타로의 그림자가 어른거린다(제16장 참조).

새로운 무대 《아카에》

　이제 동인지 《아카에》 이야기로 돌아가보면, 미시마는 그 창간호에 〈꽃이 한창인 숲〉의 서문 및 제1장, 〈오토와 마야〉 두 편의 소설과 시 〈말〉을 발표했다. 이 가운데 〈꽃이 한창인 숲〉은 《문예문화》에서, 〈말〉은 《보인회 잡지》에서 전재(轉載)한 것이고, 구약성서 〈아가〉에서 소재를 가져온 환상적인 연애 이야기 〈오토와 마야〉만 새로 쓴 것이다. 《아카에》 2호에 게재된 소설 〈축원 일기〉와 시 〈사랑

공양〉은 모두 새로 쓴 것인데, 각각 현대를 무대로 삼아 펼쳐지는 《이세 모노가타리》의 쓰쓰이즈쓰(筒井筒) 풍*의 연애 소설, 나라(奈良)의 다이마데라(當麻寺)에 전하는 '다이마 만다라'를 짠 것으로 알려진 미모의 여성 주조히메(中將姬)의 이미지에서 촉발된 시이다.

여기에서 마음에 걸리는 것은 《아카에》 1호에는 재수록한 글이 많다는 점이다. 관점에 따라서는 임시변통이라고도 할 수 있는 대응인데, 미시마의 진의는 어디에 있었던 것일까. 〈꽃이 한창인 숲〉에 관하여 미시마는 다음과 같은 '전재의 변'을 《아카에》에 기고한다.

〈꽃이 한창인 숲〉은 작년 7월에 완성했고, 9월부터 12월까지 다른 잡지에 연재했습니다. 지금 다시 보니 제2장과 제3장은 마음에 들지 않는 점이 적지 않아서 서문과 제1장만을 독립된 한 편의 체계로, 또 완성된 원고라 생각해서 일절 손을 대지 않고 여기에 전재해보기로 했습니다. 대조(大詔) 이전에 쓴 것을 그 이후의 시대의 빛에 비춰보고, 진위(眞僞)의 정도를 시험해보고 싶은 마음도 있었습니다.

여기에서 미시마는 자신의 유년기를 소재로 한 제1장까지는 전재했지만, 허구화된 조상으로 시선을 돌림으로써 《문예문화》에 더 어울리는 세계관을 작품화한 제2장 이후는 '마음에 들지 않아서' 잘라내버렸다. '대조'란 '개전 조칙'을 가리킨다. 이 사실은 태평양전쟁 개전을 전후하여 《문예문화》를 통해 세상에 나온 '작자 불명'의 소

---

* 어릴 적 우물가에서 함께 논 친구였던 남녀가 서로에게 이끌려 결혼한다는 내용의 이야기.

설가 미시마 유키오와는 다른 준거점을 미시마가 《아카에》라는 잡지를 통해 찾으려 했다는 것을 뜻한다. 새로 쓴 〈오토와 마야〉에서 소설의 전 습작기로 거슬러 올라가기라도 하듯 다시 성서로 눈을 돌린 것도 그 동기는 다르지 않았을 것이다.

《아카에》1호에서 또 하나 주목해야 할 것은 시 〈말〉이다. 이미 서술했듯이 처음 실은 것은 《보인회 잡지》 167호인데, 미시마는 이에 앞서 16책이 남아 있는 개인적 시집 가운데 마지막 권인 《말과 그 서곡》(정확하게는 《시집 말과 그 서곡》)을 작성한다. 이것은 수제 책갑에 들어 있는 특별한 시집인데, 판권란에는 "본서는 히라오카 문고 중 한 권이며 쇼와 16년 8월 15일 발행"이라고 적혀 있다. 장난스럽게 일반 간행물을 모방하여 스스로 만든 것인데, 수록 작품은 〈말과 그 서곡〉뿐인 것으로 보아 미시마가 이 작품을 얼마나 각별하게 생각했는지 추측할 수 있다.

〈말과 그 서곡〉은 표제대로 '말(馬)'을 노래한 산문시인데, 맨 앞에 '서곡'이라는 제목 아래 와카의 머리말 격인 부분이 첨부되어 있다. 《아카에》에 게재하면서 이 '서곡'은 삭제되었다. 그리고 "저 말이 다가온 시각을 나는 알고 있다. 나는 보았다, 많은 사람들과 저 뼈대만 남은 교량 위에서. ―저 말은 왔다, 붉은 법랑과도 같이, 새빨갛게 번들거리며 얼굴을 붉히면서. 이빨을 갈고, 눈을 크게 뜨고, 재빠른 유충처럼 꿈틀꿈틀 걸어왔다. 수많은 웅덩이를 내달려 지나갈 때, 그것은 놀라울 만큼 아름다운 붉은 비단의 모습을 하고 있었다."라고 시작하는 〈말〉은 다음과 같이 끝난다.

저 말이 떠난 시각도 나는 알고 있다. 분노의 그림자가 지평에서 사라지면, 숨죽이고 있던 작은 새들이 노래하기 시작했다. 지평에 뭉게뭉게 구름이 솟았다. 점차 엷어지다 멀리 흩어진, 남은 하나의 동경, 저 파멸의 선율을 겁도 없이 잠시 연주하고.

《말과 그 서곡》이 개인적인 시집 16책 가운데 마지막 권이고 게다가 특별 제작한 책갑에 들어 있는 것과 시의 내용을 감안하면 이 시집이 얼마나 중요한 의미를 지니는지 분명해질 것이다.

한 걸음 더 나아가자면 '말'은 '시'의 상징이고, 여기에서 미시마는 '시'와의 만남과 이별을 노래하고 있는 것은 아닐까. 자전적 단편 〈시를 쓰는 소년〉 말미에서 "'나도 언젠가 시를 쓰지 못하게 될지도 모른다'라고 소년은 태어나 처음으로 생각했다. 그러나 자신이 시인은 아니었다는 것을 그가 깨닫기까지는 아직 거리가 있었다."라고 했듯이, 미시마가 작시(作詩)의 시점에서 이것을 명확하게 자각하고 있었다고는 단언할 수 없을지도 모른다. 하지만 먼저 책갑에 들어 있는 시집을 스스로 만들고 이어서 《보인회 잡지》에 게재한 후 마지막으로 《아카에》에 이 시를 재수록한 미시마의 마음속에서, 확실히 한번은 꿈과 같은 행복을 가져다주었던 시적 우주와 결별하고 스스로 이것을 봉인하려 했음을 읽어낼 수 있을 것이다. 《아카에》는 말하자면 그것을 증언하는 자리로 선택되었던 것이다.

이렇게 보면 재수록이 많다고 해서 미시마가 《아카에》를 성의 없이 대충 대한 것은 아니라는 것을 이해할 수 있다. 어떤 의미에서, 다시 말해 미시마에게보다 히라오케 기미타케라는 개인에게라는 의미에서, 《아카에》는 오히려 《문예문화》 이상으로 중요한 존재였던 게 아닐까. 1943년 6월에 발행된 2호에는 소설 〈축원 일기〉가 게재되는데, 이 작품은 같은 시기 《문예문화》에 게재되었던 〈수면 위의 달〉, 〈세상에 남기다〉와 달리 현대를 무대로 한다. 이처럼 미시마는 《아카에》와 《문예문화》에 다른 의미를 부여하고 있었던 것이다.

〈야차〉, "커다란 혼돈 속에서 살인은 얼마나 아름다운가"

그런데 아즈마 다카시의 죽음과 함께 《아카에》는 2호로 종간하고, 《문예문화》도 전시의 긴박한 정세 속에서 1944년 8월 막을 내린다. 여기에 미시마는 소설 〈야차〉를 기고했는데, 아시카가 요시토리(足利義鳥, 기묘한 명명인데, '새鳥'는 유년기의 〈종이 위 그림 연극. 세계의 경이〉나 〈서정시초〉, 후술하는 시 〈밤을 알리는 새〉에서도 그려지는, 미시마에게 지속적인 관심의 대상이 되는 이미지의 하나였다)라는 허구의 장군을 죽인 이후 계속해서 사람을 죽이는 살인 상습자의 수기로 설정된 이 작품은 그때까지 《문예문화》에 게재했던 소설과는 전혀 성격이 다르다. 아울러 〈야차〉라는 원제는 제사로 실린, 노(能) '마쓰카제(松風)'의 사장(詞章) 중 일절에서 연유한 것이다.

살인귀는 이렇게 말한다.

> 살인이라는 것이 나의 성장이다. 죽이는 것의 나의 발견이다. 잊혔던 생에 다가가는 방법. 나는 꿈꾼다, 커다란 혼돈 속에서 살인은 얼마나 아름다운가.

여기에는 사도마조히즘적인 세바스티아누스 콤플렉스 충동이 명확하게 표현되어 있다. 여기에서 참조해야 할 것은 전후 미시마가 가와바타 야스나리(川端康成)에게 보낸 1946년 3월 3일 자 편지이다. 미시마는 이렇게 쓴다.

전쟁 중 나의 세례자였던 《문예문화》 일파의 소위 '국학'에서 빠져나오려고 얼마나 발버둥을 쳤는지 지금도 생생하게 기억할 수 있습니다. 《문예문화》 종간호에 실은 기교(奇矯)한 소설 〈야차〉는 국학을 향한 결별의 서(書)였는데, 그것을 쓸 때는 가슴이 무너져 내리는 것 같았습니다.

뒤에서 서술하듯이 이 편지는 전후 미시마가 새롭게 가와바타를 사사하게 되었을 즈음에 쓴 것이어서 가와바타의 뜻을 따르는 방향으로 내용이 기울어 있는 면도 없지는 않다. 그러나 이 점을 빼고라도, 《문예문화》에 〈꽃이 한창인 숲〉을 발표한 시점에 이미 미시마의 내면에 싹트고 있던 미묘한 위화감이 〈야차〉에 이르러 비로소 명확한 모습을 드러냈다는 것을 알리는 자료로서 대단히 귀중한 편지라 할 수 있다.

전쟁 말기 급박한 상황이기도 해서 실현되지는 못했지만, 미시마는 〈야차〉를 중심으로 하여 〈채색 유리〉 등을 수록한 제1창작집 《벗을 기다리는 눈 이야기(友待雪物語)》를 구상하기도 했다(표제는 오토모노 야카모치의 노래 "백설의 색깔과 구분하기 어려운 매화 가지에 벗을 기다리는 눈 아직 남아 있네"에서 따온 것이다). 당시의 미시마에게 〈야차〉는 그만큼 중요한 작품이었으며, 여기에서 미시마는 《문예문화》로부터 받은 미시마 유키오라는 이름을 사용하면서도 그 이름이 의미하는 멍에로부터 탈출하고자 했던 것이다.

그것은 다음과 같은 말과 그 뜻이 같다. 즉《문예문화》종간이라는 사태가 〈관〉이나 〈조감도〉에서 적게나마 언급했던 허무와 세바스티아누스 콤플렉스라는 내면 우주의 초점을 다시 마주할 기회를 미시마에게 부여했던 것이다.

시인 하야시 후지마와 〈분장광〉

또 하나 주목하고 싶은 것은 하야시 후지마와의 관계이다. 미시마가 후지 마사하루의 소개로 열한 살 많은 하야시를 처음 만난 것은 1943년 9월경이었다. 그 직후 아즈마 다카시에게 보낸 1943년 9월 14일 자 편지에서 그는 "하야시 씨는 이토 시즈오 씨나 하스다 젠메이 씨가 대단히 좋아하는 젊은 시인입니다"라고 쓴다. 그 후 미시마는 하야시 후지마에게 헌사를 쓴 콩트 〈Märchen von Mandala(만다라 동화)〉[2]를 집필하고 하야시는 미시마를 사토 하루오에게 소개하는 등 둘의 관계는 밀접했다. 하야시에게 보낸 미시마의 편지는 공습으로 불타버렸지만 두 사람 사이에는 하루가 멀다 하고 편지가 오갔다고 한다.[3]

그중에서도 빠뜨릴 수 없는 것은 하야시가 중심이 된 동인지《마호로바》가 1944년 6월 통권 15집으로 종간된 후 그 뒤를 이어 발행된 '회람 학예 책자'《만다라》(하야시의 개인 편집)이다. 고작 8페이지밖에 되지 않는 이 소책자는 1944년 10월 창간되며, 최종호인 4호는 19페이지짜리 등사판 인쇄본인데, 하야시가 1945년 6월 대피해 있던 쓰루오카에서 'MANDARA 만다라 초고 No.4'라는 이름을 붙여 작성한 것이 그것이다.

창간호 〈편집사기(編輯私記)〉에 흥미로운 사실이 적혀 있다. 이 글에 따르면 해당 잡지는 당초 64페이지로 예정되었고 미시마 유키오, 오가키 구니오(大垣國士, 시인. 다나카 가쓰미田中克己의 제자. 1951년 정신병원에서 학대를 당한 끝에 사망했다고 한다)와 함께 하야시는 편집을 맡았다. 하지만 예산 문제로 인쇄할 수 없었고 어쩔 수 없이 이와 같은 소책자가 되었다. 그리고 당초 예정했던 목차가 기재되어 있는데, 그 가운데 하나가 '분장광(扮裝狂) …… 미시마 유키오'이다.

여기에서 말하는 '분장광'은 미시마 집안에 남아 있던 원고 〈분장광〉을 가리키는 것으로 보인다(《결정판 전집》 26). 이 원고에는 '2단'이라는 조판 지정까지 적혀 있고, "몇 년이었을까, 나는 쇼코쿠사이 덴카쓰의 마술을 처음 보았다"라는 문장 다음에 축제용 미코시(神輿, 신을 모신 가마)가 정원을 밟고 들어온 것, 잔 다르크를 향한 동경 등의 에피소드가 이어진다. 그리고 다음과 같은 기술도 있다.

나는 소년기로 접어든다. 건달로 소문난 네다섯 살 연상의 소년. 그는 낙제하고서 우리들 클래스에서 폭군처럼 행동한다. 나는 즉각 그에게서 영웅을 발견했다. 바꿔 말하면 서커스하는 사람을.

읽어보면 분명해지듯이 '건달'의 설정은 《가면의 고백》의 '오미(近江)'와 같다. 즉 〈분장광〉은 《가면의 고백》(특히 제1장 및 제2장)의 원형이다.

〈분장광〉의 '나'는 《가면의 고백》의 '나'와 달리 동성애자로 설정되어 있지는 않다. 하지만 〈조감도〉나 〈저택〉에 포함되어 있던 《가면의 고백》의 주제의 씨앗은, 미시마 유키오의 《문예문화》 시대를 뛰어넘어 〈분장광〉으로 인계되었다가 《가면의 고백》에서 싹을 틔운 것이다. 그것은 〈관〉이나 〈조감도〉에서 언급되었던 미시마의 내면 우주가 〈야차〉에 이르러 더 깊은 차원에서 묘사되는 과정과 나란히 가고 있었다. 그리고 아즈마 다카시 사후 그 과정을 가장 가까운 거리에서 바라보고 있었던 사람이 바로 하야시 후지마이다.

하야시와 관련하여 또 하나 중요한 것은 〈MANDARA 만다라 초고 No.4〉인데, 이에 대해 언급하기 전에 태평양전쟁 패전까지 미시마와 사회의 움직임을 정리해 둔다. 그것은 《나의 편력 시대》에서 "나 한 사람의 생사를 점치기 어려울 뿐 아니라 일본의 내일의 운명을 예측하기 어려운 그 시기는 나 자신의 종말관과 시대 및 사회 전부의 종말관이 완전히 일치했다. 드물게 보는 시대였다."라고 서술하는, 전쟁 말기의 긴박한 국면이었다.

1945년 1월 문무에 뛰어날 뿐만 아니라 미모를 갖춘 것으로 알려졌지만 23세에 세상을 떠난 아시카가 9대 쇼군 요시나오(義尚)에 자신을 동일화하여 소설 〈중세〉를 "언제 빨간 딱지* 때문에 중단될지 모르는 '최후의' 소설"(《나의 편력 시대》)로서 근로동원 장소에서 집필. 그 제1고를 완성하여 나카가와 요이치가 편집하는 《문화세기》(1945. 2.)에 제2회 도중까지 게재. 개고(改稿) 후 전편이 발표된 것은 전후가 되어서였다(《인간》, 1946. 12.).

2월 입영 통지를 받고 효고현 도미아이촌(富合村)에서 입

---

* 소집영장을 뜻한다.

대 검사. 군의관의 오진으로 왼쪽 폐 침윤(초기 폐결핵 의심) 진단이 내려져 당일 귀향한다. 그때 소속될 예정이었던 구리스 히로시(栗栖 晋) 부대는 필리핀에서 다수의 전사자를 냈다고 미시마는 생각했다(실제로 그 부대는 일본 본토를 떠나지 않는다). 그 후 단편 〈서커스〉를 쓰기 시작해 전후에 잡지 《진로》 1948년 1월호에 게재한다.

  3월 마에바시(前橋) 육군예비사관학교에 입교한 미타니 마코토(三谷信, 가쿠슈인 초등과부터 고등과까지 미시마의 동급생)를 미타니의 여동생 구니코(邦子)와 함께 위문. 때마침 10일 도쿄 대공습 때이며, 미시마는 폐허가 된 도쿄로 돌아온다. 이 도쿄 대공습을 계기로 하여 도시부에 무차별 소이탄 폭격이 본격화한다.

  5월 가나가와현 고자군의 해군고자공창(海軍高座工廠)에 근로동원으로 간다. 24일 새벽, 25일 밤에 도쿄 대공습. 이 소식을 듣고 미시마는 일시 집으로 돌아온다.

  6월 가루이자와 역에 대피해 있던 미타니 구니코를 방문한다. 〈MANDARA 만다라 초고 No.4〉 발행.

  7월 고자공창 기숙사에서 〈곶에서 있었던 이야기〉를 쓰기 시작한다.

  8월 고열과 두통에 시달리고, 고토쿠지(豪德寺)의 친척집에서 요양 중 종전을 맞이한다.

미타니 구니코와 〈만다라 초고〉

이때 미시마에게 중요한 인물이 나타난다. 미타니 구니코이다. 구니코는 가쿠슈인 초등과부터 미시마의 동급생이었던 미타니 마코토(미타니의 아버지는 당시 프랑스 대사였으며, 전후 궁내청 시종장으로 일하기도 하는 미타니 다카노부三谷隆信)의 누이동생인데, 미시마는 그녀와 1944년부터 가까운 관계가 되고 1945년 3월에는 구니코의 가족과 함께 마에바시의 미타니 마코토를 방문한다. 이 경험이 《가면의 고백》 제3장에 묘사되어 있는 것에서도 명확하게 알 수 있듯이 구니코는 이 소설에 등장하는 소노코의 모델이 된다.

그런데 그 전에 미시마는 같은 에피소드를 시 〈발라드〉('à Mlle. K. Milan(K. 밀라니 양에게)'라는 헌사가 있다. 'Milani'는 'Mitani'를 비튼 것이리라)에서 노래한다. 여기에서는 마에바시에 이르는 여정이 해변을 기차로 달리는 동화풍의 가락으로 대대적으로 전조(轉調), 각색된다. 그리고 이 시의 발표 무대는 〈MANDARA 만다라 초고 No.4〉였다. 길지만 전문을 인용한다.

> 벚꽃 필 무렵에
> 조용히 기차가 떠난다
> 하나코(花子)와 다로(太郞)는 그 차를 탔다
> 기차는 달렸다 해변을 따라
> 해가 저물 때까지 해변을 따라
> 저무는 바다에서 백합의 벌판인 양
> 하얀 손이 수없이 부르고 있었다
> 난바다에서는 쓸쓸한 물을 내뿜으며
> 고래들이 울부짖고 있었다
> 여기에도 돌아오는 돛이 있으리라고
> 다로는 생각도 하지 않았다.

기차는 달렸다　해변을 따라
―다음 날도　다음 날도―
벚꽃 필 무렵에.
몇 차례　바람 저편에 떠오르는
장대한 일출을 두 사람은 보았을까.
눈이 닿는 그곳까지 환해지면
쓸쓸해져 손을 잡았다.
기차는 달렸다　해변을 따라
해변은 어디까지 이어질까
하나코는 별이 반짝반짝 빛나는
바다를 보면서 생각하고 있었다.
그곳은 세상의 끝―왜냐하면
땅의 끝이 곧
바다의 끝이니까―
달리면 세상의 끝, 끝이 있을까?
이윽고　두 사람은　결혼했다
기차는 달렸다　해변을 따라
두 사람은 조용히 나이를 먹었다
창은 갈매기 똥으로 더럽혀졌다
난바다를 뭔가가 지나가는 것이었다
보지 않고 있으면.　두 사람의 마음에.
해변을 따라　기차는 달렸다
옛날　하나코와　다로가　있어
그 차를 탔는데 ―

벚꽃이 필 무렵에.

앞에서 서술했듯이 《말과 그 서곡》에서 미시마는 시와 결별했는데, 〈야차〉를 들고 《문예문화》의 멍에에서 빠져나오려 애쓰면서 동시에 다시 시의 세계로 끌려갔다. 〈발라드〉는 그러한 시기에 쓰인 작품 중 하나이다.

이 시의 핵심이 되는 행은 끝에서 다섯 번째 행인 "보지 않고 있으면. 두 사람의 마음에."일 것이다. 다가오는 파국. 미시마 자신을 잠식하는 허무와 세바스티아누스 콤플렉스. 그런 것을 "보지 않고 있으면", "두 사람의 마음에" 영원히 동화의 세계가 탄생한다. 그렇게 있고 싶은 기원이 여기에 포함되어 있다고 해석할 수 있다.

그러나 정말로 그런 행운을 만날 수 있을까. 바로 그 가장 중요한 점이 미심쩍다. 그때 두 사람 사이에 균열이 내달리는데, "옛날 하나코와 다로가 있어"에서 자간이 비어 있는 것이 이를 상징한다. 이 시는 미시마가 구니코와의 교제에서 무엇을 느끼고, 무엇을 구했으며, 그럼으로써 무슨 일이 일어났는지 잘 보여준다.

물론 시의 완성도라는 측면에서 보자면 역시 부족한 점이 많으며, 여기에서도 미시마는 내면 우주를 형상화하기보다 '서정의 악취' 쪽으로 기울어 있다. 한마디 더 하자면 미시마와 구니코의 교제 자체가 바로 '서정의 악취'이고 고약한 자기 기만에 지나지 않았다. 이것을 자각한 미시마는 훗날 《가면의 고백》에서 같은 에피소드를 동성애자의 시점에서 새롭게 그리게 된다.

그렇다면 이 시를 게재한 〈MANDARA 만다라 초고 No.4〉는 미시마에게 정말이지 미묘한 의미를 지닌다. 왜냐하면 여기에는 단지

《가면의 고백》의 원형 중 하나가 게재되어 있을 뿐만 아니라 미시마 자신이 넘어서야만 하는 요소가 너무나 소박한 형태로 드러나 있기 때문이다. 하야시 후지마는 그 자리에 이른바 증인으로 입회해 있었던 것이다.

이미 서술했듯이 미시마와 하야시의 교류는 정말로 밀접했다. 그런데 훗날 하야시는 "미시마 씨는《가면의 고백》을 완성한 무렵부터 '하야시 씨로부터 흡수할 것은 모두 흡수했다'며 나를 피했다"[4]라고 썼다. 미시마가 정말 그런 말을 했는지 여부는 확실하지 않지만, 하야시가 말하자면 사정을 너무 잘 아는 사람으로서 미시마에게 거북한 존재가 되고 말았다는 것은 부인할 수 없을 것이다. 앞에서 서술한 것처럼 미시마는 콩트 〈Märchen von Mandala〉를 하야시를 위해 썼다. 그런데 미시마 소장 초출지(初出誌,《보인회 잡지》169호)를 보면, 미시마 자신이 직접 헌사를 삭제했고, 표제는 〈만다라 이야기〉로, 결말도 당초 해피 엔딩에서 배드 엔딩으로 바뀐다. 만약 〈분장광〉이나 〈발라드〉가 널리 세상에 알려졌다면(〈분장광〉은 미발표, 〈발라드〉는 등사판 인쇄였다),《가면의 고백》은 지금과 같은 형태로 발표되지 못했을 것이다.

공습과 윤회

1945년 1월부터 종전까지 긴박한 상황에서 있었던 중요한 사건 중 하나가 구니코와의 교제와 이와 관련된 시 창작이었다면, 또 하나는 5월 24일 새벽, 25일 한밤의 도쿄 대공습이었다.

이 공습은 미군기가 시타마치(下町, 상업 지역, 번화가) 지역을 무차별 폭격해 3월의 도쿄 대공습과 도쿄 서부 지역에 대한 4월의 공습으로 이어지는데, 황거(皇居) 일부까지 화염에 휩싸였다. 일반적으로 도쿄 대공습이라 하면 사망자가 8만 명이니 10만 명이니 하는 3월의 공습을 가리키지만 폭격의 규모는 5월의 공습이 훨씬 컸고, 이전 아리스가와노미야의 저택(가스미가세키 이궁離宮)도 이때 불탄다(소년기에 쓰다가 중단한 원고 〈관〉에서 그리고자 했던 넓은 홀의 피투성이 장면이 이런 식으로 실현되고 말았던 것이다). 스기야마 긴야(杉山欣也)의 조사에 따르면, 미시마는 24일 새벽의 공습 소식을 듣고 해군고자공창에서 일시 집으로 돌아왔다.[5]

만년 《새벽의 사원》 제1부 종막(終幕)에서 미시마는 혼다 시게쿠니(本多繁邦)의 눈을 통해 당시 피해 상황을 상술하는데, 공습 직후에도 그 충격을 담은 몇 편의 글을 쓴다.

그중 하나가 앞에서 서술한 〈2605년의 시론〉이다. 2605년은 진무천황이 즉위한 해를 원년으로 하는 황기(皇紀)의 연수로 1945년에 해당한다. 생전 미발표 결손 원고인 이 시론은 '시'란 무엇인가라는 문제를 윤회전생(輪廻轉生) 모티프와 함께 묻고 있다는 점에서 대단히 중요하다. 말할 것까지도 없이 미시마의 필생의 역작이 된 《풍요의 바다》는 윤회전생 이야기인데, 그 발상의 원천이 이미 여기에서 확인된다. 시론의 일부를 보면 이러하다.

운명관 중 최고라 할 수 있는 윤회는 영원과 현존을 잇는 고리이기도 한데, 무수한 소윤회는 개개인 안에서 돌면서 맞물린 톱니바퀴와 같이 우주의 대윤회로 이어집니다. 즉 시인은 개인의 작은 톱니바퀴 중에서도 특수한 톱니바퀴의 소유자라고 해야 할 것이며, 자아 내의 영원에서 갑작스런 방식으로 우주적 영원으로 연결되는 한편, 이 대소(大小) 영원 사이를 곡예사의 가벼움과 마술사의 편안함, 일체 초자연의 모방자라는 긍지를 갖고 자유롭게 왕래하는 자입니다. 신인교통(神人交通)이 시인에게서만큼 용이하게 이루어지는 예는 없습니다. 시인은 윤회를 사랑하는 사람입니다.

앞에서 살펴본 미완 원고 〈보조 백작의 야회 ― 나의 벗 보조 도시타미 씨에게〉도 같은 시기에 쓰인 글인데, 여기에서 미시마는 작중 인물인 '본조(本朝)의 릴라당 백작 보조 도시타미'의 입을 빌려 "하루는 Einmaligkeit를 통해서가 아니고는 영원으로 이어질 수 없다. 배설과 창조가 같은 가치를 갖는 장소는 그곳뿐이다."라고 말한다. 'Einmaligkeit'는 한 번뿐인 것, 일회성을 의미하는 독일어이다.

이 글들은 난해해 보이지만 당시 미시마가 마음속에 그리고 있던 비전을 잘 보여준다. 즉 전쟁 말기의 위기 상황에서 우리들의 생은 언제 끊어진다 해도 이상할 게 없다. 그러나 역으로 생은 찰나마다 절단되고, 시공은 순간마다 단절되고, 비연속화됨으로써 비로소 영원성과 연속성을 획득하는 것이 아닐까. 이것은 배리(背理)이지만 여기에서는 굳이 그 배리가 선택된다. 그것은 마치 산 자가 한번 죽음으로써 윤회의 원환 속에서 재생하는 것과 같다. 이것은 극심한 공습 속에서 어떠한 생사든 받아들이기 위해 고안된 세계관이고, 바로 그러한 상황에 있었기 때문에 가능했다. 《문예문화》의 세계와는 다른, 긴장감을 계기로 하여 〈꽃이 한창인 숲〉 이전에 시 〈사양〉에서 보여준 단절되고 파편화된 시공론을 이어받으면서, 이것을 '우주의 대윤회'라는 광대한 영역에서 포섭하는 새로운 관념을 낳는 것이다. 그것은 바로 시인에 의해서 가능하다고 미시마는 말한다. 여기에서 언급되는 시는 《말과 그 서곡》에서 결별하고자 했던 시보다 차원이 높은 것이어야만 했다.

그 시도가 〈발라드〉에서는 충분히 달성되지 못하고 있다는 것은 지금 본 대로이다. 그러나 다음에 거론하는 〈밤을 알리는 새―동경과의 결별과 윤회를 향한 사랑에 관하여〉는 놀랄 만한 시이다. 이 작품은 5월 24일 도쿄 대공습을 알고 근로동원 중이던 해군고자공창에서 잠시 쇼토의 집으로 돌아온 25일에 쓴 것으로 보인다. 그리고 고자공창 기숙사에서 도쿄대 법학부 문화위원이 만든 회람잡지 《시노노메(東雲)》 제2집(1945. 7.)에 처음으로 게재되었다.

    닭 울음 소리는 유황빛 아침놀을 알리지만
    어떻게든 나는 숲의 불쑥 내민 끝에 살아
    난바다의 아름다운 돛이 품은 요란한 바람, 황금의 묵직한 냄새 가득한 바닷바람과
    단정한 거리를 유지하고, ―유지하지 못하면서
    어떻게든 나는 밤을 알린다. 용서해주소서 고대의 여신이시여, 라고
    밤을 알리는 새는 그렇게 노래했다

    동경과 결별해주소서, 아름다운 족속을 이끌었던 왕자여, 왕비여
    거부하지 않고 조용히, 밀려오는 파도는 파도대로 난바다를 잊고
    잔물결의 요설이 쉴 새 없이 우리 운명을 말하는 것도
    행복 있으라, 행복 있으라, 난바다를 거슬러 밀려오는 곳

짙은 쪽빛은 넘쳐흐르고
이런 바다를 나는 대면했다, 라고
밤을 알리는 새는 그렇게 노래했다

동경과 결별하라, 우매한 백성이여, 병자여 가난한 자여
황야를 그대의 중핵으로, 존재를 그대의 밖으로.
아아 숲 깊숙한 곳, 폭포는 밝아진다. 눈부시게도 먼 그것이
저 바다를 금세 고통스런 영일(盈溢)로 나르는구나
결별하라 이러한 때 결별하라, 라고
밤을 알리는 새는 그렇게 노래했다

지금 뭔가 있다, 윤회를 향한 사랑을 피해.
그것은 해저의 풀숲이 혹독한 여름을 바라는 것과 흡사했는데
알아 달라 나를 습격한 우연 때문에
부당할 따름인 그것은 정당한 불륜만큼이나 지조 높은 희망이다,
그렇게 노래하고, 밤을 알리는 새는 명했다
나비의 죽음을 죽는 것에 만족하라, 아름다운 것이여
윤회의, 분에 넘치는 명예 속에
현상(現象)처럼 죽으라 나비여

그때 난바다의 돛은 기울고
분정(奔情)의 물결은 파랗게 고상한 물보라가
얼굴을 붉히면서 돛대를 떨어져 내리고
알려지지 않은 항해를 떠났다.

> 그때 활활 타오르는 숲에서,
> 나는 알린다, 낮의 모든 찰나를 위해서, 라고
> 밤을 알리는 새는 그렇게, 노래하고 죽었다.
> 노래했다 장미는 무상의 5월에
> 　　국화는 아아 풍요의 가을에, 라고!(20. 5. 25.)

이 시는 "8월의 돌에 매달려/수많은 나비들, 지금, 숨이 가쁘다."로 시작하는 이토 시즈오의 〈8월의 돌에 매달려〉의 시어를 토대로 하면서도 굳이 그의 시 세계를 부정하는 내용으로 이루어져 있다. 사실 시 〈대조〉, 〈발라드〉에서도 이토 시즈오의 〈내 사람에게 주는 애가〉 등을 의식하고 있었지만 그때에는 이토의 시를 부정하는 취지가 이렇게까지 명확하지는 않았다. 또 《사라시나 일기》를 논한 시미즈 후미오의 논문 제목 '동경의 자세'가 보여주듯이, '동경'이라는 말은 이토 시즈오의 존재와 함께 《문예문화》의 세계를 상징하는 것이었는데, 미시마는 여기에서 '동경'과의 결별까지 호소하고 있다.

결국 미시마는 격심한 공습의 긴장 속에서 《문예문화》와의 관계를 다시금 단절하고자 하며, 이와 함께 일찍이 탐닉했던 상상력의 비상과 기지 넘치는 세계를 넘어선 시경(詩境)으로 발을 들여놓으려 하는 것이다. 그런 의미에서 게재지 《시노노메》에 미시마 유키오가 아니라 히라오카 기미타케라고 서명한 것은 상징적이다. 물론 그 시상은 미발표로 끝난 결손 원고 〈2605년의 시론〉이나 미완성 원고 〈보조 백작의 야회 — 나의 벗 보조 도시타미 씨에게〉와도 공명한다.

미시마는 〈밤을 알리는 새〉를 중심으로 삼아 시집을 묶을 생각을 하기도 했고, 정확한 작성 시기는 분명하지 않지만 시집 《밤을 알리는 새》의 자필 장정 도안도 남아 있다. 또 시의 마지막 행이 보여주듯이 그 모티프는 미시마 최후의 작품인 《풍요의 바다》와 확실히 조응하며, 시집 제목으로 '풍요의 바다'를 고려했던 듯하다. 미시마보다 2, 3년 연장자이며, 시 잡지 《고원》의 발행자 중 한 사람인 사이토 기치로(齋藤吉郎)로부터 시집 발간 권유를 받고서 그 생각을 구체화한다. 그리고 전후의 일인데, 사이토에게 보낸 미시마의 1946년 1월 9일 자 편지에서는 "이 시집에는 황량한 달세계의 물이 없는 바다의 이름, 환요(幻耀)의 외면과 암흑의 실체, 생의 빛나는 환영과 죽음의 본체를 상징하는 '풍요의 바다'라는 이름을 부여하고자 한다"[6]라고 적었다. 《고원》을 잇는 잡지 《서정》 1호(1946년 6월)의 광고에 따르면 '하나모리 총서(花守叢書)' 제5집으로 간행될 예정이었던 《미시마 유키오 시집》은 이것을 가리키는 것이리라.[7]

유감스럽게도 혼란한 시대와 사회 속에서 결국 시집 《밤을 알리는 새》도 시집 《풍요의 바다》도 실현되지 못했다. 하지만 그 시상(詩想)은 종전 직전 시기에 싹을 틔웠고, 미시마는 이러한 형태로 《문예문화》의 세계를 넘어설 수 있는 길을 찾고 있었다.

그렇지만 그 길은 결코 만만치 않았다. 그 무엇보다 두렵게도 허무와 세바스티아누스 콤플렉스가 둑을 넘어 점점 현실을 침식하려 하고 있었다. 그런 자신을 속여 가며 미시마는 구니코와의 교제를 이어 갔고, 뒤에 《가면의 고백》에 묘사된 것처럼 일종의 강박관념에 쫓겨 키스까지 한다. 그런데 7월 미타니 집안에서 결혼 의사를 타진해 오자 어쩔 줄 몰라 혼란스러워했던 것이다. 이 시점의 극히 혼란스런 정신 상태를 드러내는 것으로 《가면의 고백》의 다음 구절만큼 알맞은 것도 없다.

〔……〕 나의 자성력(自省力)은 가늘고 긴 종이조각을 꼬아 양 끝을 맞붙여 만든 원과 같은 측정할 수 없는 구조였다. 겉인가 싶으면 속이었다. 속인가 하면 또 겉이었다. 〔……〕 나는 감정 주기의 궤도를 눈가리개를 한 채 돌고 있을 뿐이었고, 그 회전 속도는 전쟁 말기의 어수선한 종말감 덕분에 거의 눈이 핑핑 돌 정도였다. 원인도 결과도 모순도 대립도 하나하나 들어설 여지가 없었다.

미시마는 〈만가 일편〉에서 조부를 애도하는 선에서 그치지 않고 시대와 사회의 전모를 애도하는 시야의 넓이를 탐색한 바 있다. 시 〈밤을 알리는 새〉에서는 《문예문화》의 세계를 넘어선, 새로운 시공론과 윤회관을 손에 넣은 터였다.

그러나 그런 것은 쓸모가 없다. 자신의 운명도 시대의 행방도, 그 어떤 것도 전혀 알 수 없는 격렬한 흐름. '폭류' 속에서 미시마는 농락당한다. 만약 정말로 전사나 공습사가 닥친다면 모든 것이 보류된 채 막이 내릴 것이다. 그것만이 적으나마 구원이었을지도 모른다.

그러나 운명은 미시마에게 그것을 허락하지 않았다.

이리하여 1945년 8월, 미시마는 패전을 맞이하게 된다.

제6장

폐허 속의 문학

"내 생활의 황량한 공백감은 소름이 끼친다"

패전의 날, 죽음의 위기는 저편으로 멀어졌고 언제 목숨이 끊어진다 해도 이상할 게 없는 상황은 사라진 것처럼 보였다. 그러나 그것이 정말 어떤 사태이고 자신에게 무엇을 의미하는가를 즉각 이해하기는 쉽지 않았고, 미시마는 혼란한 시대, 혼란한 사회 속에서 망연자실해 있었다.

하지만 곧 두 가지 사건이 미시마에게 냉엄한 현실 인식을 요구하며 압박해 온다. 두 가지 사건이란 1945년 10월 23일 세 살 어린 누이동생 미쓰코(美津子)가 장티푸스로 사망한 것과 1946년 5월 5일 미타니 구니코가 다른 집안으로 시집간 일이다.

> 일본의 패전은 나에게 너무나도 통탄할 일이었다. 그보다도 몇 개월 후 누이가 급사한 사건이 훨씬 통탄할 일이다. 〔……〕 죽기 몇 시간 전, 의식이 전혀 없는 상태에서 "오빠, 정말 고마워"라고 분명하게

가쿠슈인 졸업 무렵 여동생 미쓰코와 찍은 사진. 여동생은 1945년 장티푸스로 사망했다.

말하는 것을 듣고 나는 통곡했다.

전후에 또 하나, 나의 개인적 사건이 있었다.

전쟁 중 교제했던 한 여성이 약혼한 사이가 되었어야 했는데 내가 머뭇거리는 바람에 다른 집안으로 시집을 갔다.

누이의 죽음과 이 여성의 결혼, 두 가지 사건이 나의 이후의 문학적 열정을 추진하는 힘이 되었다고 생각한다. 여러 사정에 비춰볼 때 나는 나의 인생에 대해 단념했다. 그 후 수년 동안 이어진 내 생활의 황량한 공백감은 지금 생각해도 오싹하게 소름이 끼쳐온다. 나이로 보아 가장 발랄했을 터인 1946년부터 2, 3년 동안 나는 가장 죽음 가까이에 있었다. 미래의 희망도 없었고, 과거의 환기는 모두 추했다.[1]

미시마는 "가장 죽음 가까이에 있었다"라고 말한다. 다만 그 원인을 미쓰코의 죽음과 구니코의 결혼에서만 찾아서는 안 된다. 오히려 이 두 사건을 계기로 하여 떠오른 허무와 세바스티아누스 콤플렉스에 어떻게 맞설 것인가가 문제였다. 거기에서 도피하는 수단이기도 했던 전사나 공습사의 기회는 이미 빼앗기고 말았던 것이다.

1949년 7월 가와테쇼보(河出書房)에서 간행된 《가면의 고백》에는 월보(月報)가 끼워져 있는데, 여기에 수록된 〈《가면의 고백》 노트〉를 보면 이렇게 적혀 있다.

이 책은 내가 지금까지 그곳에서 살았던 죽음의 영역에 남기고자 하는 유서다. 이 책을 쓰는 것은 나에게 뒤집힌 자살이다. 투신 자살을 영화로 찍어 필름을 거꾸로 돌려보면 맹렬한 속도로 계곡 아래에서 절벽 위로 날아올라 되살아난다. 이 책을 씀으로써 내가 시도한 것은 그러한 생의 회복술이다.

뒤에서 서술하겠지만 《가면의 고백》을 쓰기 시작한 것은 1948년 11월 25일이라고 하지만, 이 월보에 따르면 실제로 붓을 든 것은 12월 들어서였던 듯하다. 그보다 앞선 시기 미시마의 정신은 심각한 위기 상태, 위의 비유를 빌리자면 절벽 아래 놓인 사체의 상태에 있었다.

하지만 그것은 미시마가 몸을 전혀 움직이지 않고 틀어박혀 있었다는 것을 의미하지는 않는다. 거꾸로 위기를 타고 넘기 위해 지금까지 그랬던 것 이상으로 스스로의 모습을 찾아 필사의 암중모색을 이어 가고 있었다. 종전 직전과는 다른 의미에서, 어떤 의미에서는 그 이상으로 격렬한 흐름에 휩쓸리게 되면서 작품을 쓰고 발표 무대를 찾아 동분서주하고 있었다. 그러한 시도 중 일부는 실제로 공표되어 어느 정도 결실을 얻기도 했다.[2] 하지만 햇빛을 보지 못한 것도 많았고, 그렇게 공회전이 계속되자 미시마의 정신은 점점 멍들어 간다.

존재하지 않는 책 《가짜 돈 후안》

《가면의 고백》이 간행된 것은 1949년 7월인데, 이에 앞서 미시마는 단편소설집 《곶에서 있었던 이야기》(사쿠라이쇼텐, 1947. 11.), 《도적》(신코샤, 1948. 11.), 단편소설집 《밤의 준비》(가마쿠라문고, 1948. 12.), 단편소설집 《보석 매매》(고단샤, 1949. 2.)를 세상에 내놓는다.

이 책들에 관해서는 순서에 따라 서술하기로 하고, 그 전에 기획은 했으나 실현되지 못한 저작집에 대해서도 확인할 필요가 있다. 앞에서 언급한 시집《밤을 알리는 새》,《풍요의 바다》외에《가짜 돈 후안》,《작은 향연》그리고《마군(魔群)의 통과》들이 이에 해당한다.

《가짜 돈 후안》은 잡지에 이미 발표된 작품을 모은 것이고《작은 향연》도 기(旣) 발표작을 기본으로 하지만,《마군의 통과》는 1949년 8월 가와테쇼보에서 간행된 동명의 작품집과도 다르고 그 표제작(40세인 이하라라는 남자를 주인공으로 하여 전후의 퇴폐적인 인물 군상을 그린 단편.《별책 문예춘추》1949년 2월호 수록)과도 다른, 이제부터 새롭게 써야 할 장편 자전소설이었다.

이 가운데《가짜 돈 후안》에 관하여 보기로 하자. 표제작〈가짜 돈 후안〉은 1946년 6월《신세기》2호에 발표되었지만 초고는 1944년 9월에 쓰였다. 이 소설은 미시마가 하야시 후지마의 소개로 만나 친하게 지낸 아소 요시카타(麻生良方, 훗날 정치가와 평론가로 활약)를 모델로 하여, 돈 후안처럼 행동하면서도 온전히 돈 후안이 되지는 못한 청년 시인의 여성 편력과 그 후의 실종을, 미시마 자신의 소년 시절을 교차시켜 오페라를 본뜬 듯한 형식으로 묘사한 것이다. 작품으로서는 미숙하지만 1944년에는 사토 하루오의 추천으로 잡지 게재 이야기도 있었던 모양이다.[3]

잡지 게재는 실현되지 못했지만 간과할 수 없는 것은 초출 게재지인《신세기》의 각 호(1946년 4월, 6월, 7월에 간행된 총 3호)에 신세기사 서적부의 명의로 고지된 신간 안내이다. 덧붙이자면《신세기》는《문예춘추》를 편집하고 있던 야나기사와 히코사부로(柳澤彦三郎)가 시작한 잡지이다.

미시마 유키오

　　　가짜 돈 후안(소설집)

　　　일본 문단에 혜성같이 출현한 귀재의 작품집. 〈서커스〉〈아야메노마에(菖蒲前)〉*〈가짜 돈 후안〉〈담배〉〈곶에서 있었던 이야기〉 수록. 사토 하루오 씨 서문. (가쓰시카쇼보 소장)

　　　　　예약 접수 개시　　보급판 15엔

　　　　　　　　　　　　호화본(저자 서명) 45엔

여기에 '가쓰시카쇼보 소장(葛飾書房藏)'이라고 적혀 있는데, 가쓰시카쇼보는 신세기사와 가까운 관계여서 야나기사와가 가쓰시카쇼보의 기획을 인계한 것으로 보인다.

다른 한편 미시마가 가와바타 야스나리에게 보낸 1946년 6월 5일자 편지를 보면 애초 이 소설집을 간행할 예정이었던 가쓰시카쇼보가 자금난에 빠지는 바람에 아카쓰카쇼보가 이를 인계했다. 결과적으로 신세기사와 아카쓰카쇼보 두 출판사에서 병행하듯 이런 기획이 진행되고 있었던 것이다.

하지만 이 기획은 모두 현실화되지 못한다. 새로운 잡지, 새로운 출판사가 난립했다가 사라진 전후라면 얼마든지 있을 수 있는 현상이라고 말할 수 있겠지만, 가쓰시카쇼보 판을 위해 쓴 사토 하루오의 서문을 미시마가 입고용(入稿用)으로 필사한 것[4]이나 그 후에 쓴 미시마의 미발표 원고 〈발문을 대신하여〉(《결정판 전집》 26)를 보면, 출판 계획이 좌절되면서 미시마가 얼마나 낙담했을지 헤아

＊ 헤이안 시대에 활약한 미나모토노 요리마사(源賴政)의 측실.

릴 수 있다.

다만 이것이 마이너스의 의미밖에 없는 것처럼 보이지만 반드시 그렇지는 않았다. 사태는 뒤엉켜 있을 터이지만, 결국은 전후 미시마가 문학적 스승으로 가와바타 야스나리를 선택하느냐, 사토 하루오를 선택하느냐라는 문제와 관련되어 있다. 간행본, 미간행본의 화제로부터 조금 멀어지지만 이 점에 관하여 살펴보기로 한다.

네 스승

미시마가 처음으로 지도를 받은 사람은 시인 가와지 류코이지만, 그의 남다른 문학적 재능을 인정한 참된 의미에서 최초의 스승은 시미즈 후미오였다. 하지만 시미즈는 패전의 충격 때문에 1947년 4월 가쿠슈인을 그만두고 고향인 히로시마(태어난 곳은 구마모토)로 돌아간다.

또 한 사람 스승이라 할 수 있는 하스다 젠메이는 1943년부터 전장에 있었는데, 말레이반도 남단의 조호르바루 주둔지에서 종전을 맞은 후, 연대장 나카조 도요마(中條豊馬) 대좌를 사살하고 자신도 권총으로 자살하고 말았다. 1945년 8월 19일의 일이다.

이 소식은 1946년 6월 20일 하스다의 부인 도시코가 시미즈 후미오에게 보낸 편지를 통해 전해졌고, 남은 《문예문화》 동인과 미시마 등을 포함한 총 8명은 세이조학원(成城學園) 소신료(素心寮)에서 하스다의 추도식을 열었다. 그런데 죽음의 경위에는 불명확한 점이 많다.

《하스다 젠메이 전집》[5]에 수록된 해설·연보(오다카네 지로小高根

二郎 작성)와 마쓰모토 겐이치(松本健一)의 《하스다 젠메이 — 일본 전설》[6]을 검증한 이구치 도키오(井口時男)의 《하스다 젠메이 — 전쟁과 문학》[7]의 기술이 현재 가장 설득력이 있는 듯하다. 이 책에서 이구치는, 패전을 맞아 훈화를 하는 연대장의 배후에서 종전 결단을 내린 천황의 모습을 포착한 하스다가 바로 그 천황을 쓰러트리려 했던 것이라고 추측한다. 이구치가 거듭 서술하듯이 그것은 훗날 미시마의 죽음과 유사한 형태를 묘사한 것이리라.

　미시마와 하스다의 생애 전모를 보면 확실히 그렇게 말할 수 있다. 하지만 당시 미시마에게 절실했던 것은 오히려 다음과 같은 사태였다. 즉 그 멍에로부터 빠져나오려 했던 《문예문화》 그룹이 시미즈의 귀향, 하스다의 자살로 해체되었는데도 불구하고, 일찍이 거기에 속해 있었기 때문에 신시대에 어울리지 않는 작가로 간주되어 미시마는 전후 문단에서 설 땅을 잃고 말았던 것이다. 이와 관련하여 미시마는 《나의 편력 시대》에서 "스무 살 나이에 일찌감치 시대에 뒤처져버린 자신을 발견했다. 〔……〕 전시에 소그룹 안에서 천재를 자처했던 소년은 전후 누구로부터도 사람 취급을 받지 못하는 무력한 일개 학생에 지나지 않았다."라고 서술한다.

　그러자 미시마는 새로운 후원자가 될 스승을 찾았고, 처음으로 후보가 된 사람이 사토 하루오였다. 이미 언급했듯이 하야시 후지마의 소개로 1943년부터 사토를 만나 왔던 미시마는 그 연장선상에서 가쓰시카쇼보 판 《가짜 돈 후안》의 서문을 그에게 부탁했고, 사토는 흔쾌히 승낙했던 것이다.

　하지만 미시마는 내심 주저하는 게 있었다. 주된 이유는 두 가지이다. 하나는 사토 하루오와의 관계가 원래 하야시 후지마, 나아가서는 《문예문화》와의 관계에서 시작되었다는 점이다. 그런데 미시마는 《문예문화》로부터도 하야시 후지마로부터도 거리를 둘 생각을 하고 있었다. 사토 하루오와의 관계가 깊어지는 것은 그런 생각에 반한다.

또 하나는 시와 다시금 결별하는 문제였다. 《문예문화》 종간 후 미시마가 다시 시의 세계로 끌려 들어갔다는 것은 이미 살펴봤다. 하지만 미시마에게는 진정으로 자기를 표현하고자 한다면 그 그릇은 시가 아니라 소설이어야 한다는 생각이 있었다. 그런데 미시마에게 사토 하루오는 소설가 이상으로 어디까지나 시인이었던 것이다.[8]

이와 관련하여 제아미의 〈유라쿠슈도후켄(遊樂習道風見)〉*의 이곡삼체(二曲三體) 설을 인용하면서 시작하는, 미시마가 기무라 도쿠조(木村德三)에게 보낸 1946년 5월 3일 자 편지 중 한 구절은 대단히 흥미롭다. 기무라는 전후 가와바타의 요구에 따라 잡지 《인간》의 편집을 맡고 있었다.

[……] (제아미는) 소년기에 이곡에만 집중하고 성인이 된 후 삼체에 들라고 가르칩니다. 지금 나는 온 힘을 다해 삼체의 길로 들어서지 않으면 안 됩니다. 사토 선생으로 만족하지 못하고 가와바타 선생에게 나아간 것은 그런 동기에서였습니다. 나는 가와바타 선생으로부터 다만 '소설'을 배우고 싶을 따름입니다.

---

* 일본 전통 가무극 노(能)를 완성한 예능인 제아미(世阿弥, 1363~1443)의 예론서 중 하나.

이 편지는 가쿠슈인이 모델인 귀족학교를 무대로 삼아 동성애적 감정의 발아를 묘사한 미시마의 단편 〈담배〉가 가와바타의 추천으로 《인간》 1946년 6월호에 게재된 것과 거의 같은 시기에 쓴 것이다. 〈가짜 돈 후안〉이 《신세기》에 게재된 것도 같은 시기였는데, 전후 문단에서 발표 무대로서는 가와바타를 비롯해 구메 마사오(久米正雄), 다카미 준(高見順) 등이 주도하는 《인간》(가마쿠라문고 발행) 쪽이 3호로 막을 내린 《신세기》보다 훨씬 큰 가치가 있었다. 그런 의미에서 미시마가 사토보다 《인간》과 깊이 관련된 가와바타에게 다가가려 한 것에 세속적인 타산이 없었다고는 말할 수 없다.

하지만 설령 그렇다고 하더라도 문학에 대한 자신의 자세를 진지하게 생각한 다음 미시마가 가와바타를 선택했다는 것 또한 분명한 사실이었다. 뒤에 서술하는 이유에서 1946년 1월에 미시마의 생각이 이미 가와바타에게 기울고 있었다는 점을 감안하면, 사토 하루오의 서문을 받고서도 그것이 딸린 소설집 《가짜 돈 후안》이 간행되지 못한 것은 오히려 바람직한 결과이기도 했다.

그러나 세상사는 모를 일이다. 긴 안목으로 보았을 때 그것이 어떤 결과를 초래했는지는 별도로 하고, 사실 이것은 훗날 미시마에게 상상을 뛰어넘는 영향을 미치게 된다. 이 점에 관해서는 이 책에서 다시 언급하겠다(제13장).

《도적》과 구니코

그런데 미시마가 가와바타의 집을 방문해 처음 면담한 것은 1946년 1월 27일이다. 이보다 먼저 미시마는 이미 노다 우타로(野田宇太

郞)를 통해 《꽃이 한창인 숲》을 헌정했고, 첫 방문도 노다의 소개로 이루어졌다.

전시의 엄혹한 통제에도 불구하고 가이조샤(改造社)의 뒤를 잇는 형태로 가와테쇼보가 잡지 《문예》의 창간(1944. 11.) 준비를 하던 때부터 초대 편집장이었던 노다는 구리야마 리이치, 시미즈 후미오의 부탁으로 〈중세〉, 〈서커스〉, 〈예수게이의 사냥〉, 〈곶에서 있었던 이야기〉 등의 원고를 읽고 조언을 하기도 했다.[9]

원래 미시마와의 관계가 그렇게 좋지만은 않아서였는지 노다에 의해 《문예》에 게재된 것은 〈예수게이의 사냥〉뿐이었다(1945년 5·6월 합병호. 실제 발매는 패전 후. 칭기즈 칸의 아버지 예수게이가 아내 호엘룬을 칠레두에게서 빼앗아오는 전말을 그린다). 그런데도 노다는 미시마의 희망을 받아들여 가와바타를 소개했다. 미시마는 가와바타의 집에 〈담배〉와 〈중세〉를 가져갔고, 먼저 〈담배〉가 《인간》에, 이어서 전쟁 중 일부가 발표되었던 〈중세〉의 전문이 《인간》 1946년 12월 호에 게재된다.

이와 병행하여 미시마는 "라디게의 문학적 출발로 돌아가"(《나의 편력 시대》) 최초의 장편소설 《도적》을 집필했다. 《도적》은 귀족사회를 무대로 하여 각각 실연한 남녀가 위장 교제를 하다가 결혼식 날 밤 정사(情死)하기까지의 경위를 그린 이야기인데, 〈네 편의 처녀작〉에서 미시마는 〈수영〉, 〈채색 유리〉, 〈담배〉를 잇는 네 번째 처녀작으로 《도적》을 들고 있다. 하지만 집필에는 많은 어려움이 따랐고 중단한 적도 있었다. 가와바타 야스나리에게 보낸 1946년 7월 6일자 편지에서 미시마는 이렇게 말한다.

졸작 《도적》은 아무리 생각해도 얼굴이 붉어질 정도로 보잘 것이 없고, 이런 말도 안 되는 작품을 존재하게 하는 것도 죄악이라는 생각에 미완의 원고를 어지간해서는 꺼낼 수 없는 깊디깊은 찬장에 처박아 두었습니다. 그러고는 더 들여다보지 않았습니다. 홀가분했습니다. 이번에 제1장도 돌려주시면 유폐할 생각입니다.
　이 작품과 관련하여 걱정을 끼친 점, 깊이 사죄드립니다.

　《도적》을 쓰기 시작한 것은 1946년 1월 24일이다. 가와바타의 집을 방문하기 사흘 전인데, 미시마는 2월에 제1장을 가와바타에게 보내 읽어주기를 부탁한다. 이러한 경위를 생각하면 기무라 도쿠조에게 보낸 편지에서 "나는 가와바타 선생으로부터 다만 '소설'을 배우고 싶을 따름"이라고 했을 때 구체적으로 가리킨 작품은 《도적》이었고, 미시마는 마음속으로는 《도적》을 쓰기 시작한 1946년 1월에 이미 가와바타에게 가르침을 받고 싶다는 생각을 굳히고 있었다는 것을 알 수 있다. 오히려 《도적》을 읽어주길 기대하면서 가와바타를 방문한 것은 아니었을까.
　그 후 어쩔 수 없이 일단 중단할 수밖에 없었던 미시마는 1947년 봄 무렵부터 집필을 재개했고,[10] 《도적》은 1947년 12월 이후 《오전》, 《문학회의》, 《사조》, 《신문학》 네 잡지에 분재된다. 그 후 뒤에서 서술할 극히 중대한 어떤 사건에서 힘을 얻은 미시마는 새로 쓴 것을 포함하여 단숨에 작품을 완성해 1948년 11월 단행본 《도적》을 신코샤(眞光社)에서 간행했다.
　이 책에 부친 서문에서 가와바타는 "나는 미시마 군의 조숙한 재능이 눈부시기도 하고 아프기도 하다", "이 부서지기 쉬워 보이는 조화는 생화의 골수를 빨아들인 듯한 생생함도 있다", "아울러 나는 이 최연소 작가가 인생을 확실하게 하고, 고전과 근대, 허공의 꽃과 내심의 고뇌를 결합하여 열매를 맺을 수 있기를 바란다"라고 썼다.

일본의 상류계급(귀족계급)은 라디게의 《도르젤 백작의 무도회》에서 볼 수 있는 프랑스 상류계급과 같은 사회적, 현실적 무게를 지니지 못한다. 그러한 배경에서 귀족사회를 무대로 하여 소설을 쓰는 것 자체가 처음부터 무리가 따르는 일이었을 터인데, 이 시기에 미시마가 굳이 《도적》 집필에 덤벼든 이유는 무엇이었을까. 또 가와바타는 거기에서 무엇을 읽어냈던 것일까.

"라디게의 문학적 출발로 돌아가"라고 했거니와, 미시마가 처음 라디게에게 경도된 것은 〈꽃이 한창인 숲〉 이전의 3단계 중 습작기 I 시기였다. 구체적으로 습작기 I 전반의 〈마음의 빛〉과 〈공원 앞〉 집필 무렵이었다. 그 시기의 일을 떠올려보면, 〈관〉을 집필하면서 "자신이 뿔뿔이 흩어져버릴 것만 같은" 존재 해체의 위기에 직면한 미시마는 일단 연애 심리 소설이라는 틀 속에 틀어박혀, 더 정확하게 말하면 자기 조절에 뛰어난 재주가 있는 것으로 보이는 라디게와 자신을 동일시함으로써 위기를 넘어서고자 했던 것이다.

이와 비슷한 상황이 《도적》 집필 당시의 미시마에게도 딱 들어맞는다. 즉 "1946년부터 2, 3년 동안 나는 가장 죽음 가까이에 있었다"고 했는데, 그런 위기 속에서 미시마는 다시금 라디게를 모방한 연애 소설을 씀으로써 목숨을 잇고자 했던 것은 아닐까.

사실 《도적》을 쓰기 약 한 달 전에 미시마는 구니코의 혼약 사실을 알았고, 실제로 구니코가 결혼한 5월 5일부터 약 2개월 동안 《도적》의 붓을 일단 꺾었다. 여기에서 분명해지듯이 미시마에게 구니코가 끼친 영향은 대단히 컸다. 하지만 그것은 첫사랑과 그 끝이라는 식으로 단순하게 말할 수 있는 성질이 아니다. 구니코는 미시마에게 이렇게 추궁한다.

너는 도대체 어떤 사람이냐.

진정 네가 바라는 것은 도대체 무엇이냐.

미시마에게 《도적》은 이 엄정한 물음에 직접 맞서는 것이 아니라, 그 일체를 완전히 다른 차원의 연애 이야기(정사情死 이야기)로 승화시킴으로써 자신의 위기를 봉쇄하고자 한 작품이었다고 말할 수 있다. 서문에서 볼 수 있듯 그 점을 날카롭게 간파한 가와바타의 혜안은 경탄할 만하다. 가와바타에 비하면 사토 하루오의 문학적 자질은 훨씬 소박하다. 사토는 가와바타가 이해하고 평가한 것처럼 《도적》을 읽을 수가 없었을 것이다.

《곶에서 있었던 이야기》, 극심한 갈증의 산물

이상 미시마의 스승 문제와 더불어 미간행 시집 《밤을 알리는 새》, 《풍요의 바다》(제5장 참조) 및 소설집 《가짜 돈 후안》과 실제로 간행된 《도적》에 관하여 살펴보았다. 이외에 《곶에서 있었던 이야기》, 《밤의 준비》, 《보석 매매》가 이 시기에 간행된다.

《곶에서 있었던 이야기》는 《도적》보다 먼저 '신인선서(新人選書)'의 한 권으로 사쿠라이쇼텐(櫻井書店)에서 간행된 작품집이다. 종전을 사이에 두고 쓰인 표제작 〈곶에서 있었던 이야기〉, "언제 빨간 딱지 때문에 중단될지 모르는 '최후의' 소설"(《나의 편력 시대》)로 쓰인 〈중세〉, 그리고 〈가루노미코(輕王子)와 소토리히메(衣通姬)〉(제8장 참조) 세 편을 엮은 것인데, 실은 이보다 먼저 미시마는 〈곶에서 있었던 이야기〉와 〈중세〉를 포함한 다수의 원고를 지쿠마쇼보(筑摩書房)에 넘겼다. 《꽃이 한창인 숲》을 간행한 시치조쇼인이 지쿠마쇼보에 흡수되었기 때문이었는데, 우스이 요시미(臼井吉見)가 편집회의에서 간행을 제안했을 때 나카무라 미쓰오(中村光夫)가 마이너스 150점을 매기는 바람에 지쿠마쇼보의 기획은 무산되고(미시마 자신은 《나의 편력 시대》 등에서 마이너스 120점이라고 말한다), 대신 작은 출판사이면서 열의를 품고 전중 및 전후에 책을 계속 펴낸 사쿠라이쇼텐에서 간행되기에 이르렀던 것이다.[11]

사쿠라이쇼텐 판 《곶에서 있었던 이야기》에는 "석양과 바다와 황금을 사랑하는 사람에게"라는 제사가 있고, 또 〈발문〉의 일절은 다음과 같다.

> 과거의 작품은 작품이 말하게 하십시오. 다만 내가 잊기 어려운 것은 〈중세〉의 첫 번째 원고가 대학 재학 중 노동봉사를 갔던 나카지마 비행기의 기숙사에서, 〈곶에서 있었던 이야기〉의 절반이 가나가와현에 있는 해군공창의 기숙사에서 쓰였다는 점입니다. 이러한 것이 나라는 인간은 어떤 환경에 있더라도 쓰지 않을 수 없는 인간이라는 것을 나 자신에게 확인해주었습니다. 그것은 자신감이라고 말할 수 있는 것이 아니었습니다. 끊이지 않는 갈증이 다짜고짜로 지금 내가 여행하고 있는 곳은 사막이라는 것을 가르쳐주었던 것입니다. 그것만이 아니라 때로는 극심한 갈증이 내가 가는 곳을 모두 사막으로 바꾸어 버렸던 것입니다.

나에게는 이 '사막'이라는 말이 당시 미시마의 정신 세계를 단적으로 보여주는 것처럼 보인다.

《도적》에 이어 간행된 《밤의 준비》에 관해서는, 표제작(《인간》 1947. 8.)과 수록작인 〈하루코〉(《인간》 별책 제1집 '인간소설집', 1947. 11.)에 대하여 "거의 기무라 씨와 함께 쓴 것이라 해도 과언이 아닐 정도로 그의 면밀한 지적에 따라 고쳐 쓰고 보정된 것"(《나의 편력 시대》)이라는 설명이 있다. '기무라 씨'란 잡지 《인간》을 편집한 기무라 도쿠조를 말한다.

덧붙이자면 〈밤의 준비〉는 1945년 6월 가루이자와 역에 대피 중이던 미타니 구니코를 방문한 일을 소재로 활용한 단편인데, 한두 번 키스를 나눴을 뿐인 소녀가 육체관계를 맺는 순서까지 정하자 아직 거기까지 생각하지 못했던 주인공 청년이 당혹스러워한다는 이야기이다. 또 〈야차〉가 이 책에 수록되는데, 일부를 삭제하고 제목을 〈중세 시대 어느 상습적 살인자가 남긴 철학적 일기에서 발췌〉로 바꾸었다.

"나 자신에게 어울리는 작품을 쓸 수 있기를"

이처럼 시행착오를 되풀이하면서 미시마는 집필과 출판을 위한 노력을 이어 갔고 그것이 《보석 매매》로 이어지는데, 이에 대해서는 다음 장에서 언급하기로 하고 시간을 조금 거슬러 환상 속의 저작 《마군의 통과》를 살펴보고자 한다. 앞에서 서술했듯이 이것은 1949년 8월 간행된 동명의 작품집과는 다르다.

미시마가 남긴 메모, 노트 중 하나(표지에 '수학장數學帳'이라고 인쇄되어 있는 노트)[12]를 보면 다음과 같이 적혀 있다(《결정판 전집》 17).

○ 1947년도에 착수해야 할 일
○ 자전소설 《마군의 통과》(1000장)
  I. 자전의 방법론 : 50장
  II. 유년 시절 : 300장
  III. 소년 시절 : 300장
  IV. 청년 시절 : 350장

10년 안에 쓸 것. 지금부터 차근차근 쓰기 시작할 것. (I)은 전부 완성한 후 쓸 것. 유년 시절의 자료 정리에 착수할 것.

미시마가 이 메모를 쓴 것은 마침 《도적》 집필을 중단한 때였다. 《가짜 돈 후안》의 간행도 더는 기대할 수 없는 상황이었다. 가와지 류코에게 보낸 1947년 1월 10일 자 편지에서 "뭔가 자신에게 어울리는 작품을 쓸 수 있기를 염원하고 있습니다"라고 쓴 것은 이 메모에 적은 구상을 염두에 둔 발언으로 보이는데, 스스로의 참모습을 찾기 위해 필사적으로 노력하면서도 혼미의 소용돌이에 빠져 있었던 미시마는 결국 자전소설 《마군의 통과》에 착수할 수가 없었다.

하지만 여기에서 하나의 가설을 도출할 수 있다.

앞에서 서술했듯이 〈마음의 빛〉, 〈공원 앞〉에 이어 〈조감도〉 집필을 시도했던 미시마는 거기에서 허무와 세바스티아누스 콤플렉스라는 주제를 조금이라도 언급하고자 했다. 아니 언급하지 않을 수 없었다. 그것은 자신의 내면 우주의 핵심과 만나지 않고 단순히 라디게에게 동일화하고자 하는 것만으로는 위기를 타고 넘을 수 없다는 생각을 의미한다고 할 수 있다. 마찬가지로 단순히 "라디게의 문학적 출발로 돌아가" 《도적》을 집필하고자 하는 것만으로는 그 시도가 좌절할 수밖에 없고, 실제로 《도적》은 부득이하게 중단되었다. 이러한 생각에서 미시마는 허무와 세바스티아누스 콤플렉스라는 주제, 나아가서는 동성애와도 정면에서 마주하는 장으로서 '자전소설'을 구상한 것은 아니었을까. 이것이 하나의 가설이다.

그렇지만 갑자기 쓰기 시작하는 것은 극히 곤란한 일이어서 우선 유년 시절의 자료 정리에 착수한다. 지금까지 서술해 온 〈조감도〉, 〈저택〉, 〈분장광〉, 〈발라드〉와 같은 작품은 자전소설 창작을 위한 자료로서 당연히 중요했을 것이다. 이와 함께 어떻게든 《도적》 집필도 재개하려 한다. 다만 이 시점에는 전망이 워낙 불투명해서 《마군의 통과》도 구상을 해보았을 뿐 사실상 모든 것이 보류된 상태였다.

이런 상태에서 작가로서 자립해 나갈 수 있으리라는 확실한 자신감 따위가 있었을 리 만무하다. 미시마는 1947년 11월 28일 도쿄대학 법학부 법률학과를 졸업하고, 12월 13일 고등문관시험에 합격하고(167명 중 138등), 12월 24일 대장성에 첫 출근하여 은행국 국민저축과에서 근무한다. 직업 작가가 아니라 관리를 평생의 일로 삼을 수밖에 없는 것인가. 아니면 아직 뭔가 가능성이 있는 것은 아닐까. 1947년부터 1948년에 걸쳐 두 가지 생각이 미시마의 마음속에서 격렬하게 부딪치고 있었다.

바로 그 무렵, 후지 마사하루의 주선으로 《작은 연회》 또는 《끝없는 산책》을 표제(가안)로 하는 평론집 기획이 있었다(1947년 11월 19일 자, 28일 자, 12월 16일 자 후지 마사하루에게 보낸 미시마의 편지). 후지는 메이소쇼보(明窓書房)의 비상근 고문을 맡고 있었는데, 다음

해 1948년 그가 게이분샤(圭文社)로 자리를 옮기면서 평론집 기획도 메이소쇼보에서 게이분샤로 인계된다. 그러나 얼마 지나지 않아 게이분샤의 경영이 기우는 바람에 1948년 봄 이후 후지는 게이분샤와는 별도로 아키타야쇼텐(秋田屋書店) 등 다른 발행처를 찾았던 듯하다.[13] 하지만 사태는 생각대로 진행되지 않았다. 1949년에 이르러서는 게이분샤도 도산하고 만다.

후지의 게이분샤 시절에는 당초의 평론집 계획(《작은 연회》 또는 《끝없는 산책》)에 시편, 소설까지 더해 변경한 기획도 있었는데, 그 목차의 미시마 자필 원고가 남아 있다. 여기에서는 조판을 지정하는 후지의 붉은 글씨도 확인할 수 있는데, 후지도 미시마도 기대가 컸다는 것을 알 수 있다. 전편의 중심에는 시 〈밤을 알리는 새〉가 놓여 있다. 생각건대 이것은 후지의 평론집 기획과 좌절된 시집 《밤을 알리는 새》 또는 《풍요의 바다》 기획이 미시마 자신이 융합한 구상이 틀림없음을 보여준다. 공습 속에서 쓰인 시 〈밤을 알리는 새〉가 전후의 혼란 속에서 새로운 생명을 얻은 것이다. 그러나 이것도 실현되지 못한 채 끝났다. 나는 미시마 사후 50년을 계기로 해 이 자필 목차를 충실하게 재현하여 《밤을 알리는 새》라는 표제 아래 간행했다(헤이본샤, 2020. 1.). 당시 미시마의 원통함을 조금이나마 풀어주고 싶은 생각에서였다.

이상이 "1946년부터 2, 3년 동안 나는 가장 죽음 가까이에 있었다. 미래의 희망도 없었고, 과거의 환기는 모두 추했"던 시기의 실태이다.

그러나 괴로움 속에서 기울인 노력이 마침내 보상받는 때가 온다. 앞에서 언급한, 《도적》의 완결과 출판을 정신적으로 후원하는 큰 사건이 일어났던 것이다.

1948년 8월 28일, 가와테쇼보의 사카모토 가즈키(坂本一龜)가 요쓰야 역 앞의 대장성 임시청사에서 근무하고 있던 미시마를 찾아와, 간행하기 시작한 장편 시리즈의 한 권으로 새로운 소설 집필을 정식으로 의뢰했던 것이다.[14] 참고로 이 시리즈의 첫 권은 1948년 6월에 간행된 시나 린조(椎名麟三)의 《영원한 서장(序章)》이었다.

주어진 시간은 구상 3개월, 집필 3개월로 매우 짧았기 때문에 《마군의 통과》로 구상하고 있던 1000장의 장편 자전소설을 여기에 맞추는 것은 시간적으로나 원고 분량으로나 무리였을 것이다.* 그러나 유년기 이후의 자료 정리에는 이미 착수한 터이다. 이것을 기반으로 하여 허무와 세바스티아누스 콤플렉스라는 주제에 이번에야말로 정면으로 도전해야 하지 않을까. 다시 없을 좋은 기회라고 생각한 미시마는, 마침 장편소설을 쓰고 싶었다, 나는 여기에 작가 생명을 걸겠다라고 말하고 흔쾌히 승낙한다. 그리고 9월 2일 대장성에 사표를 제출했고, 9월 22일 '의원면본관(依願免本官, 뜻에 따라 이 관직을 면제함)'이라는 사령을 받았다. 재직 기간은 고작 9개월 정도였다. 사카모토의 집필 의뢰에 한껏 고무된 미시마는 서둘러 《도적》을, 이어서 단편소설집 《밤의 준비》를 간행하고 신작에 집중한다. 그로부터 얼마 지나지 않아 게이분샤가 도산하지만 그런 것에는 더는 신경도 쓰지 않았다.

의뢰를 받은 지 채 일 년이 되지 않은, 1949년 7월에 간행되는 그 소설이 바로 《가면의 고백》이었다.

---

* 일본의 원고지는 한 장당 400자가 기본이다.

제7장

가면의 고백

1948~1949년

《가면의 고백》은 미시마 유키오가 전후의 소설가로서 본격적으로 출발하는 대단히 중요한 작품이다. 그런데 이 작품이 집필된 기간에 해당하는 1948년에서 1949년에 걸친 시간은 일본에도 극히 중요한 시기였다.

일반적으로 일본 전후사에서 가장 중요한 일로 여겨지는 것은 1946년 11월 3일의 일본국 헌법 공포(시행은 다음 해 5월 3일)와 1951년 9월 8일의 샌프란시스코 강화조약 조인(발효는 다음 해 4월 28일. 이에 따라 일본은 주권을 회복한다)이다. 그러나 그 사이에 놓인 1948년과 1949년에 전후사의 생생한 실상이 얼굴을 드러낸다. 《가면의 고백》 작품 독해에 들어가기 전에 먼저 이 점을 확인해 두고자 한다.

1948년의 사건으로 가장 먼저 거론해야 할 것은 쇼와덴코 의옥사건(昭和電工疑獄事件)이다. 바로 쇼와덴코 사장 히노하라 세쓰조(日

野原節三)의 수뢰 사건인데, 뇌물을 받은 쪽에 일본의 민주화를 추진해 온 연합군 최고사령부(GHQ) 민정국(GS) 소속 고관의 이름까지 있는 것으로 알려졌다. 풀리지 않은 문제가 많은 이 사건의 배후에 반공 공작을 추진해 극동에서 미군의 강화를 꾀하고 있던 연합군 최고사령부 참모제2부(G2)에 의한, 민정국 주요 멤버 추방 계략이 있었다고 한다. 이러한 연합군 최고사령부 내부의 일종의 '정변'에 교묘하게 올라탄 요시다 시게루(吉田茂)가 민정국의 지지 아래 성립한 아시다 히토시(芦田均) 내각 총사퇴 후 두 번째 총리가 되었다(1948년 10월). 또 이 해 12월 23일에는 극동군사재판의 판결에 따라 도조 히데키(東條英機) 등 전범 일곱 명의 교수형이 집행되는데, 그날은 당시 황태자(현 상황 아키히토)의 15세 탄생일이었다. 말할 것도 없이 굳이 같은 날이 선택되었던 것이다.

1949년에 일어난 사건으로는 《가면의 고백》 간행과 같은 7월 국철 총재 시모야마 사다노리(下山定則)가 살해된 시모야마 사건, 무인열차의 폭주로 여섯 명이 사망한 미타카 사건(三鷹事件), 8월 도호쿠본선(東北本線)의 탈선 전복으로 세 명이 사망한 마쓰카와 사건(松川事件)을 거론하지 않을 수 없다. 국철 노동조합의 해고 반대 투쟁이 정점에 이른 시기에 발생한 사건인데, 역시 진상에는 불명확한 부분이 많지만, 국철 노동조합 내부의 공산당 세력을 억압하기 위한 연합군 최고사령부의 책략이라는 설이 있다.

동서 냉전 격화에 따른 미국의 대일정책 전환, 노골적으로 말하면 다가올 동서 대결(그것은 1950년 6월 25일 발발한 한국전쟁으로 나타난다)에서 일본의 미군기지와 군수공장을 최대한 이용하기 위한 환경 정비가 이 사건들의 배경이었다. 전쟁이 발발할 경우 야마구

치현에 대한민국 망명정권을 둔다는 구상이 있었다는 것도 밝혀지고 있다.[1]

이것이 의미하는 것은 1948년에서 1949년에 이르는 시기에 일본에서 전후의 본질이 변모하고 있었다는 점이다. 점령 상태에 있는 일본이 새로운 헌법을 근거로 하여 민주주의 국가로서 출발하고 샌프란시스코 강화조약에 따라 독립하게 되는 경로가 하나의 직선을 이루는 것처럼 생각하면 이 변모가 보이지 않는다. 실제로 여기에는 피비린내 나는 사건이 있었던 것이다. 얼핏 무관한 것처럼 보이지만 그러한 상황 속에서 《가면의 고백》이 구상되고 집필되었다는 사실에는 적지 않은 의미가 있다.

《서곡》 실험

그 의미에 관해서는 이 장의 마지막 부분에서 살펴보기로 하고, 지금은 개별 작가라는 미시적인 차원과 시대나 사회라는 거시적인 차원의 관계를 보여주는 상징적인 사건 하나를 보기로 한다.

미시마는 가와테쇼보의 새로운 장편 시리즈에 참가하게 되었는데, 이 가와테쇼보에는 열 명의 동인이 돌아가면서 편집 책임을 담당하는 단행본이라는 명목으로 간행된 잡지 《서곡》이 있었다. 대표적인 전후파 작가들을 결집하여 시대에 도전하고자 계획한 것인데, 그 시도는 하니야 유타카(埴谷雄高), 다케다 다이준(武田泰淳), 나카무라 신이치로(中村眞一郎), 우메자키 하루오(梅崎春生), 노마 히로시(野間宏), 후네야마 가오루(船山馨), 데라다 도오루(寺田透), 미시마 유키오, 시나 린조(椎名麟三), 시마오 도시오(島尾敏雄) 같은 동인의 면면에 잘 나타나 있다. 미시마가 여기에 참가했다는 사실은 "스무 살 나이에 일찌감치 시대에 뒤처져버린 자신을 발견했다. 〔……〕 전시에 소그룹 안에서 천재를 자처했던 소년은 전후 누구로부터도 사람 취급을 받지 못하는 무력한 일개 학생에 지나지 않"(《나의 편력 시대》)은 상태에 있었던 그가 짧은 시간 안에 전후파 작가의 선두 그룹을 따라잡았음을 보여주는데, 특히 주목하고 싶은 것은 창간호 (1948년 12월) 권말에 배치된 좌담회 〈소설의 표현에 관하여〉이다.

이 좌담회에는 후네야마 가오루와 시마오 도시오를 제외한 여덟 명의 동인이 참가했다. "나는 최근 수개월 동안 대단히 힘든 상황에 처해 있다. 어째서 나의 문학은 넓은 곳으로 나아가지 못하는 것일까라는 반성을 되풀이하곤 한다. 타개하지 않으면 안 되는데 타개할 수 없는 상태인 것이다."(노마 히로시) "전인적(全人的)으로 표현할 수 없다면 문학도 아무런 쓸모가 없다. 사상이고 뭐고 끝장이다."(시나 린조) 같은 발언이 상징하듯이 이 좌담회에서는 마땅히 그러해야 할 소설 표현을 찾기 위해 고뇌하는 작가들의 초조함이 넘쳐흐르고 있으며, 사회를 맡은 시나 린조의 "죄다 거친 얘기뿐이어서 정리를 할 수 없는 방담회(放談會)가 되고 말았다"라는 말로 좌담회는 겨우 막을 내린다. 덧붙이자면 미시마의 발언에서는 "나는 사람을 죽이고 싶어서 견딜 수가 없다. 붉은 피를 보고 싶은 것이다."라는 갑작스레 튀어나온 말이 눈길을 끈다.

하지만 혼란스러운 것은 좌담회만이 아니었다.

좌담회 개최일은 1948년 10월 6일, 장소는 간다(神田)에 있는 중화요리집이었다. "그날 밤 거리에는 쇼와덴코 의옥사건으로 아시다 내각이 총사퇴했다는 소식을 전하는 호외의 방울 소리가 울리고 있었다."(《나의 편력 시대》) 결국 작가들의 고뇌와 초조함은 바로 심상치 않는 시대를 반영하고 있었던 것이고, 미시마 또한 그러한 상황 속의 작가 중 한 사람으로서 소설이란 무엇을 어떻게 표현해야만 하는가, 또 표현할 수 있는 장르인가라는 물음에 대하여 고뇌에 고뇌를 거듭하고 있었던 것이다. 여기에서 거시적인 차원과 미시적인 차원의 교차점을 확인할 수 있다.

아울러 창간호 편집 담당자는 시나 린조였고 다음 호는 미시마 유키오가 맡을 예정이었지만 실현되지 못한 채 《서곡》은 1호만 내고 끝이 났다. 가와테쇼보의 시무라 다카오(志村孝夫)는 창간호 판매 부진 때문이었다고 했지만,[2] 하나같이 개성이 넘치는 작가들의 도가니였던 이러한 장은 아무래도 산산이 부서질 운명이었는지 모른다. 시대 쪽에서도 나에게 도전하여 뭔가를 표현하고자 하는 것이 그렇게 간단한 일일 수 있겠는가라고 말하고 싶었을 것이다.

하지만 관점을 바꿔보면 《서곡》에 쏟아부었을 미시마의 시간과 에너지가 그대로 《가면의 고백》 집필로 향했다고 생각할 수도 있다.

"사형수이자 사형 집행인이 되고자 한다"

좌담회가 있고 나서 약 1개월 후인 11월 2일 미시마가 사카모토 가즈키에게 쓴 편지가 남아 있다. 여기에서 미시마는 이렇게 말한다. "새 작품은 11월 25일부터 쓰기 시작할 예정이며 제목은 '가면의 고백'입니다. 〔……〕 이 소설은 태어나서 처음 쓰는 사소설인데, 물론 문단적 사소설이 아니라 지금까지 가상의 인물을 대상으로 했던 예리한 심리 분석의 칼날을 자신에게로 돌려 스스로 자신의 생체를 해부하려는 시도이며, 가능한 한 과학적 정확함을 기하고 보들레르의 이른바 '사형수이자 사형 집행인'이 되고자 합니다." 다만 《가면의 고백》 간행본에 딸린 월보의 〈편집 소식〉에 의하면 실제로 붓을 든 것은 12월에 접어들어서부터였다. 그리고 붓을 놓은 것은 1949년 4월 27일이다.

미시마는 이 집필 기간 중에 "나에게 거의 유일한 미완의 소설"[3]이라고 했던 〈보석 매매〉(《문예》, 1948. 6. 전후의 몰락 귀족에게 전달된 다이아몬드를 둘러싼 이야기)를 포함해 다섯 편을 수록한 소설집 《보석 매매》(고단샤, 1949. 2.)를 간행한다.

이 소설집에서는 발행처에서 간행을 의뢰해 온 것을 기회로 삼아 집필 중인 《가면의 고백》에 포함시키지 않은 에피소드를 정리하면서, 사카모토 가즈키가 원고를 의뢰하기 이전의 고뇌하던 시기의 기록을 자기 혼자만 알 수 있는 형태로 남겨 두려는 의도를 읽어낼 수도 있을 듯하다. 그런 의미에서 《보석 매매》는 독자를 염두에 두고 간행된 소설이라 할 수 없다. 이 책의 권두에 와타나베 가즈오(渡邊一夫)가 '위서(僞序)'라는 아이러니한 제목으로 서문을 쓴 것은 그러한 미묘한 사정, 그러니까 이것은 진정한 의미에서 소설이 아니기 때문에 '서문'도 '위서'여야만 한다는 뜻을 내비치고 있어 흥미롭다.

덧붙이자면 앞에서 미시마가 자작시를 '가짜 시'(《나의 편력 시대》)라고 불렀다는 얘기를 했는데, 이것은 '위서'에서 와타나베가 미시마 문학의 특징을 '부정한 것(fausse poésie)'이라고 부른 것에서 연유한다. 또 구상이 끝난 자전소설과는 다른 〈마군의 통과〉(《별책 문예춘추》, 1949. 2.)가 발표된 것도 같은 시기였다.

이러한 과정을 거쳐 미시마는 《가면의 고백》을 간행하기에 이르는데, 그 내용을 간단하게 확인해보자. 동성애를 자각한 주인공의 회상이라는 형식을 취하고 있는 이 소설은 4장으로 구성되어 있다.

제1장은 조모에게 둘러싸여 자란 병약한 유년기의 회상이다. 어린 '나'의 동경의 대상으로 분뇨 수거인, 잔 다르크, 땀 흘리는 병사 등을 열거하고, 다이쇼부터 쇼와 초기에 걸쳐 활약한 여마술사 덴카쓰와 클레오파트라를 흉내 내 분장하는 에피소드, 미코시(神輿)가 정원을 밟고 들어온 이야기도 한다(여기에서 '나'는 분뇨 수거인이라는 직업을 '비극적인 것'으로 간주하고 '몸을 바치고 있다'는 느낌에 매료되었다라고 말하는데, 이것은 중요한 키워드이므로 기억해 둘 필요가 있다).

제2장에서는 화살을 맞은 '성 세바스티아누스'의 순교화를 보고 처음으로 자위와 사정을 체험한 것, '나'에게 사도마조히즘적인 동성애에 생생한 흥미가 있다는 것이 분명해진다. 세바스티아누스 콤플렉스가 그 자체로 언어화되는 것은 이 작품이 처음이다. 그리고 오미라는 낙제생을 향한 성적 욕정이 싹튼다. 그것은 눈이 내린 후 맑게 갠 어느 날 아침, 교정에서 일어난 사건에서부터 시작된다.

그는 눈에 젖은 가죽 장갑을 갑자기 내 달아오른 뺨에 들이댔다. 나는 몸을 피했다. 뺨에 생생한 육감이 타오르더니 낙인처럼 남았다.

얼마 지나지 않아 오미는 학교에서 쫓겨나고 마는데, '나'는 그가 세바스티아누스처럼 학살된 것이라고 몽상한다. 그런 종류의 몽상은 점점 고조되어 결국은 다른 동급생 친구를 살해해 먹어버리고 말겠다는 망상에까지 이른다.

제3장에서 '나'는 남성에 대한 성욕밖에 없는데도 마치 여성에게 성적인 관심이 있는 것처럼 자기 암시를 건다. '나'는 친구의 누이동생 소노코와 교제하고, 그녀가 대피하고 있던 가루이자와 역을 찾아가 키스를 하지만 아무런 쾌감도 느낄 수 없다. '나'는 청혼을 받지만 거절하고 곧 종전을 맞이한다.

제4장에서 '나'는 친구의 꾐에 넘어가 사창가를 찾아가지만 불능으로 끝나고, 그 후 무력감에 가득 찬 나날을 보낸다. 다른 남성과 결혼한 소노코와 우연히 재회한 '나'는 애매모호한 데이트를 거듭한다. 그 사이에 대학을 졸업하고 관청에 근무하지만 얼마 안 있어 사직하고 만다. '나'는 소노코를 댄스홀로 이끄는데, 그곳에서 '나'는 불량배에게 격렬한 성욕을 느끼고, 그가 칼에 찔려 아름답게 물드는 사도마조히즘적인 몽상에 빠져 소노코의 존재 따위는 잊어버린다. 소노코가 급하게 "이제 오 분 남았네요"라고 호소하는 소리를 듣고서야 "나는 새삼스럽게 소노코 쪽을 돌아"본다.

> 그 순간 내 마음속에서 뭔가가 잔혹한 힘에 의해 둘로 찢겼다. 번개가 떨어져 생나무가 쪼개지듯이. 내가 지금까지 심혈을 기울여 쌓아 올린 건축물이 참혹하게 무너지는 소리를 나는 들었다. 나라는 존재가 뭔가 무시무시한 '부재(不在)'로 바뀌는 찰나를 본 것만 같았다.

댄스홀을 나가려고 일어설 때 '나'는 새삼스럽게 불량배들의 자리를 훔쳐보는데, "그들은 춤추러 나갔는지 텅 빈 의자만 내리쬐는 햇빛 속에 놓여 있고, 탁자 위에 흘러내린 음료수가 번쩍번쩍 무시무시한 반사광을 뿜고 있었다."

이것이 《가면의 고백》이 막을 내리는 마지막 문장이다.

소재와 구성

이미 밝힌 것처럼 여기에 그려진 내용은 〈관〉, 〈오감도〉, 〈저택〉, 〈분장광〉, 〈발라드〉, 〈밤의 준비〉 들에 기술된 에피소드들을 재구성한 것이며, 가능하다면 우리들은 미시마 자신의 실제 체험으로 거슬러 올라갈 수도 있다.

제4장과 관련해서는, 작품으로 쓰인 것은 아니지만, 예컨대 다른 남성과 결혼한 소노코와 우연히 재회하는 장면 같은 경우는 '수학장' 노트에 메모가 남아 있다. 그 메모에서 미시마는 "1946년 9월 16일(월) 오후 1시 15분, 우연히 구니코를 만났다. 근처를 어슬렁거리며 정처 없이 걷고 있다가 누군가 부르는 소리에 멈춰 섰다. 구니코는 전보다 젊었고 오히려 처녀티가 났다."[4]라면서 그때의 모습을 상세하게 기록한 다음, "이 우연한 만남은 이번 소설을 쓰라는 암시일까? 쓰지 말라는 암시일까?"라고 자문한다(《결정판 전집》1 〈해제〉. "이번 소설"이란 《도적》을 가리키는 것이리라). 미시마의 친구 야시로 세이이치(矢代靜一)의 전언에 따르면 사창가를 찾았던 것도 사실이다.[5]

제2장에서는 어느 해안의 피서지를 찾아간 에피소드가 그려지는데, 그것은 〈곶에서 있었던 이야기〉와 같은 소재에 바탕을 둔 것으로 보이기도 하지만, '성 세바스티아누스'의 자태를 흉내 내 자위를 한 주인공 '나'가 정액을 바다로 흘려보내는 장면은, '위서'에서 와타나베 가즈오가 〈곶에서 있었던 이야기〉를 평하면서 한 말, 즉 "우

유 냄새와 정액 냄새가 뒤섞인 몽롱한 기분"이라는 말에서 촉발된 창작이라고 할 수도 있을 듯하다. 이런 식의 각색은 얼마든지 있었을 것이다.

이처럼 《가면의 고백》이라는 소설에서 묘사하는 소재만 놓고 보면, 사카모토 가즈키가 의뢰한 시점에 이미 거의 모든 것이 준비되어 있었던 셈이다. 문제는 소재들을 구성하는 방법이다. 이 점과 관련해서는 《가면의 고백》 간행 후 미시마가 정신의학자이자 평론가인 시키바 류자부로(式場隆三郎)에게 보낸 1949년 7월 19일 자 편지를 참조할 필요가 있다.

《가면의 고백》에 쓴 것은 모델을 수정한 것, 두 인물을 한 인물로 융합하는 것 등을 제외하고는 모두 나 자신의 체험에서 나온 사실을 충실하게 기술한 것입니다. 이 나라에도, 그리고 외국에도 성적 반전(sexual inversion)의 적나라한 고백적 기술은 많지 않은 것으로 알고 있습니다. 고작해야 앙드레 지드의 《한 알의 밀알이 죽지 않으면》이 있는데, 여기에서는 오히려 정신사적인 면이 강조되고 있습니다. 장 콕토의 《Livre Blanc》이라는 희한한 책을 보았습니다만 이것도 하나의 단편에 지나지 않습니다. 나는 작년 초여름에 엘리스의 성심리학 저서 《Sexual Inversion in Man》과 《Love and Pain》을 읽었는데, 그의 책에서 거론되는 사례가 대부분 지식계급과 관련되어 있다는 것을 알고(대단히 웃기는 일입니다만) 자존심의 만족과 고백의 용기를 얻었습니다. 당시 나는 오히려 나 자신의 본래적 경향(Tendenz)에 관해서라기보다 정상적인 방향에 대한 육체적 무능력에 관하여 더 많이 고민하고 있었기 때문에, 고백이 정신분석 요법의 한 방법으로 가장 유효할 것이라고 생각했기 때문입니다.

인용문에서 《Livre Blanc》은 장 콕토가 익명으로 발표한 성 고백서 《흰 책》을 가리키며, 《Sexual Inversion in Man》과 《Love and Pain》은 영국의 심리학자 해블록 엘리스의 저작이다. 편지에서는 언급하고 있지 않지만, 이 무렵 미시마는 《성과 생활》(리소샤, 1949. 3.)의 저자인 심리학자 모치즈키 마모루(望月衛)를 찾아갔고, 그에게서 독일의 성과학자 마그누스 히르슈펠트(Magnus Hirschfeld)의 저작을 빌려 읽는다.[6] 이러한 독서 경험을 바탕으로 하여 미시마는 자기 작품의 주인공을 처음으로 동성애자로 설정하고, 이 주인공이 화자가 되어 과거를 되돌아보는 형식으로 이미 준비되어 있었던 소재를 재구성했던 것이다.

"마음속의 괴물을 정복하고자 한 소설"

<u>스스로</u> "정신분석 요법의 한 방법"이라고 불렀듯이 여기에는 자가 치료라는 실용적인 의미도 있었는데, 그렇다고 동성애를 《가면의 고백》의 중심적인 주제라고 말할 수 있을까. 그렇게 보이기도 하지만 꼭 그런 것만은 아니다.

물론 동성애는 《가면의 고백》의 중요한 테마이다. 그러나 동시에 놓치지 말아야 할 것은, 미시마가 주인공을 동성애자로 설정하는 것과 관련하여 〈관〉, 〈조감도〉 그리고 〈야차〉에서 언급했지만, 더 나아갈 수 없었던 문제와 처음 정면으로 맞서고자 했다는 점이다. 그것은 다름 아닌 유년기 이래 내면 우주의 핵이었던 허무와 세바

스티아누스 콤플렉스이다. 이 문제에 도전하는 것, 그것이 바로 가장 중심적인《가면의 고백》의 주제라고 말할 수 있지 않을까.

하지만 '정면에서 맞선다'거나 '도전한다'라고 말할 때 그것은 무엇을 의미하는 것일까. 미시마 그 자신이 허무의 한가운데 빠져들어 존재가 산산이 부서져버린 것일까. 세바스티아누스 콤플렉스 속에 몸을 두고 생과 사의 도취에 흠뻑 잠긴 것일까.

아니다. 오히려 내면 우주의 두 핵이 주시하는 가운데 이것에 주눅 들지 않고 되받아쳐 그 본질을 포착한 다음 언어를 빌려 문학 작품으로 형상화하는 것. 그렇게 함으로써 내면 우주가 현실 세계에 범람하여 제어불능이 되는 위기를 피하는 것. 사카모토 가즈키에게 보낸 편지에서 "사형수이자 사형 집행인"이 되고자 한다는 말은 이러한 것을 의미하며, 지금 처음으로 미시마는 이 도전을 시도했고 그리고 성공했던 것이다.《나의 편력 시대》에서《가면의 고백》과 관련하여 "마음속의 괴물을 어떻게든 정복하고자 한 소설"이라고 한 것도 같은 의미이다.

더욱이 미시마는 형상화한 작품이 가능한 한 미적이고 생생하며, 때로는 재미있고 또 아이러니한 표현을 얻을 수 있도록 공을 들였다.

'성 세바스티아누스' 순교화에서 자극을 받아 처음 사정을 체험하는 장면이 대표적인 예이다.

그 외에 구체적인 예를 들자면 앞에서 인용한 댄스홀 장면도 중요하다. 다급하게 호소하는 소노코의 소리를 들은 '나'가 "새삼스럽게 소노코 쪽을 돌아보았을" 때, 우선 소노코의 연인으로 행동함으로써 동성애자라는 것을 부정해 온 자기의 존재가 해체된다. 그런데 다시금 불량배들이 있던 자리를 훔쳐보았을 때 그들의 모습은 이미 보이지 않고 "텅 빈 의자만 내리쬐는 햇빛 속에 놓여" 있을 뿐이다. 이때 동성애자로서 자기도 충동의 대상을 상실하고 존재의 의미를 잃는다(오히려 대상은 '나'의 공상 세계 속에서 살해되었던 것이다). 이렇게 자기는 이중으로 해체되고, 혼자만 공허한 화자로 남겨진다. 이리하여 허무가 훌륭하게 형상화되는 것이다.

그리고 소설은 "탁자 위에 흘러내린 음료수가 번쩍번쩍 무시무시한 반사광을 뿜고 있었다"라는 문장으로 마무리되는데, 허무의 한가운데서 뿜어져 나오는 강렬한 빛은 일찍이 《보인회 잡지》에 발표한 시 〈사양〉에서 노래했던 '붉은 색'과 비교할 수 있을 듯하다.

붉은 원반 같은 태양이,
초록의 나무와 나무 사이로
떨어지고 있다.
막 숨어버렸는가 싶더니,
다시 나온다.

그러나,
내가 잠깐 뒤돌아보고 있으면,
어느 사이엔가,
다 타버리고,
담배꽁초처럼,
반짝,
붉은 색이 남아 있을 뿐이었다.

앞에서 서술했듯이 이 시에도 이미 허무가 형상화되어 있었다. 하지만 이 시에서 '반짝' 남아 있는 데 지나지 않았던 미약한 '붉은색'은, 10년이 넘는 시간을 사이에 두고, 이제는 번쩍거리는 반사광으로 나타난다. 이미지의 연쇄에서 그것은 '성 세바스티아누스'의 순교화에 자극받아 솟구쳐 나오는 화자의 정액, 그 화자의 공상 속에서 칼에 찔려 죽는 불량배의 아름다운 피와 공명하고 있으며, 지금 여기에서 세바스티아누스 콤플렉스가 생생하게 형상화되는 것이다. 나아가 마지막 문장은 소설의 앞부분에 제사로 인용된, "아름다움—아름다움이란 놈은 무섭고 끔찍한 것이야!"라는 《카라마조프가의 형제들》의 한 구절과 정확하게 조응하는 미적 결정(結晶)이라고 말할 수 있다.

소설에서는 이 장면이 '나'가 관청을 사직한 직후의 일로 그려지고 있지만, 사실 이때 이미 미시마는 사카모토 가즈키로부터 소설 집필을 의뢰받은 터였다. 결국 여기에 묘사된 에피소드는 작품화할 것을 전제하고 체험한 사실에 근거를 두고 있다고 말할 수도 있다.

그렇다면 그것은 허무와 세바스티아누스 콤플렉스를 문학적으로 형상화하기 위해 구니코라는 여성의 존재가 철저히 이용되고 소진되었다는 것을 의미한다. 이렇게 《가면의 고백》을 마무리한 미시마는 "가장 죽음 가까이 있었던" "1946년부터 2, 3년 동안"(〈종말감으로부터 출발〉)의 시기로부터 벗어나 자살하려던 사람이 "맹렬한 속도로 계곡 아래에서 절벽 위로 날아올라 되살아"(《《가면의 고백》 노트》) 나듯이 소생한다. 바로 이 순간, 진정한 의미에서 소설가 미시마 유키오가 탄생한다.[7)]

'나'라는 신화

이렇게 까다로운 주제를 다루면서도 세계 문학에서 달리 예를 찾아볼 수 없는 성공을 거둔 《가면의 고백》은 예사롭지 않은 작품이다. 이 소설을 씀으로써 미시마는 유년기 이래의 생활을 청산하고 초극하고자 했던 것인데, 이외에도 주목할 만한 점이 적지 않다.

도대체 왜 제목이 '가면'의 '고백'이었을까. 사카모토 가즈키에게 보낸 편지에서 "태어나서 처음 쓰는 사소설인데 〔……〕 스스로 자신의 생체를 해부하려는 시도"라고 했거니와, 그렇다면 제목이 '맨얼굴'의 '고백'이어야 하지 않았을까. 그런데 미시마는 그렇게 하지 않았다.

단순히 진기한 표제를 내세워 남의 이목을 끌고자 했던 것일까. 그렇지는 않다. 《가면의 고백》은 동성애자의 회상이라는 형식을 취하고 있지만 이것은 미끼에 지나지 않으며, 여기에서 동성애자의 존재 증명을 시도하는 것은 아니다.

앞에서 서술했듯이 마지막 댄스홀 장면에서 화자는 소노코로부터도 불량배로부터도 무한히 떨어진 무(無)의 점에서 <u>스스로 해체되고 만다</u>. 이성애자로서는 말할 것도 없고 동성애자로서도 존재의 이유를 상실한다. 자신이 태어나는 장면을 본 적이 있다며 이야기를 시작한 주인공은 얼마 지나지 않아 '성 세바스티아누스'의 순교화 앞에서 사정하고 나중에는 소노코와 키스까지 시도하지만, 그 화자는 이미 공허한 어떤 것, 사람뿐만 아니라 정령마저도 돌아보지 않는 투명한 종이 인형에 지나지 않는다. 투명한 종이 인형이 마치 실체인 것처럼 이야기할 수 있는 것은 사정하는 '나'와 소노코와 키스하는 '나', 그리고 지금 댄스홀에 있는 '나'라는 다양한 '나'를 그때마다 '가면'으로 쓰고 있기 때문이며, 그런 속임수에 의해 소설은 성립한다. 실제로 미시마 본인이 그와 같은 체험을 했다 하더라도 화자의 입장에서 보면 모든 '나'는 '가면'이나 다름없다.

〈《가면의 고백》 노트〉에서 미시마는 "살까지 파고드는 가면, 살에 들러붙은 가면만이 고백을 할 수 있다"고 말하는데, 그것이 의미하는 바는 이러한 작품 구조이며, '살에 들러붙은 가면'의 맞은편에는 아무것도 없다.

나아가 미시마는 방금 인용한 〈《가면의 고백》 노트〉의 말에 이어 "고백의 본질은 '고백은 불가능하다'라는 것"이라고 덧붙인다. 이때 《가면의 고백》이라는 작품은 허무와 세바스티아누스 콤플렉스라는 주제와 별도로 하나의 일반 원리를 지시한다. 그것은 어떤 화자라 해도 자기 자신에 대해서는 말할 수 없으며, 거기에서 이야기되는 대상은 언제나 '가면'일 수밖에 없다는 것, 그럼에도 불구하고 그 '가면'과 화자를 동일시함으로써 '나'라는 아이덴티티가 성립한다는 것인데, 사실 그것은 하나의 '신화'에 지나지 않는다는 '나'를 둘러싼 원리, 굳이 말하자면 철학적 역설이다. 여기에서 말하는 '신화'란 근거 없는 동화라는 의미다. 이런 식으로 《가면의 고백》은 우리들 누구도 믿어 의심치 않는, 또는 완전히 믿고 싶어 하는 '나'라는 아이덴티티의 자명성에 균열을 낸다. 그 따위 자명성은 처음부터 허구였던 것이다.

미시마는 불손하게도 이런 역설적인 진실을 들이댔다. 정신의 안정을 지키려는 사람이 보기에는 멍청하기 짝이 없는 짓이다.

'전후 일본'이라는 공허한 신화

왜 미시마는 굳이 이런 도전적인 시도를 했던 것일까. 그 연장선상에 보통 빠뜨리기 십상인 《가면의 고백》의 또 하나의 중요한 주제를 심으려 했기 때문이다. 무슨 말일까. '신화'는 '나'의 문제만이 아니라 역사의 문제이기도 하다. 그리고 역사의 과정 속에서 너무도 무리하게 '신화'가 날조되고 있다면 누군가가 그 기만의 구도를 고발하는 증인 역할을 해야만 하며, 스물네 살의 젊은이가 그 역할을 떠안고 나섰던 것이다.

역사 속에서 날조되고 있는 '신화'란 무엇일까. 그것은 전후 민주주의라는 이념 아래 일본인이 재출발한다는 '신화'이다. 다시 말하거니와 그 '신화'는 1948년과 1949년 전후에 일본의 실질이 변모한 사태를 은폐한다. 일본국 헌법 제정의 이념이 일찌감치 붕괴하고 있는 사태를 은폐하고(사람들은 모두 진실을 간파하고 있지만), 전후의 평화주의를 이끌었다고들 하는 요시다 시게루도 결국 동서냉전을 이용해 자기 파벌 확장을 도모한 데 지나지 않는다는 사태를 은폐하며(이것도 모두들 진실은 간파하고 있지만), 더욱이 전후 일본의 모습을 둘러싸고 요시다 시게루가 아무리 숙고를 거듭하고 교활한 전략을 짜고자 해도 결국 패전국 일본은 미국이 하라는 대로 할 수밖에 없고 일본국 헌법에 기초한 일관된 주체가 있느니 없느니 하는 것은 새빨간 거짓말에 지나지 않는 사태를 은폐하는 것이다.

전후 민주주의에서 일본인이라는 아이덴티티. 그런 것은 존재하지 않는다. 설령 그것을 자칭한다고 해도 거기에서 발견할 수 있는 것은, 《가면의 고백》 최후에 남은 화자와 마찬가지로, 공허하고 투명한 형식에 지나지 않는다. 단순히 줄거리를 따라 읽어서는 알아차리기 어렵지만, 실은 이 불편한 진실을 폭로하고 있다는 의미에서 《가면의 고백》은 전후 일본 사회를 통렬하게 비판하는 작품인 셈이다.

미시마에게는 사적인 것처럼 보이는 일에서 출발해 사정거리를 사회, 시대, 역사의 전모로 확대해 나가고자 하는 경향이 내재해 있다는 것은 앞에서도 언급했다. 사실 종합 소설이라는 깃발을 내걸고 장편소설 《청춘의 고리》를 쓰기 시작한 노마 히로시를 비롯해 동인지 《서곡》에 집결한 전후파 작가들은 모두 같은 문제의식을 공유하고 있었으나 실천하는 것이 쉽지 않다는 것을 알고 괴로워했다.

그러한 상황에서 《서곡》의 동인 중에서도 가장 젊은 미시마가 재빨리 시대의 뒤틀린 모습을 간파하고, 아직은 충분하지 않지만 사회, 시대, 역사의 전모로까지 사정거리를 넓히고자 하는 작품을 세상에 내놓았다는 것은 놀랄 만한 일이다. 앞에서 피 냄새 진동하는 사건이 잇달아 발생하는 전후사의 소용돌이 속에서 《가면의 고백》을 구상하고 집필했다는 사실은 큰 의미를 지닌다고 썼는데, 내가 말하고 싶었던 것은 바로 이것이다.

물론 그 점을 알아챈 독자는 거의 없었던 듯하며, 미시마 자신에게도 그것은 이 단계에서 의도한 가장 중요한 주제는 아니었다. 시대의 뒤틀린 모습을 간파했다고는 하지만 미시마는 아직 그 내실을 분석할 수도, 현실을 타고 넘을 수 있는 방법론과 새로운 비전을 제시할 수도 없었다. 몇 번이나 말했듯이 《가면의 고백》은 그 무엇보다 먼저 허무와 세바스티아누스 콤플렉스에 도전하고 이를 형상화하는 작품이었던 것이다.

그러나 이 시도를 통해 확실한 반응을 감지한 미시마는 몇 걸음 앞서 문제를 제기했던 것이다.

미시마 유키오, 24세.

전쟁 말기부터 끊임없이 이어지는 '폭류' 속에서 미시마는 이제 《가면의 고백》으로 소설가의 지위를 굳건히 했다. 그것은 종착점이 아니라 출발점이다. 그는 다시 이 '폭류'를 거슬러 발걸음을 옮겨야 했다.

제2부

절정

1950~1962

제8장

무대 위의 욕망

《사랑의 갈증》과 《푸른 시절》

출간 직후 《가면의 고백》의 판매 부수는 만족스러울 만큼 많지는 않았다. "이 책을 받아 읽었을 때 사실 나는 여우에게 홀린 듯 기묘한 기분이었다"라고 혼다 슈고(本多秋伍)는 말한다.[1] 소재 측면에서든 주제 측면에서든 처음 읽는 독자에게는 분명히 이해하기 어려운 점이 있었을 것이다.

그러나 《가면의 고백》은 예사롭지 않은 작품이라는 것이 조금씩 밝혀진다.

우선 《인간》(1949. 10.)에 진자이 기요시(神西淸)의 서평이 실렸고, 하야시 후사오(林房雄), 나카노 요시오(中野好夫), 기타하라 다케오(北原武夫)가 참석한 《군상》 창작합평회(1949. 11.)에서는 하야시가 "하여간 귀재다"라고 격찬했으며, 다케다 다이준의 서평(《문학계》, 1949. 11.), 가와바타 야스나리의 소개(《별책 주간 아사히》, 1949. 12. 1.) 등이 이어졌다. 그리고 하나다 기요테루(花田淸輝) 〈성 세바스티아누스의 얼굴〉(《문예》, 1950. 1.)도 《가면의 고백》을 강력하게 추천한 글이어서 평가는 급속히 좋아졌다.

그 결과 1950년 2월에 재판을 발간했고, 3월에 3판과 4판을, 6월에는 신초샤에서 문고판을 내놓았다. 해설은 후쿠다 쓰네아리(福田恆存)가 썼다. 전후 "누구도 어른으로 취급해주지 않는 무력한 일개 학생에 지나지 않았던"(《나의 편력 시대》) 상황에서 출발한 미시마는 《서곡》에 참가하면서 전후파 작가의 선두 그룹에 따라붙는데, 이제 《가면의 고백》을 거쳐 그 그룹을 이끄는 사람이 되었다고 해도 과언이 아니었다.

《가면의 고백》의 문고판 발행 권리를 획득한 신초샤는 동시에 전작 장편소설과 잡지 《신초》 연재를 제안하여 재능 있는 젊은 작가를 단숨에 에워쌌다. 미시마도 적극적으로 응해 전작은 《사랑의 갈증》(신초샤, 1950. 6.)으로, 연재는 《푸른 시절》(《신초》, 1950. 7~12.)로 세상에 선을 보인다.

《푸른 시절》의 소재가 된 히카리 클럽 사건*에 관해서는 신초샤보다 먼저 《인간》의 기무라 도쿠조(木村德三)가 집필을 권유했지만, 취재와 자료조사를 전부 갖춰주고 전임 담당자까지 붙여주는 등 신초샤의 조건이 워낙 좋았기 때문에 미시마는 발표 무대를 바꿨다. 사실 《가면의 고백》의 경우도 증판 준비를 하고 있던 가와테쇼보의 사카모토 가즈키를 배신이라도 하듯 신초샤의 문고판 발행을 승인한다.

이러한 태도를 두고 기무라는 "미시마 군에 대한 나의 마음은 적

---

* 1948년 도쿄대학 학생이 설립한 암시장의 금융기업이 법률 위반 혐의로 경찰에 검거된 사건.

잖이 상처를 입었다"[2]라고 말하는데, 뒤돌아보면 미시마는 가쿠슈인 시절에는 보조 도시타미에서 아즈마 다카시로, 종전 직후에는 사토 하루오에서 가와바타 야스나리로 갈아타는 듯한 처신을 되풀이해 왔다. 그것은 미시마가 몸에 익힌 처세술이기도 했다.

《사랑의 갈증》으로 돌아가자. 시아버지와 육체관계를 맺고 있는 미망인 에쓰코는 시아버지 농원의 정원사 사부로와 하녀 사이를 질투하는데, 사부로가 에쓰코의 구애를 받아들여 그녀의 육체를 요구하자 괭이로 사부로를 살해하고 만다는 줄거리이다. 이 소설은 오사카 근교의 농원으로 시집간 미시마의 이모(어머니 시즈에의 여동생) 에무라 오모코가 들려준 젊은 정원사의 이야기에서 착상을 얻었는데, 실제로 그 정원사와 오모코 사이에 관계가 있었던 것이 아니라 미시마의 구상력에 의해 이야기가 대담하게 각색되었다.

기발한 이야기처럼 보이지만 잘 읽어보면 그 주제는 《가면의 고백》의 연장선상에 있다는 것을 알 수 있다. 서두 부분, 오사카 우메다의 백화점에서 사부로를 위해 양말을 산 에쓰코가 교외의 집으로 돌아오는 장면은 이렇게 그려진다.

> 에쓰코는 역마다 서는 다카라즈카 행 전차에 올라 자리에 앉았다. 창밖에는 그칠 줄도 모르고 비가 내린다. 앞에 서 있는 승객이 펼쳐든 석간신문의 인쇄 잉크 냄새가 깊은 생각에 빠져 있던 그녀를 깨웠다. 뒤가 켕기는 사람 같은 동작으로 그녀는 주위를 둘러보았다. 아무 일도 없었다.

그리고 이야기의 마지막 부분에 사부로를 참살한 에쓰코가 사체를 감춘 다음 잠깐 빠져들었던 잠에서 깨어나는 장면은 다음과 같다.

  멀리서 닭 우는 소리가 들린다. 날이 새려면 아직 먼 이 시각에 닭이 여기저기서 울고 있다. 어딘지도 모르는 먼 데서 닭 한 마리가 운다. 이에 호응하듯 다른 한 마리가 운다. 또 한 마리가 운다. 또 다른 한 마리가 운다. 심야의 닭 울음 소리는 서로 호응하며 멈출 줄 모른다. 아직도 이어지고 있다. 한없이 이어지고 있다…….
  ……그러나 아무 일도 없다.

모든 것이 피투성이 참극이라는 종국으로 치달으면서 긴장은 고조된다. 하지만 작품을 관통하는 것은 "아무 일도 없다"는 공허함이다. 《사랑의 갈증》에서는 이런 식으로 허무와 세바스티아누스 콤플렉스가 형상화된다. 미시마는 그것을 프랑수아 모리아크(François Mauriac) 풍의 소설이라고 표현했다.

다른 한편 《푸른 시절》은 미시마보다 두 살 많은 도쿄대 법학부 학생 야마자키 아키쓰구(山崎晃嗣)가 고리대금업 히카리 클럽을 시작했지만 채무 불이행 상태에 빠져 1949년 11월 24일(25일로도 전해진다) 청산가리를 마시고 자살한 사건을 소설화한 것이다. 미시마는 이 소설에서 야마자키(작중인물은 가와사키 마코토)의 생애를 따라가는데, 그중에 미시마가 창작한 어떤 에피소드가 삽입되어 있다. 중학생 시절 마코토가 형과 함께 학교에서 돌아오고 있을 때, 색정광인 여자가 길로 뛰어들어 병력을 수송하는 트럭에 치여 죽는 장면이다.

둘째 형이 마코토가 없어진 것에 놀라 주위를 둘러보자, 마코토는 시체를 둘러싼 병사들에 섞여 숨을 죽여가며 아직 움직이고 있는 살덩어리를 놀라울 정도로 냉정하게, 마치 오만하게까지 보이는 표정으로 꼼짝 않고 주시하고 있었다. 그 어떤 감정의 동요도 없이 모골이 송연해지는 것을 바라보고 있는 자신을 느끼는 것이 유쾌하기도 했고 득의양양하기도 했던 것이다.

"이렇게 죽는구나. 이렇게 아기처럼 손가락을 꼼지락거리고……."

마코토는 하나도 빠짐없이 관찰하고 확실하게 이해했다. 인간은 이렇게 죽는 것이라는 지식을 습득했다. 그 사이 자신이 무감동할 수 있었던 것은 뭔가에 충실하게 의무를 다했기 때문이라며 만족스럽게 생각했다. 마코토의 기분은 크게 고양되었다.

이것은 미완의 사적 원고 〈저택〉에서 덴키치가 사고로 미코시(神輿)에 깔려 죽는 장면의 변용이다. 부연하자면 이 소설 전편이, 미코토 자신이 "어떻게 죽을 것인가"라는 질문에 대답하는 형식의 기록이다. 그런데 이 작품을 관통하는 것은 마코토의 마음의 텅 빈 구멍이다. 마코토는 생각한다. "왜 이런 걸까. 때때로 나는 가슴 속에 커다란 얼음덩어리가 가득 차 있는 것만 같아 견딜 수가 없다."

신초샤의 협력을 얻은 미시마는 면밀한 취재를 바탕으로 삼아 《푸른 시절》을 집필하는데, 단순히 소재를 그대로 작품화한 것이 아니라 개개의 삽화나 인물 조형을 통해 《사랑의 갈증》과 마찬가지로 허무와 세바스티아누스 콤플렉스라는 주제를 직조한다. 덧붙이자면 작중에서 마코토가 관계를 가진 후에 버리는 여성 노가미 데루코의 모델은 미시마의 누이동생 미쓰코의 세이신여자학원 전문부 동급생이었던 삿사 데이코(佐佐悌子)이다. 미시마와 데이코는 1946년부터 가까운 사이였고 《가면의 고백》 제4장에서도 언뜻 그 그림자가 비치는데, 《푸른 시절》에서 볼 수 있는 사실이 두 사람 사이에 실제로 있었던 것은 아니다. 《사랑의 갈증》에서 정원사 에피소드의 경우와 마찬가지로 미시마 자신의 구상력에 의해 이야기를 대담하게 각색했던 것이다.

기세가 오른 미시마는 그 외에도 많은 단편소설을 발표하고 《등대》(사쿠힌샤, 1950. 5.), 《괴물》(가이조샤, 1950. 6.)과 같은 작품집을 잇달아 간행했다.(문고판 《가면의 고백》과 새로 쓴 《사랑의 갈증》도 같은 6월에 간행되었는데, 이 달에는 한국전쟁이 발발하기도 했다. 7월부터는 《신초》에 《푸른 시절》 연재도 개시했다.) 이제는 그야말로 모두에게 인정받는 유행 작가였다. 문단과 극단의 융합을 목표로 삼아 극작가 기시다 구니오(岸田國士)가 제창한 문학 입체화 운동의 모태가 되는 '구름회(雲の會)'에 참가한 것도 이 해 8월이다.

사생활에서는 메구로 구(區) 미도리가오카로 이사해 1950년 8월부터 이곳에서 생활한다. 이곳은 목을 매 자살한 사람이 살았던 집인 데다 묘지에 인접해 있었지만, 미시마에게는 새로운 출발이었다. 누이동생 미쓰코의 미와다고등여학교 시절 동급생 이타야 료코(板谷諒子)가 가까이 살고 있어서 미시마는 료코와 친하게 왕래한다. 아울러 그녀의 여동생은 나중에 《교코의 집》의 여주인공의 모델이 되는 아쓰코(일본계 2세인 미국인 유아사 다카시와 결혼하지만 훗날 이혼하고 로이 제임스와 재혼한다)였다.

《금색》, 윤회전생하는 아라비안나이트

미시마는 끊임없이 원고 청탁을 받았다. 하지만 쓰고 싶은 것을 원하는 대로 썼던 것은 아니다. 원래 《사랑의 갈증》이나 《푸른 시절》도 자신의 의지에 따라 쓰기 시작한 것이라기보다 주어진 기회를 마음껏 이용한 측면이 강했다.

이에 비해 강한 내적 동기에 따라 몰두한 소설이 있다. 《금색(禁色)》 2부작이다. 제1부는 1951년 1월부터 10월까지 《군상》에 연재되었고, 1951년이 저물 무렵부터 약 반년간 세계 여행을 거쳐 제2부가 《비밀스런 쾌락》이라는 제목으로 1952년 8월부터 1953년 8월까지 《문학계》에 연재되었다. 단행본은 1951년 11월 제1부가, 1953년 8월 제2부가 신초샤에서 간행된다. 젊은 나이인데도 출판사를 능란하게 활용하는 수완에 혀를 내두를 수밖에 없다.

이제 《금색》 제1부의 내용을 보기로 하자. 결혼에 세 번 실패하고 그 외에도 수없이 비참한 연애를 되풀이한 끝에 여성을 혐오하기에 이른 노작가 히노키 슌스케가 동성애자 미청년 미나미 유이치를 도구로 이용해 여성 하나하나에게 복수를 하는 이야기이다. 슌스케는 망설이는 유이치를 부추겨 자신의 애독자였던 야스코와 결혼하게 하고, 야스코는 동성애자의 아내로서 쓰디쓴 불행을 맛본다.

또 자그마치 전 재산의 90퍼센트에 이르는 전후의 재산세 납입 때문에 경제적으로 곤경에 처하고, 슌스케에게 미인계를 써서 3만 엔을 사기 친 적이 있는 가부라키 전 백작 부인에게도 유이치를 사랑하게 한다. 그런데 전 백작 노부타카와 유이치는 사랑하는 사이인데, 그들이 정사하는 장면을 훔쳐본 부인은 충격을 받은 나머지 자살한다. 다만, 제1부 연재 종료 직후 미시마는 그 결말을 재고한 끝에 신초샤에서 간행된 단행본 마지막 문장을 "사흘이 지났다. 가부라키 부인은 돌아오지 않았다."라고 바꿈으로써 자살이 아니라 실종으로 처리했다. 이에 대해서는 세계 여행에 관하여 서술한 후에 다루기로 한다.

제1부의 줄거리를 보아도 명확해지듯이 《금색》에서는 동성애가 중요한 테마인데, 그렇다고 꼭 그것이 중심 주제라는 의미가 아닌 것은 《가면의 고백》의 경우와 마찬가지다. 이 소설의 집필에 임하면서 미시마가 품고 있었던 생각을 알려면 1950년 당시의 창작 노트를 볼 필요가 있다. 아래의 메모는 《금색》 그 자체의 구상을 보여주는 것은 아니지만, 《금색》 집필에 앞서 미시마가 어떤 생각을 하고 있었는지를 아는 데 좋은 자료이다.

○ 길이가 왜 필요한가?
시간의 길이＝사람의 일생, 유전, 누대(累代), 역사, 서사시, 전쟁, 시간의 확장(조이스) 프루스트
↓
시간의 길이 이외에
공간이 요구하는 길이＝발자크의 소설(사회 소설)
논리적 구조가 요구하는 길이＝만의 소설
○ 이외에 길이의 필연성이 있을 수는 없는가?
여행의 길이＝율리시스

이 메모에 이어 미시마는 인체의 모식도(模式圖)를 그려놓았는데,

그 인체는 '기억의 부분'(머리), '사랑의 부분'(가슴), '생식과 식욕'(배), '여행의 부분'(발)의 네 부분으로 나뉘어 있고, 각각이 500장에 이르는 소설 구성을 보여주고 있다. 이것을 보면 조이스가 《율리시스》의 각 에피소드를 다양한 상징이나 그리스 신화에 대응시키고 있다는 것, 특히 네 번째 에피소드에서 열여덟 번째 에피소드까지는 인체의 여러 기관들과도 조응하게 하고 있다는 것이 떠오른다.[3]

미시마가 이 사실을 바탕으로 삼았다는 것을 문헌상으로는 확인할 수 없지만, 관련 지식을 접하고 이에 자극받아 작품과 인체 모식도를 대응시켰을 가능성이 전혀 없지는 않을 것이다.

《금색》 집필에 앞서 미시마가 조이스를 의식하고 있었다는 것은 이 노트를 보지 않고서는 좀처럼 알아차리기 어려운 사실이다. 미시마 초기의 연애 심리 소설인 〈마음의 빛〉이나 〈공원 앞〉에는 조이스 문학의 모더니즘적 특징, 구체적으로 말하면 《율리시스》의 의식의 흐름 기법, 복수의 화자와 문체의 전환, 저속한 에피소드 삽입, 이 요소들을 바탕으로 한 작품 전체의 치밀한 구성 등이 영향을 끼치고 있다는 것은 이미 살펴본 바와 같지만, 이러한 관점에서만 조이스를 보아서는 《금색》과의 연관성을 제대로 파악할 수 없다.

내가 보기에 미시마는 일반적으로 생각하는 것 이상으로 깊고 넓게 조이스로부터 자극을 받았다.

조이스는 "어느 날 갑자기 더블린이 이 세상에서 사라져버린다 해도 내 책을 보고 재현할 수 있도록 더블린을 완벽하게 묘사하고 싶다"[4]라고 말한다. 그러니까 《율리시스》에는 더블린에서 살아가는 저속한 개인과 뒤얽힌 에피소드를 통해 더블린이라는 도시 그 자체를 그려내려는 동기가 있었다. 더욱이 조이스에게는 더블린이라는 도시를 통해, 더블린을 넘어선 시대와 사회 그리고 세계의 전모를 표현하고 나아가 이것과 대결하고자 하는 야심이 있었다. 인체의 각 기관과 작품의 각 삽화의 대응도, 인체라는 소우주와 인체를 넘어선 대우주의 조응 관계를 생각하면 같은 모티프의 연장선상에 있다고 말할 수 있다.

이것은 사적으로 보이는 일에서 출발해 사정거리를 사회, 시대, 역사의 전체상으로 확대해 나가고자 하는 미시마 자신의 경향과 공명한다. 단순한 모더니즘 문학의 틀을 넘어선 조이스의 이러한 측면을 미시마는 직감적으로 간파하고 자신의 작품에서도 같은 방향을 지향했다고 말할 수는 없을까. 그 시도가 조이스의 깊이까지 도달하기는 쉽지 않다 해도 미시마는 《금색》에서 같은 방향을 눈여겨보고 있는 것이다.

종래의 미시마 연구에서는 그다지 의식되지 않았지만, 앞에서도 서술했듯이 조이스는 미시마의 소설 창작과 상상 이상으로 깊이 관련되어 있었고, 그 일단을 여기에서 확인할 수 있다. 이 문제에 관해서는 뒤에서 또 언급할 것이다.

다시 창작 노트를 보면 다음과 같은 기술이 이어진다. 이 메모에서 미시마는 원이나 나선 같은 그림을 적절하게 덧붙였지만, 그림은 생략하고 인용한다.

무한한 길이　반복
나선상의 길이
영겁회귀, 윤회의 길이, 반역사성
◎소설의 반역사성

◎소설을 역사와 닮지 않게 하는 방법. 심리 소설, 프랑스의 고전극(폐쇄적)
◎전생담(영국에 선례 있음)
◎악한 소설＝모험 소설
↕
교양 소설
○병렬적 수법 의미 없음
아라비안나이트의 수법 이야기 끼워넣기

다섯 명의 등장인물과 함께 다섯 가지 사건이 등장한다. → 이것이 뒤얽힌다. 로망이 하나의 주인공인 것

심리적 부분　다섯 가지 사건
머리 — 논리적 심리적 사상적 문제
가슴 — 연애 문제
배 — 식욕 → 직업 → 사회적 문제
생식 — 생식 문제
발 — 돌발적 행동의 문제

이것이 다섯 가지 사건이 되고, 동시에 먼저 주인공을 습격한다. 상호 관계를 맺으면서 진행된다.

이 노트를 일관하는 것은《가면의 고백》의 성과를 토대로 한층 비약하여《율리시스》와 같이 시대와 세계를 해석하고 그 본질을 전체

상으로서 그려내고 싶다는 강한 의지이며, 그 방법론을 어떻게 마련해야 할 것인지 스스로에게 질문하는 문제의식이다. 그때 〈2605년의 시론〉이나 시 〈밤을 알리는 새―동경과의 결별과 윤회에 대한 사랑에 관하여〉에서 다루었던 윤회전생의 모티프가 이번에는 소설을 구성하는 방법의 문제로 거론되고 있는 것이 눈길을 끈다.

아울러 이 메모에서 "전생담(영국에 선례 있음)"이라고 한 것은 《율리시스》의 네 번째 삽화에서 블룸과 몰리 사이에서 화제가 되는 대중소설 《루비―반지의 프라이드》[5)]를 가리키는 것으로 보인다.

하지만 미시마가 《금색》 집필 방법론으로 거론한 것은 윤회전생이 아니라 "아라비안나이트의 수법"이었다. 이것은 같은 노트에 적혀 있지만 실제로는 사용되지 않은 《금색》의 서문을 보면 분명해진다.

나는 이 소설을 아라비안나이트의 구성을 모방해 썼다. 슌스케는 샤리아 왕이다. 슌스케가 세 번째 아내의 부정을 목격하는 장면은 샤리아 왕비가 흑인 노예와 뒹구는 것을 남편이 직접 보는 장면과 조응한다. 슌스케의 복수의 정열은 샤리아 왕이 처녀 능욕에서만 흥미를 발견하는 정열과 같다. 우리들의 증오는 보편성을 띠는 경향이 있다. 이것을 빼고, 그 열정에 의해 그를 인생에서 멀어지게 하는 이야기의 위력을 남자 셰헤라자드 유이치가 대표하고 있다.

나는 유년기를 아라비안나이트를 비롯해 동화의 영향 아래서 보냈고, 소년기를 각종 탐험담의 영향 아래서 보냈다. 미나미 요이치로(南洋一郎)의 《울부짖는 밀림》은 내가 애독하는 책이었다. 유년기와 소년기의 열망을 우리들은 평생 동안 실현하고자 한다. 나는 일찍이 탐험가를 꿈꾸었다. 그 소망의 반쯤은 달성되었다. 왜냐하면 나는 '마음의 탐험가'가 되었기 때문이다.

작가는 유이치와 함께 마음의 밀림을 탐험하는 데 열중한다. 유이치의 생활에서는 일상성이 말소되어 있다. 그런데도 그는 생활하고 있다. 그리고 그는 마법의 융단을 타기도 하고, 알라딘의 램프를 손에 넣기도 하고, 악당들의 소굴에 잠입하기도 하고, 괴이한 향연에 참석하기도 한다. 아직 사람들에게 알려지지 않은 대도회의 밀림이 유이치를 통해 펼쳐지는 것이다.

처음에는 이야기 솜씨만 보고 셰헤라자드의 목숨을 살려주었던 샤리아 왕은 결국 그 이야기에 매혹되고 그의 인생을 이야기 속에서 잃어버리는 것이다.(《결정판 전집》3)

유소년기의 미시마가 《아라비안나이트》를 애독했다는 것은 이미 서술했는데, 그것이 소설의 작품 구성이나 인물 설정에 결정적인 영향을 준 사례는 《금색》밖에 없고, 그것은 이 서문에 의해 처음으로 밝혀지는 사실이다.

은폐된 욕망의 무도회

그런데 여기에서 미시마의 생각이 완전히 바뀐다. 쓸데없는 설명을 덧붙여 독자를 유도하기보다 소설의 내용 그 자체로 승부하고 싶다는 생각이 강했던 것이리라. 실제로 이 '서문'은 간행본에서 채택되지 않았다. 또 하나 중요한 것은 가공의 이야기로 받아들여질지 모른다는 우려였다. 그것은 미시마가 바라던 게 아니었다. 몇 번

말했듯이 미시마는 사적인 일을 묘사하는 것처럼 보이면서도 사정거리를 사회, 시대, 역사의 전체상으로 넓혀가고자 했는데, 거꾸로 말하면 아무리 시야가 넓은 소설이라 해도 묘사된 사건은 모두 자신이 실제로 겪은 구체적인 사실에서 출발하는 것이다. 위의 '서문'은 이러한 취지에 반하는 측면이 있다.

그렇다면《금색》의 작품 세계는 어떤 사실에 기초하고 있을까. 유이치가 찾는 게이 바 르동은 당시 긴자 오바초(현재의 긴자 5초메)에 실제로 있었던 브런즈윅을 정확하게 모사한 것이다. 이미《금색》제2부《비밀스런 쾌락》연재 개시 직후에 남성 동성애 모임 아도니스회의 기관지《아도니스》에 다나카 요시오(田中純夫, 나가이 히데오의 파트너로서 이 잡지를 편집 발행하고 있던 다나카 사다오의 필명)가 〈소설《금색》의 주변〉을 기고해 미청년 유이치를 비롯한《금색》의 등장인물의 모델에 대해 언급한 바 있다.[6]

당시의《아도니스》를 나에게 보여준 사람은 훗날 영화 〈우국〉의 연출을 맡는 등 미시마와 깊이 교류했던 도모토 마사키(堂本正樹)인데, 도모토가 들려준 내용에 따르면 미시마는 일찍부터 브런즈윅의 단골이었다. 보이의 소개로 이곳에서 처음 도모토가 미시마를 만난 것은《가면의 고백》간행 전인 1949년 6월경이었다. 덧붙이자면 이때 도모토는 게이오 보통부 학생이었고 나이는 열다섯 살이었다.[7]

또 훗날 미시마와의 관계를《검과 한홍매(寒紅梅)》에서 소설화하는 후쿠시마 지로(福島次郎)는, 구마모토에서 상경해 도요대학 일본문학과에 다니고 있을 무렵 메구로구 미도리가오카의 미시마 집을 자주 방문했고 함께 브런즈윅을 찾는다. 1951년 5월의 일이다.[8]

이렇게 보면《금색》에서 그려지는 것이 현실의 사회풍속에 뿌리를 두고 있다는 것을 알 수 있는데, 그 외에 이런 이야기도 있다.

유이치가 가부라키 노부타카 전 백작과 처음으로 관계를 갖는 것은 전쟁 때 프랑스대사관 참사관의 비서로 있던 '자키'라는 일본인이 오이소(大磯)에서 개최한 크리스마스 게이 파티에서인데, '자키'의 모델은 '호비'라 불린 인물이었다는 것을 《금색》의 창작 노트에서 확인할 수 있다. 그것은 어떤 파티였을까. 도모토도 잘 모른다고 해서 나는 오랫동안 신경이 쓰였는데, 그 모습을 상상하는 데 알맞은 에피소드를 무로 겐지(室謙二)에게서 들었다. 무로 겐지는 베평련(베트남에 평화를! 시민연합)에 참가해 미군 탈주병 원조 활동에 관여했고, 《사상과 과학》 편집 대표을 지낸 것으로 알려진 인물인데, 현재는 캘리포니아의 오클랜드에 살고 있다.

연합군 최고사령부의 민간정보교육국(CIE)에 근무하고 있던 찰스 E. 터틀(Charles Egbert Tuttle)이라는 인물이 있다. 민간정보교육국에 관해서는 뒤에서 서술하겠지만, 터틀은 1948년에 외국책 수입, 일본의 고서 수출 등을 중심 업무로 하는 터틀상회를 설립한 것으로 알려져 있다. 영어에 능통했던 무로 겐지의 아버지는 민간정보교육국 시절부터 터틀의 부하로 일했고 어린 무로도 터틀상회의 모습을 잘 알고 있었다.

무로의 이야기에 따르면, 터틀의 권유로 민간정보교육국을 사직하고 터틀상회 총지배인이 된 부르스 로저스는 업무 때문에 게이 동료들을 불러 모았는데, 그중에 미시마의 《가면의 고백》과 《파도 소리》를 번역하게 되는 메레디스 웨더비(Meredith Weatherby)도 있었다. 로저스 일행은 지바 구주쿠리(九十九里) 바닷가에 있는 집을 빌려 파트너를 머무르게 했는데, 특별히 구주쿠리를 선택한 이유 중의 하나는 어부들이 발가벗고 작업을 하는 것이 그 지역의 관습이었기 때문이다. 터틀상회 사원들이 구주쿠리까지 여행을 갈 때 무로가 동행한 적도 있었는데, 그때의 일을 무로는 자신의 책에서 이렇게 말한다.[9]

 1950년대 초 몇 년 동안 터틀상회는 여름이 오면 구주쿠리 바닷가까지 지프와 미군 차량 몇 대를 끌고 사원 여행을 떠났다. 뒤따라오는 플리머스와 패커드와 포드, 이제 와서 생각하니 어마어마하게 큰 미국산 차는 터틀상회에 근무하는 미국인의 개인 소유였다. 확실히 당시에는 연합군 최고사령부와 관계가 있는 미국인은 미국 차를 세금 없이 살 수 있는 특혜가 있었을 터이다. 여섯 살이었던 나는 더위와 차 냄새 때문에 도중에서 기분이 나빠졌다.

또 한 구절을 인용한다.

 이 미국인 게이 출판 관계자들이 전후에 재빨리 기회를 잡아 일본 문화, 일본 문학을 미국에 소개하는 중요한 역할을 했다. 그리고 그 미국인 게이와 터틀의 젊은 일본인들 사이의 희극적인 일화가 적지 않았는데, 어린 나도 그것을 알고 있었다. 예를 들면 터틀상회 사원 여행에서 곰처럼 큰 젊은 일본인이 게이인 미국인에게 입술에 키스를 당하고 만 것이라든가, 마찬가지로 사원 여행에서 어떤 중년 백인 게이가 여관에 전기냄비를 가지고 와서(그 덕분에 여관의 퓨즈가 종종 나가곤 했지만) 젊은 일본인에게 요리를 먹게 하고는 자신은 아무것도 먹지 않은 채 그 모습을 즐거운 듯 바라보고 있었다든가.

1946년 7월 간행된 미국 포린 서비스 리스트(Foreign Service List)를 보면, 웨더비가 1946년 5월 29일 미국 정치고문 요코하마 지부 영사로 임명된 것을 확인할 수 있다. 1949년《가면의 고백》이 발간되자 웨더비는 번역을 시작해, 한국 체류 중 병을 얻었지만 다음 해인 1950년에는 번역을 마치고 미시마에게 번역권을 요청했다고 한다.[10]

덧붙이자면, 웨더비와 시키바 류자부로(式場隆三郎)는 면식이 있었고, 미시마가《가면의 고백》에 관하여 시키바에게 편지를 보낸 것도 그 인연 때문이었던 것으로 보인다.[11]

민간정보교육국, 터틀상회, 웨더비의 사례가《금색》에서 직접 묘사되는 것은 아니다. 하지만 무로 겐지가 전하는 게이 서클의 모습은 '자키'의 파티와 흡사하다. 이것과 유사한 기회는 그 외에도 있었고, 미시마도 거기에 참가했음에 틀림없다.《금색》에서 생생하게 그려지는 게이 신(gay scene)은 실제의 경험과 취재를 바탕으로 삼은 것이다.

전후 문학의 새로운 얼굴

이런 의미에서《금색》은《아라비안나이트》와 같은 '동화'가 아니라 종전 직후 일본 사회의 단면을 묘사한 소설, 바로 리얼리즘 소설이었다.

그렇지만 중요한 것은 각각의 에피소드의 유래를 미시마 자신의 체험으로 소급할 수 있다는 점이 아니라, 사실적으로 그려진 게이 신이라는 창을 통해 미시마가 전후 일본 사회의 현실을 총체적으로 포착해 이른바 동시대사를 쓰면서 동시에 그것에 대한 비판이나 견해를 제시하려 했다는 점에 있다. 그것은 다른 게 아니라 제7장 마지막 부분에서 서술한 《가면의 고백》의 문제 제기를 이어받아 이를 더욱 발전시키려는 것이었다.

그렇긴 하지만 《금색》 제2부를 마무리한 시점에도 아직 그 시도는 목적을 달성하지 못한 상태여서 현실을 타고 넘을 수 있는 방법론과 새로운 비전이 제시되었다고 말하기는 어렵다. 하물며 《금색》 제1부에서는 더욱 그러하다. 그렇지만 만약 작가가 그 작품을 통해 뭔가에 도전하고 얼마간 씨앗을 뿌리고자 한 것이라면, 그것을 받아들이고 거기에 잉태된 것을 주제로 발전시키는 일은 독자의 의무인 동시에 특권이기도 하다.

《금색》 제1부에는 어떤 씨앗이 뿌려져 있는가.

배경에서부터 이야기를 시작하기로 하자. 전후 일본은 연합군 최고사령부의 점령 정책 아래 놓이지만 그 실태를 소설로 그린 것은 전혀 없었다. 그리고자 해도 그릴 수가 없었다. 왜냐하면 민간검열국(CCD. G2의 관할 아래 출판, 방송, 영화를 포함해 모든 미디어를 통제했다)이나 민간정보교육국의 활동이, 이 조직들이 개폐(改廢)된 1949년 이후까지도 대단히 큰 영향력을 휘두르고 있었기 때문이다.

민간정보교육국은 전후 일본에서 언론출판 정책, 교육 정책, 종교 정책을 맡은 기관인데, 여기에서 '워 길트 프로그램(War Guilt Program, 전쟁의 유죄성 등을 일본 국민에게 인식시키기 위한 정보교육 정책)'을 추진했다는 것에 관해서는 에토 준의 《폐쇄된 언어 공간—점령군의 검열과 전후 일본》(문예춘추, 1985. 8.)을 시작으로 하여, 야마모토 다케토시(山本武利)의 《GHQ의 검열·첩보·선전공작》(이와나미쇼텐, 2013. 7.), 가모 미치코(賀茂道子)의 《워 길트 프로

그램―GHQ 정보교육 정책의 실상》(호세이대학 출판국, 2018. 8.) 등 많지는 않지만 아쉬운 대로 조사와 연구가 진행되고 있다.

그렇다면 《금색》의 경우는 어떠할까. 역시 민간정보교육국이나 민간검열국에 관한 사실을 꼭 집어서 그리고 있는 것은 아니고, 발표 당시 독자가 이것을 명확하게 의식했다고도 보기 어렵다. 하지만 한번 알고 보면 《금색》에 등장하는 적지 않은 외국인이 어떤 형태로든 연합군 최고사령부와 관련이 있다는 것은 너무나도 명확하다. 그리고 그들과 유이치의 관계는 다음과 같이 그려진다. 여기에서 '리쓰카세기(リツ稼ぎ)'라고 한 것은 돈을 노리고 몸을 판다는 의미이다.

유이치의 용모는 그를 보는 외국인 중 십중팔구의 마음을 유혹했다. 외국인을 싫어하는 그는 전부 거절했다. 어떤 외국인은 노발대발하면서 르동 2층 유리창 한 장을 깼고, 어떤 사람은 우울증에 빠져 동거하고 있던 소년의 손목에 이유도 없이 상처를 입혔다. 외국인을 상대로 상습적으로 몸을 파는(リツ稼ぎ) 자들은 이런 점에서 유이치를 존경해 마지 않았다.

인용문의 '외국인'을 연합군 최고사령부 관계자로 읽어보자. 특히 연합군 최고사령부의 정책을 수행하기 위해 검열을 하는 민간검열국이나, 민간검열국과 일종의 영역 다툼을 하는 관계였던 민간정보교육국의 관계자가 어느 자리에서 유이치에게 바보 취급을 당하는 모습을 떠올릴 수 있는 독자는 점령기의 원칙을 백지화하는 상쾌함과 웃음을 동반하는 통렬한 아이러니를 느낄 것이다.

바보 취급을 당하는 것은 외국인만이 아니다. 다음은 《금색》 제2부 제1장에서 인용한 것인데, 부인이 실종된 것에 낭패해 초췌해진 가부라키 노부타카 앞에서 유이치는 이렇게 행동한다.

> 유이치는 휘파람을 불었다. 주인이 부르는 소리에 귀를 쫑긋하는 개처럼 노부타카는 고개를 들었다. 그러나 먹이 대신 놀리는 듯한 젊은이의 미소를 보았을 뿐이다. 〔……〕 바람은 잦아들고 하늘은 맑게 갰다. 유이치는 온몸에 설명하기 힘든 자유를 느꼈다. 방랑길에서 몸도 마음도 상쾌하고 어느 때보다 숨쉬기도 편해 보이는 여행자와도 같은 이 자유로움에 그는 축배를 들고 싶었다.
> '무질서 만세!'

여기에서는 노부타카도 경멸의 대상이다.

그리고 잊지 말아야 할 것은 작중에서 가부라키 부인의 설정이다. 가부라키 가를 비롯해 옛 화족을 몰락시킨 재산세는 연합군 최고사령부의 지시로 도입되었는데, 부인은 남편이 관여하고 있는 사업에서 편의를 얻기 위한 보증의 일환으로 복수의 연합군 최고사령부 관계자의 정부가 되었던 것이다.

그런데 유이치를 알고 난 후 부인은 창부 흉내를 거부하는데, 이번이 마지막이라는 조건으로 마지못해 관계를 가진 그날, 남편과 유이치의 정사 장면을 엿보고 만다.

부인이 호의를 품고 있는 것을 알면서도 노부타카와 관계를 갖는 유이치는 이 시점에서 이미 부인을 바보로 만드는데, 부인의 실종 후 그가 맛본 "설명하기 힘든 자유"는 어디에서 유래한 것일까.

그것은 바로 부인과 노부타카, 유이치 자신의 아내 야스코, 슌스케, 부인의 정인(情人)들은 말할 것도 없고 표면상 그 정인들이 연합군 최고사령부 관계자로서 지배하고 있는 점령하 일본의 온갖 것을 한 단계 높은 장소에서 내려다보는 해방감이다.

이러한 줄거리 속에서 동시대에 대한 명확한 비전을 읽어내는 것은 그렇게 쉬워 보이지 않을지도 모른다. 하지만 집중해서 읽어보면 여기에서 미시마가 점령하 일본의 시대 상황과 그것에 대한 자기 나름의 인식을 밝히고 있다는 것을 알 수 있다.

《금색》의 시대란 무엇인가. 그것은 점령되는 쪽이나 점령하는 쪽 모두 참담한 상황 속에서 희롱당하는 서글픈 약자의 시대다. 그런데 유독 유이치만은 이것을 내려다보는 지점에 자신을 두고 "무질서 만세!"라며 축배를 드는 것이다.

이러한 상황 인식이 어떤 주제로 발전할지는 지금 시점에서는 아직 확실하지 않다. 그것은 《금색》을 제2부까지 읽어 나가다 보면 서서히 밝혀지고, 《금각사》를 거쳐 《교코의 집》 그리고 《풍요의 바다》를 향해 본격적으로 전개되며, 소설가 미시마 유키오라는 존재의 근간을 이루게 된다.

미리 말해 두자면, 바로 이것이 허무, 세바스티아누스 콤플렉스와 나란히 미시마라는 인간과 문학을 살피려 할 때 필요한 또 하나의 핵심 개념이라고 나는 생각하는데, 이에 관해서는 다른 장에서 신중하게 논할 필요가 있다.

극작가 미시마 유키오의 출발

지금은 이것과 별도로 이 시기 미시마가 《도적》, 《가면의 고백》, 《금색》과 같은 소설의 작가로서뿐만 아니라 본격적으로 극작가로 출발했다는 점을 언급해 두고자 한다. 그리고 그것은 자신에게 '시'란 무엇인가라는 물음을 다시 던지는 것이기도 했다.

미시마는 10대 무렵부터 습작을 포함해 몇 편의 희곡을 썼는데, 일반 문예지에 발표되고 또 실제로 상연된 것으로는 바로 《도적》 간행과 같은 달인 1948년 11월 《인간》에 게재된 〈화택(火宅)〉이 최초이다. 이 작품은 극단 하이유좌(俳優座) 문예부원이었던 야시로 세이이치(矢代靜一)의 중개로 하이유좌 창작극연구회 공연으로 1949년 2월 24일부터 3월 2일까지 도쿄의 마이니치 홀에서 초연되었다. 연출은 아오야마 스기사쿠(靑山杉作), 출연은 센다 고레야(千田是也), 무라세 사치코(村瀨幸子) 등이다.

하지만 결과는 만족스럽지 않았다.

〈화택〉은 서로의 관계가 산산이 깨진 가정을 그린 극인데, 미시마는 공연 프로그램에서 그 무질서한 모습이 전후 사회의 축소판이라는 취지의 말을 한다(《〈화택〉에 관하여—작가의 말》). 실제 무대에서도 인물의 대사나 행위가 종잡을 수 없고, 그 결과 관객의 시선은 초점을 잃은 채 흩어지고 만다. 미시마는 아직 자신에게 어울리는 극작법을 익히지 못한 상태였다.

미시마에게 전기가 된 것은 아쿠타가와 히로시(芥川比呂志)가 연출한 장 아누이(Jean Anouilh)의 〈안티고네〉(분가쿠좌文學座 프랑스연극연구회, 1949년 6월 27일~30일. 마이니치 홀) 공연이다. 아누이의 작품은 극 중 시공간은 그리스 비극의 시대이지만 주제와 구성은 현대극으로 구축되어 있다. 이 연극의 무대는 전후 신극계에 새 바람을 불어넣어 눈길을 끌었고, 영향을 받은 야시로는 이 작품을 계기로 하여 하이유좌에서 분가쿠좌로 옮기는데, 미시마도 여기에서 하나의 착상을 얻었다. 즉 일본의 고전 연극을 현대극으로 번안하는 것이었다.

미시마는 이전부터 노(能)와 가부키에 친숙했다. 《나의 편력 시대》에서 미시마는 이렇게 회상한다. "(조모의 영향으로—인용자) 처음 가부키를 보았는데, 중등과 1학년(2학년의 오기—인용자) 때 가부키좌의 비교적 사람이 적은 〈주신구라(忠臣藏)〉를 보고 [……] 나는 완전히 가부키에 마음을 빼앗겼다. 그때부터 지금까지 거의 매달 빼놓지 않고 가부키 연극을 보고 있다."[12] "다른 한편 외조모가 간제류(觀世流)*의 노래를 배우고 있어서 이쪽도 경쟁이라도 하듯이 나를 데리고 노를 보러 갔고, 처음 본 것이 비교적 수수한 〈미와(三輪)〉였는데 나는 여기에도 매료되고 말았다." 이 경험을 미시마는 극작으로 되살리고자 했던 것이다.

또 하나 미시마를 자극한 것은, 1949년 미군 섭외부 소속 작곡가이자 바리톤 가수 벤 리 터프츠(Ben Lee Tufts) 대위가 일본을 주제로 한 오페라를 만들고 싶다고 하자 이에 응해 대본 집필을 시도한 것이다.[13]

미시마가 선택한 것은 《고사기》와 《일본서기》에 수록된 소토리히메 전설(衣通姬傳說)이었다. 이미 《일본서기》의 설정에 기초하여 단

---

* 노가쿠의 5대 유파 중 하나. 무로마치 시대의 간아미(觀阿弥)와 제아미(世阿弥) 부자가 시조이다.

편소설 〈가루노미코와 소토리히메〉를 《군상》 1947년 4월호에 발표했는데, 이번에는 《고사기》의 기술을 따랐다. 다음 해 터프츠가 한국전쟁에 갔다가 부상당한 후 미국 첩보기관에 관여하게 되면서 이 기획은 무산되고 말았지만, 일본 고전을 음악극의 요소를 갖춘 현대극으로 재창조하는 것은 이때 이후 한 번도 놓지 않은 미시마의 꿈이었다.

그 꿈은 일찌감치 노 〈간탄(邯鄲)〉의 번안(《인간》 1950. 10.)[14]으로 구체화한다. 이 시도에는 앞에서 언급한 기시다 구니오의 문학 입체화 운동의 실천이라는 의미도 있었다. 이어서 〈아야노쓰즈미(綾の鼓)〉의 번안(《중앙공론 문예특집》 6, 1951. 1.)[15]이 태어났다. 둘 다 고전극을 현대극화한 것이지만 장 아누이의 〈안티고네〉와 달리 극 중의 시공간 자체를 현대로 옮겼다.

그리고 〈간탄〉, 〈아야노쓰즈미〉의 연장선상에, 훗날 《근대 노가쿠집》(신초샤, 1956. 4.)으로 정리되는 작품 중 세 번째인 〈소토바 고마치(卒塔婆小町)〉(《군상》, 1952. 1.)[16]가 태어난다. 이것은 미시마에게는 첫 걸작 희곡이 되었다.

노(能) 〈소토바 고마치〉는 소토바*에 걸터앉아 걸식을 하는 노파를 승려가 나무라는데, 사실 이 늙은 여인은 오노노 고마치(小野小町)**의 영락한 몰골이라는 설정이다. 늙은 여인은 승려를 설복시키지만, 돌연 고마치를 애타게 그리워하다 죽은 후카쿠사노 쇼쇼(深草の少將)의 영혼에 빙의된다. 그러나 최후에는 광란에서 벗어나 불도

---

* 부처의 사리를 안치하는 탑 또는 죽은 사람을 공양하기 위하여 범자(梵字)나 경문 구절 따위를 적어 묘지에 세운, 위가 탑처럼 뾰족하고 갸름한 나무판자를 가리킨다.
** 양귀비, 클레오파트라와 함께 세계 3대 미녀 중 한 사람으로 알려진 전설의 인물.

에 뜻을 둔다.

　승려 및 후카쿠사노 쇼쇼와 늙은 여인의 관계를 미시마는 현대의 청년 시인과 비렁뱅이 노파의 관계로 치환했다. 꿈꾸는 듯한 얼굴의 시인은 공원에서 연인들에게 짓궂은 말을 하는 노파를 나무란다. 그런데 노파는 거꾸로 너처럼 달달한 기질을 가진 자는 괜찮은 시를 쓸 수 없다고 되받아치고, 시공을 가로질러 로쿠메이칸의 무도회에서 후카쿠사노 쇼쇼로 변신한 시인과 왈츠를 춘다. 그러나 노파를 향해 "고마치, 그대는 아름답다, 세상에서 가장 아름답다"라고 말한 순간 시인은 숨이 끊어지고, 공원으로 돌아온 무대에는 노파가 혼자 남아 있다.

　이 작품은 단막극인데, 한 무대에서 시간과 공간이 자유롭게 비약한다. 그 참신한 전개는 일상적인 리얼리즘을 중시해 온 종래의 신극 세계에 충격을 주었다. 또 노의 승려와 노파의 문답을 응용한 시인과 노파의 대화는 그 후 미시마 희곡의 최대 볼거리가 되는, 기지 넘치는 화려한 대사로 이루어지는 대립극(對立劇)의 원점이었다. 이것이 바로 〈소토바 고마치〉가 미시마에게 특히 중요한 작품인 이유이다.

　여기에서 떠오르는 것은 소년 시절 특히 1937년부터 1941년에 걸쳐 시 창작에 열중했던 때, 미시마 시의 특징이 상상력의 비상과 교묘한 기지였다는 점이다. 결국 미시마에게 희곡은 소년 시절에 썼던 시의 재발견이라는 의미가 있었다.

　이 미묘한 사정은 흥미로운 역설을 감추고 있다.

　앞에서 서술했듯이 1941년에 창작한 시 〈말과 그 서곡〉을 마지막으로 미시마는 시에서 멀어지려 했지만, 그 후에도 공습 속에서 쓴

〈밤을 알리는 새〉나 시집 《풍요의 바다》 기획에서 볼 수 있듯이, 시의 광맥은 끊긴 적이 없었다. 그러나 지금 《가면의 고백》을 내놓으면서 소설가로서 확고한 발걸음을 내딛은 미시마는 시에 대한 생각을 봉인하기로 다시금 결의한다. 〈소토바 고마치 각서〉라는 글에서 미시마는 이렇게 말한다.

> 주제와 관련해서 이야기하자면, 불필요한 말을 해서 관객을 헷갈리게 해서는 안 되겠지만, 작가 자신이 예술가로서 마음먹은 것을 시적으로 표백한 것입니다. 〔……〕 결국 작가는 이 연극에 등장하는 시인과 같은 청춘을 자신의 내부에서 먼저 죽이고 나서 아흔아홉 살의 고마치와 같은 꺾이지 않는 영겁의 청춘을 바라는 것이 예술가의 길이라고 생각합니다.(《월간 마이니치》, 1952. 11.)

1952년 11월이라면 《비밀스런 쾌락》이라는 제목의 《금색》 제2부가 연재 중이던 때이다. 이 말의 배후에는 자신에게 예술 활동의 근간은 소설 창작이며, 소설을 통해서만 허무와 세바스티아누스 콤플렉스라는 커다란 테마에 도전하는 것은 물론이고 사회, 시대, 역사의 전모를 파악해 표현하고자 하는 지점까지 주제를 확대할 수 있을 것이라는 미시마의 신념이 가로놓여 있다. 그 때문에 "아흔아홉 살의 고마치"와 같은 넉살이랄까 대담함이 필요했던 것이다.

그런데 흥미롭게도 그렇게 결단한 것이 도리어 미시마의 시심을 자극했다. 《근대 노가쿠집》은 바로 그 시심이 '시'로 표출된 것이고, 그중에서도 〈소토바 고마치〉의 청년 시인은 '시'를 구현한 인물이었다.

이 역설과 관련해서는 이 작품을 수록한 《미시마 유키오 작품집》 6(신초샤 1954. 3.)의 후기에서 다음과 같은 표현을 볼 수 있다.

〈소토바 고마치〉에서도 노파로 상징되는 형이상학적 생과 시인으로 상징되는 저차원적 생의 대립 및 후자의 패배가 그려지지만, 전자는 때로 후자에 대해 연민과 동경, 경멸과 사랑, 거절과 수줍음을 함께 보여준다.

노파가 상징하는 소설가와 청년이 상징하는 시인이 대립하면서 서로 뒤얽히는 긴장 관계를 이루고 있다는 것을 알 수 있다. 이리하여 미시마는 《비밀스런 쾌락》을 통해 소설의 주제에 도전하면서 동시에 단편소설 〈시를 쓰는 소년〉(《문학계》, 1954. 8.)에서는 도대체 자신에게 시란 무엇인가라는 문제를 더 깊이 추구해 들어간다.

그러나 그 전에 큰 사건이 있었다. 《금색》 제1부를 간행하고 〈소토바 고마치〉를 마무리한 다음 달인 1951년 11월 25일, 미시마는 약 반년에 이르는 세계 여행에 나선다. 당시 일본은 아직 점령하에 있었고 한국전쟁의 영향도 있어서 출입국이 엄격하게 관리되고 있었다(해외 여행 자유화는 1964년 4월). 하지만 미시마는 아버지 아즈사의 친구이자 아사히신문 출판국장이었던 가지 류이치(嘉治隆一)의 배려로 아사히신문 특별통신원으로서 해외 도항 자격을 얻었다. 《금색》 제2부와 〈시를 쓰는 소년〉을 살펴보기 전에 이 세계 여행에 관해 언급할 필요가 있다.

제9장
태양과 신화

"태어나 처음으로 나는 태양과 악수했다"

〈소토바 고마치〉의 초연을 기다리지 않고 요코하마에서 프레지던트 윌슨 호를 타고 출항한 미시마는 하와이, 샌프란시스코, 로스앤젤레스, 뉴욕, 플로리다 등 북미를 여행하고, 푸에르토리코에서 리우데자네이루, 상파울루를 돌아 제네바를 거쳐 파리에 머문다. 그 후 런던에서 그리스로 날아가고, 로마까지 돌아본 다음 1952년 5월 10일 하네다 공항을 통해 귀국한다.

이 여행에 관하여 《나의 편력 시대》에는 이렇게 적혀 있다.

하와이가 가까워질수록 햇빛은 나날이 강렬해졌고, 나는 갑판에서 일광욕을 하기 시작했다. 이후 12년 동안의 나의 일광욕 습관은 이때 시작된 것이다. 나는 어두운 동굴에서 나와 처음으로 태양을 발견한 느낌이었다. 태어나 처음으로 나는 태양과 악수했다. 얼마나 오랫동안 나는 태양에 대한 친근감을 내 안에서 죽여 왔던가.

그리고 하루 종일 햇볕을 쬐면서 나는 자신의 개조에 대해 생각하기 시작했다.

나에게 남는 것은 무엇이고 모자라는 것은 무엇일까에 대해.

나에게 남는 것은 확실히 감수성이고, 나에게 모자라는 것은, 뭐랄까, 육체적인 존재감이라고 말해야 할 것이었다. 나는 이미 차갑기만 한 지성을 경멸하리라 생각하고 있었기 때문에 하나의 조각상처럼 의심하기 어려운 육체적 존재감을 가진 지성밖에 인정할 수 없었고, 그런 것 말고는 바라는 게 없었다. 그것을 얻으려면 동굴 같은 서재나 연구실에 처박혀 있어서는 안 되며 반드시 태양의 매개가 필요할 터였다.

그리고 감수성은? 이놈은 이번 여행에서 구두처럼 닳아빠질 때까지 다 써버려야만 한다. 낭비할 수 있을 만큼 낭비해서 더는 그 소유자를 괴롭히지 않도록 해야만 한다.

마침 잘됐다. 나의 여정에는 남미와 이탈리아와 그리스 등 태양의 나라들이 포함되어 있었다.

잔뜩 고양된 이런 말들에서 첫 세계 여행에 거는 열렬한 기대를 엿볼 수 있다. 조모의 병실에 틀어박혀 "몽상하는 데 긴 하루를 허비"했던(〈곶에서 있었던 이야기〉) 유년 시절 이래의 생활 그 자체를 특별 주문한 새로운 생으로 다시 칠하려는 듯하다.

이를 위한 준비는 《가면의 고백》에서 허무와 세바스티아누스 콤플렉스를 형상화하고, '뒤집힌 자살'(《《가면의 고백》 노트》)을 완수함으로써 이미 충분히 마련되어 있었다. 《가면의 고백》 이후 소설가,

극작가로서 기반을 다지느라 숨 가쁘게 달려왔다. 심신의 긴장은 이만저만한 일이 아니었을 터인데, 이런 의미에서 세계 여행은 미시마에게 다시없는 휴식의 기회이자 이후 집필 활동에 필요한 충전 기간이기도 했다.

그 여행의 모습은 《아폴론의 잔》(아사히신문사, 1952. 10.)에서 상세하게 그리고 있다. 이 책에 따르면, 예를 들어 1월 10일부터 20일까지 뉴욕에 머무를 때는 허버트 패신(Herbert Passin)과 그의 친구 필 크루거가 통역과 안내를 맡는다. 다만 그것은 여행의 일면이고 《아폴론의 잔》에는 쓰여 있지 않은 다른 일면도 있다. 미시마가 날개를 펼치고 노닌 것은 오히려 이쪽이다.

예컨대 바로 그 무렵 미국으로 돌아와 하버드대학에서 공부하고 있던 메레디스 웨더비가 뉴욕에 머무르고 있던 미시마를 방문한다. 그리고 미국 정부 관계 타이피스트로서 1947년 일본에 왔다가 역시 미국으로 돌아와 컬럼비아대학에서 공부하고 있던 도널드 리치(훗날 영화평론가가 되며, 영화 〈우국〉의 배경음악을 선정할 때에도 협력한다)에게 전화를 걸어 미시마를 위해 통상의 여행 가이드가 아닌 특별한 뉴욕 안내를 부탁했다. 내가 2008년 리치를 만나 확인한 바에 따르면, 그가 미시마를 만난 것은 이때가 처음이었다. 리치의 일기에는 이렇게 적혀 있다.

미시마가 바란 것은 뉴욕에 있는 모든 성 세바스티아누스 상을 보는 것, 메트로폴리탄 오페라극장에서 슈트라우스의 〈살로메〉를 보는 것 그리고 게이 바에 가는 것이었다. 이 가운데 마지막 바람과 관련해서는, 이제 막 《금색》 전반부를 마쳤고 후반부에서는 각 지역의 게이

신을 그릴 작정인데, 이것들을 비교하고 로컬 컬러를 포착하고 싶다는 이유를 들었다.[1]

리치에 따르면, 그때 두 사람은 그리니치 빌리지의 메리즈라는 게이 바에 갔는데, 자신들이 기대했던 것과는 달리 여성처럼 이야기하는 중년 남성들이 있을 뿐이었다. 그러나 이 '작은 여행'은 미시마의 뇌리에서 "베르길리우스의 안내로 단테가 위험하기 그지없는 소돔의 향연을 찾아가는 듯한 서사시"로 완전히 바뀌었다. 리치는 이렇게 쓴다.

> 미시마와 함께 있는 것은 나 자신도 극 중의 한 인물이 되는 것이었다.

어렵사리 리치를 만난 나는 더 자세한 내용을 알고 싶었으나 끝내 듣지는 못했다. 하지만 당시 미시마가 친밀하게 교제하고 있던 인물 중 한 사람인 가모가와 다다시(鴨川正)에게 보낸 1952년 2월 3일 자 리우에서 쓴 편지에는 더 구체적인 에피소드가 적혀 있으며,[2] 그러한 경험은 《금색》 제2부 등 미시마의 작품 여기저기서 되살아난다.

가모가와는 당시 브런즈윅과 함께 긴자의 게이 스폿(gay spot)이었던 도토엔(陶桃院, 고급도자기 가게인데 지하에는 바를 겸한 찻집 아스토리아가 있었다)을 중심으로 하는 교우 관계의 멤버였는데, 이 모임에 속한 사람으로는 안무가 아가타 요지(縣洋二), 평생 미시마의 사적인 사진을 촬영한 마쓰나가 세이주(松永淸壽) 등이 있었다.[3]

덧붙이자면, 위에서 언급한 허버트 패신은 사회학자인데, 미시마는 미국으로 건너가기 이전부터 그와 면식이 있었다. 《페르소나》 영어판을 보면 그 만남은 민간정보교육국(CIE)과의 관계를 통했을 가능성이 없지 않으며,[4] 마쓰다 다케시(松田武)에 따르면 실제로 패신은 민간정보교육국에서 근무했다.[5] 패신에 대해서는 노벨 문학상과 관련하여 얘기하는 자리에서 다시 언급할 것이다(제18장 참조).

그리스 신전의 폐허 더미에서

미시마는 그 후 마이애미에서 푸에르토리코를 거쳐 1월 27일 브라질의 리우데자네이루에 도착했다. 그리고 리우의 카니발이 시작되기까지 링스 교외에 있는 전 히가시쿠니노미야(東久邇宮)의 자식 다라마 도시히코(多羅間俊彦, 메이지 천황의 손주에 해당한다)의 농장에서 머물렀다. 다라마와의 관계는 이타야 료코(板谷諒子)의 소개를 통해서였는데, 희곡 〈흰개미 집〉(극단 청년에 의해 하이유좌에서 공연. 1955. 10. 29 ~ 11. 6.)은 이때의 경험을 바탕으로 쓴 작품이다. 그 후 2월 20일 리우로 돌아온 미시마는 29일까지 머무르며 카니발을 즐긴다. 그리고 남미를 뒤로하고 제네바를 경유하여 파리에 도착한 것이 3월 3일이었다.

파리에서는 르그랑 호텔에 묵었는데, 암시장 환전상에게 여행자수표를 사기당한 미시마는 수표가 재발행되기까지 한 달 동안 어쩔 수 없이 파리에 머물러야만 했다. 호텔을 나와 일본인이 운영하는 하숙집 보탄야(牡丹屋)로 옮겼는데, 그곳에는 영화감독 기노시타 게이스케(木下惠介)가 머물고 있었고 작곡가 마유즈미 도시로(黛敏郎)

도 가까운 곳에 살고 있어서 미시마는 그들과 교제하며 하루를 보낸다. 하지만 함께 게이 바에 가도 소년들은 마유즈미에게만 다가왔고, 미시마로서는 유쾌하지 않은 사건이 많았다.[6] 미시마가 가까스로 파리를 떠나 런던으로 간 것은 4월 19일이다.

하지만 원래 미시마에게 유럽 여행의 가장 중요한 목적지는 파리도 런던도 아닌, 영국 다음으로 찾은 그리스와 로마였다. 그 여정과 주요 방문지를 확인해 두기로 한다.

4월 24일　저녁 아테네 도착.
　　25일　디오니소스극장, 제우스 신전 등.
　　26일　제우스 신전 재방문.
　　27일　버스로 델피 방문. 델피 고고학박물관.
　　28일　델피의 아폴론 신전.
　　29일　아테네로 돌아오다.
　　30일　로마 도착.
5월　1일　콜로세움.
　　2일　로마 국립박물관(테르메 박물관).
　　3일　보르게세 미술관.
　　4일　바티칸 미술관.
　　5일　카피톨리노 미술관, 베네치아궁 미술관, 판테온.
　　7일　바티칸 미술관 재방문, 로마에서 귀국길에 오르다.

아테네 도착 직후의 모습을 기록한 《아폴론의 잔》의 다음과 같은 기술을 보면 가슴 설레는 느낌이 그대로 드러난다.

비행장에서 도심으로 향하는 버스의 창에서 나는 야간 조명에 모습을 드러낸 아크로폴리스를 보았다.

지금 나는 그리스에 있다. 나는 더없는 행복에 취해 있다. 〔……〕 나는 나의 붓이 가는 대로 맡겨 둔다. 오늘 마침내 아크로폴리스를 보았다! 파르테논을 보았다! 제우스의 궁전을 보았다! 파리에서 경제적 곤경에 처해 그리스행을 단념할까 생각하고 있을 때 그것들은 여러 번 내 꿈에 나타났다. 이런 사정을 감안하여 잠시 내 붓이 제멋대로 뛰노는 것을 용서해주기 바란다.

그런데 여기에 흥미로운 점이 있다. 왜냐하면 실제로 미시마가 방문한 장소나 그곳에서 품은 감상을 따라가보면 확실히 통상적인 여행자와는 다른 관심의 방향을 확인할 수 있기 때문이다. 아테네에서 미시마를 사로잡은 것은 아크로폴리스의 파르테논 신전이 아니라 열다섯 개의 기둥밖에 남아 있지 않은 제우스 신전의 폐허 더미였다. 로마에서는 오현제 중 한 사람인 하드리아누스 황제의 총애를 받았지만 나일강에서 투신자살한 것으로 알려진 소년 안티누스의 흉상과 전신상에 마음을 빼앗겨 이것을 소장한 바티칸 미술관을 두 번 찾는다. 《아폴론의 잔》에는 이 체험에서 힌트를 얻은 시극과 단편소설 두 종류의 〈안티누스〉 초고가 삽입되어 있는데, 이와 관련하여 미술사가 미야시타 기쿠로(宮下規久朗)는 이렇게 말한다.

일련의 안티누스상은 로마 고전 미술의 최후를 장식하는 것이지만, 이 흉상은 특별히 중요하지는 않습니다. 바티칸에 있는 고대 조각 중에서 가장 유명한 것은 '벨베데레의 아폴론'이나 '라오콘'인데,

같은 헬레니즘 조각 중 거대한 '벨베데레의 토르소'도 대단히 중요한 작품입니다. 또 보통 일본인이 바티칸에 와서 가장 기대하는 것은 미켈란젤로가 그린 시스티나 성당의 벽화일 겁니다. 그런데 《아폴론의 잔》에서는 안티누스만 언급할 뿐 라오콘과 같은 중요한 고대 조각이나 미켈란젤로의 벽화는 거의 무시합니다. 미켈란젤로의 그림에서는 근육이 울퉁불퉁한 인물을 많이 볼 수 있는데도 그다지 흥미가 없었던 것일까요. 일본인에게 잘 알려진 것으로는 라파엘로의 〈아테네 학당〉 등 '슈탄체(Stanze, 거실)' 벽화와 회화관의 〈그리스도의 변용〉도 있습니다만, 역시 미시마는 한마디도 언급하지 않습니다.[7]

미야시타에 따르면, 여기에서 확인할 수 있는 것은 미시마 유키오 "특유의 미의식이나 미적 감수성의 발로로서 미술에 대한 관심"이고, 여기에서는 '개인적 취향'과 '자신의 심미안'이 겹쳐 있다.

그렇다면 미시마는 세계 여행을 통해 단지 "몽상하는 데 긴 하루를 허비"했던 유년 시절 이래의 생활을 특별 주문한 새로운 생으로 다시 칠하려 했다고 말하는 것만으로는 충분하지 않을지도 모른다.

오히려 미시마는 유소년 시절 '음'의 측면에서 가까이 했던 것과 똑같은 장소를 이번에는 '양'의 측면에 비춰 다시 살아보려 한다라고 표현하는 것이 적절할 것이다.

《금색》 제2부

로마에서 귀로에 올라 5월 10일 하네다 공항에 도착한 미시마는 곧바로 《금색》 제2부 《비밀스런 쾌락》 연재를 개시한다(《문학계》,

1952. 8. ~ 1953. 8.). 미시마의 심신은 에너지로 가득 차 있었다. 우리도 서둘러 《금색》의 세계로 돌아가기로 하자.

먼저 그 내용인데, 슌스케에게 조종당하고 있던 유이치는 도구로 이용되는 것을 혐오해 슌스케에게서 떨어져 차차 남성과 관계를 갖게 된다. 다른 한편 실종된 가부라키 부인이 보내온 편지에 마음이 움직여 부인에게도 연애 감정을 품고 슌스케에게도 그렇게 고백한다. 그의 말을 들은 슌스케는 원래 동성애자가 아니었는데도 유이치를 사랑하기 시작한다.

…… 슌스케는 유이치의 가볍게 열린 입술 안에 장성처럼 하얗게 늘어선 치열을 보았다. '나는 이 아름다운 청년에게 육감을 느끼고 있는 게 아닐까'라는 생각에 그는 섬뜩했다. '그렇지 않고서야 이처럼 가슴이 죄어 오는 감동이 싹틀 리 없다. 어느새 나는 욕망을 품고 있는 듯하다. 있을 수 없는 일이다. 내가 이 젊은이의 육체를 사랑하고 있다니!'

그러나 유이치는 그를 상대해주지 않고, 가부라키 전 백작과도 헤어지며, 새롭게 실업가인 가와타와 교제한다. 그 사이 미노루라는 고등학생과도 관계를 갖는데, 미노루의 행동에 의심을 품은 의붓아버지 혼다 후쿠지로는 미노루를 미행하는 등 여러 방법으로 유이치의 신원을 조사하고, 미노루를 빼앗긴 데 대한 복수로 유이치의 비밀을 폭로하는 편지를 유이치의 친어머니와 아내에게 보낸다.

실종되어 교토에 틀어박혀 있던 가부라키 부인이 큰 역할을 하는 것은 그 다음이다. 유이치로부터 전보로 호출을 받은 부인은 그를 돕기 위해 미나미가(家)를 찾아가, 자신과 유이치는 오랫동안 애인 관계였으며 그가 동성애자라는 것은 터무니없는 소문에 지나지 않는다고 단언한다.

물론 이것은 거짓말이지만 부인의 계략이 주효하여 후쿠지로가 계획한 복수는 유야무야되고 만다. 유이치는 미노루와 헤어지고, 가와타와도 헤어지면서 위자료로 50만 엔을 받는데 이 돈으로 결혼 때 슌스케에게 진 빚을 갚겠다고 생각한다. 소비자 물가지수 등을 기준으로 삼아 오늘날의 금액으로 환산하면, 어디까지나 어림셈이긴 하지만, 300만 엔에서 400만 엔 정도가 된다.

이제 결말인데, 미시마는 창작 노트에 몇 가지 구상을 남겨놓았다. 먼저 미시마는 슌스케의 구애를 유이치가 받아들이는 경우와 거절하는 경우 양쪽의 줄거리를 비교 검토한 다음, 후자의 방향에서 이야기를 끌어가고자 했다. 나중에는 이렇게 아름다운 청년이 자신과 같은 추한 사람을 사랑하는 것은 견딜 수 없다는 이유로 슌스케가 음독자살하는 결말을 구상했다.

실제 발표작에서는 성적인 구애 장면이 직접적으로는 그려지지 않으며, 슌스케와 유이치의 체스 승부가 그 장면을 상징적으로 보여준다. 체스에서 패한 슌스케는 곧바로 음독자살한다. 유이치로서는 생각지도 못한 일이었다. 유언장에는 "잘 있게. 자넬 위한 선물이 책상 오른쪽 서랍에 들어 있네."라고 적혀 있다. 유이치는 슌스케에게 50만 엔을 갚는 게 아니라 거꾸로 동산과 부동산 등 1천 만 엔 가까운 유산을 손에 넣는다. 이것도 오늘날의 금액으로 환산하면 7천만 엔 정도 될 것이다. 검시(檢屍)를 하러 온 형사와 의사를 응대하느라 밤을 새운 다음 날 아침, 조문객과 신문기자를 피해 유이치

1955년 무렵의 미시마 유키오.

홀로 산책에 나서는 다음 장면으로《금색》전편은 막을 내린다.

> 형언할 수 없는 자유는 한밤중 우울보다 한층 무겁게 가슴을 짓눌렀고, 그 불안 때문에 발걸음이 어색할 정도로 빨라졌다. 이러한 불안은 오히려 밤샘 탓이라고 생각하는 편이 나을 것이다. 전차 역이 가까워지고 일찍 출근하는 사람들이 개찰구를 향해 몰려드는 모습이 보였다. 역 앞에는 구두닦이 두엇이 벌써 나란히 서 있다. '우선 구두부터 닦고……'라고 유이치는 생각했다.

《금색》제2부에서도 미시마는 게이 장면을 생생하게 그린다. 동시에 제1부에서는 모호했던 주제도 더 깊이 파고들었다. 세계 여행 직전에 마무리한〈소토바 고마치〉의 노파가 상징하는 것과 같은, 넉살 좋고 대담한 소설가의 자세를 추구하고 있는 것이다.

먼저 동성애에 관한 기술을 보기로 하자.

유이치가 새로 어울리게 되는 가와타 야이치로는 자동차회사 사장이다. 그 인물의 형상화에 도요타 기이치로(도요타자동차공업 2대 사장)의 경력 일부를 차용하고 있지만, 가와타가 유학이나 업무로 세계 각지를 돌아다닐 때의 게이 장면 묘사에는 도요타 기이치로가 아니라 미시마 자신의 세계 여행 경험이 반영되어 있다.

《금색》제1부에서는 작중에 등장하는 자동차는 대부분 외국 차였지만, 제2부에서는 머잖아 독립 후 일본 경제를 견인할 일본 자동차산업이 이를 대체하고 있다. 그러한 구도를 여기에서 읽어낼 수 있는데, 가와타가 새로운 '일본'의 조류를 대표한다면 대조적으로 고리타분한 '일본'을 대표한 인물은 미노루의 의붓아버지 후쿠지로이다. 후쿠지로는 "마흔 살쯤 되는, 삐쩍 마른 몸에 말수가 적고 성실한 남자"이며, "마을에 불행한 일이라도 생기면 부처님 같은 후쿠지로는 곧바로 부조금을 챙겨서 달려갔고, 불단 앞에 오랫동안 말도 없이 앉아서 다른 조문객이 꺼리는 것도 눈치채지 못하는" 인물이다. 이 인물을 형상화하는 데 참조한 사람은 당시 20대였던 후쿠시마 지로이다. 이와 관련하여 후쿠시마는 세계 여행 전에 자신이 인연을 끊자고 해서 두 사람의 관계가 끝난 것을 유감스러워한 미시마가 앙갚음한 것일 수도 있다고 말한다.[8]

미노루의 경우는 어떠했을까. 몽상적인 소년인 미노루에게 유이치는 "수많은 활극장의 주인공이나 모험 소설의 과감한 청년의 환영과 하나가 되었다."

어느 밤 꿈에서 미노루는 전쟁터에 있는 유이치와 자신의 모습을 보았다. 유이치는 젊은 미모의 사관이고 미노루는 미소년 병졸이다. 두 사람은 동시에 가슴에 총탄을 맞아 서로 끌어안고 입을 맞추며 쓰러진다. 또 때로는 유이치는 젊은 선원이 되고 미노루는 소년 수부가 된다. 두 사람이 어느 열대의 섬에 상륙해 있는 동안, 배는 악랄한 선장의 명령으로 돛을 올려 떠나고 섬에 남은 두 사람은 야만족의 습격을 받는데, 그들은 나뭇잎 뒤에서 날아오는 무수한 독화살을 커다란 가리비 방패로 막으며 몸을 보호한다.

미노루라는 인물 조형에는 도모토 마사키(堂本正樹)가 투영되어 있다. 내가 그렇게 말하면 도모토는 웃으며 부정하겠지만, 그는 미시마와 교제할 때마다 상황극(situation play), 즉 다양한 상황을 설정하고 온갖 취향을 드러낼 수 있는 놀이를 즐겼다. 도모토는 자신의 저서에도 그렇게 밝히고 있는데,[9] 그 취향의 내용이 위의 인용과 매우 흡사하다.

이런 일들은 독자들에게는 현실과 동떨어진 이야기처럼 보일지도 모르지만, 미시마에게는 모두 실제로 체험한 사실로 거슬러 올라갈 수 있는 것이었다. 자신에게 일어났던 구체적인 에피소드를 떠올리면서 자유자재로 원고용지를 채워 가는 집필 과정은 적잖이 즐거웠을 것이다. 훗날 미시마는 《금색》에 관하여 이렇게 회고한다. "인생을 이야기하는 가운데 메워버리겠다는 불령(不逞)한 시도를 품었다."(〈18세와 34세의 초상화〉,《군상》, 1959. 5.)

하지만 미시마는 단순히 자신의 체험만을 말하려고 한 것은 아니다. 그것은 《가면의 고백》이나 《금색》 제1부와 다르지 않다.

《금색》의 주제

그렇다면 《금색》의 가장 중요한 주제는 무엇일까. 그것은 제1부 서두에서부터 심층을 흐르면서 서서히 발전하다가 대단원에 이르러서야 겨우 그 모습을 드러낸다. 주목해야 할 것은 앞에서 인용한, 유이치가 산책에 나서는 마지막 부분이다. 일찍이 자신에게 구애하는 자들을 매정하게 거절한 그는 "온몸으로 설명하기 어려운 자유를 느끼"면서 "무질서 만세!"라며 축배를 들고 싶은 기분이었다. 이제 가와타뿐만 아니라 미노루와도 헤어졌고, 최후에는 슌스케로부터도 해방될 터였다. 그런데 1천만 엔에 가까운 슌스케의 유산을 손에 넣고서 "표현하기 어려운 자유" 때문에 "불안"에 휩싸인다. 그것이 의미하는 바는 무엇일까.

생각건대 유이치의 당혹감은 본래 당시 일본이 체험해야 할 당혹감이었다. 1952년 4월 28일 샌프란시스코 강화조약이 발효되면서 일본은 독립을 회복하지만(바로 그때 미시마는 그리스에 있었다), 그것은 자율적으로 달성한 것이 아니라 냉전이 격화되는 와중에 일본의 지정학적 위치를 중시한 미국의 극동 정책에 좌우되어 결정된 것이다. 게다가 《비밀스런 쾌락》 연재가 끝난 1953년 8월은 한국전쟁의 휴전(휴전협정은 7월 27일 조인된다)과 같은 시기였다.

이제 일본은 어떻게 될 것인가.

그 불안은 영문도 모른 채 막대한 유산을 손에 넣고 멍해진 유이치의 불안과 겹친다.

이와 관련하여 떠오르는 것은 자동차 산업이 독립 후 일본 경제를 견인하게 되는, 그 후 전후사의 사실이다. 확실히 그러하다. 하지만 진실을 말하자면 연합군 최고사령부 재정고문 자격으로 방일한 도즈의 인플레이션 억제책의 영향으로 도산 위기에 직면한 도요타자동차가 일본 자동차 산업을 이끌 수 있었던 것은 미군용 트럭 수주를 비롯한 한국전쟁 특수 때문이었다. 결국 국가의 독립이든 경제의 재건이든 모두가 외적인 이유에 휘둘리는 불확실한 것이었던 셈이다.

슌스케, 가부라키 백작 부부, 아내 야스코, 가와타, 미노루 사이를 자유롭게 떠도는 것처럼 보이지만 자기 혼자서는 아무것도 할 수 없는 유이치는 그러한 일본의 실태를 상징한다.

일본인도 알아챘을 것이다. 하지만 이러한 불편한 진실을 애써 외면했다. 그 결과 연합군 최고사령부에 의한 점령 정책 이후의 기만(欺瞞)의 구도가 확장되고, 일본인들의 인식력은 마비되고 있었다. 그것은 불안에 휩싸여 있으면서도 모든 것을 "밤샘을 한 탓"으로 돌리고 이제 어디로 가서 무엇을 해야 할지 자신도 전혀 모른 채 "우선 구두부터 닦아야"겠다고 생각하면서 기분을 달랠 수밖에 없는 유이치의 모습과 에누리 없이 겹친다.

유이치를 이렇게 조형함으로써 미시마는 당시 일본이 처한 상황을 냉정하게 대상화한다. 바꿔 말하면, 전후 일본의 점령과 독립은 무엇을 의미하는가, 그러한 상황 속에서 삶은 어떠한가를 묻고 있는 것이다. 이 문제를 추구한 것이 《금색》의 가장 본질적인 주제였다.

미시마는 여기에 예술가가 담당해야 할 역할에 관해 자신의 생각도 함께 포함시켰다. 막대한 유산을 물려줌으로써 죽은 후에도 유이치를 속박하는 예술가 슌스케는 독립 후까지 일본을 지배하는 미국과 같은 위상에 있다. 그렇지만 예술가는 슌스케만이 아니다.

이와 같은 작품 세계를 생각해내고, 사람들을 둘러싼 불편한 진실을 내비친 다음 슌스케의 목숨을 빼앗은 미시마 유키오라는 예술가가 있다. 슌스케는 목숨을 끊지만 《금색》을 마무리한 미시마는 그렇게 하지 않는다. 그는 〈소토바 고마치〉에 묘사된 노파이면서 불굴의 예술가로 살아가고자 한다. 적어도 그렇게 살고자 했다.

여기에서 명확한 의지를 갖고 예술 창작에 힘을 쏟는 젊은 미시마의 모습을 인정할 수 있다. 바로 제임스 조이스가 당시 더블린을 정확하게 모사함으로써 시공을 넘어 세계의 본질에 다가가고자 했던 것과 같은 작업을 미시마는 전후 도쿄를 무대로 삼아 시도했다고 말해도 좋다.

하지만 당시의 독자가 미시마가 목표로 삼은 것을 이해하기는 쉽지 않았을 것이다. 주된 이유는 세 가지이다. 첫째, 동성애에 관한 구체적인 에피소드 하나하나가 사람들에게 익숙했다고는 말하기 어렵다. 미시마 자신은 재밌어하며 써 내려갔고 그것은 평범한 가치관에 도전하는 일이기도 했지만, 많은 독자에게는 화제 자체가 일종의 벽이 되고 말았다. 둘째, 미군 점령에서 막 독립한 상황 그 자체가 소용돌이 속에 있던 일본인 자신에게는 대상화하기 어려운 주제였고, 그것은 21세기 현재에도 마찬가지다. 셋째, 미시마는 이것을 냉정하게 간파하고 거기에 잠재한 심각한 문제를 짚어내려 했는지도 모르지만, 얼마나 철저할 수 있었는가에 관해서는 불분명한 점이 없지 않다.

슌스케의 목숨을 빼앗은 미시마는 그 후 어떻게 되었을까. 예상한 대로 유이치처럼 "우선 구두부터 닦아야"겠다고 생각하고 마음을 달랠 수밖에 없었던 것은 아닐까. 작품에서 그 후의 전망이 만족스럽게 그려졌다고는 말하기 어렵다.

이런 의미에서《금색》은 소설 작품으로서 성공적이었다고는 말할 수 없을지 모른다. 독자도 어떻게 평가해야 할지 곤혹스러울 수밖에 없었을 것이다. 미시마를 이해하는 세 사람, 즉 나카무라 미쓰오, 다케다 다이준, 하나다 기요테루가 함께한 합평회에서 나카무라가 "다케다 군이 말한 것처럼 이것은 확실히 리얼리즘 소설은 아니다. 일종의 사상 소설이라 할 수 있겠지만 하나다 군이 말한 것처럼 사상 소설로서는 대단히 미숙해 보인다. 그러나 이 미숙한 사상의 소유자가 만약 미시마 군이라면 어떻게 지금까지 이런 수준의 소설을 쓸 수 있었는지 궁금하다."(《군상》 창작 합평, 1953. 9.)라는 질문을 던지지만, 세 사람 중 그 누구도 확실한 대답을 내놓지 못하는 것을 보면 《금색》을 다루기가 만만치 않다는 것을 알 수 있다.

지극히 사적인 문제에서 출발해 사정거리를 사회, 시대, 역사의 전모로 확대해 나가는 것. 《가면의 고백》에서 미시마는 그 시도를 향해 첫걸음을 내디뎠고 《금색》에서 한 걸음 더 나아간 것은 분명하다. 그러나 아직 목적지에 도달하지는 못했다. 미시마가 이 과제를 본격적으로 마주할 수 있기까지는 더 많은 시간이 필요했다.

청춘 로맨스 《파도 소리》

미시마가 사회, 시대, 역사를 포착하고 이것과 대결하여 처음으로 어느 정도 성공을 거둔 작품이 《금각사》이다. 《문학계》를 통해 《금색》을 마무리한 1953년 8월부터 《신초》에서 《금각사》 연재가 시작되는 1956년 1월에 이르는 기간은 미시마의 문학 생애에서 일종의 간주곡이었다.

그러나 이 기간에도 몇 가지 중요한 일을 한다.

하나는 《금색》 제2부 집필과 병행하여 취재를 개시하고, 구상을 가다듬어 새롭게 쓴 소설이 《파도 소리》(신초샤, 1954. 6.)이다. 2~3세기경 그리스 작가 롱고스가 지은 것으로 알려진 《다프니스와 클로에》를 바탕으로 하고 그리스 여행에서 맛본 자신의 기쁨과 고양감(高揚感)을 정착시키고자 한 이 소설은 미에현 가미시마(神島, 작중에서는 우타시마歌島)를 무대로 삼아 건강한 어부의 아들 구보 신지와 마을에서 제일가는 부자이자 선주(船主)인 미야다 소키치의 딸 하쓰에가 수많은 곤경을 극복하고 혼약한다는 줄거리이다. 명랑한 청춘 로맨스로서 발표 후 약 3개월 만에 70쇄를 돌파하는 대히트작이 되었고, 10월에는 도호에서 영화로 만들어졌다(주연은 구보 아키라와 아오야마 교코. 그 후 현재까지 네 차례 영화화되었다).

미시마는 1955년 1월 이 작품으로 제1회 신초샤 문학상을 받았다. 서른 살이 된 해였으며, 미시마에게는 첫 번째 문학상이다. 미시마는 1952년부터 나카무라 미쓰오, 후쿠다 쓰네아리, 요시다 겐이치(吉田健一), 진자이 기요시(神西淸), 오오카 쇼헤이(大岡昇平) 등이 참여한 하라노키카이(鉢の木會, 일본 고전 설화 하치노키에서 이름을 딴 모임)에 참가하는데, 이 모임의 동료들은 수상을 축하하며 미시마에게 악어가죽 벨트를 선물했다.

이리하여 《파도 소리》는 미시마 문학을 대표하는 소설 중 하나가 되었는데, 여기에서 미시마는 허무와 세바스티아누스 콤플렉스라는 주제를 파고들지 않으며 사회, 시대, 역사의 전모를 포착하려 하지도 않는다. 오히려 미시마 스스로 말했듯이 "하나에서 열까지 나 자신과 반대되는 것을 그려보고 싶었고, 전혀 나의 책임으로 귀결되지 않는 사상과 인물을 언어만으로 구성한다는 생각"(《18세와 34세의 초상화》)에 기초하여 쓰인 것이 《파도 소리》였다.

하나 더 덧붙이자면, 이토 시즈오(伊東靜雄)와 호리 다쓰오(堀辰雄)가 각각 46세와 48세의 나이로 1953년 3월과 5월에 사망한 것이 《파도 소리》의 구상과 필력에 영향을 미쳤다. 둘 다 폐결핵으로 죽었는데, 그들과는 대조적으로 주인공 신지를 "한 번도 병을 앓아본 적이 없는 젊은이"로 설정한 배경에는 소년기와 습작기의 미시마에게 많은 영향을 준 이토와 호리의 세계를 부정하고 넘어서려는 생각도 있었던 것으로 볼 수 있다.

'미시마 가부키'의 탄생

미시마가 처음 가부키 작가로 세상에 알려진 것도 이 시기였다.

미시마가 일찍부터 가부키에 친숙했다는 것은 앞에서 말한 대로인데, 전후에 가장 사랑을 많이 받은 배우는 6대 나카무라 우타에몬(中村歌右衛門)이었다. 미시마는 시칸(芝翫)이라 불리던 시절의 우타에몬에 관하여 "나카무라 시칸의 아름다움은 일종의 위기감에 있는 게 아닐까. 〔……〕 순간순간마다 시칸의 비할 데 없이 우유(優柔)한 육체로부터 어떤 비극적인 광선이 뿜어져 나온다. 그것 때문에 무대 전체에는 흐느껴 우는 듯한 트레몰로가 넘쳐난다. 요기(妖氣)와 흡사하다."(〈나카무라 시칸론〉, 《계간 극장》, 1949. 12.)라면서 찬사를 아끼지 않았다. 1951년 4월 선대의 이름을 물려받고 같은 해 11월 〈주신구라〉의 오카루를 연기한 우타에몬을 가부키좌의 분장실로 찾아간다. 그때의 일을 미시마는 이렇게 적었다.

평소에는 그토록 철면피인 내가 우타에몬 앞에 나가 첫 대면 인사를 할 때에는 몸은 뻣뻣하게 굳었고 말도 제대로 나오지 않았다. 나는 몇 해 전부터 그를 좋아했으며, 유행하는 말로 하자면 열광적인 팬이었다. 지금까지 몇 번인가 사람들을 그의 분장실로 끌고 간 적이 있는데, 무대 위의 환영(幻影)이 조금이라도 무너지지나 않을까 하는 두려움에 결국은 대면할 기회를 놓치곤 했었다. 〔……〕 드디어 만났다. 환영은 결코 무너지지 않았다.

그때로부터 닷새가 지났다. 환영은 오히려 공고해지고 정확해졌다.[10]

이윽고 미시마는 우타에몬을 염두에 두고 신작 가부키를 쓴다. 이른바 '미시마 가부키'의 첫 번째 작품은 아쿠타가와 류노스케의 〈지옥변〉을 각색한 것이었다. 이 작품은 쇼치쿠의 의뢰를 받은 것인데, 우타에몬 외에 17대 간자부로(勘三郎)도 함께 출연했으며, 연출은 구보타 만타로(久保田万太郎)가 맡았다(1953. 12. 5 ~ 26. 가부키좌).

두 번째 작품 〈정어리 장수의 사랑의 그물〉(1954. 11. 2 ~ 26.)은 미시마가 제안한 기획이었는데, 〈지옥변〉과 마찬가지로 우타에몬과 17대 간자부로가 주연을 맡고 구보타 만타로가 연출을 맡아 호평을 받았다. 이 작품은 도성 제일의 유녀(遊女) 호타루비에게 첫눈에 반한 정어리 장수 사루겐지와, 10년 전에 정어리 장수의 목소리에 이끌려 성에서 빠져나왔다가 인신매매업자에 의해 유곽에 팔려 유녀가 된 단카쿠성(丹鶴城)의 공주 사이의 연애 이야기이다.

전작 〈지옥변〉은 완성된 형태의 가부키 구성이었지만 두 번째 작품은 오토기조시(御伽草子)*인 〈사루겐지조시(猿源氏草子)〉를 소재로 한 명랑하고 편안한 소극이었다. 신작이지만 둘 다 고전 가부키의 양식을 중요시했으며, 특히 〈정어리 장수의 사랑의 그물〉은 걸작이어서 미시마 사후에도 여러 차례 공연되었다.

호타루비 어머 겐지님, 아니지 내 낭군!

사루겐지 예에? (털썩 주저앉는다)

호타루비 무슨 말씀이세요. 오늘부터는 부부가 함께 정어리 장수, 손님 부르는 소리를 가르쳐주세요.

---

* 무로마치 시대에 성행한 동화풍의 소설.

사루겐지 정 그렇다면 들려주지. (일어서서 아름다운 목소리로) 이세노쿠니(伊勢国)에서도 아코기가우라(阿漕ケ浦)에서 온 사루겐지가 정어리를 팔아요.

호타비루 그럼 한번 팔아볼까요. 이세노쿠니에서도 아코기가우라에서 온 사루겐지가 정어리를 팔아요. (혼부타이에게) 그러면 함께 연습해볼까요.

(혼부타이, 지로타, 유곽 주인, 에비나 및 가짜 가신들, 어설프게 말을 끌고 나오는 로쿠로자에몬, 모두 목소리를 합쳐) 모두들 이노세쿠니에서도 아코기가우라에서 온 사루겐지가 정어리를 팔아요.

호타비루 오오, 아름다운 소리군요!

사루겐지와 호타비루가 정식으로 부부가 되는 마지막 부분이다. 여기에는 특별하게 주제라고 할 만한 것이 없다. 하지만 무대 위에서 모두가 한자리에 모이는 화려한 장면 그 자체가 관객의 마음을 사로잡는다. 덧붙이자면 미시마가 처음으로 도널드 킨을 만난 것은 〈정어리 장수의 사랑의 그물〉 공연 중 가부키좌에서였다. 당시 킨은 서른두 살이었다.

미시마는 그 후에도 우타에몬의 의뢰를 받아 무용극 〈구마노(熊野)〉(1955. 2. 24~27. 가부키좌)를 창작했고, 이어서 장 라신의 《페드르》를 번안한 〈후요노쓰유 오우치 실기(芙蓉露大內實記)〉(1955. 11. 3~27. 가부키좌)를 발표했다.

미시마와 우타에몬, 두 사람 모두 범인의 수준을 훌쩍 넘어선 존재이다. 그런 두 사람의 밀월은 당연하게도(라고 말해야 할 것이다. '두 영웅은 병립하지 않는다'는 말도 있다) 오래가지 못했다. 조금 앞서

나가는 이야기이긴 하지만, 미시마는 "〈지옥변〉은 사실 반쯤은 재미 삼아 썼고 〈정어리 장수〉는 충분히 손에 익힌 다음 쓴 것입니다. 〈오우치 실기〉는 뭔가 꽉 막힌 듯한 느낌이었고 그때부터 대략 한계를 알겠더군요. 결국 그 후에는 흥미를 잃어버렸습니다.(웃음)"[11]라고 말했는데, 실제로 우타에몬과의 관계는 〈무스메고노미 오비토리노이케(むすめごのみ帶取池)〉(1958. 11. 1~26. 가부키좌) 창작과 한정판 사진집 《6대 나카무라 우타에몬》(고단샤, 1959. 9.) 편집을 끝으로 하여 끊어지고 말았다. 고단샤의 가와시마 마사루(川島勝)는 이 사진집의 편집 작업 모습을 이렇게 전한다.

> 미시마는 편집자 이상의 노력을 요구받았다. 공연이 끝난 후 우다가와에 있는 집에 모여 넓은 거실 가득 흩어져 있는 초연 이래 수백 장에 이르는 무대 사진을 고르는 것은 특히 중요한 일이었다.
> 정면에 우타에몬이 앉고 그 옆에는 미시마가, 그 곁에는 내가 앉았다. 반대쪽에서는 내 제자 우타에(歌江) 외 두세 명이 시중을 들었다. 이러한 배치는 가부키 무대를 떠올리게 했다.
> 넓은 거실에 늘어놓은 사진 한 장 한 장에 관하여 우타에몬이 공연 당시 무대의 인상을 설명하면, 몸집이 큰 우타에가 가루타 놀이*를 할 때처럼 머리 위로 사진을 들어 올려 미시마에게 보여주고 고르게 하는 식이었다. 〔……〕 심야까지 이러한 배치는 흐트러지지 않았고, 일동은 마치 부동명왕에게 단단히 묶인 듯이 말없이 사진 고르기 작업을 계속했다. 매주 한두 번 이렇듯 빡빡한 스케줄이 3개월이나 이어

---

* 카드 놀이의 일종.

지자 그렇게 대단한 미시마도 나가떨어지기 직전이었다.

미시마는 "당신은 편집자니까 도망갈 수 없을 테고 나도 편자(編者)여서 마찬가지겠지만, 이러다가 내 일은 아예 포기해야 할 판입니다"라고 하소연을 했다.[12]

이리하여 미시마와 우타에몬의 관계는 끊어지고 말았지만(우타에몬이 미시마에게 전기를 써달라고 했으나 거절한 것이 직접적인 이유였다고 한다), 우타에몬과 함께한 경험이 미시마에게 끼친 영향은 적지 않았다. 그 핵심을 한마디로 정리하면 양식(樣式)을 존중하면 존중할수록 개성이 깊어진다는 예술의 역설이다. 이후 발표되는 〈로쿠메이칸〉, 〈사드 후작 부인〉과 같은 걸작 희곡에서 미시마는 우타에몬과 함께 작업하면서 몸에 익힌 극작술을 적극 활용한다.[13]

《가라앉는 폭포》의 사랑

우타에몬과의 교류와 병행하여 미시마에게는 또 하나의 중요한 에피소드가 있었다. 무라마쓰 다케시가 "열렬한 사랑에 빠진"[14] 상대로 소개하면서 알려지게 된 도요타 사다코(豊田貞子)와의 관계이다(나중에 결혼하여 성이 고토後藤로 바뀐다). 사다코는 아카사카의 고급 요정 와카바야시(若林)의 딸이었는데, 당시 19세였던 그녀와 미시마가 만난 곳은 1954년 7월 가부키좌, 〈이치노타니후타바군기(一谷嫩軍記)〉를 공연 중이던 우타에몬의 분장실이었다. 그 후 두 사람의 교제에 관해서는 실제로 사다코로부터 이야기를 들은 이와시타 히사후미(岩下尙史)가 상세하게 전하고 있으며,[15] 친밀한 관계는

1957년까지 이어졌다.

사다코는 미시마가 깊이 관계를 맺은 여성으로서는 미타니 구니코에 이어 두 번째이다. 하지만 사다코와의 관계를 단순히 "열렬한 사랑"이라고 말해버리면 미시마가 그녀에게 품고 있었던 미묘한 뉘앙스를 포착할 수가 없다. 사다코가 모델인 여성을 묘사하는 소설로는《가라앉는 폭포》(《중앙공론》, 1955. 1~4.), 〈시아귀주(施餓鬼舟)*〉(《군상》, 1956. 10.), 〈다리 밟기(橋づくし)〉(《문예춘추》, 1956. 12.), 〈마법의 병〉(《문예춘추》, 1962. 1.) 외에 또 하나의 중요한 소설이 있는데, 사다코에 관해 살펴보기 위해서는 이 작품들을 신중하게 다시 읽을 필요가 있다. 여기에서는《가라앉는 폭포》를 보기로 하자.

《가라앉는 폭포》는 전력회사의 3대째로 어려서부터 "준공식 기념품인 발전기 모형이나 조립 장난감, 댐 조사 때 가져온 강바닥의 돌" 등을 가지고 놀다가 조부가 회장으로 있는 전력회사에 입사해 댐 건설기사로 일하는 청년 노보루가 주인공인 장편소설이다. 노보루는 많은 여성들과 관계를 갖지만 "아직껏 한 명의 여성과 한 번 이상 밤을 보낸 적이 없었다". 그런 노보루가 처음으로 아키코라는 여성을 품은 밤, 그녀가 불감증이라는 것이 밝혀진다. 아키코는 유부녀로 설정되어 있지만 모델은 사다코이며, 그 장면은 다음과 같이 묘사된다.

> 그는 묘석(墓石)을 움직이려고 애쓰며 땀을 흘렸다. 그가 이렇게까지 순수한 즉물적 관심에 홀린 적은 없었다. 아키코가 자신의 무감동

---

* 아귀도(餓鬼道)에 떨어진 영혼을 위로하는 배.

을 속이려 하지 않는다는 것은 잘 안다. 그녀는 절망에 충실하고 금방이라도 자신을 묻어버릴 사막에 충실하다. 이 텅 빈 세계에 직면하여 자신이 사랑하기를 바랐던 남자를 무한히 멀리 바라보면서 아키코는 공포도 모르는 것처럼 보였다. 살아 있는 육체가 절망 속에 빠져 있으면서도 이토록 평정할 수 있다니! 그 모습이 노보루를 감동시켰다. 〔……〕 노보루는 어두운 천장을 꼼짝 않고 올려다보면서 심야의 공기를 들이마셨다. 그 공기는 시원했고 깨끗했으며 머리를 상쾌하게 했다.

'나는 생활을 바꿀 수가 있다'라고 노보루는 확신에 차서 생각했다. '아키코는 나에게 훈계를 한 것이다. 허무의 한가운데 이렇게 태연자약하게 누워 있는 것, 그것이 이 여자에게는 가능했고 나에게는 지금까지 가능하지 않았다. 돌과 철의 세계로 돌아가자. 나의 가장 가까운, 가장 친숙한 일에 몰두하자.'

참으로 기이한 연애이다. 그 후 오쿠노가와 댐(스다가이 댐, 오쿠타다미 댐이 모델이다) 건설을 위해 겨울을 공사 현장에서 보내는 노보루와 도쿄에 남은 아키코는 편지와 전화를 통해 교제를 이어 간다. 그리고 노보루가 공사 현장에서 겨울을 보내고 돌아온 후 두 사람은 반년 만에 관계를 갖는데, 그때 아키코는 더는 불감증이 아니다. 그런데 노보루가 사랑한 것은 어디까지나 불감증인 아키코였다. 그 사실을 안 아키코는 절망한 나머지 목숨을 끊고, 그것과 바꾸기라도 한 것처럼 거대한 댐이 완성된다.

이상이 《가라앉는 폭포》의 내용인데 어둡고 비참한 아이러니로 가득 차 있다. 모델로 이용된 데다 작중에서 제멋대로 죽임을 당하는 사다코가 이 소설을 읽고 무슨 생각을 했을지 궁금하지 않을 수 없다. 나는 이와시타의 소개로 사다코에게 몇 차례 질문을 했고, 사다코로부터 정중한 편지를 받았다. 하지만 《가라앉는 폭포》라는 소설을 그녀가 어떻게 읽었는지, 중요한 것은 하나도 확실하지 않았다.

그러나 다음에 인용하는 다나카 스미에(田中澄江)의 평가는 예리하게도 아이러니의 한 걸음 앞을 읽어내고 있다.[16] 이러한 기미를 사다코의 무의식이 감수(感受)했고, 그랬기 때문에 미시마와의 교제를 적극적으로 받아들인 것은 있을 수 있는 일일지도 모른다.

> 그는 자기 방기(放棄)를 이상으로 삼고 있다. 인간이 이 정도로 비인간화하는 모습이 나에게는 너무나 애처로워서 눈물을 흘리지 않을 수 없었다. 〔……〕 자기 방기라 해도 좋고 비인간화하려는 노력이라 해도 좋은, 애정을 부정하는 주인공의 모든 행위가 가장 겸허한 사랑의 갈망처럼 보였다. 그 겸허함 때문에 배덕(背德)은 악덕이 되지 않는다. 여자를 경멸하는 것이 실은 여자를 존경하는 것이고 여자를 얻고서도 여자를 알지 못하면 남성으로서 죽음을 생각하는 것, 이처럼 극단적인 성격의 청년이야말로 모든 여성에게 사랑의 기쁨을 가능하게 하는 이상상(理想像)이다.

만약 이러한 해석이 성립한다면, 미시마 문학에서 《가라앉는 폭포》가 차지하는 위치에 관하여 이렇게 생각할 수도 있을 것이다. 즉 미시마의 그리스와 로마 체험이 유소년기 '음지' 쪽에 가까웠던 장소에서 '양지' 쪽으로 다가가고자 하는 것이었듯이, 이 소설을 씀으로써 미시마는 일찍이 경험한 뭔가를 다른 형식을 빌려 되살리고자 한 것은 아닐까.

한 걸음 더 들어가보면, 허무와 세바스티아누스 콤플렉스라는 '마음속의 괴물'(《나의 편력 시대》)을 이미 정복한 지점에 서서 지난날 불쾌한 '서정의 악취'에 지나지 않았던 구니코와의 사랑을 미시마는 지금 사다코라는 다른 여성을 상대로 되살리고자 하는 것은 아닐까.

이렇게 보면 확실히 《가라앉는 폭포》는 미시마 나름의 방식으로 표현된 사랑 이야기였다고 말할 수 있다.

그렇지만 미시마와 사다코의 관계는 그렇게 단순하지 않다. 이에 대해서는 뒤에서 다시 서술하기로 한다.[17]

문학적 생애의 재검증

《금각사》 발표 전 이른바 간주곡의 시기에도 미시마는 이처럼 중요한 일을 소화하고 있었다. 여기에는 30대, 쇼와 30년대를 맞이하여 자신의 문학적 생애를 재검증한다는 의미도 포함되어 있었다. 이것을 상징하는 것이 1953년 7월부터 다음 해 4월까지 신초샤에서 간행된 여섯 권짜리 《미시마 유키오 작품집》이다. 이는 미시마에게 최초의 저작 컬렉션이다.

그 외에도 같은 관점에서 볼 때 중요한 작품이 있다. 두 편의 단편소설 〈라디게의 죽음〉(《중앙공론 추계 증간 문예 특집》, 1953. 10.)과 〈시를 쓰는 소년〉(《문학계》, 1954. 8.), 희곡 〈젊은이여 깨어나라〉(《군상》, 1954. 6.)이다.

이 가운데 〈라디게의 죽음〉에서 미시마는 레몽 라디게의 죽음을 그리면서 그를 동경했던 예전의 자신을 청산하고자 한다.

지금까지 여러 차례 언급했던 〈시를 쓰는 소년〉에서는 '서정의 악취'에 지나지 않았던 소년 시절의 시작 체험을 총괄하고 있다. 그런데 이보다 조금 앞서 미시마는 〈한조(班女)*를 보고〉(《간제觀世》, 1952. 7.)라는 에세이에서 시라는 장르에 관하여 다음과 같이 말한 적이 있다.

시란 무엇인가? 어려운 문제인데, 가장 순수하고 가장 수동적인 것, 사상과 행위의 궁극의 경계, 오히려 행위에 가까운 것이라고 말할 수 있다. '수동적인 순수 행위'와 같은 것이 있을 수 있을까? 말이란 참 불가사의한 것이어서, 말은 능동적이고 남용되면 남용될수록 행위로부터 멀어진다. 모순이 아닐 수 없다. 근대 소설은 숙명적으로 이 모순 위에 구축된 것인 반면 시는 행위에 가장 가까이 다가간 것이다. 따라서 언어의 표현 기능으로서는 극도로 수동적이지 않을 수 없다.

이러한 인식의 연장선상에서 장 주네를 논한 〈장 주네〉(《군상》, 1953. 8.)에서는 "자신이 놓인 인간적 비참으로부터 '복권'은 주네의 끊임없는 꿈이었지만, 그 복권을 언어 예술을 통해 시도하고자 하는 한 그는 소설가이기보다 먼저 시인이었다"라고 말한다. 그러나 소년 시절의 자신, 적어도 〈말과 그 서곡〉을 쓴 시점의 자신은 이와 같은 의미에서 시적 언어의 담당자는 아니었다는 괴로운 자각의 과

---

* 제아미가 창작한 것으로 알려져 있는 노(能)의 하나.

정을 그리고 있는 작품이 〈시를 쓰는 소년〉이다. 이리하여 미시마는 "나는 시인이 아니었다"(〈시를 쓰는 소년〉)는 것을 재인식한다.

이미 서술했듯이 그렇다고 시의 광맥이 완전히 끊긴 것은 결코 아니었다. 1945년 도쿄 대공습 당시에 쓴 〈밤을 알리는 새 — 동경과의 결별과 윤회에 대한 사랑에 관하여〉나 〈2605년의 시론〉에서 볼 수 있는 시적 세계관도 《가면의 고백》 이후 눈에 보이지 않는 장소에 스며들어 흐르며, 사실상 최후의 소설 《풍요의 바다》까지 이어진다.

그리고 위의 두 작품이 쓰인 시기 미시마는 가나가와현의 고자공창(高座工廠)에 근로동원을 나가 있었는데, 〈젊은이여 깨어나라〉는 이때의 생활을 아쓰키(厚木) 항공대 사건[18]과 교차하여 구성한 3막의 군상극(群像劇)이다(하이유좌 공연, 1954. 11. 18~30.). 이 작품에서 미시마는 시적인 것 그 자체를 문제 삼고 있지는 않다. 그러나 시의 광맥이 어디 있는지를 지금 다시 한번 확인하고 싶다는 생각이 창작 동기의 일익을 담당하고 있었다.

제10장
파괴의 아름다움

세계 문학으로서 《금각사》

1956년에 발표된 《금각사》는 미시마 문학에서 한 정점이다. 미시마 유키오의 나이 31세였다.

《금각사》 이전 작품으로는 허무와 세바스티아누스 콤플렉스라는 미시마 내면 우주의 초점을 훌륭하게 드러내는 데 성공한 《가면의 고백》이 세계 소설 사상 유례를 찾기 힘든 걸작이다. 하지만 동시대에 도전해 이를 굴복시켜버리고자 하는 힘에서 《금각사》는 《가면의 고백》보다 한 단계, 아니 두 단계 더 나아간다.

그리고 그것은 《금각사》가 《가면의 고백》과 달리 세계 소설사의 핵심적인 계보에서 그 가능성을 최대한 끌어내고자 한 소설이기도 했다는 것을 의미한다. 이렇게 보면 《금각사》는 진실로 세계 문학—언어나 국경 등 모든 경계를 뛰어넘어 인간에게 호소하는 문학—이라는 이름에 걸맞은, 미시마 유키오의 최초의 작품이라고 말해도 좋을 것이다.

다른 한편 《금각사》를 준비하고 집필하는 과정에서 새롭게 압박해 오는 심각한 문제도 있었다. 무슨 문제였을까.

《금각사》를 미시마의 대표작으로 여기는 독자는 적지 않지만, 이러한 관점에서 작품을 적절하게 해석하는 논고는 지금까지 쓰이지 않았다. 나는 이 문제를 명확하게 의식하면서 《금각사》를 읽어 가고 싶다.

이 소설은 바로 《푸른 시절》 연재가 시작된 1950년 7월 2일 금각사 도제승(徒弟僧) 하야시 쇼켄(林承賢, 본명은 하야시 요켄林養賢)이 이 절에 불을 질러 태워버린 사건을 소재로 한다. 《신초》 연재(1956. 1~10.)가 끝나자마자 단행본으로 간행되었고(1956. 10.), 다음 해 7월 1일 요미우리 문학상을 받았다.

뒤에서 서술하듯이 미시마는 주인공을 조형할 때 자신의 경험도 은밀하게 집어넣곤 하는데, 실제 사건에서 하야시는 방화 후 금각사 뒤쪽 히다리다이몬지(左大文字) 산중에서 단도로 가슴을 찌르고 칼모틴 100알을 먹었지만 죽지 못하고 있던 참에 발견되었다. 그는 사회에 대한 반감, 아름다움에 대한 질투, 아름다운 금각과 운명을 함께하려는 생각이 범행 동기라고 말했고, 1950년 12월 28일 교토 지방재판소에서 징역 7년 형의 판결을 받는다. 하지만 그 후 폐결핵과 정신분열증(조현병)이 악화하여 《금각사》가 연재 중이던 1956년 3월 7일 사망한다.

현실의 사건에서 취재했다는 것, 여기에 작가 자신의 경험을 함께 짜 넣었다는 것, 그러나 완성된 작품에서는 소재가 된 사건이나 작가 개인의 체험을 넘어 사회, 시대, 역사의 전모를 포착하고 이를 도발하고 있다는 점……. 이 모든 점에서 보아도 《금각사》와 비교

자신의 서재에서 찍은 사진. 1956~1958년 무렵.

해 검토해야 할 중요한 작품이 있다. 바로 근대 소설의 뛰어난 모범으로 손꼽히는 플로베르의 《보바리 부인》(1857년)이다.

플로베르의 친구 막심 뒤캉의 《문학적 회상》에 따라 《보바리 부인》은 루앙 근교에서 일어난 들라마르 사건(들라마르 부인이 불륜 끝에 자살하고 남편도 아내를 뒤따르듯 자살한 사건)을 소재로 삼은 것으로 알려져 왔다. 그런데 뒤캉의 회상에는 오해와 과장이 많고, 플로베르도 들라마르 사건을 직접적인 모델로 삼아 《보바리 부인》을 썼다고 말하지는 않지만, 들라마르 부부의 이야기와 자신의 경험까지 포함해 현실에서 일어난 몇몇 사건에 기초하여 《보바리 부인》이 구상되고 집필된 것은 논란의 여지가 없는 사실이다.[1]

하지만 여기에서 주의해야 할 것은 플로베르는 소설에서 단순히 이 사건을 충실하게 재현하고자 한 것이 전혀 아니라는 점이다. 플로베르가 취재한 개개의 사실은 이른바 퍼즐의 밑그림에 지나지 않는다. 예술가로서 플로베르는 밑그림을 참조하면서 조탁된 언어라는 퍼즐 조각을 하나하나 정교하게 짜맞춰 무늬를 만들어 간다. 이상하게도 완성된 퍼즐 전체는 더는 단순한 사회적 사건의 재현이 아니다. 처음에는 당시 프랑스 사회의 현실에서 출발했는지도 모르지만 작품에서 결국 드러나는 것은 그 현실을 총괄하고 현실을 내려다보듯이 허공에 띄우는 미적 비전이다.

《보바리 부인》이 발표된 것은 바로 나폴레옹 3세 치하인 제2 제정기이다. 프랑스혁명 이후 거듭되는 정변 속에서 모든 이념과 이상은 현실에 짓눌려 평범하고 천박한 스캔들이 되고 말았다. 시골 마을의 의사인 샤를 보바리와 결혼한 엠마의 몽상벽과 불륜, 절망 끝의 자살은 그 비참한 예증이다. 그러나 이야기의 줄거리만 보면 확실히 그러한 세계를 그려낸 것이 맞지만, 플로베르의 소설 그 자체는 완성된 형식미로 현실에 대항하고 있으며, 순수하고도 독자적인 영원성을 획득하고 있다. 《보바리 부인》이 뛰어난 작품으로서 이후의 소설의 모범이 된 가장 큰 이유는 여기에 있다.

오스카 와일드, 레몽 라디게, 마르셀 프루스트 등에 비해 플로베르에 대한 미시마의 견해가 주목받은 적은 많지 않지만, 영어 강연 'Influences in Modern Japanese Literature(현대 일본 문학에 대한 영향들)'[2] 등을 보면 미시마는 일본의 문학가 중에서도 가장 정확하게 이 점을 인식한 사람이었다는 것을 알 수 있다. 이 강연에서 미시마는 도스토옙스키를 거론하면서 일본의 독자가 관심을 기울인 것은 기독교에 뿌리를 둔 그 사상이 아니라 심리학적 분석이며 더욱이 그것은 일본인의 속물근성에 호소한 데 지나지 않는다고 주장한 다음, 플로베르에 관하여 이렇게 말한다.

이와 유사하게 플로베르는 우리의 자연주의적 작가들 사이에서 존경을 받고 있지만, 그들이 그의 작품에서 본 것은 범용성(凡庸性)에 대한 분노나 부르주아지에 대한 경멸이 아니라 오히려 글쓰기의 엄격한 원칙과 얼마간 전통적인 일본의 훈련 방법과 닮은 예술에 대한 헌신이다(Similarly, although Flaubert was admired by our naturalistic writers, what they in fact saw was not his anger against mediocrity or his contempt of the bourgeoisie, but rather his severe discipline in writing and his devotion to art which in some ways resembled the training methods of traditional Japan).

이 강연에 따르면 플로베르는 혁명 후 프랑스의 현실을 범용한 부르주아 사회로 파악하고 이를 도려내버리려고 했지만, 일본의 많은 문학가들(특히 자연주의 작가들)은 이 점에는 무관심한 채 그저 예술가로서 장인 기질에 공명했을 뿐이다. 뒤집어 말하면 미시마 자신은 플로베르의 문제의식을 정확하게 받아들여 그 가능성을 시간적으로나 공간적으로나 플로베르가 살았던 현장으로부터 멀리 떨어져 있는 20세기 중반 극동의 섬나라에서 다시금 펼쳐 보이고자 했던 것이다.

시대의 기만에 도전하다

그렇다면 《금각사》가 발표된 1956년은 어떤 해였을까. 《가면의 고백》이 발표된 것은 1949년인데, 이로부터 6년 남짓한 기간 동안 무슨 일이 일어났던 걸까.

우리는 전후사를 되돌아볼 필요가 있다. 금각사 방화 사건이 있었던 1950년부터 일 년 단위로 살펴보자.

금각사 방화 직전인 1950년 6월 25일 한국전쟁 발발, 샌프란시스코 강화조약 조인은 1951년 9월 8일, 이 조약의 발효에 따른 일본의 주권 회복과 미일안전보장조약 발효는 1952년 4월 28일, 한국전쟁의 휴전협정이 체결된 것은 1953년 7월 27일, 미국이 비키니 환초(環礁)에서 수소폭탄 실험을 연이어 실시한 것은 1954년 3월부터 5월, 그리고 같은 해 6월 자위대 발족. 그 후 세계는 냉전 아래 놓이면서 역으로 핵무기의 압력에 상황이 고착되어 운신을 할 수가 없는, 이른바 상대적 안정기로 접어든다(냉전의 '해빙'으로 일컬어지는 시기와도 겹친다).

　일본 정치에서 이런 세계 상황에 대응하는 것은 1955년 10월 좌우 사회당의 통일과 같은 해 11월 보수 합동에 의한 자유민주당 결성과 함께 성립한 이른바 55년 체제이다. 덧붙이자면 스나가와 투쟁(주일미군 다치카와 비행장 확장 반대 투쟁)에서 반대파와 경찰이 최초로 충돌한 게 1955년 8월인데, 이 기지 확장도 원자폭탄과 수소폭탄을 탑재할 수 있는 전투기용 활주로가 필요했기 때문이다.

　이렇게 보면 미국을 중심으로 한 서방 체제에 일본이 편입되는 과정이 너무도 노골적인데, 55년 체제라는 개념을 처음으로 제기한 마스미 준노스케(升昧準之輔)는 사태를 '댐'에 비유했다.[3] 모든 것을 집어삼키고 무화해버리는 댐.

　안보조약이나 경찰관직무집행법에 대한 대규모 반대 투쟁이 자민당과 사회당의 대립과 자민당 내의 파벌 대립으로 대체되고 마는, 애초의 '원외 대중운동'(중의원 및 참의원 외, 즉 국회 밖의 운동)이 무산되고 마는 것을 마스미는 55년 체제의 구체적 기능으로 지적했다. 이것은 다름 아닌 교묘하게 짜인 기만의 구도인데, 바로 이런 구도가 성립했기 때문에 쇼와 30년대(1955~1965) 일본의 고도 경제성장이 가능하게 되었던 것이다.

　여기에서 떠오르는 것이 《가라앉는 폭포》이다. 마스미의 지적보다 9년 먼저 바로 1955년 당시에 '댐'이라는 비유가 사용되고 있는 것을 우연이라고만 보기는 어렵다. 미시마는 《가라앉는 폭포》에서 시대나 정치 상황을 주제로 추구한 것이 아니며, '댐'이라는 비유에 정치적인 의미를 담았던 것도 아니다. 단지 그 예민한 안테나로 시대가 거대한 전환점에 접어들었다는 것을 간파하고 있었다.

이러한 상황에서 미시마가 《금각사》에서 노린 것은 명확하다. 한마디로 말하면 그것은 전후 일본의 현실에 대한 도전이었다. 《가면의 고백》을 다룬 장에서 서술했고 《금색》에 관해서도 이미 지적했듯이, 패전, 점령, 주권 회복의 시기를 통해 일본 사회는 기만을 되풀이해 왔다.

지금 또 불편한 진실을 외면하고 고도 경제성장의 단물을 마시려는 것인가. "더는 '전후'가 아니다"(1956년 7월에 발표된 〈경제백서〉)라는 소리가 울려 퍼지던 1956년, 굳이 시계 바늘을 되돌려 금각사 방화의 비전을 들이댄 미시마는 플로베르가 혁명 후 프랑스 사회를 향해 그랬던 것처럼 고도 경제성장의 입구에 선 일본 사회에 찬물을 끼얹었던 것이다.[4]

파괴 욕망

그런 의미에서 《금각사》는 전후 소설이라기보다 반(反)-전후 소설이라 해야 할 터인데, 이 작품이 어떻게 구성되어 있는지 구체적으로 살펴보기로 한다.[5]

어릴 때부터 아버지는 나에게 자주 금각 이야기를 들려주었다. 〔……〕 사진이나 교과서에서 현실의 금각을 보기는 했지만, 내 마음속에서는 아버지가 말해준 금각의 환영(幻影)이 훨씬 뛰어났다. 아버지는 결코 현실의 금각이 금빛으로 빛나고 있다는 식으로 말하지는 않았지만, 아버지의 이야기에 따르면 금각만큼 아름다운 것은 이 세상에 없었고, 또한 금각이라는 글자의 시각적인 느낌, 그 음운으로부터 내 마음이 그려낸 금각은 엄청난 그 무엇이었다.

저 멀리 논의 표면이 햇빛에 반짝이는 것을 보기라도 하면 그것을 보이지 않는 금각의 투영이라고 생각했다. 후쿠이현과 이쪽 교토 부의 경계를 이루는 기쓰사카 고개는 바로 동쪽에 위치한다. 그 고개 언저리에서 해가 떠오른다. 현실의 교토와는 반대 방향인데도 나는 산간의 아침 햇살 속에서 금각이 아침 하늘에 솟아 있는 것을 보았다.

《금각사》의 서두 부분이다. 쇼와 초기부터 10년대의 일인데, 미조구치라는 이름의 주인공이 어린 시절부터 금각사의 아름다움에 매료되어 있었다는 것이 회상의 형식으로 서술된다. 주인공의 설정에 관하여 미시마는 하야시의 성장 이력을 충실하게 따르고 있지만, 여기에서 우리는 "유년기에서 소년기에 걸쳐 〔……〕 몽상을 위해서라면 기나긴 하루를 다 쓰는 것도 아까워하지 않는 성질이었던"(〈곶에서 있었던 이야기〉) 미시마 자신의 어린 시절도 발견할 수 있다. 덧붙이자면 미조구치(하야시)가 나고 자란 마이즈루의 묘사에는 1944년 7월 마이즈루 해군기관학교에서 열린 해양 훈련에 참가했던 미시마 자신의 기억이 반영되어 있다(미시마는 1941년에도 가쿠슈인 중등과 수학여행 일정으로 마이즈루를 방문한다).

이처럼 미시마는 주인공을 조형할 때 자신의 경험을 짜 넣고 있는데, 그 이상으로 주목하고 싶은 것이 표현상의 기교와 계산이다. 인용 문장을 주의 깊게 읽어보면, 처음 마음속에서 "엄청난" 금각을 "그려냈던" '나'는 이윽고 햇빛의 반짝임을 "금각의 투영"이라 생각하고, 결국은 "산간의 아침 햇살 속에서 금각이 아침 하늘에 솟아 있는 것을 보고" 만다. 물론 그것은 미조구치의 환영에 지나지 않는다.

약간 길어 보이는 문장이 이어지다가 마지막에 "금각이 아침 하늘에 솟아 있는 것을 보았다"라고 단적으로 말하는데, 이러한 표현 방식을 대하는 독자는 그런 것은 환영이라는 인식을 순간적으로 잊는다. 미조구치에게 그것은 환영이 아니라 현실의 시각 체험 그 자체, 아니 현실 이상의 힘을 지닌 시각 체험으로 경험된 것이 독자에게 전달되는 것이다.

이 부분이 복선이 되어 《금각사》에서도 가장 중요한 장면 중 하나가 도출된다. 이것은 모델인 하야시 요켄의 실제 체험이 아니라 창작된 장면인데, 전후 미조구치가 교토의 가메야마 공원에서 여성(하숙집 딸)과 성관계를 맺으려 할 때 금각사의 환영에 사로잡혀 불능 상태에 빠지는 부분이다. "그때 금각이 나타났던 것이다"라고 미조구치는 말한다.

그것은 나와 내가 지향하는 인생 사이를 가로막고 서서, 처음에는 미세화(微細畵)처럼 조그마하던 것이 점차 커지더니 〔……〕 나를 둘러싼 세계의 구석구석까지 메우고, 이 세계의 치수를 꽉 채울 정도가 되었다. 웅장한 음악처럼 세계를 채우고, 그 음악만으로 세계의 의미를 충족시킬 수 있게 되었다. 때로는 그토록 나를 소외시키고 나의 외부에 우뚝 솟아 있는 것처럼 보이던 금각이, 지금은 완전히 나를 감싸고 그 구조의 내부에 나의 위치를 허락하고 있었다.

하숙집 딸은 멀리 조그맣게, 먼지처럼 날아갔다. 그녀가 금각에게 거부당한 이상 나의 인생도 거부당하고 있었다.

그 결과 "영원할 것 같은 미의 존재가 진정으로 우리들의 인생을 가로막고 생을 해친다." 미조구치는 또 이렇게 생각한다. "생이 우리들에게 살짝 보여주는 순간적인 미는 이러한 독소 앞에서는 맥도 추지 못한다. 그것은 순식간에 붕괴하고 멸망하며, 생 그 자체마저도 멸망의 희읍스름한 빛 아래 노출되고 만다."

이러한 사태는 별 탈 없이 일상생활을 보내는 사람이라면 생각할 수 없는 일일지도 모른다. 하지만 《금각사》의 서두에서 미조구치가 "산간의 아침 햇살 속에서 금각이 아침 하늘에 솟아 있는 것을 보고"만 것을 이미 알고 있는 독자는, 이제 미조구치의 눈앞에 금각의 아름다움이 저항하기 어려운 힘으로 모습을 드러냈고, 미조구치는 하숙집 딸과의 관계에서는 불능 상태에 빠졌을지 모르지만 금각의 아름다움 그 자체와는 관능적인 관계를 맺고 있다는 것을 (설령 추체험은 불가능하다 해도) 이해할 수 있을 것이다.

'하숙집 딸'은 전후라는 시대의 현실을 상징한다. 그런데 현실이라는 것이 언제나 그렇게 간단하게 "먼지처럼 날아가"버릴까. 그렇지는 않다. 그것은 다양한 형태로 모습을 바꾸어 미조구치를 압박하고 괴롭힌다. 창부를 데리고 금각사를 찾았다가 미조구치에게 그 창부의 배를 밟으라고 명령하는 미군 병사는 점령하에 있는 일본의 현실을 단적으로 보여주는 하나의 상징이다. 예기와 관계를 갖는 팡파짐하고 육감적인 금각사의 노사(老師)도 점령하 일본인의 삶의 현실을 보여주는 또 하나의 상징이다. 미조구치는 미군 병사에게도 노사에게도 저항할 수가 없다.

그러나 모든 것을 없애버릴 때가 왔다. 소설의 끝부분, 금각 방화 후 히다리다이몬지 정상까지 달려와 쓰러진 미조구치가 골짜기를 내려다보는 장면이다.

> 몸을 일으켜 멀리 골짜기의 금각 쪽을 내려다보았다. 이상한 소리가 그곳에서 울려 왔다. 폭죽 같은 소리도 들린다. 무수한 인간의 관절이 일제히 울리는 듯한 소리이기도 하다.
> 여기에서는 금각의 모습이 보이지 않는다. 소용돌이치는 연기와 하늘로 치솟는 불길이 보일 따름이다. 나무 사이로 수많은 불티가 흩날리고, 금각의 하늘은 금가루를 뿌린 듯하다.

미시마는 "여기에서는 금각의 모습이 보이지 않는다"라고 쓴다. 그러나 이 문장은 현실의 건축물로서 금각이 위치 관계상 미조구치의 시야에 들어오지 않는다는 사실만을 전하고 있는 것은 아니다. 오히려 그러한 현실의 금각 따위는 하숙집 딸과 마찬가지로 "먼지처럼 날아가"버렸다. 동시에 저 미군 병사도 노사도 "금가루를 뿌린 듯"한 하늘에서 모두 죽임을 당한다(그것은 소년 시절에 쓴 미완성 단편 〈관〉의 학살 장면을 생각나게 한다). 그 대신 맹렬하게 불타는 금각이 단순한 환영이 아니라 현실 이상의 강도를 지닌 아름다움 그 자체로 나타나는 것이다. 미조구치에게는 그것이 보인다. 소설의 서두에서 마지막에 이르기까지 주도면밀하게 짜인 에피소드 배치, 복선 설정, 말의 선택과 문장의 장단에 의한 완급의 인상 등에 정성을 기울여 미시마는 이러한 미적 비전의 현현(顯現)을 독자에게 다양하게 전한다.

그때 독자는 알아챌 것이다. 자신의 내부에도 맹렬하게 불타는 금각을 직접 두 눈으로 보고 싶은 욕망이 잠재해 있다는 것을.

《금각사》가 발표된 당시의 독자가 자신의 그러한 욕망을 정확하게 의식했다고는 말할 수 없을지도 모른다. 왜냐하면 사람들은 금각 방화 사건으로 시곗바늘을 되돌리기보다 발 빠르게 고도 경제성장으로 향하기를 바라고 있었기 때문이다.

그러나 정말로 그렇기만 했을까. 모두가 뭔가 이상하다며 위화감을 느꼈던 것은 아닐까. 아니, 내친김에 말하자면, 교묘하게 짜여 되풀이되는 기만의 구도에 구역질이 난 나머지 건축물로서 금각사는 물론이고 모든 현실을 없애버리고 싶다고 몰래 바라고 있었던 것은 아닐까.

미조구치는 그런 무의식의 욕망을 대변하는 인물이다.

미시마는《가면의 고백》을 쓸 때 전후 일본을 좀먹는 불편한 진실을 일찌감치 간파하고 있었다. 그러나 그것에 대항할 유효한 비전을 제시하기는 어려웠다. 이 문제의식을 이어받은《금색》을 마무리한 시점에도 미시마는 결국 어떻게 해야 좋을지 알지 못한 채 주인공 유이치와 마찬가지로 "우선 구두부터 닦아야"겠다고 생각하면서 기분을 달랠 수밖에 없었다.

하지만 이번에는 달랐다. 그는 전후 일본의 기만의 구도를 폭로하고 사회, 시대, 역사를 포착하는 데 어느 정도 성공을 거두었고, 그 구도에 명확한 미적 비전을 맞세움으로써 현실을 굴복시키고자 했다.《금각사》라는 소설이《보바리 부인》이후 소설사의 계보에서 중요한 위치를 차지하는 이유가 여기에 있다. 제임스 조이스와의 관계에 관해서도 같은 얘기를 할 수 있지만, 종래의 연구에서는 미시마 문학을 세계 문학의 관점에서 거론한 적이 전혀 없었다.

소설가의 운명, 창조자이자 파괴자

하지만 사회, 시대, 역사를 포착하는 것은 쉬운 일이 아니다. 그것은 살을 잘라내고 뼈를 깎는 것과 같은 작업이다. '아니, 이쪽에서 먼저 뼈를 깎는 일은 없을 거야. 나에게 도전하고 나와 결부되는 엄청난 생각을 잘도 해냈군. 제법이야. 하지만 호되게 당할 사람은 너라는 걸 잊어서는 안 돼—.' 나는 시대가 미시마에게 이렇게 경고했을 거라는 생각을 지울 수가 없다.

무슨 말인가. 조금 더 설명하면 이렇다.

나는 앞에서 미조구치가 '하숙집 딸'과 성관계를 맺으려 했으나 불능에 빠진 장면과 금각이 불타오르는 장면을 전후 현실에 대한 파괴 충동을 드러낸 것으로 해석했다. 그러나 그것은 《가면의 고백》에서 그려진 허무와 세바스티아누스 콤플렉스라는 주제가 한층 강도 높게 형상화된 장면이기도 하다.

하지만 과연 그때 미시마의 내면 우주를 구성하는 이 두 개의 핵은 범람하지 않고 억제되고 있는 것일까. 오히려 이 장면들은 언어 표현을 거듭할수록 허무와 세바스티아누스 콤플렉스가 깊어지고, 수습하기 어려운 혼란으로 빠져드는 악순환을 보여주는 것은 아닐까.

그렇다고 한다면 틀림없이, 《가면의 고백》에서 자살하려던 사람이 "계곡 아래에서 절벽 위로 날아올라 되살아"난 것처럼, 어렵사리 찾아낸 소설가로서의 생의 거점은 와르르 무너지고 말았을 것이다.

여기에서 미시마가 직면한 것은 어떤 문제일까. 이 시점에서 그는 그 핵심을 적절하게 분석할 수 있는 관점을 획득하지 못했는데, 내가 생각하기에 그것은 모리스 블랑쇼가 〈문학과 죽음의 권리〉에서 시적 언어와 존재의 관계로서 추구하고자 한 것과 본질적으로 같은 문제이다.

내가 '이 여자'라고 말한다. 횔덜린, 말라르메, 그리고 일반적으로 시에서 시의 본질을 테마로 삼은 모든 사람은 이름을 붙이는 행위 속에서 무시무시한 경이(驚異)를 간파했다. 언어는 그것이 의미하는 바를 나에게 주지만 그보다 먼저 언어는 그것을 말소한다. 내가 '이 여자'라고 말할 수 있으려면 나는 어떤 방식으로든 그녀로부터 뼈와 살의 실재성을 들어내 그녀를 부재하게 하고, 그녀를 소멸시키지 않으면 안 된다. 언어는 나에게 존재를 부여하지만 내가 부여받은 것은 존재를 박탈당한다. 그것은 존재의 결여이자 무(無)이며, 존재를 상실했을 때 거기에 남는 것, 즉 그것이 존재하지 않는다는 단 하나의 사실뿐이다. 이 관점에서 말하면 이야기를 한다는 것은 기괴한 권리이다. 이와 관련하여 횔덜린의 친구이자 이웃이기도 한 헤겔은 《정신현상학》보다 먼저 쓴 텍스트에서 이렇게 말한다. "아담을 동물들의 주인이게 한 최초의 행위, 그것은 동물들에게 이름을 붙이는 행위였다. 그러니까 아담은 (동물들이 존재하는 한) 그 존재를 말살하는 것이다."〔……〕 이 상황으로부터 다양한 결론이 나온다. 나의 경우 이야기하는 능력이 나의 존재의 부재와 결부되기도 한다는 것은 명백하다. 나는 나의 이름을 말한다. 그것은 자신이 자신에게 장송가를 불러 주는 것과 다를 게 없다.[6]

이 관점에 서면 소설에서 사회, 시대, 역사의 전모를 포착하느니 어쩌느니 하는 것은 쉽게 할 수 있는 일이 아니다. 왜냐하면 언어를 이용해 글을 쓰는 일 자체가 생을 파괴하고 허무를 깊이 새기는, 자신과 타인에게 상처를 입히는 행위이기 때문이다.

뒤에서 서술하겠지만 미시마는 《태양과 철》(고단샤, 1968. 10.)에서 이 문제를 투철한 시선으로 분석하는데, 아직은 그 지점까지 인식이 닿지 못하고 있다. 다만 《금각사》 연재 개시 직전에 간행된 일기체 형식의 평론 《소설가의 휴가》(고단샤, 1955. 11.) 중 〈6월 26일〉을 보면, 표현은 미숙하지만 이미 문제의 핵심을 파악하고 있다는 것을 알 수 있다.

소설을 쓰는 것은 많든 적든 생을 가로막고, 생을 정체시키는 일이다. 나는 20대에 이렇게 빈번히 생을 가로막고, 생을 정체시킨 것을 후회하지 않는다. 그러나 요즘 나는 순연한 예술의 문제든 순연한 인생의 문제든 소설 고유의 문제는 아니라고 생각한다. 소설 고유의 문제란 예술 대 인생, 예술가 대 생의 문제이다. 금세기를 대표하는 작가가 토마스 만인 이유는 이 문제를 끝까지 추구했기 때문이다. 프루스트도 그러하다.

19세기 작가 중에서는 발자크든 스탕달이든 이 문제를 배후에 감추고서 그것을 소설의 원천으로 삼았다. 오직 플로베르만이 이것이 문제라는 것을 날카롭게 의식했다.

이리하여 소설 고유의 문제는 우리들은 살아가면서 왜 소설을 쓰는가, 어떻게 소설을 쓸 것인가라는 문제로 귀착한다. 가장 보편적으로 말하자면 우리들은 살아가면서 왜, 그리고 어떻게 예술에 관여하는가라는 문제로 귀착한다. 과거의 예술 가운데 이런 것을 문제 삼은 사례는 없다.

지금까지의 고찰을 바탕으로 삼아 나 나름대로 보완하면, 여기에서 미시마가 말하고자 하는 것은 대체로 다음과 같다.
—나는 《가면의 고백》 이후 허무와 세바스티아누스 콤플렉스를 형상화하고, 나아가 다소라도 사회, 시대, 역사의 전모를 포착하려 노력해 왔다. 그러나 여기에는 대가가 따랐다. 언어로 표현하는 일 자체가 "생을 가로막고, 생을 정체시킬"(직설적으로 말하면 생을 파괴하고 허무를 깊이 새길) 것을 대가로 요구한다. 이제 나는 소설 《금각사》를 통해 전후라는 시대에 도전하고자 하는데, 그것은 지금까지 그랬던 것 이상으로 심각한 대가를 치르게 할 것이다. 도대체 작가는 왜 굳이 자신뿐만 아니라 다른 사람까지 상처를 입힐 위험을 무릅쓰고서 소설을 쓰지 않으면 안 되는 것일까. 그런 문제의식이 없는 자는 소설가나 예술가라는 이름으로 불릴 가치가 없다—.

《금각사》를 완결한 후 고바야시 히데오와 함께한 대담 〈미의 형태—《금각사》를 둘러싸고〉(《문예》, 1957. 1.)에서 미시마가 말하는 것도 동일한 문제를 가리키고 있다.

이 소설에서 나는 '미'라는 고정관념에 내몰린 남자를 예술가의 상징인 것처럼 그리고 싶었는데, 어떤 비평에서도 비슷한 얘기를 했더군요. 이 작품은 예술가 소설이지만 주인공이 도제승인 것이 흥미롭고 색다르다는 식의 얘기였지요. 나에게도 그런 생각이 없지 않았습니다.

앞에서 《금각사》는 진실로 세계 문학이라는 이름에 어울리는 작품이지만, 새롭게 심각한 과제도 함께 드러냈다고 서술한 것은 이 문제를 가리킨다.

그렇다면 이에 대해 미시마는 어떤 대답을 내놓았을까. 그것은 '하숙집 딸'에 대한 불능 체험 후 미조구치가 보인 행동에서 드러난다.

일단 미조구치는 본래는 환영일 터인데도 현실 이상의 힘으로 자신의 생의 현실을 잠식하는 금각의 미를 저주한다. 그리고 이렇게 말한다. "미는 …… 미적인 것은 이제 나에겐 원적(怨敵)이다." 작가 미시마의 입장에서 해석하면, 그는 언어를 사용해 글을 쓰는 자신의 예술 활동 그 자체를 저주하고 있는 셈이다.

하지만 이야기는 역전한다. 최후에 미조구치가 실제로 불을 지른 것은 실재하는 목조 구조물인 금각이고, 환영의 금각은 헛것이면서도 현실 이상의 강도로 빛을 발한다. 그것이 의미하는 것은 다른 게 아니라, 예술 창작이 아무리 생의 현실을 잠식하더라도 그것을 통해 기만의 구도를 폭로하고 폐기하며 미적 비전으로 시대를 굴복시키고자 하는 미시마의 결의이다. 설령 내가 나 자신에게 장송곡을 불러주는 일이 있더라도 나는 죽지 않을 것이다! 그런 생각은 《금각사》 말미의 "살아야겠다고 나는 생각했다"라는 말에 선명하게 새겨져 있다.

이것이 "살아가면서 왜 또 어떻게 예술에 관여할 것인가라는 문제"에 대한 미시마의 회답이었다. 결국 미시마는 호되게 당할 사람은 바로 너라는 사실을 잊지 말라는 시대의 경고에 결코 굴복하지 않았던 것이다. 사실 이 문제는 그렇게 간단하게 정리될 수 있는 게 아니어서 이윽고 미시마는 시대로부터 가차없이 복수를 당하게 되는데, 어찌 됐든 지금의 시점에서는 그런 식으로 시대에 도전했다.

상상력의 문제

이상 반-전후 소설, 예술가 소설이라는 점에서 《금각사》를 논했는데, 여기에는 상상력을 둘러싼 철학적 논의와 공명하는 부분이 있다.

미시마 문학의 깊이를 확인하기 위해 사상사와 철학사에도 눈을 돌릴 필요가 있다.

처음 상상력이라는 개념을 엄밀하게 생각한 철학자는 플라톤이다. 고대 그리스어에서 상상력에 해당하는 말은 판타시아(φαντασια, fantasia)인데, 플라톤에 따르면 참된 실재인 이데아에 대하여 이 세상의 사물은 이데아의 모상(模像)이고, 나아가 그 모상이 인간의 마음속에서 그려지면 판타스마(φαντασμα, fantasma)가 된다. 그러나 이것은 유령이나 환각을 의미하는 말이었다.

여기에서 알 수 있듯이 판타스마(φαντασμα)는 참된 이데아에서 이중으로 멀어진 오류와 다를 게 없으며, 결국 서양의 전통적인 사상에서 상상력은 결코 긍정적으로 평가되지 않는 것이다. 생각해보면 소년 시절 미시마가 탐닉했던 시적 상상력도 비슷한 의미에서 부박한 언어 유희의 수준을 넘어서지 못했다.

정말로 상상력에는 부정적인 의미밖에 없는 것일까. 이 문제를 집중적으로 파고든 철학자가 있다. 하이데거이다. 하이데거는 《칸트와 형이상학의 문제》(1929년)에서 칸트가 《순수이성비판》 제1판에서 높이 평가했던 구상력(構想力)의 위치를 제2판에서는 생각을 바꿔 낮게 평가하고 말았다는 점에 초점을 맞춘다. 구상력은 독일어로 아인빌둥스크라프트(Einbildungskraft), 영어로는 이매지네이션(imagination)에 해당한다. 이것을 칸트는 처음에는 인간의 모든 인식에 필요불가결한 마음의 기능으로 간주했다가 제2판에서는 이러한 논술을 삭제하고 구상력이 담당했던 것을 오성의 역할로 넘겼던 것이다.

칸트는 왜 이렇게 생각을 바꿨을까. 하이데거는 그 이유를 고찰한다. 하이데거에 따르면, 원래 저급한 능력이라 하여 부정적인 취급을 받아 온 구상력의 중요성을 알아챈 칸트는 거기에서 운베칸테(Unbekannte, 미지의 것, 불가지한 것)를 엿보고 말았다. 그 때문에 자신의 이성주의가 뿌리부터 무너질 것을 두려워한 나머지 구상력의 문제에서 물러섰던 것이다.

여기에서 볼 수 있는 구상력의 양면성 문제는 바로《금각사》에서 생을 파괴하고 허무를 심각화하는 언어 표현의 마이너스 측면과 미적 비전을 현시하여 시대에 도전하는 언어 표현의 플러스 측면이라는 양면성에 조응한다.《금각사》집필 시점에 미시마가 특별히 하이데거에 주목했는지는 알 수 없지만, 집필 과정에서 하이데거가 제기한 철학적 문제의 요체 중 하나에 다가섰다는 것은 알 수 있다.

다만 그 후 하이데거가 나아간 길과 미시마가 선택한 길은 정반대였다. 하이데거는 운베칸테(Unbekannte)의 문제를 존재론적으로 밀고 나가려 했지만 미시마가 겨냥한 방향은 달랐다.

미시마는 오히려《금각사》발표 전에 일본에서도 번역본(인문서원, 1955. 1.)이 나와 화제가 되었던 사르트르의《상상력의 문제》

의 입장에 가깝다. 원저 리마르지네르(L'imaginaire)가 간행된 것은 1940년인데, 이 책에서 사르트르는 "예술 작품은 비현실적 존재이다. 〔……〕 미란 상상의 세계에서만 의미를 지니며, 그 본질적 구조에서 세계의 공무화(空無化)를 야기하는 가치이다."라고 말한다. 방화 전에 미조구치가 다다른 금각의 미에 관한 다음과 같은 생각은 사르트르의 사상과 같은 지평에 있다고 말할 수 있다.

> 허무가 이러한 미의 구조였던 것이다. 〔……〕 그 미는 항상 어딘가에서 울려 퍼지고 있었다.

게다가 사르트르는 상상력은 이데아나 진실과 무관하게 그저 세계를 공무화하기 때문에 인간의 주체적 자유의 증거가 된다고 생각하고, 상상력을 휘둘러 미라는 새로운 가치를 출현케 하는 예술의 의의를 강조했다. 이것은 서양의 전통적인 상상력론을 곡예술처럼 뒤집은 입론인데, 미시마 또한 《금각사》라는 예술 작품을 써서 기만으로 가득 한 전후 일본 사회의 현실을 성토했던 것이다.

미시마는 일본어 번역판 《상상력의 문제》를 갖고는 있었으나 특별하게 읽은 흔적은 없다. 그러나 《금각사》 집필 과정에서 그러한 철학적 문제의 요체에 다가간다.

언급하는 사람이 그다지 많지는 않지만, 《가면의 고백》에서 '나'를 둘러싼 원리에 관하여 고찰할 때에도 그러했듯이 미시마 문학과 철학적 논의의 접점은 의외로 뚜렷하다. 그것은 《풍요의 바다》의 창작 원리와도 관련되기 때문에 분명히 의식하고서 잊지 말아야 한다.

제11장
미시마 문학의 '정오'

〈로쿠메이칸〉, '걸작 희곡'

인생에는 뭘 해도 잘 되는 시기가 있다. 미시마에게는 1956년이 바로 그런 해였다. 시대의 위협에 굴하지 않고 완성한 《금각사》는 그것을 증명하는 금자탑이다. 유작이 된 만년의 평론 《일본 문학 소사》(고단샤, 1972. 11.)에서 미시마는 《고킨와카슈》와 《겐지 이야기》가 쓰인 시대를 가리켜 일본 문화의 '정오'라고 부른다. 이를 흉내 내 《금각사》 시기를 미시마 문학의 '정오'라고 부를 수도 있을 것이다.

사실 미시마는 《금각사》와 병행하여, 오랜 약혼 기간을 강요받아야 했던 젊은 남녀의 관계를 가볍고 산뜻하게 그린 《너무 긴 봄》을 잡지 《부인구락부》(1956. 1 ~ 12.)에 연재한다. 그뿐만 아니라 희곡과 단편소설에서도 눈부신 성과를 거두었다.

앞에서 언급한 〈간탄〉, 〈소토바 고마치〉를 비롯한 노의 번안이 《근대 노가쿠집》이라는 한 권의 책으로 묶인 것도 1956년 4월인데,

다음으로 거론하고 싶은 것은 《금각사》 종료 직후인 11월 처음 무대에 오른 희곡 〈로쿠메이칸(鹿鳴館)〉[1]과 《문예춘추》 12월호에 게재된 단편 〈다리 밟기〉이다. 두 작품 모두 발표되자마자 호평을 받았고 미시마 작품을 대표하는 걸작으로 꼽힌다.

먼저 〈로쿠메이칸〉은 분가쿠좌(文學座) 창립 20주년 기념 공연의 피날레 작품으로 기획된 것인데, '비극 4막'이라 명시된 이 작품은 그 후에도 인기 희곡으로서 다양한 극단과 배우에 의해 자주 공연되고 있다. 덧붙이자면 미시마는 이 해 3월에 분가쿠좌의 멤버가 되었다.

무대는 1956년으로부터 70년 전, 1886년 11월 3일 천장절(天長節, 천황 탄생일)이다. 정부는 외국과 맺은 불평등 조약 개정을 목표로 삼아 로쿠메이칸에서 무도회를 개최하는 등 서구화 정책을 추진하고 있었다. 오늘 밤 로쿠메이칸에서 야회를 주최하는 사람은 가게야마(影山) 백작이다.

이에 대해 격렬히 반정부 운동을 전개하는 자유당 잔당이 로쿠메이칸 난입을 기도하는데, 주모자는 기요하라 에이노스케(清原永之輔)이다. 그러나 무대 위에서 가장 존재감이 뚜렷한 사람은 가게야마도 기요하라도 아니고, 기요하라의 이전 연인이었고, 현재는 가게야마의 부인인 아사코(朝子)이다.

이 연극은 메이지 정부의 로쿠메이칸 외교를 둘러싼 정치 상황을 배경으로 삼아 아사코를 중심으로 가게야마와 기요하라, 그리고 일찍이 신바시의 명기였던 아사코가 기요하라와의 사이에서 비밀리에 얻은 아들 히사오(久雄)가 펼치는 애증극이다.

희곡의 내용을 상세하게 살펴보자. 히사오는 기요하라 집안에 맡겨졌지만 어머니를 모르는 자식이라 하여 제대로 보살핌을 받지 못하고 자란다. 이 때문에 히사오는 세간에서는 고결한 이상주의자로 평판이 높은 아버지에게 몰래 증오의 마음을 품는다. 가게야마는 그런 히사오를 부추겨 기요하라가 천장절 야회를 습격하는 것을 노려 암살하게 한다.

그 음모를 알아챈 아사코는 지금도 여전히 사랑하고 있는 기요하라와 20년 만에 재회해 모종의 약속을 한다. 아사코는 공적인 자리를 싫어해서 야회에는 결코 나가지 않겠다는 규칙을 스스로 정해놓고 있었는데, 이 규칙을 깨는 대신 기요하라로부터 야회 난입을 중단하겠다는 약속을 받아냈던 것이다. 다른 한편 히사오에게는 자신이 어머니라는 사실을 밝힌 후 오늘 밤의 암살 계획을 멈추게 한다.

그런데 이번에는 가게야마가 이 사실을 눈치채고 계략을 꾸며 기요하라를 야회로 유인한 다음 히사오로 하여금 사살하게 하려 한다. 그러나 결과는 기요하라가 히사오를 쏴 죽이는 것으로 끝난다. 히사오는 일부러 총을 잘못 쏘아 순간적으로 기요하라에게 역습을 허용하고 그 사실을 알지 못한 채 자기 자식을 죽이고 말았다는 후회를 기요하라에게 안겨줌으로써 자신을 사랑하지 않았던 아버지에게 복수하려 했던 것이다.

아사코는 처음에는 기요하라가 약속을 깨고 야회를 습격해 히사오를 죽인 것으로 생각하고 격분한다. 그러나 진실을 말하고 기요하라가 절망에 빠져 그 자리를 떠나자 아사코는 가게야마를 엄중하게 질책한다. 가게야마는 자신은 단순히 정적을 쓰러뜨리고 싶었던 것이 아니라 오랜 시간이 지나도 끊어지지 않은 아사코와 기요하라 사이의 신뢰를 질투했던 것이라 말한다. 그리고 모든 일은 "부끄러운 나의 허약한 애정이 시킨 것"이라 대답한다. 그리고 다음과 같은 대사가 이어진다.

아사코 아아, 더는 그런 식으로 모든 걸 더럽히시는 건 참지 못하겠어요.

가게야마 더럽힌다고? 나는 정화하고 있는 거요. 당신이 정치라고 생각하는 것을 내 애정으로 정화하는 것이…….

아사코 이제 애정이니 인간이니 하는 말씀은 마세요. 그런 말은 불결해요. 당신 입에서 나오면 추잡스러워요. 당신은 인간의 감정에서 완전히 떨어져 있을 때만 얼음같이 청결해요. 〔……〕 애정이라고요? 우습지 않은가요? 마음이라고요? 이상하지 않은가요? 그런 건 권력을 갖지 못한 인간이 평생 소중하게 여기는 것이에요. 구걸하는 아이가 소중하게 여기는 값싼 장난감까지 탐내지는 마세요.

가게야마 당신은 나를 조금도 이해하지 못하는군.

아사코 이해해요. 말씀드려볼까요? 당신에게는 오늘 밤 이름도 없는 젊은이 하나가 죽어버렸을 따름이에요. 아무 일도 아니죠. 혁명이나 전쟁에 비하면 정말 사소한 일에 지나지 않아요. 내일이 오면 잊어버리시겠죠.

가게야마 지금 당신 마음이 말하고 있군. 분노와 탄식으로 가득 찬 바닷물 속에서 당신의 마음이 말하고 있어. 당신은 마음이라는 걸 자기 혼자만 지니고 있다고 생각하는 거야.

아사코 결혼 후 처음으로 지금 당신은 정직한 저를 보고 계신 거예요.

가게야마 이 결혼이 당신에게는 정치였다고 말하는 거군.

아사코 그래요. 잘 어울리는 부부였죠. 정말로 잘 어울리는. ……
하지만 좋은 일은 오래 지속되지 않아요. 오늘을 마지막으로 해서 작별해야겠어요.

가게야마 그래서 어디로 갈 셈인데.

아사코 기요하라 님께 가겠어요.

가게야마 죽은 자와의 결혼이라니, 유쾌하겠구려.

아사코 잘해 나갈 거예요. 죽은 사람과의 결혼……. 저만큼 그것에 익숙하고 경험 있는 여자가 어디 있겠어요?

그 후 두 사람은 로쿠메이칸에서 마지막 왈츠를 추는데, 갑자기 기요하라의 죽음을 암시하는 총성이 들리면서 막이 내린다. 아름다운 문장의 대사와 대사가 대결하면서 대단원을 향해 나아가는 긴박감 끝에 무대는 화려한 무도장으로 바뀌었다가 일전하여 등골을 서늘하게 하는 총성으로 마무리된다.

시대와 겨루다

〈로쿠메이칸〉의 골격은 남녀의 삼각관계에 지나지 않는다. 하지만 그것을 통속적이고 감상적인 멜로드라마가 아니라 깊이 있는 애증극으로 빚어내는 솜씨는 그야말로 탁월하다. 여기에서는 〈소토바고마치〉(이 작품에도 로쿠메이칸에서 열린 무도회 장면이 있다)나 〈정어리 장수의 사랑의 그물〉의 성공으로 몸에 익힌 극작술이 편안하게 펼쳐진다.

우타에몬과 교제하며 자기 것으로 삼은 가부키의 취향을 잘 살리고 있어서 무대에서는 배우가 과장된 몸짓을 하는 듯한 반사실주의적 방식으로 연기해야 할 장면도 많다. 그것은 분가쿠좌라는 신극 극단에서 사실주의적인 연기를 지속적으로 추구한 결과 기예의 범위를 좁게 한정하는 경향이 있던 배우들에게 배우로서의 새로운 가능성을 여는 것으로 이어졌다.

이것은 미시마가 의도한 것이었다. 그래서 그는 "이 연극은 말하자면 내가 처음으로 쓴 '배우 예술을 위한 작품'이다. 희곡이라면 그렇게 하는 것이 당연하지만, 작가의 이러저러한 욕심 때문에 늘 그렇게 하지 못했다. 이번에는 어느 정도 그 욕심을 억누를 수 있었던 것 같다."고 말하고,[2] 초연 프로그램에서도 "여주인공을 연기하는 스기무라 하루코 씨의 오랜만의 출연을 나는 작가가 아니라 관객의 입장에서 기대하고 있다"고 했던 것이다. 이 점에서 신극 역사상 〈로쿠메이칸〉의 공적은 지대하다.

하지만 미시마는 이 희곡에 자신의 개인적 관심이나 시대에 도전하고자 하는 생각을 담아내는 것도 잊지 않았다.

돌이켜보면 미시마의 조모 나쓰코가 아리스가와노미야 다루히토 친왕 저택에 맡겨진 것이 1888년이었다. 로쿠메이칸을 무대로 삼아 서구화 정책을 추진한 이노우에 가오루(井上馨)는 정치적 태도 때문에 비난의 대상이 되어 1887년 외무대신 자리에서 물러났지만, 로쿠메이칸 외교는 정부의 방침으로서 여전히 이어지고 있던 시기이다.

그렇다면 미시마는 자신이 낳은 〈로쿠메이칸〉의 무대공간 속에 소녀 시절 나쓰코가 살았던 세계를 채워넣었다고도 할 수 있다. 그도 그럴 것이 로쿠메이칸 건물은 1883년에, 아리스가와노미야의 가스미가세키 저택은 1884년에, 모두 메이지 정부가 고용한 영국 건축가 조시아 콘더의 설계에 따라 세워진 것이었다.

이 점에서 미시마의 눈은 〈로쿠메이칸〉 집필 당시로부터 70년을 거슬러 올라간다. 그 시선은 동시에 집필 시점인 동시대를 향해 있기도 했다. 다음은 위 인용문의 몇 행 뒤에 이어지는 두 사람의 대화이다.

가게야마 좀 봐요. 나이를 먹을 만큼 먹은 사람들이 속으로는 바보스러움을 삼키면서 점점 이쪽으로 춤을 추며 다가오고 있소. 로쿠메이칸. 이러한 기만이 일본인을 점점 현명하게 만들어 갈 것이오.
아사코 조금만 참으면 돼요. 거짓 미소도, 거짓 연회도 그렇게 오래가진 않을 테니까요.
가게야마 감추는 거야. 속이는 것이지. 외국인들을, 온 세상을.
아사코 세상 어디에도 이렇게 가식적이고 부끄러움을 모르는 왈츠는 없을 거예요.
가게야마 하지만 나는 평생 이놈의 춤을 계속 출 생각이오.
아사코 그래야만 당신이겠죠. 그래야만 당신이에요.

이것은 메이지의 로쿠메이칸 시대의 대화일 뿐만 아니라 냉전 구조에 교묘하게 편승하여 부흥과 독립 그리고 고도 경제성장으로 향하는 전후 일본을 둘러싼 대화라고도 할 수 있지 않을까. 춤을 추고 있는 것은 전후의 일본인들이다. 게다가 저 "바보스러움"을 깨닫기는커녕 아무 생각이 없다. 이에 비해 가게야마는 자신이 서 있는 위치와 그 어리석음을 냉정하게 자각하고 있긴 하지만 무력하다는 점에서 결국 마찬가지다. 아사코만이 기만으로 가득 찬 시대의 구도를 증오하고, 머잖아 그것이 붕괴하리라는 것을 예견하고 기대하기까지 한다.

뜻밖의 우연으로 보일지도 모르지만 이런 의미에서 아사코와 가게야마의 관계는, 《금각사》에서 불을 지름으로써 시대를 고발하는 미조구치와 굳이 행동하지 않고 세계를 인식함으로써 이 세상에서 살아가는 것의 괴로움을 견디고자 하는 미조구치의 대학 동료 가시와기의 관계에 대응한다. 미시마는 이런 식으로 《금각사》와 공통되는 비전을 〈로쿠메이칸〉에 담아낸 것이다.

〈다리 밟기〉, 절정의 단편

미시마는 이 시기에 자신의 수많은 단편소설 가운데 가장 뛰어난 작품이라 해도 지나치지 않을 소설을 쓴다. 《문예춘추》 1956년 12월호에 '특선 단편소설집'의 한 편으로 게재된 〈다리 밟기〉이다. 히라노 겐(平野謙)은 이 작품에 관하여 "미시마 유키오의 〈다리 밟기〉가 가장 재미있었다. [……] 결말에 이르기까지 얄미울 정도로 잘 짜인 작품"[3]이라고 평한다.

주요 등장인물은 긴자의 예기 고유미(42세), 가나코(22세), 신바시의 요정 요네이의 귀한 딸 마사코(22세) 세 사람이다. 음력 8월 15일 밤, 그들은 예고 없이 아는 사람이 말을 걸지도 않고 같은 길을 다시 지나지도 않고 쓰키지가와(築地川)의 일곱 개 다리를 다 건너면 소원이 이루어진다는 소원 빌기에 나선다. 소원의 내용은, 오동통한 몸집에 폭식증이 있는 고유미는 돈을 버는 것, 손님 복이 없는

가나코는 좋은 손님을 만나는 것, 대학 예술과에 다니는 마사코는 영화배우 R과 맺어지는 것(R의 모델은 가부키 배우인 이치카와 라이조)이다. 딸의 밤길을 걱정한 마사코의 어머니가 얼굴이 새카만 시골 출신 하녀 미나(みな)를 수행원 자격으로 딸려 보낸다. 그리하여 네 사람은 고유미를 선두로 하여 미요시(三吉) 다리부터 건너기 시작한다.

그런데 네 번째인 이리부네(入船) 다리 앞에서 가나코가 복통을 일으켜 탈락한다. 다섯 번째인 아카쓰키(曉) 다리를 건너는 도중에 고유미는, 머리가 이상해져서 기적(妓籍)을 떠났던 옛 친구가 말을 걸어오는 바람에 소원이 깨지고 만다. 마음이 들뜬 마사코는 여섯 번째인 사카이(堺) 다리를 서둘러 건너지만 바로 뒤에서 거무스름한 덩어리 같은 미나가 무뚝뚝한 얼굴을 하고 따라온다. 미나도 뭔가 소원을 빌고 있는 듯한데, 마사코에게는 그것이 왠지 기분 나쁘게 불안하고, 빨리 일곱 번째 다리를 건너지 않으면 자신의 소원이 무산되고 말 거라는 공포를 느낀다.

마침내 비젠(備前) 다리에 이르러 다릿목에서 합장을 하고 있는데 자살을 기도하는 사람으로 오인한 젊은 경관이 수상쩍게 여기고 검문한다. 마사코는 달려서 다리를 건너려 하지만 경관에게 팔목을 잡히는 바람에 저도 모르게 소리를 지르고, 그 틈에 미나 혼자 다리를 건넌다.

나중에 마사코가 미나에게 무슨 소원을 빌었느냐고 몇 번씩 물어도 미나는 희미하게 웃을 뿐 아무런 대답도 하지 않는다.

제9장에서 서술했듯이 마사코의 모델은 1954년 7월 가부키좌에서 만난 이래 미시마와 깊은 관계를 맺고 있던 아카사카 요정의 딸

도요타 사다코이다. 소원 빌기도 친정인 요정 와카바야시(若林)의 하녀가 오사카에 전해오는 풍습이라며 사다코에게 들려준 이야기가 바탕이 되었다.[4]

'가짜 전후'의 환상

미시마 자신은 이 작품에 관하여 "내가 진작부터 단편소설이라는 것에서 묘사해 온 예술의 이상을 될 수 있는 대로 충실하게 본뜨듯이 쓴 작품인데, 냉담하면서도 익살이 있으며, 세부를 응시하면서도 결코 감동하지 않는 것이 장점이라면 장점이다"[5]라고 평가한다.

이것은 정사를 결심한 종이장수 지베에(治兵衛)와 유녀 고하루(小春)가 죽을 장소를 찾아 헤매는 《신주 텐노아미지마(心中天網島)》의 '잊지 못할 다리 밟기' 장면에서 따온 다음 구절이 제사로 〈다리 밟기〉의 서두에 걸려 있다는 것에 근거하여 생각하면 쉽게 이해할 수 있다.

······ 애당초 실마리는 분별이러니
저 애처로운 조개껍질에 한 잔도 차지 못하는 시지미 다리,
우리 인생의 이승의 거처와 가을 햇살은 짧기만 하구나.

시지미 다리는 오사카의 시지미가와(蜆川)에 놓여 있던 다리이고 인용 부분은 조개(蜆)껍질 한 잔 분의 분별력도 없는 지베에와 고하루의 어리석음을 말하는 장면인데, 작가 지카마쓰 몬자에몬(近松門左衛門)은 이것을 아름다운 시로 표현했다. 그 말에 이끌리기라도

하듯 두 사람은 몇 개의 다리를 건넌 끝에 죽을 장소를 발견한다. 이것은 불행한 사건임에 틀림없지만 절실한 소원의 성취이기도 하기 때문에 비극으로서 사람의 마음을 흔든다.

지카마쓰와 경쟁이라도 하듯이 미시마는 소원 빌기를 하는 여자들의 행동거지나 무대가 된 긴자, 쓰키지 근처의 모습을 세부에 이르기까지 주의 깊게 그려낸다. 그 결과 진지한 표정으로 고풍스럽게 행동하는 여자들의 모습이 생생하게 다가온다.

그런데 그들의 소원 빌기는 지베에와 고하루의 절실함에 비해 돈을 버는 것, 좋은 손님을 만나는 것, 영화배우와 사랑하는 것 따위의 경박한 것밖에 없다. 그리고 그 부박한 소원을 빌기 위해 걷는 달밤의 거리도 삼륜자동차가 요란한 소리를 내며 달리고, 주유소의 밝은 불빛에 다리가 하얗게 떠오른 것처럼 보여 살풍경하기 짝이 없다. 미시마는 훗날 집필을 위해 취재한 것을 회고하면서 "나는 쓰키지 근처의 많은 다리를 답사하러 갔는데 예상 밖으로 이 다리들이 몰취미하고 무미건조한 데다 악취까지 나서 놀랐다"[6]고 말한다 (현재 다리 아래는 매몰되어 고속도로 등으로 바뀌었다).

결국 《신주 텐노아미지마》를 참조할 때 명확해지는 것은 현대에는 더는 지카마쓰가 묘사한 것과 같은 비극은 일어날 수 없다는 사실이다. 그것을 미시마는 감상적으로 탄식하는 것이 아니라 담담하게 묘사하고, 결말에는 수행원 자격으로 따라갔을 뿐인 하녀만 다리를 끝까지 건넌다는 반전을 마련해놓는다. 이러한 작품 구성은 인물 설정에서 개개의 어구 선택에 이르기까지 주도면밀하게 계산한 다음에야 가능하다. 그렇게 하는 데 성공한 미시마는 스스로 〈다리 밟기〉를 단편소설의 이상형으로 간주했고, 많은 독자도 기꺼이 그렇게 인정했던 것이다.

아울러 미시마는 〈로쿠메이칸〉의 경우와 마찬가지로 이 작품에도 자신의 개인적 관심이나 시대에 도전하는 생각을 짜 넣었다.

개인적인 관심이란 말할 것도 없이 도요타 사다코를 가리키는데, 그녀를 모델로 하는 마사코가 영화배우인 R을 일방적으로 연모하여 소원을 비는 모습을 통해 우리들도 사다코의 사랑스러운 모습을 뚜렷하게 떠올릴 수 있다. 훗날 이와 관련하여 이와시타 히사후미의 질문을 받은 사다코는, R(이치카와 라이조)는 이전부터 허물없이 지내는 사이였는데 평상시는 수수한 사람이라 연애 상대가 될 만한 사람은 아니었고, 〈다리 밟기〉를 읽은 후 미시마에게 항의하기도 했다면서 이렇게 덧붙였다. "어쩌면 라이조가 자신을 닮았다고 생각했는지도 모르겠군요."[7] 이런 재치 있는 반응은 젊었을 때부터 사다코가 어떤 사람이었는지를 잘 보여주는 사례인데, 미시마가 거기에 매료되었다는 것은 부정할 수 없을 것이다.

어찌 됐든 결국 소설 속에서 마사코의 바람은 이루어지지 않는다. 이 점에서 미시마는 《가라앉는 폭포》에서 아키코를 묘사했던 방식을 그대로 따르고 있다.

그렇다면 〈다리 밟기〉에 삽입된 시대에 대한 도전은 어떤 것일까.

이 역시 굳이 말할 필요도 없다. 이 작품이 발표된 것은 고도 경제성장 초기이고 사람들의 마음은 새로운 시대를 향한 기대로 가득 차 있었다. 그러나 정말로 그러했을까. 미시마가 그리는 〈다리 밟기〉의 여성들은 무미건조한 시대에 경박한 소망밖에 품지 못하며, 그런 소망마저 하나도 이루어지지 않는다. 단 한 사람 아무 말 하지 않고 다리를 다 건넌 미나의 소원만 성취되는데, 그 소원이 무엇인

지는 끝내 밝혀지지 않는다. 그러나 우리들은 상상할 수 있다. 이와 관련하여 다나카 미요코(田中美代子)는 "하녀인 미나가 바라는 것은 어쩌면 다른 세 사람의 심상한 소망, 즉 남자, 돈, 공명심…… 등등을 모두(みんな) 아우르는 어떤 것이었는지 모른다"[8]라고 말한다. 이 해석을 연장해 가면 거기에 모습을 드러내는 것은 《금각사》의 미조구치에게 당시의 독자가 의탁했던 것과 같은 감춰진 원망(願望), 즉 전후라는 시대의 기만성에 초조해하면서 그 모두를 없애버리고 싶어 하는 어두운 희구일 것이다. 새로운 시대를 향해 사람들의 마음에 기대가 넘치고 있었다는 것은 우리들 자신이 자신을 속이기 위한 착각이었던 것이다.

이처럼 희곡에서도 단편소설에서도 절묘한 구성, 뛰어난 인물 설정, 예상 밖의 깊고 넓은 주제 등 어느 것 하나 빠뜨리지 않고 미시마의 붓은 자유자재로 움직이며 작품 세계를 낳는다.

확실히 이 시기 미시마는 한 정점에 도달해 있었다.

제12장

허무의 숲 속에서

생명의 도취감, 미코시 메기

《금각사》는 높은 평가를 얻어 1957년 1월 요미우리 문학상을 받는다. 미시마 자신도 반응이 좋다는 것을 느끼고 있었다. 그리하여 지금까지의 작업을 다시금 총괄하면서 《금각사》의 성과를 바탕으로 삼아 전선을 더욱 확대하고 심화하고자 했다.

먼저 거론해야 할 것은 신초샤에서 《미시마 유키오 선집》(1957. 11~1959. 7.)이 간행된 것이다. 이미 1953년부터 1954년에 걸쳐 같은 신초샤에서 《미시마 유키오 작품집》 전 6권이 간행되었는데, 이번 기획은 전 19권으로 한층 내용이 충실하다.

제2장에서 서술했듯이 15세에 지은 시 〈흉사〉가 이 선집의 제1권 맨 앞에 놓여 있는데, 편집 방침에 각별한 관심을 보인 미시마는 〈저자의 말〉[1]에서 "보통의 선집이 아닌, 뭔가 재미있는 편집 방식으로 꾸미고 싶었다. 나의 개인적인 작품집일 뿐만 아니라 가능한 한 그 배후에서 각 연대마다 문단의 정세나 사회 정세도 읽어낼 수 있

도록 하고 싶었다. 그리하여 작품을 연대순으로 배열하고, 당시의 좌담회나 긍정적이든 부정적이든 작품에 관한 비평도 가능한 한 넣고자 했다."라고 말한다. 각 권에는 '1940~1945', '1956' 등 수록 작품의 연도가 명시되어 있어 시대와 겨루고자 하는 의도를 읽을 수 있다.

과거를 총괄하고 이를 넘어서고자 한다는 의미에서는 선집 간행 말고도 대단히 기쁜 일이 있었다. 조금 시간을 거슬러 올라가지만, 1956년 8월 14일 미시마는 자신이 머물고 있던 아타미(熱海) 호텔에서 《금각사》 최종회를 마무리한다. 그로부터 5일 후인 8월 19일, 미시마는 태어나서 처음으로 미코시(神輿)를 멨던 것이다. 〈도취에 관하여〉(《신초》, 1956. 11.)라는 글에서 미시마는 이렇게 말한다.

> 미코시를 메는 것은 어린 시절부터 간직해 왔지만 아직껏 이루지 못한 꿈이었다. 미코시를 메려면 체력이 뒷받침되어야 한다. 〔……〕 몇 년 전부터 해 온 보디빌딩 덕분에 체력적으로도 자신이 붙었고, 또 그 체육관이 지유가오카(自由ヶ丘) 시내에 있어서 그곳 사람들의 권유로 8월 19일 구마노 신사(熊野神社) 여름 축제 때 처음으로 미코시를 멜 기회를 얻었다. 240관*의 미코시를 48명이 메는 것이다.

이에 대해서는 조금 보충할 필요가 있다. 어린 시절부터 병약했던 미시마는 《나의 편력 시대》의 표현에 따르면 "육체적 존재감" 결여 때문에 괴로워했는데, 이를 극복하기 위해 1955년 9월부터 보디

---

* 1관은 약 3.75킬로그램. 240관은 약 900킬로그램.

《금각사》를 마무리한 1956년 8월, 미코시 메기에 참여한 미시마 유키오.

빌딩을 시작했다.

실제로 미코시를 멨던 때의 느낌이 어떠했는지 미시마의 말에 귀를 기울여보자.

> 리듬감과 힘이 결합하기까지 익숙하지 않은 나로서는 그 일이 힘들기만 했다. 그러나 서서히 이 두 가지가 결합했다. "영차"라고 한 조가 외친다. "영차"라고 다른 조가 답한다. 나는 어느 사이엔가 한 조에 속해 있다. 이 맞춤 소리에도 변주가 있어서, "영차, 영차"는 "어땠나, 이랬다"로 바뀌었다가 "저기다, 여기다"로 바뀌고, "이것 참, 좋구나"로 바뀌기도 한다. 그것은 기차가 질주하는 소리나 병영의 나팔 소리가 이런저런 말로 들리는 것과 흡사하다. 〔……〕 미코시를 멘 사람들의 도취는 여기에서 시작된다. 그들은 한 사람 한 사람 변환하는 힘의 행사와 맞춤 소리의 리듬 사이에서 위화감을 느낀다. 그러나 이 위화감을 넘어 결합으로 나아가지 못하면 생명은 출현하지 않는다. 그리고 결합은 반드시 도래한다. 우리들은 생명 속에 빠진다. 맞춤 소리는 우리들의 힘의 자유를 보증하고, 힘의 행사는 끊임없이 우리들의 도취를 보증한다. 어깨의 무게가 바로 우리들이 음미하고 있는 것은 도취라고 부단히 가르쳐 준다.

생각해보면, 미코시는 《가면의 고백》 제1장에서 묘사되었고 그 이전에도 미완성 원고 〈저택〉과 〈분장광〉에서 다룬 미시마 고유의 테마 중 하나이다. 《푸른 시절》에서 색정광인 여자가 트럭에 치어 죽는 장면은 그 변주였다. 그러나 미시마가 실제로 미코시를 멘 적은 없었다.

이제야 비로소 그 경험을 했을 때 이 테마의 근간에 있는 것—그것은 세바스티아누스 콤플렉스와 다르지 않다—이 생의 에너지와 조화를 이루며 미시마는 일찍이 없었던 기쁜 순간을 맛보았던 것이다.

시대의 덫을 보다

미코시 메기나 보디빌딩을 하는 미시마의 모습이 신문과 잡지의 사진을 통해 소개되자, 선집까지 간행할 예정인 젊은 대작가가 종래의 상식적인 작가상을 배반하는 행동을 한다는 것 자체가 세간의 이목을 끌었다.

1956년은 종래의 신문사 계열의 주간지와 달리 출판사 계열의 《주간 신초》가 발간된 해이다. 이 잡지가 성공하면서 주간지 붐이 찾아오는데, 미시마는 대중매체 시대와 나란히 달리는 사람이라기 보다 앞에서 이끄는 사람의 역할을 자진해서 떠맡았다. 미시마는 타고난 도련님 기질이어서 누군가 추어올리기라도 하면 의심 없이 수레바퀴의 중심으로 들어가는 면도 있었다. 이리하여 미시마는 작가라는 틀을 넘어 시대의 총아가 되어 있었다.

1957년 5월 개봉한 〈너무 긴 봄〉[2], 같은 해 10월 개봉한 〈비틀거리는 미덕〉[3] 등 작품의 영화화도 이어졌다.

하지만 잘 생각해보면 이것은 시대가 놓은 새로운 덫이 아닐까.

《가면의 고백》에서 이미 그 논점이 확인되고,《금색》을 거쳐《금각사》에서 정면으로 추구하기에 이른 주제는 전후 사회에 도전해 그 기만의 구도를 폭로하고자 하는 것이었다. 작가의 삶이 아무리

생의 현실을 잠식하더라도, 미시마는 몸을 바쳐 시대와 사회에 대해 '아니!'라고 들이대며 현실에 대항하는 새로운 비전을 제시하고자 했던 것이다.

그런 그가 시대의 총아가 되다니, 이 무슨 일인가. 도대체 독자는 그에게 무엇을 바랐을까? 전후 사회를 살아가면서 그것을 없애버리고 싶어 하는 독자의 어두운 원망(願望)의 대변자인가. 아니면 불탄 자리에서 훌륭하게 부흥한 이 나라의 롤 모델이자 영웅인가.

그보다 이렇게 말해야 할지도 모른다. 시대는 요물이다. 그것은 끊임없이 환생하고 모양을 바꾸면서 반역자 미시마를 덫에 걸려들게 했던 것이다.

허허, 소설을 통해 나를 포착하고 나를 넘어설 방법론과 비전을 제시하고 싶다 했던가. 그러다가는 자신의 생을 멸할 뿐이라고 몇 번이나 경고했건만 사람들은 들어줄 생각이 없는 듯하다. 그러니 일단 시대의 총아 노릇이나 해볼까. 뒤에 무슨 일을 당하든 이제부터 즐기는 거다.

미시마도 틀림없이 예감한 게 있었을 것이다. 그는 지금까지의 일을 총괄하고 다음 싸움을 준비했는데, 이와 관련하여 반드시 짚고 넘어가야 할 것이 있다. 그것은 사다코와의 관계의 변화 그리고 종결이었다.

미시마는 1956년 정월을 사다코와 함께 축하했고, 3월 《금각사》 취재를 위해 교토를 방문했을 때는 그녀와 함께 기온(祇園)의 하나미코지(花見小路)에 있는 여관에 숙박한다. 그다음 날 둘은 금각사와 아라시야마(嵐山), 가메야마 공원을 찾는다. 또 6월 3일에는 무코지마(向島)의 요정 야오마쓰(八百松)에서 밀회를 즐긴다. 그 직후일 것으로 보이는데, 성적으로 여성을 충분히 만족시킬 수 있었다고 자만하는 전화를 미시마로부터 받았다는 오쿠노 다테오(娛野健男)의 증언을 이노세 나오키(猪瀬直樹)가 전한다.[4] 전화 상대로 왜 오쿠노를 선택했는가를 짐작해보면, 《금각사》 연재 개시 후 《도쿄신문》 석간 문예시평에서 오쿠노가 가장 먼저 《금각사》를 격찬하면서 미시마의 "최대 걸작이 될 것"[5]이라고 말한 것을 기억하고 있었기 때문인 것 같다. 전화할 때 미시마는 꽤 취해 있었다고 하는데 이것은 도대체 어찌 된 일일까.

잡지 《신초》에 연재한 《금각사》를 조사해보면, 3월 교토 여행 직후에 제5장, 6월 야오마쓰 밀회로부터 한 달 후에 제9장의 원고를 썼다는 것을 알 수 있다. 제5장의 내용은 예의 가메야마 공원에서 미조구치가 '하숙집 딸'과 성관계를 맺으려 할 때 금각사의 환영에 사로잡혀 불능 상태에 빠진다는 것이다. 《금각사》 제9장에서는 미조구치가 고반초(伍番町)에 가서 마리코라는 매춘부와 성행위를 한다.

이렇게 말하면 분명할 것이다. 먼저, 나는 사다코가 모델인 여성을 묘사하는 소설로는 《가라앉는 폭포》, 〈다리 밟기〉 외에도 중요한 작품이 있다고 언급하고 그 이름을 감춰 두었는데, 그 소설이 바로 《금각사》이다. 사다코는 처음 금각사의 환영 때문에 "티끌처럼 날아가버린" '하숙집 딸'로 나타나고, 이어서 방화 결행 전 미조구치가 처음으로 성교하는 매춘부로 그려진다. 미시마는 짓궂게도 오쿠노에게 전화해 너는 그걸 아느냐며 수수께끼 같은 질문을 던졌던 게 아닐까.

그리고 8월 14일 아타미 호텔에서 《금각사》 마지막 장을 끝냈을 때에도 미시마는 사다코를 부르고, 16일에는 여관을 겸한 요릿집 료쿠후카쿠(綠風閣)에 가는데 그날 밤 무연고 자살자의 영혼을 위로하는 시아귀(施餓鬼) 법회가 눈 아래 펼쳐진다. 생각건대 이것은 미시마에게 이별 의식이었을 것이다. 료쿠후카쿠의 경험을 바탕으로 삼아 쓴 단편소설 〈시아귀주〉(《군상》, 1956. 10.)를 보아도 그렇다는 것을 알 수 있다.

〈시아귀주〉는 아타미의 여관에서 아버지 요이치로와 아들 후사타로가 나누는 대화로 이루어져 있다. 고명한 노작가인 아버지는 자식을 낳은 직후 저세상 사람이 된 아름다운 아내와 함께한 생활에 관해 이렇게 말한다.

> 그건 뭐랄까, 너는 상상도 할 수 없을 만큼 행복한 생활이었다. 〔……〕 매일 다른 옷을 입었고, 눈이 어지러울 정도로 머리 모양을 바꿨다. ……나는 태어난 이래 그렇게 인간적인 것 가까이에 있어 본 적이 없었다. 서서히 나는 그것에 감염되었다. 나는 인간적인 모든 것과 화해했고, 이 세상의 관습을 모두 받아들였다.

그리고 "어머니는 저를 낳고 약 반년 만에 급히 돌아가셨습니다. 아버지는 필시 슬퍼하셨겠지요?"라고 묻는 자식에게 작가는 "나는 여자 같다는 소리를 들을 만큼 많이도 울었다"고 대답한다.

그런데 그 후 다음과 같이 이어지고, 소설은 막이 내린다.

> "하지만 말이야, 너에겐 말하기 어렵지만, 어머니가 죽은 것이 나에게는 은총이었단다."

이 작품의 집필 모습을 사다코는 이렇게 회고한다.

> 그리고 호텔로 돌아와 내가 잠이 든 후에도 기미타케 씨는 아침까지 뭔가를 썼는데, 그것이 〈시아귀주〉라는 소설입니다.
> "이번엔 당신 이야기를 쓸 생각이었는데, 어떤 할아버지가 주인공이 됐군."
> 이렇게 말하며 웃었지만, 저 정도의 분량을 정말로 하룻밤에 다 썼더군요.[6]

사다코는 이렇게 말하지만, 실제로 미시마는 시아귀 법회에 의탁하여 은밀하게 사다코를 애도하면서 〈시아귀주〉를 썼음에 틀림없다. 사다코는 그렇게 생각하지 않지만, 그 후 아타미 호텔에서 몸 상태가 나빠져 의사가 왕진을 왔었다는 말에서 그때까지와는 다른 뭔가를 느꼈을지도 모른다.

그리고 다음 해 1957년 두 사람의 관계는 종지부를 찍기에 이른다. 사다코는 나의 문의에 답한 편지에서 "일시는 확실히 기억하지 못하지만 저는 약속 장소에 가지 않았습니다"라고 말한다. 같은 편지에서 사다코는 새로운 흐름의 연극으로 만들어진 〈금각사〉(5. 5~29. 신바시연무장) 공연 첫날 관람했다고 썼는데, 이별은 그 후일 것이다. 만약 5월에 헤어졌다면 "어머니는 저를 낳고 약 반년 만에 급히 돌아가셨습니다"라는 후사타로의 말과도 조응한다. 이렇게 말하는 것은 자식인 후사타로가 소설 《금각사》를 상징한다면, 그 단행본화는 1956년 10월이고 그로부터 반년쯤 지난 1957년 5월에 이별이 찾아오기 때문이다.

앞에서 서술했듯이 사다코와의 관계에는 구니코와의 관계를 되짚는다는 의미가 있었고, 그 행동거지나 멋진 응수에 미시마는 이끌리고 있었다. 그것을 부정할 생각은 전혀 없지만, 그렇다면 더욱더 미시마는 이쯤에서 사다코의 존재를 지우고 다음 창작을 향해 발걸음을 내딛지 않으면 안 되었던 것이다.

미국 방문과 게이 바

때마침 절호의 기회가 찾아왔다. 1956년, 제8장과 제9장에서 언급한 메레디스 웨더비가 영어 번역한 《파도 소리》가 미시마 작품의 첫 외국어 번역으로서 미국 크노프사에서 간행되어 호평을 받았고, 다음 해 1957년에는 도널드 킨이 번역한 《근대 노가쿠집》이 같은 크노프사에서 간행되었는데, 그 책들의 홍보를 겸해 미시마는 두 번째 외국 여행에 나서게 되었다. 제2기 아이젠하워 대통령 정부의 미국은 1953년 한국전쟁 휴전 후 동서냉전의 '해빙기'로 일컬어지는 시기를 맞이하고 있었다.

1957년 7월 9일 일본을 떠난 미시마는 먼저 시카고와 미시건에서 강연을 한다. 특히 미시건대학 강연에서는 졸라, 모파상, 도스토옙스키에서부터 포크너, 도스 패서스 등 폭넓게 세계 문학을 조망했다. 그 후 뉴욕으로 가 당시 52번가 파크 애비뉴 동쪽에 있던 고급 호텔 글래드스턴에 머물렀다. 뮤지컬과 발레 등 많은 공연을 관람했고, 길에서 우연히 만난 테네시 윌리엄스와 친한 벗이 된 것도 이 여행에서 있었던 일이다.

거기에서 큰 기회가 찾아왔다. 《근대 노가쿠집》 영역본 출간을 계기로 하여 미시마 희곡의 뉴욕 상연이 기획되었던 것이다.

영역《근대 노가쿠집》은 〈소토바 고마치(卒塔婆小町)〉, 〈아야노쓰즈미(綾の鼓)〉, 〈간탄〉, 〈한조(班女)〉 순으로 다섯 편을 수록했고, 영어 제목은 Five Modern Nō Plays라 했다.

출판기념회가 성대하게 열렸고, 〈뉴욕타임스〉 북리뷰에서 이 책을 소개하자 복수의 프로듀서가 공연을 희망했다. 미시마는 오프브로드웨이의 소극장에서 장기 공연을 하겠다는 키스 보츠퍼드(Keith Botsford)의 제안을 받아들였고, 보츠퍼드가 근무하는 CBS 텔레비전의 동료 찰스 슐츠(Charles Schulz)도 작업을 함께하기로 했다. 그들을 신뢰한 미시마는 공연 준비 기간 동안 쿠바, 멕시코 등 중미 나라들과 미국 뉴멕시코주, 루이지애나주 등을 돌아보는 여행에 나서기로 했다. 그 직전인 8월 16일에는 시인이자 소설도 쓰는 제임스 메릴(James Merrill)의 집에 초대를 받아 요트 파티를 즐긴다.

미시마보다 한 살 아래인 메릴은 동성애 차별이 극심했던 당시 미국의 상황 때문에 간행이 미뤄지고 있던, 웨더비가 영역한《가면의 고백》초고를 읽고 강력하게 출판을 권유한 사람 중 하나이다.(이 책은 1958년 뉴디렉션즈사에서 간행되었다. 메릴은 1995년 에이즈로 사망했다.)

그러나 10월 여행에서 뉴욕으로 돌아온 미시마는, 금방이라도 실현될 것 같았던《근대 노가쿠집》공연 계획이 전혀 진전이 없는 것을 보고 적잖이 실망한다.

그런데 이보다 먼저 미시마의 중미 여행, 특히 멕시코 여행에 대해 언급할 필요가 있다. 왜냐하면 이 여행은 앞으로 미시마의 문학과 생애 전체에 강한 빛을 던지게 되기 때문이다.

자신의 책의 영역판 출간을 기념하여 미국 뉴욕을 방문한 미시마 유키오.

멕시코의 우슈말과 치첸이트사

미시마는 먼저 푸에르토리코, 도미니카, 아이티를 거쳐 쿠바를 방문한다. 전년(1956년) 12월, 피델 카스트로는 망명지인 멕시코에서 체 게바라 등과 함께 쿠바에 상륙하여, 미시마가 쿠바의 수도 아바나에 체류하고 있을 때에도 게릴라전을 펼치고 있었다. 이와 관련하여 미시마는 〈이상한 수도 아바나〉라는 글을 쓴다.[7]

그다음 멕시코로 들어간 미시마가 큰 감명을 받은 것은 마야 문명 유적인 우슈말(Uxmal)이었다. 3세기경부터 번영하기 시작한 마야 문명은 기후 변동 같은 이유로 10세기경 쇠퇴했다. 이 위기를 헤쳐 나온 우슈말은 치첸이트사(Chichén Itzá)*와 동맹을 맺고 유카탄반도 북부를 넓게 지배하지만, 곧 쇠약해져서 밀림에 뒤덮이고 만다. 그러나 건조물의 보존 상태는 양호해서 현재는 유네스코 세계문화유산으로 등록되어 있다. 아울러 이때 미시마가 머물렀던 아시엔다 우슈말 호텔은 체 게바라가 첫 번째 아내 일다 가데아와 신혼여행 때 찾았던 곳으로 알려져 있다. 2016년 나도 유카탄주의 주도 메리다에 사는 친구가 운전하는 차를 타고 이곳을 가보았는데, 건물의 모양이나 미시마가 헤엄을 쳤던 풀이나 당시와 거의 변함이 없었다.

그건 그렇고, 미시마가 우슈말의 유적을 방문한 것은 9월 13일 오후였다. 그때 "오랫동안 보고 싶었던 이곳 풍광의 기대를 저버리지 않는 장려함과 그것을 보았을 때 찾아온 행복한 감정의 조화"에 감

---

* 치첸잇사라고도 하며, 멕시코 유카탄반도에 위치한 마야 문명의 도시이다.

싸인 미시마는 "행복의 한가운데 있다"고 느낀다. 그리고 다음과 같이 쓴다. 바로 지배자의 궁전(총독의 궁전)의 고대(高臺)에서 저편 정글을 내려다보는 장면이다(《여행의 그림책》).

'지배자의 궁전' 뒤쪽으로 돌아간 나는 아치 내부의 석굴에 사는 커다란 검은 도마뱀이 스르르 몸을 숨기는 것을 보았다. 궁전을 뒤로 하고 끝없이 펼쳐진 정글로 눈을 돌렸다. 여기저기 불쑥불쑥 솟아 있는 작은 산은 마치 아직 발굴되지 않은 피라미드 같았고, 그것을 빼면 보이는 것은 끝없이 이어진 평탄한 정글이다. 구름이 그림자를 드리우고 있는 부분은 그늘이고 나머지 부분은 음울한 빛을 가득 담고 있다. 상쾌한 하늘 높은 곳에는 환히 빛나는 장대한 구름이 흩어지고 있다.

그때 나는 밀림의 지평선 위에서 그야말로 열대스러운 이상한 현상을 보았다. 서쪽, 기울어진 태양을 가로질러 먹물을 들인 듯한 비구름이 드리워 있었다. 그 구름은 지평선에서 그리 높지 않은 부분에 낮게 떠돌고 있었고 널리 퍼질 낌새는 없었다. 그러나 이 비구름에서 지금 지평선 저쪽에 내리쏟아지는 비가 확실히 보이는데, 그것은 가늘고 하얀 실로 짠 주렴처럼 수직으로 떨어지는가 싶더니 점점 밀도를 높여 하얀 커튼처럼 보이기도 한다. 여기에 열대 스콜에 동반하는 열풍이 부는 듯 몇 가닥의 실은 바람에 쓸려 비스듬히 떨어지는 것이 보인다. 그것이 미세하지만 뚜렷하게 보이면 보일수록 내 몸 주위의 환히 빛나는 푸른 하늘과 대비되어 자못 비현실적인 느낌으로 다가왔고, 지금 나는 맑은 하늘의 오후 어느 때와 굵은 빗줄기가 격렬하게 쏟아지는 어느 때, 이 서로 다른 두 시간을 동시에 지나고 있는 것만 같았다.

내가 고대에 서서 먼 곳을 보았을 때는 저쪽까지 푸른 하늘이 펼쳐져 있어서 미시마의 눈에 비친 광경과는 달랐다.

여기에서 미시마의 마음을 사로잡은 것은 무엇이었을까.

그것은 다른 시공을, 그러니까 푸른 하늘 아래 고대에 서서 스콜에 휩싸인 저쪽 정글을 동시에 체험하는 신비이다. 여기에서는 우리들이 당연하게 받아들이는 시공의 연속성은 깨진다. 그것은 소년 시절에 쓴 미시마의 시 〈사양〉에서 볼 수 있었던 시공의 분단이나 파편화와 연원은 같을지 모르지만, 그 양태는 변용하여 분절된 개개의 시공이 훨씬 높은 차원에서 포괄되고 통합되기에 이른다. 이런 점에서 우슈말 체험은 전쟁 말기 미시마가 〈2605년의 시론〉에서 전개한 윤회의 세계관에 가깝다. 그 윤회관은 생은 매번 절단되고 시공은 순간마다 분단되어 비연속화됨으로써 비로소 영원성과 연속성을 획득한다고 말하는 것이었다.

다만 그 윤회관이 공습 속의 절박한 상황에서 나온 생각이었던 데 비해, 지금 미시마는 멕시코의 우슈말에서 공습의 위기와도 무관하고 소름 끼치는 허무와도 무관한 시적 조화로서 그것을 체험하고 있다.

이처럼 우슈말 체험은 미시마에게 대단히 중요한 의미가 있었다. 그랬기 때문에 이 장면은 《교코의 집》과 《새벽의 사원》에서도 변주되고 심화되어 전개되는데, 이에 대해서는 뒤에서 다시 살펴보기로 한다.

단 빠뜨리지 말아야 할 것은 미시마가 우슈말에 앞서 치첸이트사

유적도 가보았다는 점이다. 치첸이트사는 인간 희생 의식으로 이름이 높다. 태양이 사라지는 것을 막기 위해 산 채로 꺼낸 심장을 신에게 바쳤다고 한다. 《여행 그림책》에서 미시마는 이렇게 쓴다. 치첸이트사의 폐허는 피비린내 나는 기억으로 채워져 있지만 그것은 톨텍족이 초래한 것이고, 그 영향을 받지 않은 우슈말은 유혈과는 거의 관련이 없다.

그러나 "중요한 의식을 위해 우슈말 왕족은 대밀림을 가로질러 납작돌이 깔린 길을 통해 치첸이트사까지 갔다. 나는 이미 치첸이트사의 공중목욕탕 터 옆에서, 멀리 우슈말까지 놓여 있었다는 이 납작돌의 흔적을 보았다. 〔……〕 그리고 또 우슈말에서 그리 멀지 않은 카바의 출입문 아래에서, 나뭇잎 그늘에 몸을 숨긴 무시무시하게 길고 큰 뱀의 간신히 드러난 머리와 꼬리처럼 생긴, 치첸이트사에서 본 것과 같은 납작돌의 일부를 보았다. 그것 역시 치첸이트사 쪽으로 가는 길, 무성한 수풀 아래 숨어 있었다."

여기에서 중요한 것은 우슈말이라는 땅의 뿌리를 찾아보면 치첸이트사와 굳건히 연결되어 있었다는 점이다. 그렇다면 우슈말에서 체험한 미시마의 더없는 행복 또한 근간(根幹)에서 치첸이트사의 인간 희생 의식으로 이어져 있었을 터이다.

그 의식은 다른 게 아니라 인류의 문화적 기층에서 체현된 세바스티아누스 콤플렉스의 가장 눈부신 측면이다. 미시마는 그 일단을 이미 미코시 메기 현장에서 엿보았다. 이제 그것을 웃도는 스케일로 같은 것을 재발견한 셈이다.

세바스티아누스 콤플렉스는 미시마의 독자적인 우주에서 중요한 초점 중 하나였고, 그는 이것을 문학적으로 형상화하고자 했다. 그런데 그 콤플렉스는 훨씬 깊이 인간 존재의 밑바닥에 뿌리를 내리고 있었던 것이다.

이렇게 보면 이 멕시코 여행이 미시마에게 대단히 중요한 의미를 지니고 있었다는 것을 알 수 있다. 이 여행에서 미시마는 소름 끼치는 허무를 불식한 시적 조화와 세바스티아누스 콤플렉스의 가장 눈부신 측면이 분리하기 어려울 정도로 단단하게 연결되는 순간을 체험했다고 말해도 좋을 듯하다.

유감스럽게도 시간 관계상 나는 치첸이트사까지 가볼 수 없었고, 세계 유수의 리조트로 알려진 칸쿤에서 찾아오는 여행객을 태운 리무진 버스가 몇 대나 주차해 있는 것을 곁눈질하면서 우슈말을 떠났다. 이와 관련하여 생각나는 일이 있는데, 뒤에서 서술하기로 한다(제20장).

멕시코에서 깊은 감명을 받은 미시마는 10월 2일 뉴욕으로 돌아와 아연실색하고 만다. 《근대 노가쿠집》의 공연 계획이 전혀 진행되지 않고 있었던 것이다. 일본의 전통 예능에 흥미는 있지만 노 그 자체는 너무 난해하다고 여기는 미국인에게 《근대 노가쿠집》은 알맞은 입구였을 터이나 자금이 모이지 않았던 것이다.

계획을 재검토한 보츠퍼드는 〈소토바 고마치〉, 〈아오이노우에(葵上)〉, 〈한조(班女)〉 세 편의 연극을 3막극 한 편으로 다시 쓸 것을 제안했고, 미시마도 곧바로 "Long After Love"라는 초고를 마무리한다. 제목은 보츠퍼드가 지었는데, '사랑이 끝난 후'와 '사랑을 그리워하다'라는 두 가지 의미가 함께 담긴 멋들어진 말이었다. 그러나 주연배우도 정해지지 않았고 자금 모으기도 여전히 난항을 겪고 있었다. 미시마도 금전적으로 여유가 없어서 12월 2일에는 숙소를 그리니치빌리지에 있는 하루 4달러짜리 싸구려 여관(호텔 반란세리아)으로 옮겨야만 했다. 기대를 배반당하고 결국 속은 꼴이 되고 만 미시마와 보츠퍼드의 관계는 험악해졌다.

그래도 미시마는 발레, 오페라, 뮤지컬을 열심히 보고 다녔는데,[8] 이때 난처한 일이 일어났다. 《근대 노가쿠집》이 브로드웨이에서 공연될 거라는 소문이 퍼졌고, 14일 열린 재팬 소사이어티의 파티에서도 "연극은 언제 상연되느냐"는 질문에 미시마는 대답이 궁할 수밖에 없었다. 그런데 이때 정말 우연히도 미시마는 남편을 따라 미국에 와 있던 구니코와 재회한다. 이 이야기를 전하는 이노세 나오키는 행운의 여신이 "최악의 연출을 했다"라고 쓴다.[9] 그 후 미시마는 상연을 기다리지 않고 귀국 준비를 한다. 그리고 31일 뉴욕을 떠나 마드리드와 로마를 거쳐 1958년 1월 10일 일본으로 돌아온다.

이처럼 뉴욕 체류 후반에는 미시마에게 뜻하지 않은 일들이 잇따랐다. 하지만 그런 일이 반드시 불행한 체험만은 아니었다고 말할 수 있다. 공연 계획이 암초에 부딪히고 설상가상으로 구니코와 재회한 미시마는 지금 가장 먼저 해야 할 일은 하염없이 공연을 기다리는 것이 아니라 새로운 소설을 쓰는 것이라고 스스로를 다그쳤다. 12월 21일 미시마를 만난 요시다 미쓰루(吉田滿)에 따르면, 미시마는 귀국 후 곧바로 착수하고 싶은 장편소설이 있다면서 열심히 취재를 했다.[10]

그것이 바로 《금각사》를 뛰어넘을 작품으로 기획된 전작 장편소설 《교코의 집》이었다.

공연 전망은 불투명했지만 뉴욕에 있었던 도널드 킨의 중개로 미시마와 보츠퍼드의 관계도 회복되었다. 귀국 후 도널드 킨에게 보낸

1958년 2월 3일 자 편지에서 미시마는 "키스(Keith)와 화해할 수 있었던 것도 당신 덕분입니다. 기분 좋게 뉴욕을 떠날 수 있었습니다. 진심으로 감사드립니다."라고 썼다.

"《교코의 집》은 나의 니힐리즘 연구다"

귀국한 미시마는 이전부터 분가쿠좌의 스기무라 하루코(杉村春子)와 집필 약속을 했던 희곡 〈장미와 해적〉(여성 동화작가와 백치 청년의 사랑을 다룬 3막 희극. 1958. 7. 8 ~ 27, 다이이치생명 홀)을 완성한 다음 곧바로 전작 장편소설에 착수했다. 원고를 쓰기 시작한 것은 3월 17일이다. 신작《교코의 집》은 다음 해 1959년 6월 29일 947장으로 마무리되었고, 9월 신초샤에서 제1부, 제2부 두 권으로 간행되었다.

《교코의 집》은《금각사》로 큰 성공을 거둔 미시마가 이보다 한 걸음 더 나아가는 것을 목표로 삼고 전력을 쏟은 작품이다. 전작이긴 하지만 하라노키카이(鉢の木會) 멤버가 동인인 계간지《소리(聲)》창간호(1958. 10.)에 앞부분(제2장 중간까지)을 특별히 기고한 것에서도 강한 의욕을 감지할 수 있다.

작품의 시대적 배경은 1954년 4월부터 1956년 4월까지이다. 한국전쟁의 휴전(1953. 7.)으로 특수가 끝나고 일단 미증유의 불경기에 빠졌다가 1955년 들어 경기가 호전되면서 고도 경제성장의 힘찬 발걸음을 내딛은 시기에 해당한다.

경제가 좋아진 것은 일본만의 이야기가 아니었다. 오히려 한국전쟁 휴전 후 큰 폭의 경기 후퇴를 거쳐 사상 유례없는 번영으로 나아간 미국 경제의 직접적인 영향을 받아 일본 경제도 호전되었던 것이다. 국제 정치에서는 냉전의 '해빙기'에 해당하며, 국내적으로는 55년 체제가 확립된 시기였다.

그런데 이러한 시대의 흐름에 강한 위화감을 느끼는 도모나가 교코(友永鏡子)는 시나노마치의 저택에서 남편을 내쫓고 자택을 청년들이 모이는 살롱으로 개방한다(교코의 모델은 이타야 료코의 동생 아쓰코).[11] 살롱의 주요 손님은 재벌계 상사 직원 스기모토 세이이치로, 신예 일본화가 야마가타 나쓰오, 미모의 신극 배우 후나키 오사무, 권투 선수 후카이 슌키치, 이렇게 네 사람이다. "모두가 하품을 하고 있었다"라는 서두의 한 문장이 상징하듯이 그들은 모두 시대 속에서 뭔가 채워지지 않는 느낌, 허무감, 답답함을 품고 있다. 그것을 상징하는 한 구절을 보면 이러하다.

네 사람 모두 말을 하지 않았지만 느끼고 있었다. 우리 네 사람은 벽 앞에 서 있다는 것을.

그것이 시대의 벽인지 사회의 벽인지 알 수 없다. 어느 쪽이든 그들의 소년 시절에는 이런 벽이 모두 무너져 그 잔해(瓦礫)가 외부의 밝은 빛 속에 끝없이 널려 있었다. 태양은 잔해의 지평선에서 떠올랐고 그곳으로 졌다. 유리병 조각을 반짝이게 하는 매일 매일의 일출은 떨어져 흩어진 무수한 조각들에 아름다움을 부여했다. 이 세계가 잔해와 파편으로 이루어져 있다고 믿었던 저 무한히 쾌활한, 무한히 자유로운 소년 시절은 사라져버렸다. 지금 단 하나 확실한 것은 거대한 벽이 있고, 그 벽에 코를 들이댄 채 네 사람이 서 있다는 것이다.

"나는 그 벽을 깨부숴버리겠어"라고 슌키치는 주먹을 쥐고 생각했다.

"나는 그 벽을 거울로 바꿔버리겠어"라고 오사무는 나태한 기분으로 생각했다.

"나는 어찌됐든 그 벽에다 그림을 그려야지. 벽이 풍경이나 꽃들의 벽화로 바뀌도록"라고 나쓰오는 열렬히 생각했다.

그리고 세이이치로는 이렇게 생각하고 있었다.

"나는 그 벽이 될 거야. 내가 그 벽 자체로 바뀌어버리는 거지."

그 생각대로 슌키치는 대학 졸업 후 프로 데뷔전에서 승리하고, 오사무는 보디빌딩으로 늠름한 육체를 갖게 되며, 나쓰오는 N신문사 상을 받고, 세이이치로는 부사장의 딸과 결혼한다. 이리하여 그들은 각각의 길에서 성공을 거둔 것처럼 보인다. 여기까지가 제1부이다.

제2부에서는 일전하여 네 사람이 각각 우스꽝스러운 비극과 광기로 가득한 파멸에 휩쓸린다.

1955년 여름, 나쓰오는 후지산 기슭의 아오키가하라(青木ヶ原) 숲을 취재할 때 눈앞의 사물이 소멸하고 세계가 붕괴하는 충격적인 체험을 한 후 그림을 그릴 수 없게 된다. 오사무는 어머니의 빚을 담보로 하여 가학적인 것을 즐기는 여자 고리대금업자의 애인이 되고, 최후에는 SM(사도마조히즘) 플레이 끝에 자진해서 여자에게 살해당한다(그 직전에 미시마는 학생들이 미군 부대에 들어간 스나가와 사건에 관한 에피소드를 잠깐 삽입하지만 오사무는 아무런 관심도 보이지 않는다). 슌키치는 전 일본 챔피언이 된 날 밤 똘마니에게 주먹이 깨져 선수 생명이 끊긴 후, 지인이 권유한 대로 우익단체의 간부가 된다. 사상 유례없는 경제적 번영을 구가하고 있는 뉴욕에 부임한 세

이이치로는 그곳에서 동성애자인 미국인 남성에게 아내를 빼앗기고 만다.

생활난 때문에 독신생활을 이어 가지 못한 교코도 살롱을 닫고 남편과 재결합하지 않을 수 없는 상황에 처한다. 그러나 그 직전, 신도영학계(神道靈學系)의 신비주의에 사로잡혔다가 거기에서 빠져나와 예술가로서 자기를 되찾은 나쓰오가 교코에게 이별을 고하러 온다. 멕시코로 유학을 떠난다는 것이다. 그날 밤 교코는 나쓰오와 처음으로 관계를 맺고, 이것을 마지막으로 교코의 살롱은 막을 내린다.

미시마는《교코의 집》에서《금각사》의 성과를 딛고 이것을 넘어서고자 했다. 미시마는 "《금각사》에서 개인의 소설을 썼으니까 다음은 시대의 소설을 쓰려고 한다"(〈18세와 34세의 초상화〉)라고 말한다. 그런데 앞에서 보았듯이 미시마는《금각사》에서 이미 시대에 도전해 그 시대를 그림으로써 높은 평가를 얻었다.《금각사》를 넘어서고자 하는《교코의 집》의 주제는 도대체 무엇일까.

이와 관련하여 미시마는《교코의 집》간행 당시의 인터뷰에서 이렇게 말한다.

> 현대는 발자크의 소설에서처럼 각 인물이 극의 등장인물들처럼 뒤얽혀 살아가는 시대가 아니다. 고독한 인간이 고독한 채 버티고 있는 것이 현대다. 그리고 현대 청년의 본질적인 특징은 니힐리즘이라고 생각한다. 〔……〕 경제는 불황에서 빠져나와 호황으로 들어서는데 인간은 몰락하는 아이러니 때문에 이 시기를 선택한 것이다. 또 뉴욕과 도쿄를 무대로 한 것은 경제적 원인의 근본을 지배하는 곳이 뉴욕

이고, 뉴욕에 민감하게 호응하는 곳이 도쿄이기 때문이다.(《마이니치신문》, 1959년 9월 29일)

주제는 한마디로 말해 '니힐리즘'입니다. 나는 《금각사》에서도 이 문제를 어느 정도 다루었습니다만, 그 작품은 한 인물에 집중한 형식이었습니다. 이번에는 그것을 보편화하여 시대를 그리고자 했습니다. 이것은 전부터 생각하고 있었습니다만, 20세기 초반 유럽의 정신 상태는 니힐이라는 한 단어로 정리할 수 있지요. 밥을 먹는 것도, 마을에서 담배를 파는 것도 니힐리즘에 지배받고 있는 것 같은 상태……일본에는 그것처럼 거대한 니힐은 없었습니다만, 이 소설에서 묘사한 한국전쟁 후의 시대에서 그것과 같은 니힐이 나왔다고 생각합니다.(《남일본신문》, 1959년 10월 29일〔석간〕)

여기에서 분명해지는 것은, 확실히 미시마는 《금각사》에서 사회, 시대, 역사를 포착하고 이것과 대결하여 일정한 성공을 거두었지만, 그 작품에서 문제가 된 것은 오로지 전후 일본이라는 한정된 장이었다는 점이다. 이미 미시마는 전후 일본을 둘러싼 기만의 구도를 폭로한 바 있다. 이제 거기에서 사정거리를 크게 연장하여 국경을 넘어 확장되는 근대라는 시대 전체를 상대로 승부를 펼치고자 한다.

또 하나 중요한 것이 있다. 미시마에게 정면으로 도전받은 시대는 즉각 경고했다. 너는 네 무덤을 파고 있다. 스스로 자신을 갉아먹고 있다!

이에 대해 미시마는 이렇게 답한다. 언어 표현은 생을 파괴하고 허무를 심각화한다. 그런 것은 새삼스럽게 말하지 않아도 알고 있다. 그것보다도 너야말로 네 걱정을 하는 게 좋을 것이다. 생이 파괴되고 허무에 잠식되는 것은 그 무엇보다 시대 그 자체이기 때문이다. 기만의 구도를 거듭한 끝에 구원받기 어려운 니힐리즘에 빠진 것이다. 원한다면 내가 처방전을 써줄 수도 있다!

미시마는 "《교코의 집》은 말하자면 나의 '니힐리즘 연구'"(《나체와 의상》)라고 말하거니와, 그것이 의미하는 것은 이러한 문제의식이다. 미시마는 자신의 내면 우주를 잠식하는 허무를 시대의 문제로서 니힐리즘으로 간주함으로써 적의 공격을 되받아쳤던 것이다. 근대라는 시대에 뿌리내린 니힐리즘을 그려내고, 소설가로서 구원의 전망을 제시한다. 《교코의 집》의 주제는 요약하자면, 그 구원에 이르는 방도를 탐색하는 데 있다.

이것은 위험한 도박이다. 실패하면 허무감은 더 깊어지고, 세바스티아누스 콤플렉스가 억누르지 못할 만큼 밀려와, 걷잡을 수 없는 혼란에 빠질 위험이 크다.

아오키가하라 숲과 우슈말

이 경위가 가장 두드러지게 드러나는 것은 화가 나쓰오의 경우이다. 그는 그림을 그리는 것은 "살아 움직이는 이 세계를 색과 형태만으로 이루어진, 정지된 순수한 물상으로 변화시키는 것"이며, 풍경이 "나쓰오의 마음속에서 신속히 분해 작용을 시작할" 때 비로소 "제작을 위한 다양하고 무한한 자유가 시작된"다고 말한다. 그러나 이러한 생활을 이어 온 보상으로 나쓰오는 후지산 기슭에 펼쳐져 있는 아오키가하라 숲을 고요다이(紅葉台)에서 바라보다가 세계의 소멸이라는 사태에 직면한다.

끝 쪽에서부터 목탄 데생을 빵조각으로 지워 가는 것처럼 광대한 수해(樹海)가 가장자리부터 흐릿하게 스러진다. 나무 하나하나의 윤곽도 사라지고 평탄한 녹색뿐이다. 그 녹색도 모호해져서 주변은 금세 색채를 잃는다. …… 나쓰오는 이런 일은 있을 수 없다고 생각하면서 바라보고 있는데, 수해는 순식간에 쓸려 나가고, 있을 수 없는 일이 적확하게 진행되고 있다. 〔……〕 썰물이 빠지듯이 지금까지 확실한 물상으로 보였던 것이 보이지 않는 영역으로 물러간다. 수해는 최후의 몽롱한 녹색 덩어리가 사라지자 함께 사라져버렸다. 그 후에는 모습을 드러내야 할 대지도 없고, …… 아무것도 없었다.

나쓰오에게 "아무것도 없었다"라는 것은 환각이나 착각이 아니라 부정하려 해도 부정할 수 없는 현실 체험이었다. 이것은 《금각사》에서 미조구치의 불능 체험의 연장선상에 있는 경험이자 블랑쇼가 추구한 문제와도 겹치는 것인데, 던져진 물음은 그것만이 아니다.

나중의 일이지만 나카무라 미쓰오와의 대담 《인간과 문학》(고단샤, 1968. 4.)에서도 알 수 있듯이, 미시마는 후고 폰 호프만스탈(1874~1929, 오스트리아의 시인이자 극작가)의 《찬도스 경의 편지》나 사르트르의 《구토》를 염두에 두고 이 부분을 썼다.

미시마는 나카무라에게 이렇게 말한다. "당신이 앉아 있는 것처럼 보이지만 당신은 존재하지 않는다, 뭔가를 먹고 있는 것 같지만 요리 따위는 있지도 않다……. 그런 지점에서 출발하여 그것을 어떻게 언어로 표현하면 좋을까요." "호프만스탈이 《찬도스 경의 편지》에서 쓰고 있는 것이 바로 그것입니다. 〔……〕 찬도스 경이 정원을 거닐고 있는데 물뿌리개가 눈에 띕니다. 그런데 얼마 지나지 않아 왜 물뿌리개라는 이름이 붙었는지, 왜 물뿌리개라는 존재가 있는 것인지 알 수 없게 됩니다. 지금까지 그것은 물뿌리개라고 생각하고 또 그렇게 보았지만 왜 그런지 알 수 없게 되고 만 것이지요. 거기에서부터 점점 사물이 보이지 않게 되자 겁이 나서 친구에게 편지를 씁니다. 그 편지는 그러한 체험에 대한 최초의 목소리이고, 그것은 사르트르의 《구토》까지 이어집니다." 수해에서 나쓰오가 체험한 것의 배경에는 이와 같은 실존적이고 역사적인 위기가 가로놓여 있다.

아니, 나쓰오를 습격하는 위기는 《찬도스 경의 편지》나 《구토》에 묘사된 것보다 더 심각하다. 그도 그럴 것이 찬도스 경은 단순히 "사물이 보이지 않게 된" 것이 아니기 때문이다. 그에게서는 언어와 관념의 자명한 결합이 끊어지면서, 실제 사물은 분명히 보이지 않게 된다. 하지만 그 대신, 물뿌리개 같은 물건은 본래의 용도와 목적을 잃고, 언어로는 표현하기 어려운 어떤 영적 실체로 바뀌어 나타난다. 《구토》의 경우도 언어가 의미를 지니지 못하게 되고, 대신 '실존(existence)'이 베일을 벗고 모습을 드러낸다.

그런데 나쓰오를 습격하는 것은 언어의 상실이나 언어와 의미의 결합이 끊어지는 데서 멈추지 않는, 존재 그 자체의 상실이다. 그 공포로부터 벗어나고자 신도영학계의 수행(진혼옥鎭魂玉을 굽 달린 쟁반에 얹고 표지를 묶는다)에 매달려 보지만 아무런 효험이 없고, 나

쓰오는 결국 절망의 심연으로 내몰린다.[12]

그리고 독자는 이미 알아챘을 것이다. 고요다이에서 아오키가하라 숲을 조망한 나쓰오의 세계 소멸 체험과 우슈말 유적의 고대(高臺)에서 정글을 바라본 미시마의 시적 체험이 음화와 양화의 관계에 있다는 것을. 앞에서 보았듯이 미시마는 우슈말에서 무시무시한 허무와 아무런 관련이 없는 시적 조화를 체험했다. 그러나 일본으로 돌아와보니 온 세상을 뒤덮고 있는 것은 그와 같은 행복한 순간의 싹이 모조리 뽑혀버린 황량한 광경이었다. 그것은 근대라는 시대 그 자체에 둥지를 틀고 있는 니힐리즘의 결과였다. 미시마는 그렇게 생각할 수밖에 없었다.

그러나 미시마에게는 자신이 있었다. 니힐리즘의 병소(病巢)를 적출하고 위기에서 빠져나와 살아갈 수 있다는 자신이. 마치 우슈말의 대지가 수많은 위기를 넘어 번영했듯이, 스스로의 힘으로 시대 그 자체를 되살릴 수 있다는 자신도.

앞에서 서술했듯이 신도영학은 나쓰오에게 도움이 되지 못했다. 그렇다면 《교코의 집》에서 나쓰오는 결국 어떻게 될까. 그를 구원하는 것은, 어느 날 아침 소파 베드의 하얀 시트 위에 가로놓여 있던 한 송이 수선화다. 나쓰오는 교코에게 이렇게 말한다.

나는 한 손으로 수선화를 든 채 침대에서 일어나 오랫동안 열지 않은 창을 열러 갔다. 그러자 이른 봄 햇살 속에서 올해 들어 처음 부드러운 바람에 실려 오는 온갖 향기와 소리가 기다렸다는 듯이 나의 코와 귀로 밀려들었다.

높은 지대에 있는 집이어서 저 멀리 백화점과 빌딩가와 그곳에서

띄운 광고용 열기구와 고가선(高架線) 위를 번쩍이며 달리는 전차까지 보인다. 바람의 가감에 따라 잡다한 소리도 뒤섞여 들린다. 오늘 아침엔 모든 것이 깨끗이 씻긴 것처럼 보인다. 〔……〕 나는 정원의 상쾌한 공기를 들이마셨다. 겉으로는 아직 초록의 징후는 보이지 않지만, 가지들의 끝이 희미하게 붉은 기운을 띤 고목이란 고목은 벌써 겨우내 혹독했던 윤곽을 잃어 가고 있었다. 이것도 수선화 덕분이다.

참으로 현묘한 수선화! 무심코 내가 한 송이 수선화를 들었을 때부터 그 꽃의 연장선상에 있는 모든 것이 하나의 사슬에 연결되어 있는 것처럼 차례차례 모습을 드러내더니 나에게 아침 인사를 했다. 그것은 수선화의 알현 의식과도 같다. 나는 나와 같은 세계에 살고 수선화와 세계를 함께하는 모든 것들에게 인사했다. 오랫동안 등한시했지만 지금은 내가 끊으려야 끊을 수 없다고 느끼는 이 동포들은 수선화 뒤쪽에서 잇달아 모습을 드러냈다. 거리를 오가는 사람들, 장바구니를 내려놓는 주부, 여학생, 광고용 열기구, 빌딩숲의 요철(凹凸), 고가철도, 멀리서 들리는 기적소리, 아파트 창에 걸린 많은 빨래, 인간 집단, 인간의 모든 공작물, 대도시 그 자체…… 그것들이 차례차례 이상하리만큼 신선한 모습으로 나타났다.

여기에서 수선화는 미시마에 의해 마무리되고 있는 《교코의 집》이라는 소설 작품 그 자체를 상징한다. 그것은 시대의 '허무'를 정확하게 그려내는 동시에 창작 행위 그 자체로 세계를 되살려야 하는 작품이었다.

그렇다면 지금 수선화를 손에 들고 나쓰오가 조망하는 광경을 우슈말의 고대에서 미시마가 보았던 광경에 비길 수도 있을 듯하다.

이후 멕시코로 유학을 떠나는 나쓰오는, 《교코의 집》에 분명하게 드러나 있지는 않지만, 틀림없이 치첸이트사도 찾아갈 것이다.

"나의 모든 것을 쏟아부은 작품"

이렇게 《교코의 집》에서 작품의 사정거리를 크게 확장했지만, 아무리 시야가 넓은 소설이라 해도 그려지는 사건은 모두 미시마 자신의 주위에서 실제로 일어났던 구체적 사실에서 출발한다는 점은 지금까지 살펴본 다른 작품의 경우와 다르지 않다.

화가인 나쓰오가 예술가 미시마의 분신이라는 것은 두말할 필요도 없을 터이지만, 그 외에도 1955년 9월 보디빌딩을 시작한 미시마는 체력에 자신이 붙자 일 년 후에는 니혼대학 권투부 감독 고지마 도모오(小島智雄)를 찾아가 주 2, 3회 복싱 연습을 한다. 아쉽게도 미시마는 약 일 년 만에 권투를 그만두지만 그 대신 1958년에는 검도 훈련을 시작했다. 그러한 경험이 보디빌딩을 애호하는 오사무와 복싱 선수인 슌키치의 형상화에 생생하게 되살아난다. 또 오사무는 SM(사도마조히즘) 플레이 끝에 목숨을 잃는데, 당시 미시마는 이미 복수의 할복 애호가의 수기에 깊은 관심을 보였고 오사무의 피학적 성애에 그 관심이 반영되어 있다. 미시마가 실제로 그들을 만난 것은 《교코의 집》 간행 후의 일인데, 이에 관해서는 뒤에서 언급하기로 한다.

지금은 부사장의 딸과 결혼하는 세이이치로의 모델에 대해 언급해야만 한다. 그 사람은 다름 아닌 미시마 유키오 자신이다. 미시마는 《교코의 집》 집필과 병행하여 일본화가 스기야마 야스시(杉山寧)

의 장녀 요코(瑤子, 1937. 2. 13. ~ 1995. 7. 31.)와 1958년 4월 13일 처음 만나 6월에 결혼했다.

요코를 소개한 사람은 교코의 모델 유아사 아쓰코였다. 처음 만났을 때 스물한 살이었던 요코는 아직 니혼여자대학 영문과에 재학 중이었는데, 6월 1일 가와바타 야스나리 부부의 중매로 메이지 기념관에서 결혼식을 올렸다. 그 후 롯폰기의 국제문화회관에서 당시로서는 드물었던 칵테일 파티 형식의 피로연이 열렸다.

다음 해 1959년 5월 미시마는 마고메(馬込)에 빅토리아 풍 콜로니얼 양식으로 불리기도 하는 기발한 집을 신축하고, 6월 2일에는 장녀 노리코(紀子)를 얻는다. 이리하여 가족과 함께 새로운 생활을 시작한 미시마는 한껏 고양된 가운데 6월 29일 《교코의 집》을 탈고했던 것이다.

도대체 왜 미시마는 이 시기에 결혼을 하고 자식을 얻었던 것일까. 같은 해 3월, 어머니 시즈에가 말기암 의심 증상을 보이자(5월 1일 수술한 결과 악성은 아닌 것으로 판명되었다) 미시마는 빨리 가정을 꾸려 어머니를 안심시켜 드리고 싶었다. 그 이유로 혼담을 서둘렀다고 한다. 그러나 요시다 미쓰루에 따르면, 미시마는 이미 뉴욕에서 "내년에는 반드시 결혼할 것"[13]이라고 단호하게 말했다. 미시마는 구니코도 아니고 사다코도 아닌 여성과의 결혼을 바라고 있었던 것이다.

사실대로 말하면 이제부터 쓰일 소설에서 소재―특히 결혼식이나 신혼생활에 관한 에피소드 등―를 제공하는 모델 역할이 요코에게 부과된 면이 있다는 것은 부정할 수 없다. 하지만 그것만은 아닐 것이다. 요코는 미시마와의 결혼에 대단히 적극적이었다고 하는

데,¹⁴⁾ 역시 미시마도 그처럼 자신을 찾는 여성을 원했던 것이라고 생각할 수밖에 없다.

그런데 마침내 《교코의 집》이 간행되자 신문 광고에는 새 주택에서 촬영한 사진과 함께 "올가을 최대의 화제! 구상을 다듬는 데 3년, 집필에 일 년 5개월—교코를 둘러싼 네 청년의 이야기에 저자는 전력을 투여하고 그동안 한 편의 소설도 발표하지 않았다.—다채로운 스토리. 우리들의 분신처럼 보이는 청년들. 비로소 '전후라는 시대'가 이 책에 의해 그려졌다!"(《아사히신문》, 1959. 9. 26.)와 같은 캐치프레이즈가 춤을 추었고, 그 광고란 안에는 "교코의 집—이 작품에서 내가 쓴 것"이라는 미시마의 자작 소개(광고용 전단에 사용된 것과 같은 문장)도 게재되었다. 이 글의 말미에서 미시마는 "나 자신의 모든 것을 이 장편에 쏟아부었기 때문에 당분간 나는 아무것도 가진 것 없이 지낼 수밖에 없다"라고 말했다.

같은 광고란에는 야마모토 겐키치의 다음과 같은 평도 함께 실렸다.

"모두 하품을 하고 있었다." 이것이 이 장편소설의 첫머리이다. 이것만큼 정확하게 표적을 겨냥한 서두의 한 구절을 찾아보기란 쉽지 않다. 이 한 구절이 전편의 바탕 무늬를 결정하고 있다. 모두가 어디로 갈 것인지 알지 못한 채 하품을 하고 있는 것이 현대다. 지금까지 미시마 씨는 이 작품만큼 전체적으로 '현대'와 대결하려고 시도한 적이 없었다. 이것은 엄밀한 의미에서 미시마 씨의 작품 중 최초의 현대소설이며, 굳이 말하자면, 왕년의 라디게의 사도가 발자크에게 도전하기 위해 내디딘 첫걸음이다.

이렇게 《교코의 집》은 《금각사》를 뛰어넘는 대작이라는 이름으로 세상에 나왔고, 당연히 작가로서 미시마에 대한 평가도 점점 높아질 예정이었다.

제13장
어긋남과 전략

쏟아지는 악평

그런데 막상 뚜껑을 열고 보니 《교코의 집》에 대한 평판은 좋지 않았다. 미시마는 심각한 타격을 받았다. 우스이 요시미(臼井吉見), 야마모토 겐키치, 히라노 겐, 에토 준, 사에키 쇼이치(佐伯彰一)가 함께한 좌담회 〈1959년의 문단 총결산〉(《문학계》, 1959. 12.) 중 《교코의 집》 평이 그것을 보여준다.

좌담회 서두에서 《교코의 집》을 거론한 야마모토는 미시마가 발자크적인 것을 겨냥하고 있다고 말한다. 그런데 이에 대해 다른 참석자들은 "시간을 1954년부터 1955년까지로 설정한 것은 아무런 의미가 없다."(히라노 겐) "신문 인터뷰에서 작가는 경제적 로마네스크를 의도했다고 했지만, 작중에 등장하는 인물은 전부 미시마 유키오의 다양한 면을 부분적으로 대표하고 있을 따름이다. 〔……〕 몹시 고독한 미시마의 내적 세계의 몇몇 측면을 조합한 데 머물렀다고 생각한다."(사에키 쇼이치) "너무 자주 되풀이되면 얄팍한 느낌을 주기 마련인 역설로 전부 설정되어 있다. 〔……〕 대체로 발자크 등과는 다르다."(우스이 요시미) "정말 소설을 쓸 생각이었는지 대단히 의심스럽다."(에토 준)라며 이견을 제시한다. 결국 야마모토도 "미시마는 《파도 소리》든 《비틀거리는 미덕》이든 실패하지는 않았는데 이번에 처음으로 큰 실패를 맛본 셈"이라고 답한다.

좌담회에서 못다 한 말이 있어서였을까, 에토는 나중에 평론 〈미시마 유키오의 집〉[1]에서 《교코의 집》에 관해 상세하게 서술한다. 즉 《교코의 집》의 등장인물들은 서로 갈등조차 드러내지 않으며, 여기에서 그려지는 것은 거대한 공백뿐이다. 이 점은 이 작품이 장편소설로서 실패했다는 것을 의미한다고 전제한 다음, 에토는 이렇게 말을 잇는다.

그런데 이야기는 여기에서부터 시작된다. 작자는 처음부터 '공백'을 그리고자 했던 것이 아닐까. 애시당초 미시마에게는 장편소설이라는 것이 아무래도 좋은 무엇이고, 그에게 소설이란 언제나 살아가기 위한 수단이라고 말한 것은 아니었을까. 그리고 그가 묘사하고자 한 시대란 사물의 형태도 없고 색채도 없는 하나의 거대한 '공백'의 시대, 마치 '거울[鏡]'에 비친 푸른 여름 하늘과 같은 시대가 아니었을까. 이러한 시대의 벽화는 '거울' 말고는 있을 수 없다. 거기에는 '공백' 이외의 것이 있어서는 안 된다. 이렇게 생각하면 《교코의 집》은 눈부신 성공이 아니었을까. 적어도 미시마 자신과 그와 취미를 함께하는 소수의 인간—저 '뜻밖의 사고'를 기대하며 사는 창가에 선 인간들에게는.

에토 준의 이러한 평가는 확실히 《교코의 집》을 둘러싼 문제의 일면을 정확하게 짚고 있어서 충분히 검토할 가치가 있다. 이 글을 읽은 미시마 자신도 에토 준에게 보낸 1962년 2월 27일 자 편지에서 "깊은 감명을 받았다"[2]고 말한다. 하지만 에토가 소설 작품으로서 《교코의 집》을 비판하고 부정하는 것은 틀림없는 사실이고, 뒤에서도 보겠지만 미시마는 어디까지나 《교코의 집》을 소설로서 쓰고 소설이라는 이름으로 세상에 내놓았다. 따라서 에토와 같은 평가 방식도 미시마는 바라던 바가 아니라는 느낌을 떨치지 못했다.

또 하나, 하라노키카이 멤버였던 요시다 겐이치의 평도 언급할 필요가 있다. 그는 어떤 신문 지면에 《교코의 집》이 전후 소설에 종지부를 찍었다고 평가했는데, 이 글은 이 작품을 비판하는 것처럼 보이지는 않는다.[3] 그런데 실제로는 《교코의 집》 출판 직후 하라노키카이에서 술에 취해 미시마 눈앞에서 "만약 저놈이 이 정도밖에 쓰지 못한다면 우리 모임에서 쫓아내야 하지 않겠어"라며 투덜댔다고 한다.[4]

낙담한 미시마는 오시마 나기사(大島渚)와의 대담〈파시스트인가 혁명가인가〉(《영화예술》, 1968. 1.)에서 다음과 같이 말한다.

《교코의 집》 말인데요, 직접 이런 얘기를 하면 부끄럽습니다만, 나는 사람들이 이 작품을 잘 이해해주길 바랐습니다. 그래서 나는 지금 강물에 아기를 버리려는 참인데, 모두가 다리 위에 서서 그러지 말라는 말만 할 뿐 아무도 말리러 오지 않더군요. 절망한 나머지 나는 아기를 강물에 던져버리면 그만일 것이라 생각했습니다.〔……〕그때처럼 문단의 반응이 싸늘한 적은 없었습니다. 내가 아기를 버리려고 하는데도 아무도 돌아보지 않았습니다. 어리석기 짝이 없는 말이긴 합니다만, 그만큼 나는 뼈에 사무치는 기분이었습니다. 정말이지 미칠 것만 같았어요.

왜 어긋난 걸까

어쩌다 일이 이렇게 되었을까. 〈1959년의 문단 총결산〉의 발언들을 분석하면 몇 가지 결정적인 요인이 드러난다.

예를 들어 히라노 겐은 "1954년에서 1955년"이라는 시간 설정에서 아무런 의미를 찾지 못한다. 그러나 이미 말했듯이 이 시기는 한국전쟁 휴전 후 냉전 체제 하에서 세계 정세가 고착되고 이를 기회로 미국과 일본의 경제가 전무후무하게 발전하기 시작한 때에 해당한다. 국내 정치의 차원에서 그것을 지탱한 것이 55년 체제라는 점도 몇 번이나 말한 대로다. 미시마가 포착한 이 사실을 히라노 겐은 전혀 알아채지 못한다.

히라노 겐만이 아니다. 《교코의 집》이 발표된 1959년은 이와토 경기(岩戶景氣, 1958년 7월~1961년 12월)라고 불린 호경기가 절정인 때였다. 그러한 시기에 자신이 놓인 상황을 역사적으로 조감하는 것은 누구에게도 쉬운 일이 아니다. 55년 체제라는 개념을 처음으로 제기한 마스미 준노스케(升味準之輔)의 논문 〈1955년의 정치 체제〉가 발표된 것이 《교코의 집》 발표로부터 5년 가까이 지난 1964년이었다는 점을 상기할 필요가 있다. 요컨대 비평가 히라노 겐은 미시마의 인식 수준을 따라잡지 못한 셈이다.

사에키 쇼이치도 미시마가 "경제적 로마네스크를 의도"했는데도 불구하고 그것이 체현되지 못한 점을 비판한다. "경제적 로마네스크"라는 말을 들으면 흔히 경제성장기 정재계나 실업계의 인간들과 온갖 술수에 관한 이야기를 연상할 것이다.

하지만 사에키 쇼이치가 인용한 앞의 《마이니치신문》 인터뷰에서 미시마는 그런 이야기를 전혀 하지 않았다. 오히려 미시마는 경제적 번영 하에서 반대로 뚜렷하게 드러나는 인간 존재의 고독과 니힐리즘을 그리고 싶다고 말하며, 이 인터뷰에서는 아예 "경제적 로마네스크"라는 말을 사용하지도 않았다. 결국 사에키는 시대 상황의 유래를 따지고 드는 것이 아니라 경제적 번영을 자명한 것으로 전제하고, 그것이 미시마에 의해 작품화될 것이라고 속단한다. 그리고 예상이 빗나가자 그 잘못을 자신의 오독 탓이 아니라 작가의 책임으로 돌리는 것이다.

이렇듯 비평가들은 작품 해석의 입구에서부터 비틀거린다. 그리하여 우스이처럼 "얄팍한 느낌을 주기 마련인 역설로 전부 설정되어 있다"는 인상을 품기도 한다.

이와 달리 미시마가 《교코의 집》에서 '공백'을 그리고자 한 것을 읽어냈다는 점에서 에토 준의 독해는 정곡을 찔렀다고 할 수 있다. "소설이란 언제나 살아가기 위한 수단이라고 말한 것은 아니었을까"라는 판단도 정확하다. 다만 에토 준은 이것을 "미시마 자신과 그와 취미를 함께하는 소수의 인간"에게만 들어맞는 것으로 간주했다. 만약 미시마가 허무와 세바스티아누스 콤플렉스의 형상화를 오로지 자기 자신의 문제로서 추구하는 것이라면 그렇게 말할 수 있을지도 모른다. 그러나 미시마가 그리고자 한 '공백'은 단순히 개인을 잠식하는 허무만이 아니라 시대의 문제였다. 그리고 미시마는 그것을 소설로 그려내고, 위기를 넘어설 수 있는 방법론과 비전을 소설로 제시하고자 했던 것이다. 따라서 에토 준 역시 근본적인 점에서 미시마의 생각과 어긋나고 말았다.

다만 미시마의 방식에도 문제가 없었다고는 말할 수 없을 것이다. 시대라는 것은 드세고 교활하다. 미시마는 다른 무엇보다 그 점에 주의를 기울였어야 했다.

《금각사》 발표 무렵은 아직 고도 경제성장 초기였다. 전후 일본을 휘감고 있던 기만의 구도에 구역질을 느낀 독자와 미조구치와 미시마는 모든 것을 모조리 파괴하고 싶다는 욕망을 비밀리에 공유할 수 있었다.

그런데 《금각사》 발표에서 《교코의 집》 발표까지 고작 3년 동안 독자를 둘러싼 환경은 크게 변화한다. 고도 경제성장이 본궤도에 오르면서 사람들의 어두운 파괴 충동은 언제 그랬냐는 듯 사라져버렸다. 아니면 하루하루 분주한 생활을 이어 가는 데 필요한 에너지로 변환되었다고 말해야 할까. 기만의 구도가 더욱더 교묘하게 사람들의 마음에 스며들고 말았던 것이다. 그러자 독자들은 미조구치와 같은 방화범 따위에게 더는 흥미를 두지 않는다. 사실 방화 사건도 그것에 공명하는 심리도 이미 들어설 자리를 잃은 세계가 바로 《교코의 집》에서 그리고 있는 '공백'의 일면인데, 그러한 문제의식을 공유하는 독자는 많지 않았다.

미시마의 관심은 이러한 환경의 변화를 따르기보다 니힐리즘을 근대 그 자체의 문제로 포착하는 방향으로 나아간다. 그것은 발자크, 호프만스탈에서 사르트르에 이르는 유럽 근대사의 계보와 전후 일본사의 조응 관계, 20세기 자본주의의 중심인 뉴욕과 도쿄의 조응 관계, 그 전체를 상대화하는 우슈말과 치첸이트사 같은 장대한 배치 속에서 추구되는 물음인데, 미시마는 이 경위를 신중하게 전하는 일을 게을리했다.

가령 전했다 하더라도 그것이 독자의 마음에 다가갔을지 여부는 알 수 없다. 앞에서 말한 대로 사람들은 하루하루 분주한 생활을 이어 가는 데 에너지를 쏟고 있었고, 외국 여행도 아직 자유롭지 않았던 당시 일본에서 나쓰오의 멕시코 유학이 의미하는 것은 상상도 할 수 없었을 것이다.

프라이버시 재판

《교코의 집》은 실패로 끝났다. 그렇게 평가가 내려진 후 미시마는 잇달아 불행에 직면한다. 옆에서 보기에는 영화 〈실없는 놈〉(1960년 3월 개봉)에 출연하기도 하고, 《장미형(薔薇刑) — 호소에 에이코 사진집》(슈에이샤, 1963. 3.)을 간행하기도 하고, 도쿄 올림픽을 취재하는 등 고도 경제성장의 파도를 타고 활기차게 활약한 것처럼 보일지도 모르지만, 1960년대 전반의 미시마는 《금각사》의 성공으로 도달했던 정점에서 그야말로 곤두박질치듯 전락하고 있었다고 해도 과언이 아니다. 그때 허무는 점점 깊어졌을 것이고, 세바스티아누스 콤플렉스는 억누를 수 없이 범람하고 말았을 것이다. 나는 이 책의 표제를 '폭류의 인간 미시마 유키오'라고 했는데, 일찍이 볼 수 없었던 거친 파도에 농락당하는 미시마의 모습을 따라가보기로 하자.

먼저 거론해야 할 것은 1959년 4월 도쿄 도지사 선거에 후보로 나셨다가 낙선한 아리타 하치로(有田八郎)와 그의 아내 아제가미 데루이(畔上輝井)를 모델로 한 소설 《잔치가 끝나고》(《중앙공론》, 1960. 1~10.)이다. 《중앙공론》에서 미시마 쪽에 연재소설을 의뢰한 것은 《교코의 집》 간행 전이었다. 그 후 구상을 가다듬어 집필에 들어간 1959년 11월 시점에 미시마에게 이 작품은 《교코의 집》의 실패를 설욕한다는 의미를 지니고 있었다.

그런데 1961년 3월 아리타 하치로가 프라이버시 권리 침해로 소송을 제기하면서 사회적으로 커다란 화제가 되었고, 이후 《잔치가 끝나고》는 내용 이상으로 일본 최초의 프라이버시 재판을 야기한 작품으로 사람들에게 기억되기에 이른다.

작품의 배경과 재판의 경위는 다음과 같다.

아리타 하치로는 1936년 히로타 고키(廣田弘毅) 내각에 외무상으로 입각한 후 네 차례 외무상을 역임하면서 군의 강경론을 억제하려 노력한 인물로 알려졌고, 전후에는 헌법 옹호 운동 등에 힘을 쏟았다. 1953년 오랫동안 알고 지낸 아제가미 데루이와 재혼했는데, 데루이는 보수 정계와 관계가 있는 요정 한냐엔(般若苑)의 경영자로서 전 외무상과 요정 마담의 늘그막의 사랑이 사람들 입에 오르내렸다.

아리타는 1955년 혁신통일당 후보로 도쿄 도지사에 입후보했다가 낙선하지만, 1959년에 다시 후보로 나선다. 아리타를 전폭적으로 지지한 데루이는 선거자금을 모으기 위해 한냐엔까지 매각하려 했지만 기시 노부스케 총리의 압력으로 없었던 애기가 된다. 게다가 데루이의 내력에 관한 괴문서가 나돌고 아리타 하치로가 위독하다는 내용의 전단이 뿌려지는 등 선거 방해를 넘어서지 못한 아리타는 다시 낙선했다. 그 후 두 사람은 이혼했고, 데루이는 한냐엔을 다시 연다. 이 일을 미시마는 아리타를 노구치 유켄, 데루이를 후쿠자와 가즈, 한냐엔을 셋코안(雪後庵)으로 바꾸어, 만난 지 얼마 되지 않은 두 사람이 결혼하고, 노구치가 혁신당 후보로 도지사 선거에 나서자 가즈는 모든 것을 바쳐 가며 지원하지만 패배해 두 사람은 이혼하고, 일단 손을 뗐던 셋코안을 가즈가 재개하는 이야기로 소설화했다.

《잔치가 끝나고》는 당시 뜨거운 화제였던 도지사 선거를 다룬 데다 오노 반보쿠(大野伴睦)와 요시다 시게루(吉田茂) 등 실제 보수 정치가를 떠올리게 하는 인물이 생생하게 묘사되어 있어서(작중에서는 나가야마 겐키, 사와무라 인) 연재 때부터 호평을 받았는데, 미시마가 작가로서 설욕을 다짐한 작품이기도 했다는 것은 다음과 같은 의미이다.

《교코의 집》 이전에 미시마가 가장 큰 성공을 거둔 작품은 1956년의 《금각사》와 〈로쿠메이칸〉이었다. 《금각사》는 시대에 도전하는 반(反)-전후 소설이면서 동시에 예술가 소설이기도 했지만, 일반 독자는 특히 실제 방화 사건에 바탕을 둔 모델소설로 읽은 것이 아닐까. 〈로쿠메이칸〉은 '배우예술을 위한 작품'으로 쓰였는데, 인기의 비밀은 그것이 멜로드라마, 좌담회 〈1959년의 문단 총결산〉에서 사에키 쇼이치가 한 말을 흉내 내자면, '정치적 로마네스크'라는 골격을 갖추고 있었기 때문이 아닐까. 미시마는 자신의 창작 의도를 일단 제쳐두고 독자의 시점에서 자신의 작품을 이렇게 멜로드라마 또는 정치적 로마네스크로 분석한다. 이 관점에서 보면 도지사 선거에서 함께 싸운 아리타와 데루이 부부의 관계는 소설의 알맞은 소재가 되는 것이다.

　이러한 생각을 바탕에 깔고 미시마는 《교코의 집》의 아오키가하라 숲에서 본 세계 붕괴, 존재 소멸의 장면을 선거에서 패한 후의 가즈의 공허한 심경으로, 수선화를 계기로 하여 회생하는 나쓰오를 재개를 목전에 둔 셋코안의 정원에 내려서는 가즈로 치환했다. 다음 인용은 마지막 장 '잔치 전'의 일절이다.

　　다쓰미노이케(巽の池)는 햇빛에 반짝이고, 소나무, 밤나무, 팽나무, 메밀잣밤나무 등 오래되고 장대한 나무들이 둘러싼 가운데 거대한 감탕나무의 수수하고 거무스름한 가장자리가 마치 배경이 되는 숲의 정점을 이루고 있는 듯했다. 넓은 잔디밭의 중심이 되는 석등롱만이 폐쇄되었던 오랜 기간 오히려 쓸쓸한 고색(古色)을 얻어, 주변을 잘 손질하자 한층 더 생생하게 눈에 띄었다. 하늘은 맑았고, 우듬지 사이로 섬세한 새털구름이 흐르고 있었다.
　　일찍이 작게 접혀 있었던 정원은 수중화처럼 순식간에 펼쳐져 수수께끼와 불가해한 것들로 가득 찬 광대한 정원이 되었다. 그곳에는 식물이나 새가 한껏 자유로우면서도 조용하게 살고 있었고, 가즈가 알지 못했던 것이 가득해서 오늘 그중 하나를 정원에서 가지고 돌아와 조금씩 자신의 것으로 삼아 작은 약연(藥碾)에 갈아 …… 손바닥으로 그리고 손가락으로 약을 만지작거리듯이 아무리 만져보아도 신선한 미지의 원료는 다하지 않고, 가즈를 무한히 부유하게 해줄 것만 같았다.

　훌륭한 묘사라 아니할 수 없다. 이렇듯 미시마는 1956년의 성공의 시점까지 일단 물러섰다가 그 지점에서 다시금 《교코의 집》의 세계를 그리고자 했던 것이다. 그런 까닭에 미시마에게 《잔치가 끝나고》의 성공 여부는 향후 작가 생활을 좌우할 중대한 열쇠가 되었다.[5]

그러나 그 작품은 아리타 하치로의 양해를 얻지 못했다. 미시마는 데루이에게는 사전에 중앙공론사 사장 시마나카 호지(嶋中鵬二) 일행과 함께 찾아가 집필 인사를 했지만, 아리타의 의향은 직접 묻지 않았다. 그러자 아리타가 연재 도중 이러한 내용의 소설이 발표되는 것은 본의가 아니라며 항의했고, 이미 연재된 것은 어쩔 수 없지만 단행본으로 간행하는 것은 곤란하다는 아리타의 뜻에 따라 시마나카는 연재 후의 단행본화에 소극적으로 대처한다.

하지만 아리타의 생각을 받아들일 수 없었던 미시마는 연재 종료 직후인 1960년 11월 15일 신초샤에서 《잔치가 끝나고》를 출간한다. 그 직전인 11월 1일, 미시마는 아내와 함께 세계 여행에 나선다.

미시마 부부가 귀국한 것은 1961년 1월 20일인데, 그 직후 뒤에서 서술할 시마나카 사건(중앙공론사 사장 시마나카 호지의 집이 습격을 당해 부인이 중상을 입고 가정부가 칼에 찔려 죽은 사건)이 발생하지만, 《잔치가 끝나고》와 관련하여 미시마는 도호와 영화화 계약을 맺는 등 아직은 낙관적이었다(결국 영화화는 실현되지 못한다).

그런데 3월 15일, 이 소설이 프라이버시의 권리를 침해한다는 이유로 아리타 하치로는 미시마와 신초샤 부사장 사토 료이치(佐藤亮一) 그리고 신초샤를 도쿄지방재판소에 고소하고, 손해배상금 100만 엔과 사과 광고를 청구하는 소장을 제출한다. 재판은 4월 20일부터 시작되었고, 3년 반 후인 1964년 9월 28일 미시마 측의 패소가 확정된다. 판결 주문은 피고 측이 연대하여 80만 엔과 법정 이자 및 소송비용의 5분의 4를 지불할 것을 명한다.

다음 달 미시마 측은 항소한다. 재판은 아리타가 사망하면서 화해로 마무리되지만(1966년 11월 28일), 6년에 걸친 불안정한 상황은 미시마에게 상상 이상으로 큰 부담이 되었다. 그것은 《교코의 집》의 실패를 설욕하기 위한 방법이 부정되었기 때문이지만, 미시마를 지칠 정도로 곤혹스럽게 한 것은 여기에 그치지 않는다.

가와바타 야스나리를 추천하다

그중에서도 골칫거리였던 것은 노벨문학상을 둘러싼 복잡한 사정이다.

노벨상의 권위와 영향력은 대단히 컸고, 특히 일본에서는 전쟁의 상처를 치유하고 민족의 자부심과 정체성 회복에 기여할 것으로 기대되었다는 점에서 1964년에 열리는 도쿄 올림픽과 유사한 의미를 지니고 있었다.

확실히 말하건대 이런 의미는 문학 그 자체의 가치와는 무관하다. 그런데 정말로 노벨상에 그러한 의미가 더해진다면 그것은 노벨상이라는 상 자체가 사회, 시대, 역사의 뭔가를 대표하는 존재라는 것을 뜻한다. 그렇다면 사회와 시대, 역사의 전모를 파악하려는 소설 앞에 노벨상은 반드시 맞서야 할 상대이며, 그 상을 손에 넣는 일은, 곧 작가가 시대와 겨룬 끝에 거둔 승리의 징표가 되기도 할 것이다. 노벨문학상이 작품의 가치를 순수하게 평가하는 것이니 뭐니 한다는 말은 듣기 좋은 소리처럼 들리기도 하지만 꼭 그렇지만은 않다. 그 이유를 찾아가다 보면 앞에서 말한 것에 생각이 미치게 된다.

단지 그렇기 때문에 더욱 더 이 시기 노벨상을 둘러싸고 일어난 일련의 사건은—이는 《잔치가 끝나고》의 프라이버시 재판과도 관련되는데—미시마의 그 후의 삶과 문학에 떨치기 어려운 그림자를 드리운다. 조금 돌아가는 길이긴 하지만 배경부터 확인해 둘 필요가 있다.

일본에서는 1947년과 1948년 기독교 목사로서 세계적으로 이름이 알려져 있었던 가가와 도요히코(賀川豊彦)가 노벨문학상 후보가 된 이래 수상을 향한 다양한 움직임이 있었다.[6] 여기에는 전후의 부흥을 여러 나라에 알리고 싶다는 일본 측의 내셔널리즘적인 움직임과 노벨상의 영향력을 세계에 널리 알리고 싶다는 스웨덴 아카데미(18명으로 구성되며 그 가운데서 노벨문학상 선정위원이 선출된다) 측의 의도가 작동하고 있었다.

그런 가운데 1958년 다니자키 준이치로와 니시와키 준자부로가 문학상 후보로 올랐을 때 미시마는 다니자키를 위해 추천서를 쓴다.[7] 이때 미시마 외에 《대지》로 알려진 미국 작가 펄 벅, 당시 하버드대학 교수였던 에드윈 O. 라이샤워 그리고 도널드 킨 등도 다니자키를 추천하는 문서를 작성한다.

그러나 이 해의 수상자는 《닥터 지바고》를 쓴 보리스 파스테르나크였다. 그런데 《닥터 지바고》는 소련에서 발매금지 처분을 당한 책이었고, 파스테르나크는 소련공산당의 의향에 따라 수상을 거부한다. 그 후 소련 최초로 수상자가 된 사람은 《고요한 돈》을 쓴 미하일 숄로호프였다(1965년).

여기에서 알 수 있는 것은 문학상 선정 과정에 내셔널리즘적 동기와 스웨덴 아카데미의 의도뿐 아니라, 동서 냉전기의 문화 투쟁을 둘러싼 거래까지 개입되어 있었다는 점이다.

그런데 《잔치가 끝나고》를 둘러싸고 프라이버시 재판이 진행되고 있을 때 일본 펜클럽 회장은 가와바타 야스나리였다. 미시마는 1961년 4월 15일 가와바타를 찾아가 재판 후원을 부탁하고, 다음 달 펜클럽 월례회에서 신초샤 부사장 사토 료이치와 함께 《잔치가 끝나고》 재판에 관하여 사정을 설명한다. 이 무렵 가와바타 야스나리가 미시마에게 보낸 1961년 5월 27일 자 편지 전문을 인용한다.

> 일전에 특별히 펜클럽에 참석해주셨는데 너무 말도 안 되는 실례를 저지르고 말았습니다. 문예가협회도 펜클럽도 당신 편이라는 것은 분명합니다만, 지금은 그렇게 서둘러 결의문이나 선언을 내지 않는 게 좋을지도 모르겠습니다. 필요한 때가 오면 물론 내야겠지요.
>
> 그리고 늘 번거롭게만 해서 죄송합니다만, 예의 노벨상 문제입니다. 달랑 전보만 한 장 보내면 여기저기서 무책임하다고(가망성은 없다 해도) 생각할 수 있을 터이니 아주 간단하게라도 추천서를 써주시지 않겠습니까. 따로 필요한 자료를 더해 영어나 프랑스어로 번역하여 아카데미로 보내고자 합니다. 이렇게 후안무치한 부탁까지 하다니 면목이 없습니다. 나는 오는 30일 밤 안마사(鞍馬寺)에서 열리는 오월만월제(滿月際)를 보러 갈 예정입니다.[8]

확실히 말하자면 이 편지는 프라이버시 재판에 대한 지원과 교환하는 식으로 가와바타 노벨상 수상을 위한 추천문 집필을 압박하는 내용이다. 이 편지를 받고 미시마는 5월 30일 속달로 가와바타에게 스웨덴 아카데미를 수신인으로 한 추천문을 보냈고, 실제로 이 해 가와바타는 처음으로 노벨문학상 후보가 된다.

그렇다면 미시마 자신은 그때 후보가 될 가능성이 있었을까. 이 해 문학상 후보 공식기록(Nomination Archive)에서는 미시마의 이름을 찾아볼 수 없다. 하지만 도널드 킨의 전언에 따르면, 스웨덴 외교관이며 당시 유엔사무총장이었던 다그 함마르셸드(Dag Hammarskjöld)가 내밀하게 미시마를 강력히 추천했다. 공식적인 형태로 추천에 이르지 못한 원인 중 하나는 1961년 9월 18일 콩고 내전의 정전 조정에 나선 항공기가 추락해 탑승하고 있던 함마르셸드가 사망한 일이었다.[9] 자신이 후보로 거론될 가능성에 관해서는 미시마 자신도 의식하기 시작했을 것이다.

그런 미시마에게 가와바타가 자신의 추천문을 써 달라고 부탁했던 것인데, 그것은 사실상 노벨상을 나에게 넘기라고 압박하는 것, 적어도 그 포석을 놓는 것이나 마찬가지다. 되돌아보면 전후 잡지 《인간》에 미시마의 단편 〈담배〉 게재를 추천한 사람이 바로 가와바타였다. 그때 미시마는 의도적으로 사토 하루오가 아니라 가와바타를 스승으로 선택했다. 앞에서 이 점을 언급하면서 긴 안목으로 볼 때 그 선택이 어떤 결과를 야기할 것인지는 다른 문제라고 언급했는데, 미시마가 지금 그 대가를 이러한 형태로 지불하게 된 셈이다.

이와 관련하여 다음과 같은 사정도 있었다. 하라노키카이의 동료였던 요시다 겐이치가 《교코의 집》을 비판했다는 것은 앞에서 언급했는데, 두 사람 사이에는 프라이버시 재판을 둘러싸고서도 불화가 있었다. 겐이치의 아버지는 요시다 시게루이다. 굳이 말하자면 전후 일본에서 기만의 구도의 원점을 만든 사람 중 하나이다. 요시다

시게루는 외무성 시절 아리타의 선배 격이고, 정치적 입장은 달랐지만 두 사람 사이에는 일정한 친교가 있었다. 그래서 아리타는 《잔치가 끝나고》를 단행본으로 만들기 전인 1960년 9월, 겐이치를 매개로 삼아 미시마와 직접 이야기할 수 있는 자리를 마련하고자 손을 썼다. 그런데 겐이치가 아리타를 편드는 것으로 받아들인 미시마가 이 제안을 거절한다. 이 일을 계기로 하여 미시마는 1961년 11월 11일을 마지막으로 하라노키카이를 탈퇴하고 만다.[10]

여기에는 또 하나의 요소가 얽혀 있었다. 그 무렵 요시다 시게루를 노벨평화상에 추천하려는 움직임이 있었던 것이다. 사실 1965년부터 3년 연속 요시다 시게루는 평화상 공식 후보가 된다. 당시 일본에서 평화상과 문학상 수상자가 잇달아 나올 것이라고 생각한 사람은 많지 않았다. 겐이치의 입장에서 보면, 소송을 떠안는 것이 미시마뿐만 아니라 일본 문학계에서 수상자가 나오는 데 장애가 될 터이고, 그만큼 아버지 시게루의 평화상 수상에 유리하게 작용할 것이라는 생각이 없었다고는 말하기 어렵다. 겐이치가 의식적으로 그렇게 행동한 것은 아닐지 모르지만 자신이 어떤 상황, 어떤 맥락에 놓여 있는지는 잘 알고 있었을 것이다. 물론 미시마도.

이렇게 미묘한 긴장이 이어지는 가운데 미시마가 처음 공식적으로 노벨문학상 후보로 추천된 것은 1963년이었다. 그때에도 미시마의 본의라고 할 수 없는 이런저런 사태가 발생했고, 그런 상황은 1968년 가와바타의 수상까지 이어져 미시마의 정신을 피폐케 하기에 이른다. 여기에는 실로 심각한 문제가 잠복해 있었는데, 지금 말하기에는 시기상조인 듯하다. 다른 장(제18장)에서 이야기를 이어가기로 한다.

시마나카 사건

어쨌든 이 무렵 잇달아 불행한 사건에 휩쓸린 미시마는 문자 그대로 '폭류'에 농락당하면서 어찌할 바를 모르고 있었는데, 여기에서 앞에서 잠시 언급했던 시마나카 사건의 영향에 관하여 조금 상세하게 살펴보기로 한다. 이 사건이 일어난 것은 프라이버시 재판에서 아리타로부터 고소당하기 한 달 반 전, 1961년 2월 1일이다.

시마나카 사건이란 《중앙공론》 1960년 12월호에 게재된 후카자와 시치로(深澤七郎)의 〈풍류몽담(風流夢談)〉(꿈속에서 일어난 혁명에서 천황, 황후, 황태자 부부가 참수되는 이야기를 익살스럽게 그린 소설)을 보고 격분한 우익 소년이 아사누마 이네지로(淺沼稻次郎) 사회당 위원장 재판 사건(1960. 10. 12.)에 자극받아 중앙공론사 사장 시마나카 호지의 집을 습격해 부인에게 중상을 입히고 가정부를 찔러 죽인 사건이다.

그때 이토 세이, 다케다 다이준과 함께 미시마가 선정위원이었던 중앙공론 신인상 수상작이 후카자와의 〈나라야마 부시코(楢山節考)〉(《중앙공론》, 1956. 11.)였다는 것, 다음 장에서 거론할 미시마가 주연을 맡은 영화 〈실없는 놈〉의 주제가를 작곡한 사람이 후카자와였다는 것 때문에 〈풍류몽담〉을 《중앙공론》에 추천한 사람이 미시마라는 풍문이 돌았고, 우익으로부터 협박을 당한 미시마에게는 약 2개월 동안 경찰의 호위가 붙었다.

실제로 〈풍류몽담〉의 잡지 게재를 추천한 사람은 미시마가 아니다. 하지만 중앙공론사 편집부의 이데 마고로쿠(井出孫六)에 따르면, 사전에 그 원고를 읽고 이 작품을 다루는 게 만만치 않으므로

미시마의 소설 〈우국〉과 나란히 게재하여 독을 상쇄하는 게 어떻겠느냐는 의견이 있었던 듯하다.[11]

〈우국〉에 관해서도 다음 장에서 서술할 터인데, 여기에서는 이 사건에 즈음하여 미시마가 안고 있었던 내면의 불안에 집중하고자 한다.

물론 그것은 실제로 희생자가 나왔고 자신도 그 표적이 되었다는 것에서 비롯된 불안이다. 그도 그럴 것이 아리타 하치로의 항의를 받고 단행본화를 단념한 중앙공론사의 시마나카 사장에 대한 불만이 이 사건으로 발산된 측면이 전혀 없었다고는 말할 수 없기 때문이다. 그런 의미에서 범인은 미시마의 비밀스러운 대리인인 셈이다.

그런데 〈마(魔) ― 현대적 상황의 상징적 구도〉(《신초》, 1961. 7.)를 읽어보면 이야기는 그것만이 아니라는 것을 알 수 있다. 이 에세이에서 미시마는 '도리마(通り魔)'*라는 범죄자, '살해당하기'를 바라는 인간 그리고 '작가 및 시인' 삼자를 현대를 상징하는 세 가지 유형으로 언급하는데, 초고를 보면 원래는 시마나카 사건에 즈음하여 자신의 목숨이 위험에 처한 것을 계기로 쓰기 시작했다는 것을 알 수 있다.[12] 결국 '도리마'는 미시마를 노리는 살인자를 가리킨다. 완성된 원고에서는 시마나카 사건을 연상시키는 내용이 모두 사라졌지만, 초고를 바탕으로 〈마〉를 읽어보면 이때 미시마를 엄습한 불안의 핵심에 무엇이 잠재해 있었는지 가늠할 수 있다.

그것은 《교코의 집》이나 《잔치가 끝나고》처럼 문학 작품으로 시

---

* 순식간에 지나치면서 만난 사람에게 해를 끼친다는 마물(魔物). 또 그와 같은 나쁜 사람.

대에 도전했지만 평가도 이해도 얻지 못한 채 오히려 시마나카 사건에 휘말리거나 프라이버시 재판에 기소됨으로써 사람들의 시선을 끄는 표적이 되고 생명마저 위태로워지는 시대에 대한 깊은 위화감과 불신이다. 이것은 사회, 시대, 역사의 전모를 포착하고 싶다는 생각에서 혼신의 힘을 다해 수행해 온 지금까지의 창작 활동이 결국 무의미한 것이었는지도 모른다는 심각한 좌절감을 초래했다. 실제로 발표된 〈마〉의 결말 부분에서 미시마는 작가로서 자신의 존재 상황을 '절대 고독'이라고 규정하는데, 이러한 사정을 바탕에 두고 읽지 않으면 그 의미를 이해할 수 없을 것이다.

그건 그렇고, 작가는 자신이 살고 있는 시대와 절대 고독의 관계에 관하여 끊임없이 골머리를 앓지 않을 수 없다. 이것은 도대체 어떤 관계일까? 단순히 추문과 같은 것일까? 쓸 때마다, 쓰면 쓸수록, 그는 이 문제를 깊이 생각하고, 이 불가사의한 의문이 결국은 그의 반복되는 주제가 되고 만다.
행복하게도 비밀은 그가 쓰고 또 쓰다가 죽어버릴 때까지 잘 지켜진다. 비밀이란?
'그런 관계는 전혀 없다.'

이 부분을 읽으면 시대를 포착하고 시대와 접전을 벌이는 데 힘을 다 쏟은 미시마에게 지금 시대가 복수의 칼을 들이미는 모습이 생생하게 다가온다. 그 처사는 실로 주도면밀하다. 시대는 미시마에게 이렇게 말하는 듯하다.
나를 포착하고 나를 넘어서는 방법론을 발견해 새로운 비전을 제시하는 일 따위는 전혀 가능하지 않은데도 지금까지 잘도 버텼구나. 포상을 하겠다. 그것은 원래 너의 내면 우주에 뿌리박혀 있었던 것이다. 하나는 바닥 모를 허무. 쓸데없이 쓰면 쓸수록 너는 맘껏 그것을 맛볼 것이다. 또 하나는 세바스티아누스 콤플렉스. 너는 그것을 문학으로 형상화하지 않아도 된다. 그런 짓을 하지 않아도 '도리마'는 거기에 나타나 소원대로 너를 살해할 것이다ㅡ.

사실을 말하면, 〈마〉의 초고에는 시마나카 사건으로 자신의 생명을 위험에 처하게 함으로써 얻은 기괴한 도취감까지 적혀 있다. 이것도 발표한 원고에서는 삭제되었지만, 그렇다면 '살해당하기'를 바라는 인간도, '도리마'라는 살인자도 그 뿌리를 거슬러 가면 미시마 자신으로 이어진다.

이렇게 보면 시마나카 사건이 미시마에게 끼친 심각한 영향을 잘 알 수 있다. 그것은 전 습작기 시절 〈관〉의 중단에 직면했을 때 미시마에게서 볼 수 있었던 상황에 가깝다. 즉 현실 세계에 범람하는 허무와 세바스티아누스 콤플렉스가 제어 불능 상태에 이르렀고 급기야 미시마의 존재를 근저에서 위협하는 위기가 닥쳐 왔던 것이다.

물론 미시마는 지지 않는다. 자신이 놓인 상황을 〈마〉의 부제처럼 '현대적 상황의 상징적 구도'로 간주하고, 말하자면 자신을 거울 삼아 상대를 그려내고자 한다. 그러나 그것을 소설로 어떻게 표현할 것인지를 두고, 《교코의 집》의 방식도 《잔치가 끝나고》의 방식도 거부당한 미시마는 고민에 고민을 거듭한다.

재차 타격을 가하는 사건이 발생했다. 1950년 12월 〈간탄〉을 분가쿠좌 아틀리에에서 공연한 이후 깊이 관여하여 1956년에는 창립 20주년 기념 공연 작품으로 〈로쿠메이칸〉을 제공하는 등 미시마 창작 활동의 중요한 기둥이었던 분가쿠좌가 분열하기에 이른 것이다. 미시마에게는 그야말로 아닌 밤중에 홍두깨였다.

1963년 1월 14일, 《마이니치신문》이 '분가쿠좌 분열'이라는 제목으로 아쿠타가와 히로시, 기시다 교코(岸田今日子) 등이 탈퇴하고 후쿠다 쓰네아리의 신예술 운동에 참가하여 극단 구름을 결성하기로 했다는 특종을 게재했다. 스기무라 하루코 중심의 분가쿠좌의 현상에 대한 중견 및 신인 배우의 불만이 가장 중요한 배경으로 알려졌는데, 탈퇴한 사람이 29명에 이르러 분가쿠좌로서는 전대미문의 대사건이었다.

전 달인 3월에 여기에 들어간 미시마와 교체라도 하듯 1956년 4월 분가쿠좌를 탈퇴한 후쿠다 쓰네아리는 그 후에도 평론과 극작의 라이벌로서 또는 하라노키카이의 동료 회원으로서 미시마와 교우를 이어 왔는데, 이 사태와 관련해서는 신문 특종 전날 형식적으로만 미시마에게 신극단에 들어올 것을 권했을 뿐이다. 미시마는 친하게 지내며 일을 해 온 아쿠타가와와 기시다로부터도 사전에 아무런 정확한 얘기를 듣지 못했다. 이렇듯 미시마는 당혹스럽게도 믿었던 사람이 배신을 하거나 도전장을 들이미는 상황에 놓이게 되었던 것이다.

같은 해 분가쿠좌를 대표하는 이사 자리에 있었던 이무이 이치로(戌井市郎)의 전언에 따르면, 미시마는 이상할 정도로 열의를 갖고 분가쿠좌 재건을 진두지휘했다.[13] 사실 미시마는 분열에 즈음하여 분가쿠좌 측의 성명문을 자진해서 기초했고, 나아가 앞으로 나아갈 방향에 대하여 다음 세 가지를 강조했다.

창작극 중시, 가부키에서 사실적(寫實的) 대본의 재평가, 서구의 극장적(theatrical) 연구 중시가 그것이다. '극장적' 연극이란, 《아사히 신문》 1963년 2월 13일 자 석간에 게재된 미시마의 말에 따르면, "배우술(俳優術)의 견본이 되는 근대 리얼리즘 이전의 〔……〕 '연극다운 연극'"을 가리키는 것인데, 미시마 자신의 〈로쿠메이칸〉도 이 계보로 이어지는 것이었다. 1963년 6월 분가쿠좌에서 상연한 빅토리앙 사르두(Victorien Sardou)의 〈토스카〉(오페라 〈토스카〉의 원작)는 이 세 가지를 구체적으로 보여준 사례였는데, 미시마는 안도 신야(安堂信也)의 번역문을 대폭 손질해 윤색했고 공연도 성황을 이루었다.

이렇게 말하면 미시마는 그야말로 정력적으로 활동했던 것처럼 보인다. 하지만 실제의 정신 상태는 대단히 불안정했다.

훗날 이 시기를 회고하면서(〈2·26사건과 나〉, 《영령의 소리》의 '후기') 미시마는 이렇게 말한다. "내 안의 이유를 알 수 없는 답답함과 울적함은 날이 갈수록 심해졌고, 일찍이 젊은 날의 내가 퇴폐의 조건이라고 생각했던 기나긴 권태가 퇴폐와 정반대되는 방향으로 나를 사정없이 내모는 바람에 나는 경악하고 있었다."

이것은 조증(躁症)에 가까운 상태라고도 할 수 있을 터인데, 그 연장선상에서 쓴 글이 1964년 분가쿠좌 정월 공연용으로 쓰기 시작한 〈기쁨의 거문고(喜びの琴)〉이고, 결과적으로 그 글이 미시마의 분가쿠좌 탈퇴를 야기하기에 이른다.

〈기쁨의 거문고〉

〈기쁨의 거문고〉는 열차 전복 테러 사건을 둘러싸고 공안경찰관이 펼치는 드라마이다. 반공의 신념을 품고 있는 순사 가타기리는 그 신념을 자신에게 불어넣은 순사부장 마쓰무라에게 심취해 있는데, 사실 마쓰무라는 공산당 과격 그룹의 비밀당원이다. 그것을 모르는 가타기리는 마쓰무라의 지시에 따라 사건을 책동한 자가 우익이라는 것을 밝혀낸다. 그러나 그것은 오인이다. 정말로 위험에 처한 것은 우익과 그 배후에 있는 정부와 자본가라는 인상을 사회에 심어주기 위해 마쓰무라가 가타기리를 속여 수사를 그르치게 한 것이 사건의 진상이고, 진범은 공산당 과격 그룹인 것으로 드러난다.

이용당한 것을 안 가타기리는 절망의 바닥으로 떨어지지만, 최후에 거문고 소리를 환청으로 듣고 거기에서 구원을 발견하며 막이 내린다.

이 희곡의 모티프는 1949년 8월에 일어난 마쓰카와 사건이다. 제7장에서도 조금 언급했지만, 마쓰카와 사건은 인원 정리에 반대하는 공산당원들이 일으킨 테러였으며, 당원과 노동자들이 체포돼 기소되었다. 그러나 바로 1963년 9월 12일 피고 전원의 무죄가 확정되었다. 〈기쁨의 거문고〉는 그 판결을 뒤집는 것처럼 보이는 내용의 희곡이다.

이에 대해 당시 분가쿠좌에는 1960년의 방중 공연 이래 중국을 옹호하게 된 스기무라 하루코를 비롯해 공산주의 사상에 동조하는 이들이 있었기 때문에 의문이 속출해서 '일공(日共)'이나 '중공' 같은 명칭을 대본에서 삭제하는 등 개정이 가해졌지만 리허설도 제대로 하지 못했다. 사정을 안 NHK 방송은 정월의 텔레비전 중계를 거부했고, 주요 관람 단체인 노연(勞演, 노동자연극협회)도 비판적이었다. 결국 분가쿠좌는 미시마에게 〈기쁨의 거문고〉 공연 보류를 제의한다.

그런데 미시마는 보류가 아니라 중지를 주장했고, 예술지상주의를 내세우면서 사상적 이유로 대본을 거부하는 극단과는 함께할 수 없다는 점을 들어 분가쿠좌를 탈퇴한다. 그리고 1952년 11월 분가쿠좌에서 〈소토바 고마치〉를 무대에 올린 이래 종종 미시마 희곡을 연출했던 마쓰우라 다케오, 전후 일찍부터 미시마와 교우가 있었던 극작가 야시로 세이이치, 배우 중에서는 나카무라 노부오(中村伸郎), 단아미 야쓰코(丹阿弥谷津子), 가하라 나쓰코(賀原夏子), 미나미 요시에(南美江) 등이 미시마와 행동을 함께했고, 1964년 1월 그룹 NLT(Neo Literature Theatre, 새로운 분가쿠좌라는 뜻)가 결성된다. 분가쿠좌로서는 두 번째 대대적인 분열인 셈이다.

이러한 사정의 배경에는 몇몇 요인이 있다. 예술지상주의의 입장에서 분가쿠좌의 정치적 편향성을 바로잡고자 한다는 미시마의 입장은 단순한 표면상의 방침이나 허사가 아닌데, 여기에 후쿠다 쓰네아리를 향한 대항 심리가 작동했다는 것도 의심할 수 없을 듯하다.

다만 이 지점에서 상기해야 할 것은 마쓰카와 사건이 일어난 1949년 8월은 시모야마 사건, 미타카 사건으로부터 1개월 후에 해당하지만 동시에 《가면의 고백》 간행으로부터 1개월 후이기도 하다는 점이다. 그렇다면 〈기쁨의 거문고〉 집필 모티프의 바탕에는 《가면의 고백》으로 전후 문학의 최전선에 섰던 시기로 되돌아가 자신의 문학을 재검증하고자 하는 생각도 감춰져 있지 않았을까.

게다가 이 희곡의 대사는 표면적으로는 공산당과 공산주의를 비난하는 것처럼 보일지 모른다. 그러나 미시마가 실제로 자신을 동일시한 인물은 오히려 "나는 당 조직도 믿지 않는다. 인간도 믿지 않는다. 믿는 것이라곤 분명치는 않지만 파괴를 향한, 만족할 줄 모르는 파괴를 향한 나의 욕망뿐이다."라고 말하는 공산당 비밀당원 마쓰무라 쪽이다. 그는 허무와 세바스티아누스 콤플렉스를 체현한 존재로서 《가면의 고백》과 《금각사》 주인공의 계보를 잇는 인물이며, 마쓰무라가 체포되면서 책동이 실패로 끝나는 것은 미시마 자신의 문학 활동이 결국 뜻하지 않은 결과에 이른 사태를 자학적이고 익살스럽게 서술한 것으로 볼 수도 있다.

가타기리는 간신히 거문고 소리에서 구원을 발견한다. 하지만 미시마에게 거문고 소리가 들렸는지 여부는 아무도 알 수 없다. 미시마는 이 작품에 관하여 "이데올로기는 본질적으로 상대적이라는 것이 나의 확고한 신념이며, 바로 그렇기 때문에 예술의 존재 이유가 있다는 것도 나의 확고한 신념이다"[14]라고 말한다. 그러나 거문고 소리가 상징하는 예술이라는 존재의 확실한 느낌을 이 시기 미시마는 놓치고 있었던 것이 아닐까.

아울러 〈기쁨의 거문고〉는 닛세이극장 임원으로 취임한 극단 사계(四季)의 아사리 게이타(淺利慶太)가 직접 연출해 무대에 올렸는데(1964. 5. 7 ~ 30.) 여기에는 1963년 문을 연 닛세이극장을 궤도에 올려놓기 위한 화제 모으기의 의미도 있었다. NLT와 극단 사계에서 배우가 참가했고, 가타기리 순사 역은 텔레비전 스타 소노이 게이스케(園井啓介)가 맡았다.

하지만 작품 수준에 대해서는 물음표를 지우기 어렵다. 최대의 난점은 미시마 희곡에서 가장 볼 만한 (〈로쿠메이칸〉의 아사코와 가게야마가 그러하듯) 대사와 대사의 대결이 펼쳐져야 할 장면이 진상을 알고 망연자실한 가타기리에게 마쓰무라가 일방적으로 허무한 생각을 늘어놓는 장면으로 끝나고 말아 무대의 역동성을 느낄 수 없다는 것이다.

긴 세월 동안 쉬지 않고 달려《금각사》에서 문학적 정점을 찍었지만, 그 후《교코의 집》과《잔치가 끝나고》에서 예상했던 평가를 얻지 못한 채 '폭류'에 농락당하며 괴로워하고 있던 미시마는 이리하여 커다란 벽에 부딪치고 말았다. 오리구치 노부오(折口信夫)를 모델로 하는 일본 문학가이자 가인(작중에서는 후지미야 선생이라 불린다)이 주인공인 〈구마노 참배(三熊野詣)〉(《신초》, 1965. 1.)에서 미시마는 노추(老醜)를 그리는데, 그것은 당시 미시마 자신의 자화상이기도 하다. 이 작품을 포함한 작품집《구마노 참배》(신초샤, 1965. 7.)의 후기에는 이렇게 적혀 있다. "네 편을 함께 묶은 것은 거의 같은 시기에 쓰였고 공통의 테마를 갖고 있기 때문이다. 이 단편집은 지금까지 나의 전 작품 중에서 가장 퇴폐적인 것이리라. 나 자신의 피로와 무력감과 썩어 문드러진 심정의 데카당스 그 모든 것을 이 네 편에 담았다." 이것이 1960년대 전반 정신의 피폐를 거듭하고 허무에 잠식당한 미시마의 실태였다.

제14장

육체라는 오브제

〈실없는 놈〉의 주연 배우

이처럼《교코의 집》이후 미시마에게는 오산과 심각한 심리적 타격이 잇달았다. 그러나 다른 한편으로 미시마는 영화에 출연하고,《장미형(薔薇刑) — 호소에 에이코 사진집》을 간행하고, 잡지 표지를 장식하는 등 매스컴의 총아이기도 했다. 1959년 6월에는 장녀 노리코(紀子), 1962년 5월에는 장남 이이치로(威一郞)를 얻는다. 이런 면만을 보면 일이나 사생활에서는 오히려 정력적으로 활약하고 있었던 것 같기도 하다.

앞 장에서는 '폭류'에 농락당하는 부정적인 측면을 살펴보았는데, 여기에서는 같은 시기 미시마의 얼핏 화려하고 즐거운 듯 보이는 부분에 초점을 맞춰보기로 한다. 하지만 미리 말해두거니와 그 화려함이나 즐거움은 마약과 같은 것이다. 활발하게 활동함으로써 일시적으로는 울적함에서 벗어날 수도 있고 오산이나 타격 따위가 없었던 것 같은 기분에 휩싸일 수도 있다. 그러나 오랫동안 지속되지는 않는다. 금세 다음 불운에 직면하게 되고, 이전보다 더 정력적으로 활동하지 않으면 울적함에서 벗어날 수 없게 되며, 결국은 끝없는 악순환에 빠진다.

그 최초의 계기가 된 것이 영화 〈실없는 놈〉(다이에이, 1960년 3월 23일 개봉)의 주연이었다.

〈실없는 놈〉은 무모하지만 심약한 야쿠자 아사히나 다케오가 연인 요시에의 순수함에 이끌려 야쿠자 생활에서 발을 빼기 직전 경쟁 상대에게 살해당하는 이야기이다. 미시마는 다케오를 연기했고, 요시에 역은 와카오 아야코(若尾文子)가 맡았다. 감독은 대담하고도 강렬한 연출로 영화사 다이에이의 전성기를 떠받친 마스무라 야스조(增村保造)이다.

1959년 11월 14일, 다이에이 사장 나가타 마사이치(永田雅一)가 기자회견에서 다음 해 봄 개봉할 다이에이 작품에서 미시마가 주연을 맡을 것이라고 밝히자 사람들은 깜짝 놀랐고, '신인 스타 미시마 유키오'라는 둥 '드디어 얼굴을 내민 일본판 장 콕토'라는 둥 온갖 말들로 세상이 떠들썩했다.

하지만 그 배경에는 다음과 같은 사정이 있었다. 실은 〈실없는 놈〉보다 앞서 영화사 네 곳으로부터 《교코의 집》을 영화로 만들자는 제안이 있었는데, 특히 다이에이가 적극적이었다. 감독은 미시마의 희망에 따라 이치카와 곤(市川崑)이 맡기로 했다.

그런데 이와 별도로 미시마의 친구인 고단샤의 편집자 에노모토 마사하루(榎本昌治)와 다이에이의 프로듀서 후지이 히로아키(藤井浩明)가 미시마를 영화에 출연시킨다는 계획을 세웠고, 이것을 받아들인 나가타가 미시마에게 주연을 의뢰했다. 나가타의 입장에서 보면

1960년 미시마가 주인공을 맡아 촬영한 영화 〈실없는 놈〉의 한 장면.

《교코의 집》을 영화화하는 것보다 미시마가 주인공으로 출연하는 영화 쪽이 화제가 되어 팔릴 것으로 보고 이런 선택을 했을 것이다 (《교코의 집》영화화는 실현되지 못했다).

다른 한편 미시마 입장에서 보아도 점차 명확해지기 시작한《교코의 집》에 대한 악평으로부터 벗어날 수 있는, 표현은 썩 좋지 않지만, 알맞은 도피처가 마련되었던 셈이다. 당초 각본은 시라사카 요시오(白坂依志夫)의 〈육체의 깃발〉이었지만 얼마 지나지 않아 기쿠시마 류조(菊島隆三)의 〈실없는 놈〉으로 변경했고, 1960년 2월 8일 촬영에 들어간다. 후카자와 시치로가 작곡한 주제가도 완성되었고, 미시마는 대단히 열정적으로 영화에 임한다.

하지만 미시마에게 촬영은 가혹한 체험이었다. 그때까지 미시마와 마스무라 사이에 교류가 있었던 것은 아니지만, 두 사람은 도쿄대 법학부 동기라서 이번이 첫 만남은 아니었다. 그 인연을 이유로 삼아 마스무라는 연기가 미숙한 미시마를 함께 연기한 사람들이 걱정할 정도로 가차 없이 대했다. 심신을 갉아먹으며 필사적인 연기를 이어 가던 미시마는, 3월 1일 오전 0시가 지나 스키야바시의 니시긴자 백화점 내부에서 촬영하던 중, 에스컬레이터에서 넘어지는 연기를 하다가 머리를 강하게 부딪쳐 도라에몽 병원에 입원하는 해프닝까지 겪었다. 크게 다치지는 않아서 10일에 퇴원하고 15일 오전 0시가 지나 촬영을 종료하는데, 그때 미시마는 "영화 출연은 이미 충분하다. 만주 한 상자를 먹어치운 느낌이다."(《닛칸 스포츠》, 1960. 3. 16.)라고 말한다.

가장 중요한 영화에 대한 평가도, 흥미 본위의 화제가 되긴 했지만, 냉정하게 보는 사람이 적지 않았다. 〈실없는 놈〉의 포스터가 바

람에 퍼덕이고 있는 것을 본 에토 준은 '아아, 다 틀렸어!'라고 생각했다.[1]

그러나 이 영화 주연으로 미시마가 구원을 받은 것도 일면의 진실이다.

촬영에 앞서 미시마는 〈나는 오브제가 되고 싶다〉라는 글을 쓴다(《주간 공론》, 1959. 12. 1.). 이 글에 따르면 미시마는 소설가이지만 "소설가라는 것은 언제나 오브제는 아니다". 왜냐하면 "이쪽이 늘 주체"이기 때문이다. 그러나 "영화배우는 극도로 오브제이다". 따라서 영화배우가 되는 것은 "자신의 존재가 뒤집히게 되는 것"인데, 그것이 "참을 수 없을 정도로 재미있다".

> 역설적으로 들릴지도 모르지만 나는 오래전부터 내가 알지 못하는 세계, 나와 거꾸로인 세계가 있지 않을까 생각해 왔다. 물리학에서 말하는 반양자(反陽子)의 세계 같은 것을 늘 동경해 왔다. 여기에 있는 내가 내가 아니라 스크린 속에 있는 것이 나인 것 같은 사태가 일어난다면 유쾌하지 않을까.

가혹한 체험이었지만 '오브제'가 됨으로써 구원을 받았다는 느낌은 촬영 후에도 지속되었다. 그것은 유소년기 이래 《교코의 집》, 《잔치가 끝나고》에 이르는 자신의 모든 문학 활동으로부터 분리된 다른 차원의 시공간이었던 것이다.

할복과 〈우국〉

〈실없는 놈〉이 개봉된 1960년 3월에는 《잔치가 끝나고》의 연재가 순조롭게 진행되고 있었다. 그런데 8월에 접어들어 아리타 하치로가 미시마 집안에 항의하고, 9월에는 요시다 겐이치가 중개 역할을 하려고 움직인다. 미시마는 이것을 거절하지만, 중앙공론사는 《잔치가 끝나고》의 단행본화를 보류하는 쪽으로 방향을 바꾼다. 그러자 미시마는 단행본화를 신초샤에 의뢰한다. 신초샤는 1960년 11월 15일 단행본 《잔치가 끝나고》를 발행하는데, 그 결과 아리타 측과의 대립은 피할 수 없는 일이 되고 만다.

이러한 경위는 미시마에게 커다란 심리적 부담이 되었다. 제9장에서 언급했듯이 미시마는 이전부터 시추에이션 플레이, 즉 다양한 상황을 설정하고 취향을 집중시키는 플레이에 친숙했다. 그것이 할복 플레이라는 형태로 수렴했고, 세바스티아누스 콤플렉스의 받침 접시가 되기도 했던 것이다.

이렇게 된 데에도 계기가 있었는데, 고지마 데루히코(児島輝彦)의 〈괴로운 할복 비원(悲願)〉(《기담 클럽》, 1954. 1.), 〈우리의 도착(倒着)의 계보—'괴로운 할복 비원'에 관하여〉(《기담 클럽》, 1955. 5.) 두 편의 글을 접한 것이 그 계기이다. 동성애, 사도마조히즘, 나르시시즘의 관점에서 할복에 깊은 관심을 피력한 고지마의 글에 미시마는 강하게 이끌린다. 그것이 사다코와 교제한 시기와 겹친다는 것은 피할 수 없는 사실이다. 앞에서 사다코를 거론할 때에는 언급하지 않았지만, 미시마가 사다코와 교제를 이어 나가기 위해서는 한편으로 이와 같은 균형 잡기가 필요했던 것이다.

할복에 대한 관심이 《교코의 집》에서 오사무의 마조히즘적 성애에도 반영되어 있다는 것은 이미 언급한 대로이지만, 우연의 장난이라고밖에 말할 수 없는 점도 있었다. 바로 《교코의 집》 출간과 때를 같이하여 교토에 사는 할복 연구가 나카야스 히로미치(中康弘通)가 《이창(裏窓)》 1959년 10월호에 〈비창미(悲愴美)의 세계 소년 할복사〉를 발표했던 것이다. 이 글을 읽은 미시마는 오사카에서 열린 《교코의 집》 사인회에 들렀다가 교토까지 가서 나카야스를 만난다(10월 4일).

다만 이 시기에 미시마에게 의식적으로 할복이라는 테마에서 심리적 도피처를 찾으려는 생각은 희박했고, 그것을 문학으로 표현하고자 하는 의도도 없었다.

그런데 〈실없는 놈〉 개봉 다음 달, 미시마는 세바스티아누스 콤플렉스의 원천 중 하나인 〈살로메〉를 자신이 연출하여(안무는 아가타 요지) 분가쿠좌에서 상연했다(1960. 4. 5~16, 도요코 홀). 이 무대에서 다룬 것은 할복이 아니라 참수였지만 미시마는 그 작품에서 강한 자극을 받아 할복이라는 테마를 어떤 형태로든 표현하고 싶다는 생각을 골똘히 하고 있었다. 그리고 그것은 제8장에서 언급한 남성 동성애 모임 아도니스회의 기관지 《아도니스》의 별책 《아폴로》 제5집(1960년 8월에 간행할 예정이었지만 10월에 발행된다)에 사카키야마 다모쓰(榊山保)라는 필명으로 발표한 소설 〈사랑의 처형〉으로 이어진다.

이 작품은 중학교 체조 교사가 학생의 명령에 따라 할복사(割腹死)한다는 내용의 포르노이다. 《아도니스》 편집에 관여하고 있던 나카이 히데오(中井英夫)에게 남아 있던 미시마 자필의 〈사랑의 처형〉

초고 노트가 발견되면서 미시마의 작품으로 확인되었다.《잔치가 끝나고》를 둘러싼 상황이 복잡한 사태로 번져 가던 때에, 미시마는 분명히 이 작품을 울적한 심리를 발산하는 역할을 담당하는 것으로 받아들였을 것이다.

바로 그때, 미시마는 1960년 10월 갓 창간된 잡지《소설 중앙공론》에 단편소설을 기고해 달라는 청탁을 받는다. 이 청탁은 중앙공론이《잔치가 끝나고》의 단행본화를 취소한 것에 대한 대가이기도 했는데, 그렇다면 이쪽에서도 마음대로 해도 되지 않겠느냐는 생각도 있었을 터여서, 미시마는 〈사랑의 처형〉의 연장선상에서 할복이라는 테마를 표현하기로 한다. 그것이 바로《소설 중앙공론》1961년 1월호에 발표된 〈우국〉이다.

〈우국〉은 친구는 2·26 사건의 궐기 부대에 가담했으나 자신은 그 부대를 토벌하는 입장에 설 수밖에 없어 고민하던 근위병 중위가 할복하고 부인도 뒤를 따라 자결한 사건을 그린 단편소설이다. 미시마는 그 전거를 밝히지 않았지만 와다 가쓰노리(和田克德)의《할복》(아오바쇼보, 1943. 9.)이 전하는 실제 사건인 아오시마 겐키치(青島健吉) 중위 부부의 죽음에서 설정을 차용했다. 작품의 대부분은 죽음을 앞둔 부부의 최후의 성행위와 중위의 할복을 묘사하는 데 할애되어 있는데, 그 부분은 미시마 자신이 창작한 것이다. 예를 들면 다음과 같다.

> 중위가 간신히 오른쪽 옆구리까지 당겼을 때, 이미 칼의 깊이는 약간 얕아져서 기름기와 피로 미끌거리는 칼날 부분이 드러났는데, 갑자기 구토가 밀려온 중위는 마른 비명을 내질렀다. 구토가 고통을 더

욱더 휘저였고. 지금까지 굳게 닫혀 있던 배가 갑자기 물결쳐 상처 부위가 크게 벌어지는가 싶더니, 마치 상처 부위가 있는 힘껏 토사라도 하듯 창자가 쏟아져 나왔다. 창자는 주인의 고통도 모르는지 건강하고 메스꺼울 정도로 싱싱한 모습으로 희희낙락하며 미끄러져 나와 가랑이 사이에 흘러넘쳤다. 중위는 고개를 숙인 채 어깨로 숨을 쉬며 눈을 가늘게 떴고, 입에서는 실타래 같은 침이 흘러내리고 있었다. 어깨에는 금빛 견장이 빛나고 있었다.

이 작품에 관하여 미시마는 훗날 이렇게 말한다.

〈우국〉은 이야기 자체는 단순한 2·26 사건 외전(外傳)이지만, 여기에 묘사된 사랑과 죽음의 광경, 에로스와 대의(大義)의 완전한 융합과 상승 작용은 내가 이 인생에서 기대하는 유일한 지복이라고 말해도 좋다. 그러나 슬프게도 이와 같은 지복은 결국 책에서밖에 실현될 수 없는 것인지도 모른다. 그렇다면 나는 소설가로서 〈우국〉 한 편을 쓸 수 있었다는 것으로 만족해야 할지도 모른다.[2]

미시마는 "에로스와 대의"라고 말한다. 하지만 '에로스'는 그렇다 치더라도 '대의'는 나중에 발견한 이유다. 집필 시점에서 〈우국〉은 《교코의 집》에 대한 악평에 이어 《잔치가 끝나고》를 둘러싼 골칫거리 때문에 심리적 압박을 강하게 받고 있던 미시마가 할복이라는 시추에이션 플레이를 명백하게 표현함으로써 막힌 가슴을 뚫고자 한 것이라고 말해도 좋다.

만약 그 이상의 이유가 있다면, 칙명을 받들라는 명령에 따라 친구를 토벌하지 않으면 안 되는 상황에서 고뇌하다 배를 가르는 중위와 반대로 아리타 하치로가 항의하자 《잔치가 끝나고》의 단행본화를 중지한 중앙공론사의 시마나카 호지에 대한 풍자일 것이다.

어쨌든 이때 발표한 〈우국〉은 만년의 미시마, 구체적으로는 1965년 이후 죽음에 이르기까지 미시마의 발걸음에 큰 영향을 끼친다.

원점으로 돌아가 말하자면 미시마에게 할복은 세바스티아누스 콤플렉스의 체현이며, 그 뿌리는 《살로메》의 요한 참수, 치첸이트사의 인간 희생 의식과 연결된다. 결국 할복이라는 행위의 근저에 놓인 세바스티아누스 콤플렉스는 미시마 개인의 문제일 뿐만 아니라 인간 존재의 저 깊은 곳에 있는 어둠이자 빛이다. 이것을 문학적으로 형상화하는 데 성공한다면 그것은 미시마 문학의 주요 가치 중 하나가 될 것이다. 《가면의 고백》이나 《금각사》의 마지막 장면은 그 대표적인 예라 할 수 있다.

그런데 자칫 잘못하면 할복은 문학적 형상화 이전에 단순하고 저속한 시추에이션 플레이로 끝나고 만다. 저속하다는 것이 나쁘다는 뜻은 아니지만, 그것만으로는 잠시 동안의 기분 전환이나 도피처밖에 되지 않는다. 이런 관점에서 보면 〈우국〉은 〈사랑의 처형〉의 연장선상에 있다기보다 오히려 의미상 동일하다 할 수 있으며, 가령 미시마의 이름으로 발표되고 〈사랑의 처형〉과는 비교가 되지 않을 정도로 많은 독자에게 사랑을 받았다 하더라도 결국 〈우국〉은 영화 〈실없는 놈〉과 마찬가지로 마약적 도취의 장이자 결실을 맺지 못한 수꽃에 지나지 않았다. 그때 세바스티아누스 콤플렉스는 인간 존재의 저 깊은 곳에 있는 어둠이나 빛과는 무관한 퇴폐적인 니힐리즘에 빠지고 만다.

그러나 정말로 그런 것일까. 또 그것으로 그만일 것일까. 문학 활동이 뜻하지 않은 사태에 빠졌을 때, 그렇게 도망갈 장소나 울적한 마음을 달랠 장소를 찾기만 해서는 자신을 문학가니 예술가니 해봐야 아무런 의미가 없다. 〈우국〉을 써서 발표한 미시마는 머잖아 이 문제에 정면으로 부딪치게 될 것이다. 그것은 〈우국〉이라는 소설의 의미가 집필이나 발표 시점과 관련된 것에서 본래 그러해야만 하는 것으로 바뀌는 것, 또 미시마가 《금각사》나 《교코의 집》에서 그리고자 했지만 반대로 미시마를 함정에 빠뜨려 없애버리려 하는 시대라는 것에 다시금 도전하는 것을 의미했다.

그러나 미시마는 아직 준비가 되어 있지 않았다.

말할 것도 없이 1960년은 안보 반대 투쟁의 해였다. 총리 관저 앞 시위 상황을 취재한 미시마는 1960년 6월 25일 자 《마이니치신문》에 〈하나의 정치적 의견〉을 기고한다. 이 글은 훗날 안보 반대 투쟁의 한계를 확인하고 〈'전후 문학'은 환영이었다〉(《군상》, 1962. 8.)를 쓴 사사키 기이치(佐佐木基一)의 논지를 선취하고 있을 뿐만 아니라 단순한 '환영(幻影)'에 그치지 않는 문학의 가능성을 모색하고 있다는 점에서 사사키가 묻기에 앞서 사사키에게 답하고자 하는 맹아를 품은 뛰어난 에세이다. 하지만 구체적으로 어떠한 소설을 써서 시대에 도전할 것인가라는 지점까지는 논의를 밀고 나가지 못한 채, "이것은 어디까지나 한 구경꾼의 정치적 견해이다"라고 덧붙인 다음 총리 기시 노부스케의 정치적 자세에 의문을 제기하는 선에서 멈추고 말았다.

그리고 1960년 10월 〈우국〉 원고를 이데 마고로쿠에게 건네고(후카자와 시치로의 〈풍류몽담〉를 다루는 것은 쉽지 않다고 미시마가 말한 것이 이때이다). 11월《잔치가 끝나고》를 신초샤에서 간행할 준비를 마무리한 미시마는 성가시기 짝이 없는 현실에서 도망치기라도 하듯 아내 요코와 함께 11월 1일부터 다음 해 1월 20일까지 미국과 유럽, 홍콩 등 세계를 도는 여행에 나선다.

카메라 앞의 오브제

미국에서는 마침 케네디와 닉슨이 격렬한 대통령 선거전을 치르고 있었다(11월 9일 승리를 확정 지은 케네디는 1961년 1월 20일 제35대 대통령이 된다).

그 흥분 상태 속에서 ANTA(American National Theater and Academy) 뉴욕 지부의 실험극장('matinee series') 공연으로 《근대 노가쿠집》 가운데 〈한조〉와 〈아오이노우에〉가 상연된다. 이리하여 미시마는 지난번 미국을 방문했을 때 자신의 작품이 상연되지 못했던 것을 설욕했다. 이때 미시마는 테네시 윌리엄스, 이오네스코, 에드워드 올비 등 극작가들과 교류했고, 뉴욕의 포비옹 바워즈(Faubion Bowers)의 집에서는 그레타 가르보와 만나기도 했다.

그 후 포르투갈, 에스파냐를 거쳐 프랑스를 방문했고 그곳에서 아사부키 도미코(朝吹登水子)의 안내로 장 콕토와 처음으로 만났으며, 런던에서는 아서 웨일리(Arthur D. Waley)와 시인 스티븐 스펜더와 면담했다. 이어서 독일, 이탈리아, 이집트, 홍콩 등을 거쳐 1월 20일 귀국한다. 대단히 빡빡한 여정이었다.

그런데 귀국하자마자 미시마는 현실의 '폭류'에 휘말린다. 즉 2월 1일에 시마나카 사건이 일어나고, 3월 15일에는 아리타 하치로에게

1962년 사진작가 호소에 에이코의 모델이 되어 찍은 '장미형'의 한 작품.

소송을 당한 것이다.

극심한 긴장이 이어지는 가운데 미시마 자신이 '오브제'가 될 알맞은 기회가 다시 찾아왔다. 평론집 《미의 습격》(고단샤, 1961. 11. 15.)의 표지와 권두의 사진을 호소에 에이코가 촬영하고, 1961년 9월 호소에와 그의 조수 모리야마 다이도(森山大道)가 미시마의 집을 방문한다. 그리고 미시마를 피사체로 하여 사진을 찍는데 그것이 《장미형—호소에 에이코 사진집》으로 발전한다. 《장미형》이 간행된 것은 바로 극단 구름 결성으로 분가쿠좌가 분열하고 미시마가 분가쿠좌를 재건하기 위해 동분서주하고 있을 때였다. 〈'장미형' 체험기〉(《예술생활》, 1963. 7.)에는 호소에가 찾아왔을 때의 일이 다음과 같이 적혀 있다.

호소에 씨가 왔을 때 나는 벌거벗은 몸으로 일광욕을 하고 있었다. 내가 옷을 걸치려 하자 그는 그대로 괜찮다면서 열심히 뭔가를 찾는 눈치다. 마침내 고무호스를 찾아내서는 그것을 갑자기 내 몸에 친친 둘러 감았다. 깜짝 놀랐지만 맡긴 이상 어쩔 도리가 없다. 《장미형》 제1장에 수록될 사진 몇 장이 이렇게 촬영된 후 나는 그에게 물었다.

"도대체 이건 무엇을 의미합니까?"

정말이지 그의 대답은 간결했다.

"우상 파괴지요."

내가 말했다.

"아, 예. 그렇다면 나 같은 걸 해치워봤자 무슨 소용이 있겠습니까. 나는 첫째 우상이 아니고, 둘째 나 스스로 자신을 파괴하고자 하는 인간입니다. 정말로 우상을 파괴하고 싶다면 노대가를 벌거벗겨 고무호스로 휘감는 게 좋지 않을까요?"

"조만간 그렇게 합시다."

이렇게 서로 죽이 맞아 우리는 의기투합했다. 그래서 그가 전람회에 내놓을 연작을 찍게 해달라고 해서 나는 그것이 상업적인 것이 아니라 그의 진지한 작업의 일환이라는 것을 확인하고 흔쾌히 승낙했다.

그 후 일 년 동안 나는 때에 따라 그의 모델 노릇을 했다. 가능하면 나는 아이디어를 내지 않았고(내봤자 들어줄 사람도 아니지만), 그의 아이디어에 따라 충실하게 자신의 역할을 다하고자 언제나 벌거벗고서 모델의 온갖 고난을 감수했다.

여기에서 말하는 '전람회'란 1962년 1월 긴자 마쓰야에서 개최된 젊은 사진가 그룹전 'NON'을 가리키는데, 호소에는 미시마의 사진 약 20점을 '장미형'이라는 타이틀로 출품했다. 그 후의 촬영에 관하여 미시마는 사진집 《장미형》에 부친 〈호소에 에이코 서설〉에서도 "호소에 씨의 카메라 앞에 서면 나는 나 자신의 정신이나 심리가 조금도 필요하지 않다는 것을 알았다. 그것은 가슴이 뛰는 듯한 경험이었고 내가 고대하던 상황이었다."라고 말한다. 이렇게 촬영이 계속되는 동안 〈실없는 놈〉, 〈사랑의 처형〉, 〈우국〉으로 이어지는 정신의 피난처가 미시마에게 마련되었던 것이다.

《장미형》 다음으로 미시마를 구한 것은 1964년 10월 10일 막이 오른 도쿄 올림픽이었다. 미시마는 《마이니치신문》, 《아사히신문》, 《호치신문》의 특파 기자로서 정력적으로 취재 활동을 펼쳤고, 'Olympic'이라고 적힌 대학노트에 개회식부터 폐회식까지의 기록을 열심히 써 내려갔다.(《미시마 유키오 연구》 15, 2015. 3.) 그것은 9월 28일 《잔치가 끝나고》 재판 1심에서 패소한 지 약 2주 후의 일이었다.

끊임없이 이어지는 긴장 속에서 정신을 일정한 고도로 유지하는 데 올림픽 취재는 꼭 필요한 기회를 제공했던 셈이다.

하이데거를 만나다

그러나 올림픽도 얼마 안 있어 끝난다. 현장 취재를 하면서 아무리 기분이 고양되었다 해도 결국은 그곳에서만 맛볼 수 있는 일시적인 기분 전환에 지나지 않는다. 그것은 영화에 출연하고 사진집을 낸 것이나 〈사랑의 처형〉과 〈우국〉에서 할복이라는 시추에이션 플레이를 소설화한 것이 잠깐 동안의 기분 전환에 지나지 않았던 것과 마찬가지다.

이래서는 어떤 문제도 해결되지 않는다. 중독증과도 같은 악순환에 빠져 니힐리즘이 깊어질 뿐이다. 그것은 미시마 자신도 알고 있었다. 오산과 전략이 이어지는 곤란한 상황에서 정말 다른 대처법은 없는 것일까.

역시 사회, 시대, 역사의 전모를 포착하고 싶다. 그 위에서 현실을 뛰어넘는 방법론과 새로운 비전을 제시하고 싶다. 그렇게 하지 못한다면 소설가로서 자신의 존재 의의는 없다. 하지만 시대는 만만치 않아서 다양한 방법으로 미시마를 공격하고 위협한다. 대항하려면 어떻게 해야 할까. 사회, 시대, 역사의 전모를 파악하기 위해서는 뭔가 체계적이고 포괄적인 철학이 필요할지도 모른다. 그 철학을 바탕으로 삼아 문학 작품을 내놓을 필요가 있을지도 모른다.

《교코의 집》에서 기대한 만큼의 평가를 얻지 못한 채 1960년대에 들어선 이후 미시마는 '폭류'에 농락당하면서 조금씩이나마 그 철학을 찾으려 애를 썼다. 앞에서 《잔치가 끝나고》를 거론하면서, 이 작품은 《교코의 집》이 악평으로 끝난 것을 설욕하고자 한 것으로 미시마는 1956년의 성공 시점까지 일단 물러나 그 지점에서 《교코의 집》의 세계를 다시 묘사하려 했다고 서술했다. 그러나 미시마는 그러한 후퇴 전략뿐만 아니라 사상적·방법적으로 대담하게 전진하는 방식도 함께 모색하고 있었다.

그때 비로소 허무, 세바스티아누스 콤플렉스와 함께 미시마라는 인간과 문학에 관해 생각할 때 필요한 또 하나의 중요한 요인—이미 여러 차례 예고했듯이 또 하나의 물림쇠—이 명료하게 그 모습을 드러낼 것이라고 나는 생각한다.

이 세 번째 물림쇠에 관하여 상세하게 논할 때가 드디어 다가왔지만 조금 참았다가 다음 장에서 살펴보기로 한다. 여기에서는 철학을 찾아 나선 미시마가 어떤 인물에 주목했다는 것을 밝혀 두고 싶다. 그 인물은 바로 하이데거이다.

《금각사》를 논한 장에서 상상력의 문제를 언급할 때 나는 하이데거도 함께 언급했는데, 그것은 오늘날 미시마 연구의 시점에서 지적할 수 있는 것이지 미시마 자신이 하이데거에게 특별한 주의를 기울였다는 뜻은 아니다. 스스로 '나의 니힐리즘 연구'라고 부른 《교코의 집》을 쓸 때 미시마는 니시타니 게이지(西谷啓治)의 《니힐리즘》(고분도, 1949. 11.), 헬무트 틸리케(Helmut Thielicke)의 《니힐리즘—성립·본질·극복》(시바 가즈토미志波一富 옮김, 치쿠마쇼보,

1954. 1.) 등을 되풀이해서 읽고 거기에서 언급되는 하이데거에게 일정한 관심을 기울이지만, 그 시점에도 "니힐리즘이라는 정신 상황은 본질적으로 감정적인 것을 포함하고 있기 때문에 학자의 이론적 체계보다 소설가의 소설에 의한 연구에 적합하다"(《니체와 의상》)고 생각했지 직접 하이데거로 향한 것은 아니었다.

하지만 앞에서도 서술했듯이 미시마 문학과 철학적 논의 사이에는 (종종 지적되곤 하는 니체나 바타유의 관계 이외에도) 의외로 깊은 관련성이 있다. 특히 그 무렵 와타나베 지로(渡邊二郎)의 《하이데거의 실존 사상》(게이소쇼보, 1962. 3.)을 읽은 미시마는 하이데거 철학을 자신의 작품에 받아들일 수 있을지 진지하게 고려하기 시작했다.

하이데거 3부작 1 《아름다운 별》

이 시기 미시마는 하이데거와 관련성이 깊은 작품으로 《아름다운 별》, 〈사랑의 돛 그림자〉, 《비단과 명찰》 3부작을 발표한다. 그것을 나는 하이데거 3부작이라 부르고 싶은데, 여기에서는 먼저 핵 경쟁의 위기 속에서 세계 평화를 이루기 위해 분투하는 외계인 일가인 오스기가(家)와 센다이에 사는 조교수 하구로 마스미스케를 비롯해 지구를 멸망시키고자 하는 다른 외계인 일파의 싸움을 그린 SF소설 《아름다운 별》(《신초》, 1962. 1 ~ 12.)을 살펴보고자 한다.

이 작품의 배경은 냉전하 핵무기의 압력으로 상황이 고착하면서 운신을 할 수 없게 된 상대적 안정 상태(해빙기)가 1959년 1월 1일 쿠바 혁명의 성공으로 막을 내리고, 1962년 쿠바에 소련 핵미사일이 배치되면서 순식간에 긴장이 고조된 쿠바 위기이다(덧붙이자면 이때 미국 공군참모총장은 제2차 세계대전에서 일본 공습을 지휘한 커티스 르메이였다).

소설의 내용을 보면, 오스기 집안의 가장 주이치로의 일상생활은 허무에 잠식당하고 있다. 그는 세계를 어떻게 체험하고 있을까. 이와 관련해 미시마는 이렇게 적는다.

이리하여 세계는 늘어났다 줄어들었다 하고 돌연 되살아나는가 싶으면 다시 숨이 끊어지는 등 우리 주위에서 끊임없이 어쩔 줄 몰라 하며 모습을 바꾸고 있다. 주이치로는 닥치는 대로 일상 도구의 효용과 그것들이 끊임없이 우리에게 강요하는 하찮은 목적을 의심했다. 비 오는 날에는 우산이 그의 머리 위에 의미를 알 수 없는 검은 형태를 드리웠다. 그의 손에 쥐어진 구부러진 손잡이의 외설스러움, 머리 위의 우산살이 검은 비단을 어거지로 펼치고 있는 무자비할 정도로 과도한 긴장, 그 위에 쏟아졌다가 사방으로 끊임없이 흘러내리는 집요한 비!

오스기가에서 가까운 한데 땅 한쪽 귀퉁이에는 통장수가 있었는데, 맑은 날이면 사람이 다니지 않는 한데 땅에 자리를 깔고 직인 두세 명이 새 목욕통 둘레에 못을 박고 있었다. 주이치로는 산책하는 내내 그 통이 얼마 안 있어 어느 가족의 입욕(入浴)에 사용될 날을 생각하고는 불쾌감을 느꼈다. 이 나무통에 가랑이를 벌리고 들어서는 남편과 아내와 아이들의 느슨한 나체와 체모(體毛), 허리께에 남아 있는 비누 거품, 두려운 생활의 만족.

도쿄에 놀러 갈 때마다 잇달아 신축되는 거대한 빌딩의, 대낮부터 형광등을 켜놓은 창들이 주이치로에게 공포를 불러일으켰다. 확실히 저 창문 안에서 사람들은 큰 소리로 지껄이면서 일하고 있을 터였다. 아무런 목적도 없이!

　주이치로는 이 세계에 완전히 통일감이 결여되어 있다는 것을 간파했다. 모든 것이 두려우리만치 제각각이었다. 모든 자동차의 핸들과 바퀴도 제각각이고, 모든 인간의 두뇌와 위도 제각각이었다.

이는 《교코의 집》의 나쓰오가 아오키가하라 숲에서 한 체험의 연장선상에 있는 사태인데, 그 상황 분석이 논리적으로 구성되어 있는 것을 알아챌 수 있을 것이다. 즉 처음 인간과 도구의 관계에 금이 가고, 이어서 인간과 인간의 관계에 금이 가며, 최종적으로 인간과 세계의 관계에 금이 가는 것이다.

　하지만 나쓰오 앞에 수선화가 나타났듯이 여기에서는 하늘을 나는 원반이 나타난다. 어느 밤, 이상한 소리에 이끌려 문밖으로 나온 주이치로는 원반과 조우한다. 그리고 그것은 순식간에 날아가버린다.

　주이치로는 감동한 나머지 여름풀 사이에 주저앉았다. 자꾸만 눈물이 흘렀고, 지금 잠깐 모습을 드러낸 원반이 자신의 가장 깊은 기억의 바닥을 스치더니 뭔가를 촉발한 것만 같았다.

　먼저 그는 원반이 눈에 보였던 몇 초 동안 그의 마음을 채웠던 지복의 느낌을 반추했다. 그것은 틀림없이 뿔뿔이 흩어졌던 세계가 순식간에 치유되어 명징한 조화와 통일감을 이루었다고 느낄 때의 지복이었다. 하늘의 풀〔糊〕이 금세 부서진 파편을 이어붙였고, 세계는 다시금 수정의 구(球)와 같은 흠 없는 평화에 몸을 쉬이고 있었다. 사람들의 마음은 서로 통하고, 싸움은 그치고, 모든 것이 저 빈사의 거친 숨결에서 고르고 편안한 호흡으로 되돌아왔다. 〔……〕 그는 확신했다. 자신은 결코 지구인이 아니라 조금 전의 원반을 타고 화성에서 이 지구의 위기를 구하기 위해 파견된 자라고.

그런데 주이치로와 적대하는 조교수 하구로는 동료와 함께 오스기가를 찾아와 논쟁을 벌인다. 입을 열기가 무섭게 하구로는 다음과 같이 단언한다.

> 인간에게는 세 가지 숙명적인 병이랄까 결함이 있습니다. 하나는 사물에 대한 관심(Sorge)이고, 다른 하나는 인간에 대한 관심이며, 나머지 하나는 신에 대한 관심입니다. 인류가 이 세 가지 관심을 버리면 혹시 멸망을 면할 수 있을지 모르지만, 제가 보기에 이 세 가지는 불치의 병입니다.

그 후 하구로는 세 가지 '관심(Sorge)'이 얼마나 '불치의 병'인지를 상술하고, 주이치로는 이에 충분히 응답할 수 없을 뿐만 아니라 암으로 쓰러진다. 그러나 소설의 결말은 결코 배드 엔딩이 아니다. 오스기 집안 사람들은 각각 다른 별에서 온 '잠정적인 가족'인데, 그들 앞에 원반이 나타나면서 모든 존재의 근원이 치유된다.

여기에서 주이치로는 세 가지 관계(인간과 도구, 인간과 인간, 인간과 세계)에 금이 가는 사태에 괴로워하고 하구로는 세 가지 '관심'이 '불치의 병'이라고 주장하는데, 둘 다 하이데거가 《존재와 시간》에서 고려(Besorgen), 배려(Fürsorge), 그리고 우려(Sorge, '염려' 또는 '관심'으로 번역되기도 한다)라는 개념을 제기하고, 이 가운데 특히 우려에 관하여 인간(현존재)을 인간답게 하는 존재 그 자체로 규정한 것에 근거를 두고 있다. 그것은 정확한 인용이라기보다 오히려 패러디라는 형식을 취하고 있는데, 미시마는 여기에서 하이데거 철학에 기초하여 허무를 구조적으로 형상화하고 사회, 시대, 역사의 전모를 포착하려는 시도에서 일정한 성공을 거두었다고 말할 수 있을 듯하다.

다른 한편, 날마다 고조되는 세바스티아누스 콤플렉스를 조절하는 것은 미시마에게 용이한 일이 아니었다. 소개해 두고 싶은 이야기가 하나 있는데, 조교수 하구로의 거주지인 센다이에 취재하러 갔을 때 미시마는 처음으로 할복 애호가인 고지마 데루히코를 만난다(1962. 3. 9 ~ 10. 그랜드호텔 센다이). 그 만남은 노벨문학상 수상자를 내는 데 필요한 활동을 하러 일본에 와 있던 스웨덴 아카데미 회원 하리 마르틴손(Harry Martinson, 작가 겸 시인. 제18장 참조)을 둘러싼 파티 직후이자 장남 이이치로를 얻기 약 2개월 전의 일이었다. 이처럼 심리적으로 안정되지 않은 상황에서(아니 바로 그랬기 때문에) 미시마는 비밀리에 시추에이션 플레이를 하면서 줄타기와도 같은 생활을 이어 가고 있었던 것이다.

하이데거 3부작 2 〈사랑의 돛 그림자〉

우려의 문제에 관하여 미시마는 희곡 〈사랑의 돛 그림자〉에서도 논의를 심화하고자 한다.

〈사랑의 돛 그림자〉는 닛세이극장 개관 1주년 기념 공연(1964. 10. 3~29.)을 위한 작품으로 쓴 것인데, 외국인 관광객을 향해 인공적으로 일본풍의 취향을 맘껏 살린 호텔을 개업하고자 하는 마이토리(舞鳥) 집안의 미망인 미유키가 자신의 기만적인 생활방식을 자각하기에 이른다는 것이 줄거리이다. 주제에 관하여 미시마는 그때까지 미유키의 생활방식이 "진실한 실존으로부터 도피였다는 것, 생의 '본래적인 우려의 양상'의 거부였다는 것을 결국 그녀가 알게 된다"라고 설명한다.[3]

하지만 이 시도가 성공했는지 여부를 따지자면 《아름다운 별》만큼 훌륭하지는 않았다. 〈사랑의 돛 그림자〉의 주연은 미즈타니 야에코(水谷八重子)가 맡았는데, 미시마는 이 작품을 앞에서 말한 '극장적'인 연극으로 구성하고자 했다. 그러한 무대와(그리고 상정되는 관객층과) 위의 철학적 논의가 쉽게 연결되지는 않는다.

사실 〈사랑의 돛 그림자〉의 골격은 〈로쿠메이칸〉을 답습하고 있다. 즉 로쿠메이칸을 일본풍 호텔로, 아사코를 미유키로, 시대를 1886년에서 1964년으로 바꿔놓으면 된다. 그런데 가게야마에 해당하는 실업가인 미유키의 남편 마이토리 이사무는 이 세상 사람이 아니어서 무대 위에 등장하지 않는다. 따라서 〈로쿠메이칸〉에서 볼 수 있었던 것과 같은 대사와 대사의 대결극은 펼쳐지지 않으며, 전체적으로 극의 구성이 종잡을 수 없다는 것을 부인할 수 없다.

실제로 〈사랑의 돛 그림자〉 집필은 난항을 겪었는데, 미시마는 상연에 맞춰 대폭 수정을 가한다. 10월 10일 도쿄 올림픽이 막을 올린 날에는 취재 후 연극을 보러 온 미시마 자신이 중간에 꾸벅꾸벅 졸 지경이었다.

하이데거 3부작 3 《비단과 명찰》

하지만 바로 〈사랑의 돛 그림자〉가 무대에 올랐을 때 연재를 마친 《비단과 명찰(明察)》(《군상》, 1964. 1 ~ 10.)에서는 하이데거를 둘러싸고 한층 생각이 깊어진다. 《비단과 명찰》은 쇼와 30년대(1955~1965)의 미시마를 매듭짓는 데 중요한 작품이므로 조금 자세하게 검토하고자 한다.

이 소설은 1954년에 일어난 오미 견사(近江絹絲) 노동쟁의에서 취재한 것인데, 주인공 고마자와 젠지로의 인물 조형이 주목받는 등 평가가 좋았고 마이니치 예술상을 수상하기도 했다. 고마자와는 가부장적인 독재 경영으로 회사를 성장시킨 고마자와 방적 사장이다.

그의 추락을 노리는 라이벌 기업은 점령군용 클럽과 골프장을 운영해 재산을 모은 오카노를 이용해 고마자와 방적에서 파업을 일으키게 한다. 고마자와는 조합 측에 패하고, 그 후 얼마 지나지 않아 병사하고 만다. 이리하여 오카노에게는 차기 사장 자리가 주어지는데, 가모가와 강변에서 그는 이렇게 생각한다.

이상한, 거짓이 되살아나는 시대가 시작되고 있었다. 그는 한번은 그 소생의 인상에 속았지만, 살아남은 자든 되살아난 자든 사이좋게 말머리를 나란히 하고 걷기 시작한 이런 시대에 아무 일도 일어나지 않으리라는 것은 거의 확실했다. 바로 지난달에 도야마루(洞爺丸)가 침몰해 천 명 이상의 승객이 죽었고, 바로 전날에는 카빈총 강도가 오이타에서 체포되었다. …… 그러나 아무 일도 일어나지 않은 것은 확실하다.

이런 생각에 빠져 있다가 "문득 봇물 소리를 듣고 깨어난" 오카노는 눈앞의 강으로 눈길을 돌린다.

    가을 구름을 비추는 매끄러운 검은 수면이 보를 넘어서면서 서둘러 그 본성을 드러내는 것을 끈질기게 바라보고 있는 동안, 오카노는 자신의 마음까지도 그 색에 물드는 듯한, 불쾌하면서도 서정적인 취기로 가득한, 위험한 현기증을 느꼈다. 색과 빛과 께느른한 고요와 모든 것을 거둬들이는 물 소리 속에, 이 연보라빛 물의 흐름 속에, 사회도 사상도 인간도 모두 빨아들이는 이러한 감각적인 체험은 오카노에게 처음 있는 일이 아니었다.
    그의 눈썹을 스치며 날아가는 잠자리. 갈댓잎 끝에서 하늘거리는 나비. 건너편 강가에 깊은 나무 그늘을 드리울 생각에 빠져 있는 나무들. 보랏빛 물. 그 물의 반점 무늬. 이 세계에는 돛 그림자 아니면 그리워할 아무것도 없고 …… 자신이 정복한 것에서 갑작스럽게 빠져나오는 어쩐지 으스스한 원활함밖에 없다고 오카노는 생각했다.

위 인용은 세속적인 의미에서 성공을 거둔 것처럼 보이지만 사실상 시대에 대한 거리감〔疏隔感〕을 안고 심각한 허무에 잠식당한 오카노의 심경을 보여주는 훌륭한 묘사이다. "이 세계에는 돛 그림자 아니면 그리워할 아무것도 없고"라는 표현에는, '폭류'에 농락당하고 잇따른 오산과 좌절로 피폐해진 미시마의 심경이 그대로 반영되어 있다.
    그러나 이 소설에서 미시마는 자신을 괴롭히는 시대와 전후의 기만의 구도 위에 안주하고 있는 일본 사회에 어떻게 대항할 것인가라는 물음도 함께 담아낸다.

위 인용 직전에 미시마는 설정상 일찍이 프라이부르크대학에서 하이데거를 사사하고 귀국 후에는 성전철학연구소(聖戰哲學硏究所)라는 괴이쩍은 조직을 만든 오카노를 통해 휠덜린의 시 〈귀향〉에 대한 하이데거의 주석을 떠올린다. 그 주석은 이러하다. "보물, 고향의 가장 고유한 것, '독일적인 것'이 저장되어 있는 것이다. …… 시인이 저장된 것을 보물(발견물)이라고 부르는 것은 그것이 통상적인 오성으로 다가가기 어렵다는 것을 알기 때문이다."[4] 이와 관련하여 오카노는 이렇게 생각한다.

(하이데거가 이와 같이 ─ 인용자) 썼을 때 겉으로는 청징(淸澄)한 언어로 말하면서 실은 가장 무시무시한 것에 맞닥뜨린 것은 아닐까 의심했다.

"하지만 우리 마음속에 점점 더 커지는 즐거움, 거룩한 문이여! 그대를 지나 고향으로 돌아가는 것"이라고 말하는 〈귀향〉의 시구 자체가 지고의 명랑함 속에 말하기 어려운 어둠, 공포, 불안, 어리석음, 해학의 총체를 비밀리에 감추고 있는 것처럼 보인다.

이렇게 해독되는 휠덜린의 시는 오카노에게 이질적인 것, 상반된 것을 연결하는 마법의 언어다. 이 시에서는 '어둠'과 '어리석음'이 그것과 모순되는 '지고의 명랑함'에 포섭된다. 그렇게 말할 수 있다면 허무에 잠식당한 오카노가 "색과 빛과 께느른한 고요와 모든 것을 거둬들이는 물 소리 속에, 이 연보라빛 물의 흐름 속에" 포섭될 수도 있을 것이다. 그것은 시대에 대해 깊은 거리감을 품고 있는 오카노가 그 시대와 송두리째 일체화하는 것을 의미한다. 다만 그러기 위해서는 조건이 따랐다. '거룩한 문'을 지나 '고향으로 돌아가'야만 한다.

오카노는 미시마의 분신이다.

그렇다면 미시마에게 '고향으로 돌아간다'는 것은 어떤 의미일까.

그것은 뭐니 뭐니 해도 〈꽃이 한창인 숲〉, 《문예문화》의 시절로 돌아가는 것이리라. 여기에 흥미로운 부합이 있다. 그 시절에는 허무와 세바스티아누스 콤플렉스라는 미시마 개인에게 절실하고도 장절(壯絶)한 주제를 추구해봐야 아무런 쓸모가 없었다.

그런데도 또는 바로 그렇기 때문에 당시 미시마는 하스다 젠메이가 말한 대로 '유구한 일본 역사가 점지한 아이'로서 시대를 상징할 수 있었다. 결국 시대를 상징하는 존재에게 개별적인 문제는 불필요하고 헛된 것일 따름이다.

그렇다면 미시마가 시대와 대결해 그 싸움에서 진다 해도, 결국 시대를 넘어설 수 있는 방법론과 비전을 제시하는 데 실패해 허무의 밑바닥으로 떨어진다 해도, 정말 그것으로 미시마는 시대를 상징하고 대표하는 존재일 수는 없는 것일까. 흥미로운 부합이란 이것을 가리키는데, 허무에 잠식당한 오카노가 시대와 일체화할 수 있듯이 미시마도 시대와 일체화할 수 있는 것이다.

이런 생각을 밀고 나가면 다음과 같은 결론에 도달한다.

《문예문화》라는 장에서는 내면의 문제를 묻지 않는 데 위화감을 품고 있던 미시마는 〈야차〉 이후 《문예문화》의 세계를 떠났고, 격렬한 공습 속의 일본에서 시 〈밤을 알리는 새—동경과의 결별과 윤회를 향한 사랑에 관하여〉와 〈2605년의 시론〉으로 대표되는 세계관을 키워 가고 있었다.

그런데 오카노의 하이데거 이해가 정확하다면, 《문예문화》의 세계관과 공습 속의 세계관은 상반되는 것이 아니라 결국은 같은 것으로서 시대를 상징하고 있었던 셈이다. 미시마는 가와바타에게 보낸 1946년 3월 3일 자 편지에서 "전쟁 중 나의 세례(baptisma)였던 문예문화 일파의 소위 '국학'으로부터 얼마나 힘겹게 빠져나왔던가"라고 썼거니와, 이 양자가 동등 내지 동근(同根)이었다면 얼마나 무시무시하고도 해학적인 사태일 것인가. 하지만 논의가 가리키는 방향은 그쪽이다.

그것은 《문예문화》 시절 미시마가 다른 사람으로부터 주어진 역할을 연기한 것과 전후의 여러 작품에서 스스로 나아가 시대에 대항하는 새로운 방법론과 비전을 제시하고자 한 것이 다르지 않다는 것이고, 어쩌면 시와 소설이 실은 같은 것이 아닐까, 살아가는 것과 죽는 것이 실은 같은 것이 아닐까, 온갖 요소는 하나로 포섭되는 것이 아닐까라는 인식과도 한없이 가까워진다.

《금각사》를 논하는 장에서 나는 이성주의를 뒤엎는 데 거리낌이 없는 하이데거 사상의 무서움에 관하여 약간 암시했다. 그 시점에서 미시마는 하이데거의 길을 걷고자 한 것은 아니었지만 지금은 다르다.

다만 말이 그렇다는 뜻이지 미시마는 시대와의 승부에서 이기는 것도 지는 것도 다 같은 것이라고 주장하지는 않는다. 이것은 일종의 굳히기와 같은 것이다. 시대와 맞붙어 겉으로는 패한 것처럼 보여도 시대와 일체화한다. 시대와 일체화하는 것처럼 보여도 시대를 굴복시키고, 현실을 타고넘을 새로운 방법론과 비전을 제시한다. 미시마는 하이데거에 의지해 시대의 집요한 복수를 피하면서 새로운 승부 방법을 찾고 있었던 것이다. 이러한 시도는 《풍요의 바다》로 이어진다.

《오후의 예항》

1960년대 전반, 미시마는 평범한 작가라면 심각한 슬럼프에 빠져 펜을 쥐지 못했다고 해도 이상하지 않을 곤경에 처했고 종종 마약과도 같은 도취에서 피난처를 찾기도 했지만, 그런데도 계속 작품을 썼다는 것은 참으로 놀랄 만하다. 그중에서도 《비단과 명찰》은 위에서 본 대로 중요한 소설인데, 그 외에 미시마 문학을 대표하는 작품 중 하나로 꼽아야 할 걸작이 쓰인 것도 이 시기이다. 고단샤에서 간행된 《오후의 예항》(1963. 9.)이다. 소년 노보루가 바다의 사나이로 영웅시하는 항해사 류지. 그는 노보루의 어머니의 재혼 상대가 되어 바다를 버리려 한다. 절망한 소년은 친구와 함께 류지를 독살한다. 그리고 그것은 사실 류지 자신이 몰래 바랐던 바이기도 했다.

미시마는 고단샤의 가와시마 마사루의 부탁을 받고 1962년부터 준비에 들어갔고, 1963년 분가쿠좌 분열 소동이 한창일 때 원고를 마무리했다. 1965년 존 네이선에 의해 영역된 이래 외국에서도 인기가 높았고, 1967년에는 루이스 존 칼리노(Lewis John Carlino) 감독에 의해 영화화되었다(영일 합작. 무대는 영국).

단숨에 쓰인 비교적 짧은 전작 소설 《오후의 예항》이 성공한 비밀은 무엇이었을까.

실제 발표작은 노보루가 내민 수면제가 든 홍차를 류지가 다 마셔버리는 장면으로 끝난다. 그러나 실은 그 뒤에 알몸의 류지가 소년들에 의해 해부되어 남근이 잘리는 장면도 묘사되어 있었다. 그 원고를 미시마가 보여주었다는 이야기를 나는 도모토 마사키로부터 들은 적이 있는데,[5] 그렇다면 이것은 체조 교사가 학생의 명령에 따라 할복사하는 장면을 그린 〈사랑의 처형〉의 연장선상에 있는 내용이다. 게다가 여기에는 1962년 5월 장남 이이치로를 얻어 두 아이의 아버지로서 가정에 얽매이지 않을 수 없게 된 미시마 자신의 자살 원망(願望)이 명백하게 투영되어 있다. 하지만 발표할 때에는 이 부분이 모두 삭제되었다. 그리하여 세바스티아누스 콤플렉스는 벌거벗긴 채 노출된 것이 아니라 문학적으로 형상화되어 《오후의 예항》은 인간 존재의 심연에 잠재한 빛과 어둠의 보편적인 상징이 된다. 이것이 성공의 열쇠이다.

또 이보다 앞서 발표된 《짐승의 유희》(신초샤, 1961. 9.)는 도자기 가게(도토엔이 모델이다. 제9장 참조) 주인으로 호프만스탈 애호가인 남편이 아내와 그 애인으로 하여금 자신을 죽이도록 하기까지를 그린 수작이다.[6] 당시 일본에서는 드물게도 극단의 틀에 갇히지 않는 프로듀서 시스템에 의해 에도가와 란포 원작 〈검은 도마뱀〉을 각색한 연극(1962. 3. 3 ~ 26. 산케이 홀)이 성공한 것도 《짐승의 유희》에 어느 정도 영향을 준 것으로 보인다.

거듭 강조하고 싶은 것은 잇따른 오산과 전략에도 불구하고 이처럼 자신의 작업을 멈추지 않는 미시마 유키오라는 존재의 예사롭지 않은 강인함이다.

하지만 미시마는 여기에 만족하지 않았다. "나도 2, 3년만 있으면 40세, 슬슬 생애의 계획을 세워야 할 때가 왔다. 〔……〕 이미 이렇게 된 이상 어떻게든 장수하지 않으면 안 된다."(〈'순문학'이란? 기타〉,《풍경》, 1962. 6.)라면서, 다시금 시대에 도전하는 필생의 역작이 될 작품을 구상하기 시작한다.

제3부

소멸

1963~1970

제15장

전체 소설의 꿈

"세계 해석의 소설을 쓰고 싶었다"

《교코의 집》이 좋지 않은 평가를 받은 이래 가시밭길을 걷던 미시마는 때로는 허무의 바닥으로 가라앉기도 하고 때로는 마약과도 같은 도취에서 도피처를 찾기도 했지만, 그래도 소설가로서 사회, 시대, 역사의 전모를 포착하고 싶다는 기도를 포기한 것은 아니었다. 그것을 성취하기 위해 필요하다고 생각되는 체계적이고 포괄적인 철학을 찾아내려는 노력을 게을리한 것도 아니었다.

그 노고는 1965년 6월에 쓰기 시작해 같은 해 《신초》 9월호부터 연재된 4부작 《풍요의 바다》로 결실을 얻는데, 잘 알려져 있듯이 이 작품은 불교의 유식론에 토대를 둔 환생 소설이다.

아주 간단하게 말하면 유식이란 이 세상 모든 것은 실재하지 않고 근원적인 마음(이것을 아뢰야식이라고 부른다)에서 생긴 헛것〔幻〕이라는 불교의 교설이며, 반야경의 공(空) 사상을 발전시킨 것이라고 한다. 그렇다면 이 교설과 환생의 관념은 어떻게 연결되는 것일까. 또 그것은 사회, 시대, 역사의 전모를 포착하는 것과 어떻게 관련되는 것일까.

그리고 이 역시 잘 알려져 있듯이 《풍요의 바다》 최후 원고는 방패회 대장 미시마 유키오가 학생회장 모리타 마사카쓰(森田必勝)와 함께 헌법 개정을 위해 자위대의 궐기를 촉구하면서 자결한 날 아침에 신초샤 편집국에 전달되었다. 결국 작품의 완성과 작가의 죽음과 정치적 행동이 동시에 일어난 것인데, 이것은 무엇을 의미하는 것일까.

사후 50년이 지난 지금도 쉽게 이해하기 어려운 수수께끼인데, 서두르지 않고 차근차근 검토해보기로 한다.

먼저 〈《풍요의 바다》에 관하여〉라는 글을 보자. 이 글은 《풍요의 바다》 제1권 《봄눈》, 제2권 《달리는 말》이 단행본으로 간행되었을 때 《마이니치신문》 1969년 2월 26일 석간에 발표된 것이다.

> 어떻게 이런 네 권으로 이루어진 긴 소설을 기획하고 '환생'과 같은 구상을 얻었는지 나로서는 1960년 무렵부터 서서히 생각해냈다는 기억밖에 없어서, 최근 노트를 꺼내 나 자신의 기억이 확실한지 여부를 확인해보았다. 그것은 1950년의 노트였는데, 스물다섯 살의 나는 몹시 길고 긴 소설을 쓰고 싶어 했다. 그러나 '길이가 왜 필요한가? 시간의 길이=사람의 일생, 유전, 누대(累代), 역사, 서사시, 전쟁, 시간의 확장' 등이 여기저기 쓰여 있고, '시간의 길이 이외에 공간이 요구하는 길이. 논리적 구조가 요구하는 길이. 이 이외에 길이의 필연성이 있을 수는 없는가?' 등등을 철저하게 모색한 끝에 '나선상의 길이, 영겁회귀, 윤회의 길이, 소설의 반역사성, 전생담(轉生談)'이라고 적

혀 있는 것을 보면, 그로부터 10년 이상 이 구상은 내 마음 저 깊은 곳에 묻혀 재발견될 때를 기다리고 있었다고 생각한다.

여기에서 미시마가 스스로 끌어들이고 있는 것은 이 책 제8장에서 《금색》 집필 직전에 미시마의 생각을 확인하기 위해 인용한 것과 동일한 노트이다. 이는 《풍요의 바다》 구상이 《가면의 고백》으로 큰 성공을 거둔 후 한층 더 비약을 도모한 1950년 무렵의 문제의식과 심층에서 연결되어 있다는 것을 보여준다. 그것이 구체적인 모습을 띠고 떠오르기까지 10년의 시간이 필요했던 것이다. 계속해서 미시마는 〈《풍요의 바다》에 관하여〉에서 다음과 같이 말한다.

그런데 1960년 무렵부터 나는 길고 길고 긴 소설을 정말로 쓰지 않으면 안 된다고 생각하고 있었다. 그러나 아무리 생각해보아도 19세기 이후 서구의 대장편(大長篇)과 비교할 때 그것들과 다른, 그리고 전혀 별개의 존재 이유를 갖는 대장편이라는 것이 떠오르지 않았다. 우선 나는 무턱대고 시간을 따라 이어지는 연대기적인 장편에는 식상해 있었다. 어딘가에서 시간이 점프하고, 개별적인 시간이 개별적인 이야기를 구성하며, 나아가 전체가 커다란 원환을 이루는 것이 좋았다. 나는 소설가가 된 이후 줄곧 생각해 왔던 '세계 해석의 소설'을 쓰고 싶었던 것이다. 다행스럽게도 나는 일본인이고, 다행스럽게도 윤회 사상은 친숙했다. 하지만 내가 알고 있던 윤회 사상은 대단히 미숙한 것이었기 때문에 몇몇 불서(불서라기보다는 불교 입문서)를 읽으면서 공부를 해야만 했다. 그 결과 내가 찾고 있는 것이 유식론에, 그중에서도 특히 무착(無着)*의 섭대승론(攝大乘論)에 있다는 것을 대략 알게 되었다. 그 섭대승론의 주석을 아무리 읽어도 무슨 말인지 알 수가 없었다. 교토 오타니대학의 야마구치 스스무(山口益) 박사를 찾아가 가르침을 받고 나서야 겨우 서광이 어슴푸레하나마 보이기 시작했다.

《교코의 집》으로 깊은 좌절을 맛본 후 미시마는 늘 어려운 상황에 처해 있으면서도 새로운 소설 창작을 향해 모색에 모색을 거듭하고 있었다는 것을 이 글에서도 확인할 수 있다. 하지만 그것만으로는 잘 알기 어려운 점도 있다. 정보를 보완하기 위해 하라노카이의 멤버였던 나카무라 미쓰오에게 보낸 미시마의 편지를 보기로 한다. 이것은 《풍요의 바다》를 구체적으로 구상하기 전 1963년 9월 2일 자 편지인데, 바로 《오후의 예항》 간행 직전, 다음 해 1월부터 연재가 개시되는 《비단과 명찰》 취재 여행을 위해 머물고 있던 비와호(琵琶湖) 호텔에서 쓴 것이다.

저도 언젠가 3천 장쯤 되는 것을 쓰고 싶은데, '발자크에게 맞서자'는 거냐며 딴죽을 걸 수도 있겠습니다만, 오로지 '고미카와 준페이(伍味川純平)**에게 맞서서'라고 말하겠습니다. 아무래도 뜻은 낮은 편이지만 쓰기가 쉬워 보여서 말이지요.

얼마 전에 사이덴스티커(Edward Seidensticker)와도 이야기했던 것인데, 제가 유럽의 대장편은 모두 진화론, 러시아 신학, 베르그송,

---

* 300~390?. 인도 대승불교의 사상가.
** 만주를 배경으로 한 여섯 권짜리 '대장편' 《인간의 조건》(1958년)으로 잘 알려져 있다.

실존주의 등 시대의 학설이나 철학이 골자를 이루고 있고 일본에서도 겐지 모노가타리의 대승불교가 그러하지만, 지금은 어디에서도 그런 것을 찾을 수 없어 힘들다라고 했더니, 사이덴스티커 씨가 "프랑스나 러시아는 그렇다고 할 수 있지만 영국은 전혀 철학을 포함하지 않은 대장편이 나온다"라고 말하더군요. 그 점을 어떻게 보아야 할지 의문입니다. 하여간 결국 《티보가의 사람들》 같은 고풍스런 대장편은 쓰려 해도 쓸 수가 없고, 사실주의는 지루하고 어렵습니다.

이상의 문장에서 《풍요의 바다》 구상 과정에 관하여 몇 가지 중요한 사항이 분명해진다.

먼저 주목하고 싶은 것은 "19세기 이후 서구의 대장편"을 라이벌로 삼고 이것을 넘어서고자 하는 세계 문학적인 시점이다. 여기에는 "소설가가 된 이후 줄곧 생각해 왔던 '세계 해석의 소설'을 쓰고 싶었다"는 기도(企圖)가 작동하고 있었다. 물론 '세계 해석의 소설'이란 단순히 긴 소설을 의미하는 것은 아니다.

"전체가 커다란 원환을 이루는 것"이라고 미시마는 말하는데, 그것은 세계는 이러이러한 것이다라는 전체적인 해석을 독자에게 부여하는 소설이라고 생각해도 좋을 것이다. 이 책에서 내가 지금까지 사용해 온 표현을 따르자면 사회, 시대, 역사의 전모를 포착하고, 현실을 넘어서는 방법론과 새로운 비전을 제시하고자 하는 소설이 여기에 해당한다.

둘째, 그러한 소설을 쓰기 위해 미시마는 윤회 사상과 유식을 배웠다고 말하는데, 나카무라 미쓰오에게 보낸 편지를 함께 읽어보면 미시마는 원래 소설의 배경 내지 골자가 되는 철학을 탐구하고 있었다는 것을 알 수 있다. 《아름다운 별》이나 《비단과 명찰》에서 확인할 수 있는 하이데거에 대한 관심도 거기에서 유래하는 것이리라. 그 연장선상에서 윤회 사상과 불교의 유식 이론을 만난 것이다.

발자크에서 조이스까지

여기에서 확실해지는 것은 미시마가 라이벌로 삼은 장편소설은 《티보가의 사람들》처럼 도도하게 흐르는 대하소설같이 시간의 흐름에 따라 인간 군상을 찾아가는 게 아니었다는 점이다.

그런 게 아니라 세계를 해석하고 시대에 대항하는 방법론과 새로운 비전을 제시하는 문학 작품. 그 배후에는 철학이 있어야만 했다. 미시마의 이러한 생각에 관해서는 약간 보완하여 다음과 같이 말할 수 있다. 즉 미시마가 라이벌로 삼은 것은 뷔퐁의 박물학이나 조프루아 생틸레르의 생물학을 부연하여 사회나 역사의 내부에서 유기적인 메커니즘을 찾아내고자 했던 발자크의 《인간희극》, 클로드 베르나르의 《실험의학 연구 서설》의 영향을 받은 졸라의 《루공마카르 총서》, 기독교에 뿌리를 둔 사상을 바탕으로 하는 도스토옙스키의 일련의 작품들, 개별자의 자유와 상황 전체의 불가분의 관계를 그려내고자 했던 사르트르의 《자유의 길》 등이었다라고.

베르그송에 관해서는 《잃어버린 시간을 찾아서》 제1권 《스완네 집 쪽으로》가 간행되었을 때 엘리-조제프 부아(Elie-Joseph Bois)가 저자를 인터뷰하여 석간 《시대(Le Temps)》 1913년 11월 13일 자에 게재한 프루스트의 다음과 같은 말이 떠오른다.

이 점부터 말하자면, 나의 책은 '무의식의 소설'의 연작을 시도한 것이라고 할 수 있을 듯합니다. 뭐랄까 이렇게 말해도 좋을 것 같은데, '베르그송적 소설'이라고 불러도 상관없을 것입니다. 이렇게 말하는 것은 문학이란 어디까지나 그 시대에 널리 퍼진 철학에 스스로를 결부시키려 애쓰기 때문입니다. 그것은 물론 나중에 덧붙인 이유일 터입니다만.

미시마가 이 인터뷰를 직접 본 흔적은 없다. 하지만 프루스트가 이러한 취지의 발언을 했다는 것은 알려져 있었기 때문에 미시마도 그것을 참고하여 베르그송의 이름을 거론했을 것이다. 덧붙이자면 여기에서 프루스트는 철학에 결부시키는 것을 나중에 덧붙인 이유라고 말하지만, 이 말과 작가가 집필에 앞서 어떤 철학이나 사상을 찾고자 하는 것은 결코 모순되지 않는다.

그렇다면 사이덴스티커와 견해를 달리한 영국 문학에 관해서는 어떻게 생각해야 할까. 발자크가 《인간희극》 서문에서 '체계'가 결여되어 있다고 지적한 월터 스콧이나 피상적인 데다 구성도 갖춰져 있지 않다고 얘기되는 경우가 많은 찰스 디킨스를 생각하면 사이덴스티커의 주장도 수긍할 수 있을지 모른다.

하지만 미시마는 이때 좁은 의미의 영국 문학이 아니라 오히려 영어 문학으로서 조이스의 작품을 생각하고 있었던 게 아닐까. 의식의 흐름 기법이나 실험적인 문체와 같은 모더니즘 문학의 측면에서만 조이스를 보아서는 배경에 놓인 철학이나 사상에까지 생각이 미치기는 어려울지도 모른다. 그렇지만 《금색》 노트를 논할 때 언급했듯이, 조이스의 작품에는 부분을 그리면서 세계의 본질을 전체상

(全體像)으로 포착하고자 하는 지향이 있고, 그 배경에서 어떤 철학이나 사상을 읽어낼 수 있는 것이다.

사실 베케트는 브루노나 비코의 관계에 관하여,[1] 데리다는 헤겔과의 관계에 관하여[2] 서술하고 있다. 조이스 문학에 시대의 전체뿐만 아니라 인간의 전체를 포착하고자 하는 지향이 있다는 것에 관해서는 헤르만 브로흐의 고찰도 참고할 수 있다.[3]

이들의 논의는 미시마 생존 시 일본에서는 아직 소개되지 않았고, 미시마도 이 점에 관하여 깊이 있게 논한 적은 없다. 그러나 습작기 때부터 조이스에 관심을 두고 있던 미시마가, 특히 《금색》 집필에 앞서 조이스를 어느 정도 고려하고 있었다는 것은 이미 살펴본 바와 같다. 종래의 연구에서는 조이스와 미시마의 관계를 물은 사례가 거의 없지만, 실은 일본의 문학가 중에서도 미시마는 가장 이른 단계에서부터 조이스 문학의 핵심을 간파하고 있었다. 이 점은 앞에서 플로베르와 미시마의 관련성에 대해 서술한 것과 사정이 흡사하다.

전체 소설이란 무엇인가

이상의 고찰을 통해 '폭류'에 휘말려 농락당하면서도 《풍요의 바다》를 집필하기에 앞서 미시마가 어떠한 장편소설을 스스로 창작해야 할 목표로 정확하게 겨냥하고 있었는지 조금 분명해진 셈이다.

그것을 미시마는 '세계 해석의 소설'이라고 명명했지만 나는 전체 소설이라고 부르고 싶다. 내 생각에는 그것이 바로 사회, 시대, 역사의 전모를 포착하고 싶다는, 미시마 내부에 일찍부터 자리 잡고 있었던 경향을 마음껏 체현하는 소설의 참모습이고, 동시에 너무나도 다면적 존재인 미시마 유키오를 논할 때 그 다양한 요소를 논리적으로 연결하는 물림쇠 역할을 하는 것이기 때문이다. 이것을 허무, 세바스티아누스 콤플렉스와 함께 이 책의 논고에 있어 불가결한 열쇠 개념으로 제기하고 싶다.

물론 전체 소설이라는 개념을 다룰 때에는 신중한 절차가 필요하다. 왜냐하면 그 이론적 원천은 1915년에 쓰인 루카치의 《소설의 이론》과 1948년에 간행된 사르트르의 《문학이란 무엇인가》이지만, 그 후 작가나 연구자가 이 문제를 주의 깊게 논해 왔다고 말하기는 어렵기 때문이다.

로빈 윌리엄 피디안은 전체 소설(total novel, 프랑스어로는 roman total, 에스파냐어로는 novela total)에 대하여 "20세기 소설에 관한 비평적 사고의 핵심에서 '전체 소설'이라는 개념이 엄격한 정의에 따라 사용된 적은 한 번도 없었다"[4]라고 말한다.

오히려 이 개념이 본격적으로 검토되기 시작한 것은 21세기에 들어선 이후인데, 여기에는 현재를 사는 우리들이 깊이 생각해야 할 과제가 많이 포함되어 있다.

다만 의외라고 생각할 수도 있겠지만 일본의 근대 문학사에는 세계에서 선구적으로 이 문제를 추구하기 시작한 계기가 있었다. 다이쇼 말기 사소설 논쟁에서 사소설에 대항하는 본격 소설로 도마에 올랐고, 미시마가 태어난 해인 1925년에 일어난 중국의 5·30 사건에서 취재한 요코미쓰 리이치의 《상하이》는 그 실천의 하나로 볼 수 있다(제1장 참조).

그리고 특히 이 문제의식은 전후 잡지 《서곡》에 모인 동인들에 의

해 공유되었고, 그중에서도 노마 히로시가 장편소설 《청춘의 고리》를 집필하면서 내세운 종합 소설이라는 깃발은 그 후 점점 깊어지는 전체 소설이라는 개념의 선구적 형태였다.

《청춘의 고리》는 《서곡》의 발행처이자 《가면의 고백》을 발행한 곳이기도 한 가와테쇼보에서 제1부가 1949년 4월에, 제2부가 1950년 5월에 간행된 이래 긴 중단 기간을 지나, 1962년 3월 《문예》 복간 제1호를 통해 재개되었다. 이 해는 나카무라 신이치로(中村眞一郎), 시노다 하지메(篠田一士), 야마모토 겐키치(山本健吉) 등이 주로 잡지 《문학계》를 무대로 하여 전체 소설이라는 개념을 문제로 삼은 해이기도 하다.

이러한 문학사적 경위에는 일정한 필연성이 있었는데, 러시아혁명, 간토 대지진 그리고 제2차 세계대전의 패전, 나아가 1960년의 안보 반대 투쟁과 같은 역사적 사태가 여기에 어떻게 맞서야 할 것인가라는 절실한 문제의식을 일본의 문학가들에게 환기했던 것이다. 그렇지만 그 문제의식을 일관된 시점에서 파고들 수 있는 사람은 극소수였는데, 전체 소설이라는 개념을 주창한 시노다 하지메가 내린 정의도 "가장 풍요로운 로마네스크 또는 절정에 이른 로만"[5]이라는 매우 빈약한 개념에 지나지 않는다.

이쯤에서 우리는 알아챌 수 있다. 《서곡》에 참가했고, 《가면의 고백》을 발표한 이래 사회, 시대, 역사의 전모를 포착하고 싶다는 작가로서의 의지를 계속 품고서, 앞에서도 인용했듯이 1962년에는 "나도 2, 3년만 있으면 40세, 슬슬 생애의 계획을 세워야 할 때가 왔다"(〈'순문학'이란? 기타〉)라고 말했던 미시마는 정작 전체 소설이라는 말을 사용하지는 않았지만 이 문제에 가장 민감하게 반응한 사람이었다는 것을 말이다.

확실히 하기 위해 덧붙이자면 민감하게 반응한 작가가 또 한 사람 있었는데, 그는 후일 《사르트르론》(가와데쇼보, 1968. 2.)으로 독자적인 전체 소설론을 정리한 노마 히로시이다.

그러나 미시마도 노마도 처음부터 전체 소설에 관하여 명확한 이론이 있었던 것이 아니라 각각 《풍요의 바다》, 《청춘의 고리》라는 대작을 쓰면서 생각하고 생각하면서 썼던 것이다. 그 사색의 바통은 이 작품들을 읽으면서 생각하고 생각하면서 읽는 21세기 우리 독자에게 넘어와 있다.[6]

미시마 문학의 핵심에 전체 소설이라는 개념, 아니 마땅히 있어야 할 개념이라는 의미에서 이념이 있고, 그것이 《풍요의 바다》로 열매를 맺은 것의 의미에 관하여 나도 이 책의 남은 페이지를 할애하여 작품을 읽으면서 생각하고 생각하면서 읽어 나가고 싶다.

두 관문

그러나 막상 《풍요의 바다》를 정면으로 마주하고자 하면 두 개의 큰 관문이 있다는 것을 새삼스럽게 깨닫게 된다.

아닌 게 아니라 전체 소설의 배후에는 철학이 필요한데, 미시마의 경우 그것이 하이데거 철학이 아니라 윤회, 유식 사상이었다는 것은 받아들여도 좋다. 하지만 유식이란 과연 무엇일까. 그것을 알지 못하면 유식과 윤회의 관계에 관해서도, 왜 유식 사상이 사회, 시대, 역사의 전모를 포착하고자 하는 전체 소설의 기반이 되는 체계적이고 포괄적인 철학일 수 있는가에 관해서도, 멀리 이해가 미치지 못할 것이다. 그런데 유식은 불교의 교리 중에서도 가장 난해한 것으로 알려져 있다. 이것이 첫 번째 관문이다.

또 하나 성가신 문제는 《풍요의 바다》의 엔딩이 당초의 구상과 실제의 결말 사이에 큰 차이가 있다는 것이 창작 노트나 구상 메모를 보면 명확해진다는 점이다. 미시마는 제3권 《새벽의 사원》을 마무리한 후 마지막 권의 내용과 결말을 완전히 뒤바꾸기로 결정했던 것이다. 그것은 자결을 결의한 것과 같은 시기의 일이다. 《풍요의 바다》를 깊이 있게 논하기 위해서는 이 경위를 알고도 모른 체 할 수 없는 노릇이지만, 창작 노트, 구상 메모를 분석하는 작업은 용이하지 않다.

이 두 가지 어려운 문제에 대해 여기에서 즉답을 할 수는 없지만, 적어도 미시마를 일찍부터 사로잡았던 윤회에 대한 관심이 이윽고 유식을 향해 가는 경위와 유식 사상의 개략은 확실히 해 둘 필요가 있다.

《하마마쓰 중납언 이야기》와 유식 사상

환생에 대해 동화와 같은 동경을 품는 것은 누구에게나 있을 수 있는 일일 터이지만, 미시마의 경우 그것이 일찍부터 특이한 의미를 지니고 있었다는 것은 제5장에서 〈2605년의 시론〉이나 시 〈밤을 알리는 새〉를 거론할 때 언급했다. 그때 윤회는 공습 속에서 직조된 독특한 시적 사생관이었다.

이어서 《금색》 집필에 앞서 작성한 노트에서는 장편소설을 쓰기 위한 방법론, 구성론으로서 윤회담에 주의를 기울였다. 더욱이 멕시코의 고대 마야 도시 우슈말에서는 윤회전생과 유사한 세계관이 허무와는 무관한 시적 조화로 체험되었던 것이다.

그리고 1963년 9월 나카무라 미쓰오에게 편지를 쓰고 나서 얼마 지나지 않아 다시 윤회에 주목하도록 촉구한 큰 사건이 있었다. 《일본고전문학대계》 77(이와나미쇼텐, 1964. 5.)에 수록된 《하마마쓰 중납언 이야기(濱松中納言物語)》*를 접했던 것이다.

당나라에서 전생(轉生)한 망부를 기려 당나라로 건너간 귀공자에 얽힌 헤이안 시대 후기의 연애 이야기에 미시마는 매료되었다. 그 교주(校注)를 담당한 사람이 가쿠슈인 시절의 은사 마쓰오 사토시였던 인연으로 미시마는 이 책의 월보에 〈꿈과 인생〉을 싣는다. 그리고 《하마마쓰 중납언 이야기》 중에서 현재 소재가 확인되지 않았으나 마쓰오의 추론에 의거하여 앞부분에 제시한 1권의 개략에 따라 일생의 대작이 될 작품의 제1권을 구상하게 된다. 미시마가 이 계획을 구체적으로 생각하기 시작한 것은 1964년 가을 이후로 보이며, 얼마 지나지 않아 《풍요의 바다》와 《봄눈》이라는 표제도 명명된다. 이와 관련해서는 다음 장 이후에 다시 언급하기로 하고,[7] 이어서 윤회와 유식에 관하여 필요한 최소한의 것을 확인해 두고자 한다.

《풍요의 바다》 창작 노트는 두세 권이 확인되는데, 그 노트에는 우이 하쿠주(宇井伯壽), 야마구치 스스무, 나가오 가진(長尾雅人) 등 불교학자의 이름과 그들의 저서가 함께 적혀 있다. 미시마는 앞서 인용한 〈《풍요의 바다》에 관하여〉에서 "섭대승론의 주석을 아무리 읽어도 무슨 말인지 알 수가 없었다"라고 했는데, 이는 우이 하쿠주

---

* 중납언(中納言)은 일본 고대 조정의 최고 기관인 태정관에 속했던 영외관(슈外官)의 관직명이다.

의 《섭대승론 연구》(이와나미문고, 1937. 7.)[8]를 두고 말한 것이다. 또 야마구치와는 1965년 2월 25일에 면담하는데, 이 역시 앞선 인용에서 언급하고 있다.

그러나 이것만으로는 미시마가 불교나 유식을 배운 자세한 사정을 제대로 알 수 없다. 그런데 《정본 미시마 유키오 서지》의 장서 목록을 확인하면 후카우라 세이분(深浦正文)의 《윤회전생의 주체》가 기재되어 있다. 부제는 '무엇이 생사에 윤회하는가, 무엇이 정토에 왕생하는가'이고 초판 발행은 1953년 4월인데, 미시마가 소장한 것은 1955년 2월에 간행된 제2판이었다.

《윤회전생의 주체》는 후카우라가 류코쿠대학에서 한 강연을 일반 독자를 위해 다시 쓴 것인데, 100페이지가 채 못 되는 소책자였지만 읽어보면 미시마가 《풍요의 바다》를 구상하는 데 결정적인 역할을 한 것을 잘 알 수 있다. 후카우라에 따르면, 불교는 인도의 전통적인 사고방식에 따라 윤회 사상을 받아들인 것처럼 보이지만, 자아(아트만)나 영혼을 부정했기 때문에 윤회하고 전생하는 주체를 설명할 수가 없었고, 윤회설과의 사이에서 모순이 발생했다. 이에 대해 유식에서는 전생하는 것은 마음 깊은 곳에 있는 아뢰야식이라고 설명한다.

나아가 이러한 아뢰야식에 관하여 후카우라는 다음과 같이 서술한다. 내가 이 책의 표제로 내세운 '폭류'라는 말도 여기에 나온다.

> 원래 아뢰야식은 우리들이 가진 육감(六感)인 정신작용, 즉 안식(眼識)·이식(耳識)·비식(鼻識)·설식(舌識)·신식(身識)·의식(意識)으로 이루어진 육식(六識) 이상의 미세한 하층 의식이라고도 말할

수 있을 터인데, 그 육식의 아래쪽 일곱 번째 자리인 말나식(末那識)보다 더 아래쪽인 여덟 번째 자리에 있기 때문에 제8식이라고도 불린다. 유식의 문을 연 세친보살(世親菩薩)은 이 식의 상태를 잘 드러낸 바, 《유식삼십송》에서 '항전여폭류(恒轉如暴流, 끊임없이 변하는 것이 폭류와 같다)'라 했다. 폭류란 물이 거세게 흐르는 것을 형용한 말이니까, 이것은 흡사 물이 세차게 흐르듯이 항시 상속전기(相續轉起)하여 결코 중간에 단절되지 않는다. 바로 그렇기 때문에 이 식이 유정(有情) 총보(總報)의 과체(果體)로서 그 어떤 식보다도 한층 더 중요시되며, 만약 중간에 단절되는 것이라면 그것은 도저히 총보의 과체라고 말할 수 없을 것이다.

익숙하지 않은 불교 용어들이 눈에 띄지만 쉽게 설명하면 이러하다. '안식·이식·비식·설식·신식·의식으로 이루어진 육식'은 시각, 청각, 취각, 미각, 촉각의 오감과 자각적, 개념적으로 사물을 포착하는 여섯 가지 작용에 대응하는 여섯 가지 식[心]을 말한다. 말나식은 이른바 자아의식을 가리킨다. 세친보살은 4세기 인도의 승려 바수반두를 말하는데, 그는 대승불교의 교의를 포섭하여 정리한 《섭대승론》을 저술한 형 무착(無着 또는 無著, 아상가)의 영향을 받아 유식의 교리를 불과 30편의 시[頌]로 정리했다. 이것이 《유식삼십송》이며, '항전여폭류(恒轉如暴流)'는 제4송 중 일절이다.

일반적으로 유식이라 하면 고후쿠지(興福寺)나 야쿠시지(藥師寺) 등 법상종의 사원이 떠오르지만 법상종의 근본 성전인 《성유식론(成唯識論)》은 세친의 《유식삼십송》에 대한 주석을 호법(護法, 6세기 인도의 승려. 다르마팔라)의 설을 중심으로 현장(玄奘, 7세기 당나라 승려)이 한역한 것이다. 유식의 개조(開祖)를 세친이라고 하는 것은 이러한 사정 때문이다. 실은 이보다 앞서 진체(眞諦, 서인도에서 태어나 중국으로 건너온 6세기 승려)가 한역한 《섭대승론》에 기초한 섭론종(攝論宗)이 일어났다. 이 역시 유식불교의 일파로 교의가 독특하지만 법상종이 흥륭하면서 쇠퇴했다.

이 점에 관해서는 다시 언급하기로 하고, 인용한 후카우라의 문장으로 돌아가기로 하자. "이 식"은 "유정 총보의 과체"라고 했는데, 간단하게 바꿔 말하면 아뢰야식이란 살아 있는 온갖 것의 모든 행위의 결과라는 의미이다.

이 책자의 결론 부분에서 후카우라는 다음과 같이 말한다.

> 다만 아뢰야식은 일견 아(我)와 매우 비슷한 것 같지만 결코 아는 아니다. 무엇보다 그것은 생멸(生滅)하는 것이고, 상주(常住)하는 게 아니라 다만 생멸하면서 상속(相續)하여 잠시도 끊이지 않는 것이다. 세친이 '폭류와 같다'고 한 것은 바로 이것을 가리킨다. 다시 말해 물이 거세게 흘러 결코 끊이지 않는 것과 같다는 말이다. 중도에 끊이지 않기 때문에 그것은 아무리 봐도 하나의 물줄기인 것처럼 보이지만 결코 그렇지 않다. 앞 물과 뒷물이 서로 달라서 동일하다고는 말할 수 없다. 저 가모노 초메이(鴨長明)의 《호조키(方丈記)》 권두에 "가는 강물의 흐름은 끊이지 않으며 게다가 처음의 물이 아니다 운운"한 것은 전적으로 이런 의미로 받아들일 수 있다. 이렇게 생멸하면서도 상속하여 중도에 끊이지 않는다. 바로 이것을 윤회전생의 주체에 대한 비유로 보면 설명이 한결 수월해질 것이다.

《풍요의 바다》의 문장에 친숙한 독자라면 인용에서 볼 수 있는 후카우라의 몇몇 문장을 기억할 것이다. 예를 들어 《봄눈》 54절에서는 아뢰야식을 이렇게 설명한다. "《유식삼십송》에 '끊임없이 변하는 것이 폭류와 같다'라고 쓰여 있듯이 물이 세차게 흐르듯이 늘 상속 전기하여 끊이지 않는다. 이 식이 바로 유정 총보의 과체이다." 미시마는 그 전거를 밝히고 있지 않지만 이것도 앞의 인용 부분에 의거한 문장이다.

이렇게 보면 윤회에 대하여 원래 독자적인 관심이 있던 미시마가 《하마마쓰 중납언 이야기》를 접하면서 자극을 받고, 뒤이어 후카우라 세이분의 《윤회전생의 주체》에 이끌려 유식의 입장에서 윤회를 어떻게 설명하는지를 배운 경위를 이해할 수 있을 것이다.

그렇지만 유식 사상이 어떤 의미에서 전체 소설을 지탱하는 체계적이고 포괄적인 철학일 수 있는가라는 점은 아직껏 명확하지 않다. 예고편으로 말하자면 미시마의 사상적 핵심은 유식의 '동시상호인과(同時相互因果)'라는 사고방식인데, 그것은 《풍요의 바다》 제1권 《봄눈》의 54절에서 처음으로 언급되며, 제3권 《새벽의 사원》 제1부에서야 본격적으로 논의된다.

따라서 아직까지 《풍요의 바다》 독해에 들어서지 않은 우리들은 여기에서 일단 고찰을 멈추지 않으면 안 된다.

영화 〈우국〉

이상 유식에 대하여 극히 피상적으로 스치듯 살펴보았는데, 이마저도 충분히 난해하니 이쯤에서 조금 화제를 바꿔보고 싶다. 미시마 자신도 그러했을지 모른다.

다행스럽게도《풍요의 바다》를 쓰기 시작한 1965년, 미시마에게 딱 어울리는 기분 전환의 기회가 있었다. 기분 전환이라는 표현으로는 부족하다. 그것은 1960년대에 들어서 미시마의 정신안정제 역할을 했던 마약적 도취의 장에서 벌어진 최대이자 최후의 사건이었다. 최후라고 했거니와 이런 종류의 정신적 도피처를 찾기만 해서는 악순환에 빠질 뿐 결말이 나지 않으리라는 것을 미시마는 뼛속 깊이 알고 있었기 때문이다. 이것이 마지막이다. 그다음에는 일생의 대작인《풍요의 바다》집필에 전력을 쏟기로 하자. 마약적 도취의 장을 매듭짓는 것으로 미시마가 선택한 기회. 그것은 소설〈우국〉의 영화화였다.

〈우국〉의 영화화 기획은 그 이전에도 없었던 것은 아니지만 모두 구체화하지 못했다. 이왕 할 바에야 모든 것을 자기 자신이 하고 싶어 했던 미시마는 귀중한 협력자로 먼저 옛 친구 도모토 마사키(堂本正樹)에게, 이어서 다이에이(大映)의 프로듀서 후지이 히로아키(藤井浩明)에게 상담을 한다. 1965년 1월의 일이었다. 촬영대본을 직접 집필한 미시마는 역시 옛 친구인 도널드 리치의 조언에 따라 레오폴드 스토코프스키(Leopold Stokowski)가 편곡한 바그너의〈트리스탄과 이졸데〉를 배경 음악으로 사용할 것을 결정했다.

그리고 4월, 오쿠라 영화사의 스튜디오를 빌려 단 이틀 동안〈우국〉을 촬영했다. 노(能) 무대를 본뜬 간소한 세트에서 펼쳐지는 30분 남짓한 35밀리 흑백영화였다. 중위 역은 미시마가 맡았고, 아내 역은 후지이의 소개로 전 다이에이의 신인배우 쓰루오카 요시코(鶴岡淑子)가 연기했으며, 연출을 담당한 사람은 도모토 마사키였다.

1965년, 30분 단편영화로 만든 〈우국〉의 한 장면. 미시마 유키오는 할복 자결하는 중위 역할을 맡았다.

이 영화를 만드는 과정이 얼마나 즐겁고 흥분으로 가득 찼었는지 모른다는 얘기를 나는 도모토 마사키에게서 몇 번이나 들었는데, 《우국 영화판》(신초샤, 1966. 4.)에 수록된 '제작 의도 및 경과'에서 미시마 자신은 이렇게 말한다.

중위는 "오직 군인, 오직 대의(大義)에 죽는 자, 오직 도덕을 위해 헌신하는 자, 오직 순진무구한 군인정신의 권화(權化)이어야만" 하며, 그것에 알맞게 "한 컷 한 컷이 카메라의 분명하고 확실한 대상이 되는 '**사물**(もの)'이어야만 했다." 클라이맥스에서는 "철저히 생리학적으로 리얼한 할복 장면이 현전(現前)하고 〔……〕 마치 진짜인 듯한 피가 분출하여", "종교적인 드로메노스(그리스어로 행사, 제식—인용자)인 농경제의(農耕祭儀)의 희생 의식, 자연 속에 사는 인간의 식물적 운명인 앙양과 파멸과 재생의 주술적인 제식"에 접근하는 것을 목표로 삼았다.

이러한 말에서 알 수 있듯이 영화 〈우국〉을 제작하고 주연한 것은, 소설 〈우국〉에 표현된 세바스티아누스 콤플렉스와 영화 〈실없는 놈〉에서 경험한 '오브제'가 되는 것이 융합한, 미시마에게는 정말이지 꿈과 같은 사건이었다.[9]

그리고 《풍요의 바다》를 본격적으로 시작하기 한 달 전인 1965년 5월, 미시마는 다이에이의 나가타 사장과 '일본의 부인(婦人) 영화 대사(大使)'로 일컬어지는 가와키타 가시코(川喜多かしこ) 등 극히 소수의 사람들과 함께 시사회를 열었고, 그 후 모든 정보를 감춘 채 다음 해 1966년 1월 프랑스의 투르 국제단편영화제에 출품하는 형식으로 처음 작품을 공개했다. 결과는 극영화 부문 차점으로 수상은 못했지만 큰 화제가 되었고, 일본에서도 4월 12일부터 60년대 문

화를 상징하는 존재인 일본 아트 시어터 길드(ATG)가 신주쿠 문화관과 일극(日劇) 문화관에서 상영을 개시했다. 두 극장의 첫날 관람객 수 2332명, ATG계(系) 평일 첫날 기록 중 최고였다.

이때《봄눈》의 연재는 반 가까이 진행된 상태였다. 미시마는 영화〈우국〉을 제작·주연한 것에서 큰 기쁨을 얻었지만, 그 기쁨은 단순한 마약적 도취로 끝난 것이 아니라 훌륭하게《풍요의 바다》집필을 위한 에너지로 변환되었다. 우리도 서둘러《봄눈》의 세계로 들어가 보자.

제16장

일본 근대의 얼굴

《봄눈》, "일생의 대작"

나카무라 신이치로의 전언에 따르면, 《풍요의 바다》를 집필하기 시작한 그날, 미시마 유키오가 그에게 전화를 걸어 당신은 언제부터 일생의 대작에 착수할 거냐고 물었다.

> 내가 아직 때가 무르익지 않아서 운운하며 애매하게 대답하자 그는 최근 세상을 떠난 어느 작가의 예를 들면서 "나는 도중에 죽는 것은 견딜 수 없기 때문에 오늘부터 시작하겠습니다. 함께 출발하시지요."라고 권했다. 그러나 나는 갑작스레 그러겠다고 말해봐야 못 할 게 뻔해서 "저는 어렵고, 먼저……"라고 하자, "그렇다면 나는 쓰기 시작할 테니……"라고 하더니 예의 호걸풍의 웃음과 함께 전화를 끊었다.[1]

여기에서 "최근에 세상을 떠난 작가"라고 했는데, 4부작 《풍요의 바다》의 제1부가 되는 《봄눈》(《신초》, 1965. 9.~1967. 1.)을 쓰기 시작한 1965년에 사망한 작가는 에도가와 란포(江戶川亂步)와 다카미 준(高見順) 등 여러 명이다. 미시마가 다카미 준을 의식하고 있었던 것은 확실하지만,[2] 미시마가 첫 번째에 염두에 둔 것은 7월 30일에 사망한 다니자키 준이치로일 가능성이 높다고 나는 생각한다. 다니자키는 미시마도 추천서를 쓴 1958년 이후 매년 노벨상 후보에 올랐지만 병으로 쓰러지는 바람에 결국 수상하지 못하고 말았다. 수상을 전제로 한 외국 미디어의 취재가 허사로 끝난 적도 있어서 다니자키는 쇼크를 받았을 것이라고 도널드 킨은 전한다.[3]

그러한 과정을 옆에서 보았던 미시마 자신은 1963년부터 3년 연속 공식 노벨상 후보가 된다(그 후 1968년과 1969년에도). 특히 1963년에는 사뮈엘 베케트(1969년 수상), 파블로 네루다(1971년 수상) 등과 함께 최종후보 여섯 명에 포함되었다. 이때 미시마 나이 38세, 만약 수상했더라면 2020년 지금까지 최연소 수상자로 남았을 것이다(실제 최연소 수상자는 그리스 시인 요르고스 세페리스).

노벨상을 둘러싸고 몇몇 복잡한 사정이 있었다는 것은 제13장에 언급했고 제18장에서도 다룰 예정이지만, 수상을 시야에 넣고 집필 활동에 전력을 기울이고 싶다는 생각이 미시마가 이렇게 말한 배경이 아니었을까. 실제로 미시마가 《봄눈》을 쓰기 시작한 것은 1965년 6월 1일인데, 나카무라 신이치로에게 전화한 것으로 추정되는 날들(다니자키 사망 이후)과 딱 들어맞지는 않지만, 붓을 든 당일에 미시마가 전화를 했다는 것은 너무 나간 이야기처럼 보이긴 해도 이것은 나카무라를 향해 미시마가 펼친 한바탕 연극이 아닐까 싶기도 하다.

그렇다면 왜 그 상대로 나카무라 신이치로가 선택되었던 것일까. 이유 중 하나는 앞에서 서술한 《문학계》를 무대로 전개한 전체 소설론에 처음으로 불을 붙인 사람이 나카무라였기 때문일 것이다.[4] 자신의 일생의 대작이 전체 소설론의 실천이라는 것을 미시마는 의식하고 있었던 셈이다.

그러면 《봄눈》이란 어떤 이야기일까.

때는 다이쇼 초반, 주인공은 후작가의 아들 마쓰가에 기요아키(松枝淸顯)[5]와 백작가의 딸 아야쿠라 사토코(綾倉聰子), 소설의 골격은 이 두 사람은 연애 이야기이다. 처음 기요아키는 뜨뜻미지근한 태도를 보이는데, 1913년 도인노미야(洞院宮)의 셋째 아들 하루노리(治典) 왕자 전하와 사토코의 혼약이 정해지자 결혼의 칙허(천황의 허가)를 어기고 두 살 연상인 사토코와 몇 번이나 비밀리에 만난다. 이윽고 사토코는 임신한다. 몰래 낙태한 사토코는 나라(奈良)에 있는 법상종 계열의 비구니 사찰 월수사(月修寺)[6]로 출가하고, 이후 두 번 다시 기요아키와 만나려 하지 않는다. 사토코와의 면회를 계속 거절당하던 기요아키는 병으로 쓰러진다. 그리고 자신이 꾼 꿈을 기록한 '꿈 일기'를 친구 혼다 시게쿠니에게 맡긴 다음 "또 만날 거야. 꼭 만나게 될 거야. 폭포 아래에서."라는 말을 남기고 20년의 생을 마감한다. 덧붙여 말하면, 기요아키의 왼쪽 옆구리 쪽에 세 개의 검정 사마귀가 있는데, 그것이 제2권 이후 주인공의 전생의 증표가 된다.

이처럼 《봄눈》의 핵심 줄거리는 러브 로망스이며, 이 점에 초점을 맞춘 연극 버전,[7] 도호 영화 버전,[8] 다카라즈카(宝塚) 버전[9] 등은 모두 호평을 받았다.

오마주와 아이러니

앞 장에서 언급했듯이 이러한 줄거리를 구성하면서 미시마는 《하마마쓰 중납언 이야기》의 1권(현재 그 존재는 미확인)을 바탕으로 삼았다. 마쓰오 사토시의 추론에 따르면 그 개략은 다음과 같다.

주인공인 청년(중납언)에게는 의로 맺은 누이 오히메(大姬)가 있었다. 오히메는 황제의 아들 시키부쿄노미야(式部卿宮)에게 시집가기로 되어 있었는데, 중납언은 긴 망설임 끝에 오히메와 관계를 맺고, 오히메는 중납언의 아이를 잉태한다. 그러나 회임한 것을 모르는 중납언은 당나라의 셋째 황자로 환생했다는 아버지를 찾아 당나라로 건너가고, 남겨진 오히메는 출가한 후 여자아이를 낳는다.

한번 읽어보면 금방 알 수 있듯이 결말의 방향만 다를 뿐 대강의 줄거리는 《봄눈》과 조응한다. 그러니까 중납언이 기요아키, 오히메가 사토코에 해당한다.

다만 이것을 실제로 소설화하면서 미시마는 몇 가지 중요한 장치를 마련했다. 그중 하나는 일본의 근대 문학사를 수놓은 무수한 연애 스토리를 이 작품에 끌어다 넣은 것이다.

예를 들면 이토 사치오의 《들국화의 무덤》(1906년). 《봄눈》의 시작 부분 근처, 시부야의 마쓰가에 저택으로 혼다가 놀러 왔을 때 월수사의 주지도 마쓰가에가를 찾아오고, 사토코와 어울려 저택 안의 단풍을 구경하고 있다. 그런데 화사한 장면에 어울리지 않는 불길한 사건이 일어난다. 폭포수가 떨어지기 시작하는 곳을 올려다보니 검은 개가 익사해 있었던 것이다(덧붙이자면 '폭포'의 이미지는 앞에서 본 《유식삼십송》의 '항전여폭류'와 연결된다). 비구니 주지가 이 개를 위해 불공을 드리고, 사토코와 기요아키는 꽃을 꺾으러 간다.

　기요아키보다 앞서 산길을 걷던 사토코는 재빠르게 아직 피어 있는 용담을 발견해 꺾었다. 기요아키의 눈에는 말라붙기 시작한 들국화밖에는 보이지 않았다.

　소년과 연상의 소녀의 비련을 그린 《들국화의 무덤》에는 두 사람이 들국화와 용담을 꺾어 유치하지만 서로의 생각을 확인하는 장면이 있는데, 《봄눈》의 묘사는 이 장면에 대한 오마주이다. 다만 《들국화의 무덤》은 두 사람이 맺어지는 것이 아니라 소녀가 본의 아닌 결혼 끝에 죽는 것으로 끝난다. 이에 비해 《봄눈》의 경우 두 사람은 밀회를 거듭하고, 임신한 사토코는 낙태한다. 그리고 죽음에 이르는 것은 기요아키이다. 제4장에서 서술했듯이 이토 사치오는 미시마 유키오라는 필명의 유래 중 하나인데, 미시마는 그의 대표작 《들국화의 무덤》을 의식하면서 설정을 역전시킨 것이다.

　역전이라 했으니 말이지만, 다카야마 조규(高山樗牛)의 《다키구치 뉴도(滝口入道)》(1894년)도 미시마의 마음에 떠올랐을 것이다. 이 소설에서는 남성(다키구치 뉴도)이 사랑을 끊어버리기 위해 출가하고, 죽는 것은 여성(요코부에)이다(다만, 다키구치 뉴도도 최후에는 할복한다).

　요사노 아키코(与謝野晶子)의 연가에 관해서는 단순한 역전이라기보다 깊이 파고든 아이러니를 지적할 수 있다. 혼다에게 기요아키와의 관계를 "기요아키와 나는 무서운 죄를 지었는데도 죄의 추악함을 조금도 느낄 수 없고 몸이 깨끗해진 것 같은 생각이 들 뿐"

이라고 하는 사토코의 말은, 요사노 뎃쓰칸(与謝野鉄幹)에 대한 불륜 감정을 배경으로 하는 "가슴의 맑은 물 넘쳐 끝내 흐려졌구나/당신도 죄인 나도 죄인"이라는 아키코의 노래에서, 청정에서 죄악으로라는 방향성을 역전시킨 것이다.

작품 세계의 시간은 1913년인데, 이것은 바로 히라쓰카 라이초(平塚雷鳥)와 다무라 도시코(田村俊子), 요사노 아키코 등을 비방 중상한 히구치 레이요(樋口麗陽)의 《새로운 여성의 이면》이 실제로 간행된 것과 같은 해였다. 사토코는 혼다에게 "저는 저 '새로운 여성' 따위와는 다릅니다"라고 말하는데, 미시마는 당시의 시대나 풍조를 의식하면서 굳이 그것과는 차원을 달리하는 경지를 열어 보이려 했던 것이다. 그 후 출가를 결심한 사토코가 삭발하는 장면은 다음과 같다.

숨이 막힐 듯한 여름 햇빛을 잔뜩 그 안에 품고 있었던 검은 머리카락은 잘려서 사토코의 옆쪽으로 떨어졌다. 그러나 그것은 헛된 수확이었다. 그토록 아리따웠던 검은 머리카락도 몸에서 떨어져 나오자마자 추한 머리카락의 시체가 되었기 때문이다. 한때 그녀의 육체에 속했던, 그녀의 내부와 미적인 관련이 있었던 것이 남김없이 바깥쪽으로 버려지고, 인간의 몸에서 손이 떨어지고 다리가 떨어져 가듯이 사토코의 현세는 벗겨져 떨어진다.

아키코의 노래 중에서는 "검은 머리카락 천 가닥 머리카락 헝클어진 머리카락/그리움에 마음 어지러워지더니 또 어지러워지네", "스무 살 아이 머리빗에 흐르는 검은 머리카락/화사한 봄날의 아름다움인가" 등이 잘 알려져 있지만, 검은 머리카락이 잘려 떨어지는 위 장면에서는 그러한 세계가 아이러니하게 부정된다. 그렇지만 여전히 사토코는 기요아키를 사랑하고 있다고 말할 수 있는데, 그 사랑은 아키코가 노래하는 사랑이 잘려서 버려지기 전에 간직했던 것이다.

그것은 어떤 경지일까. 일본 근대 문학 최초의 연애 소설이라고들 하는 모리 오가이(森鷗外)의 〈무희〉(1890년)와 비교하면서 생각해보기로 한다. 〈무희〉의 주인공 오타 도요타로(太田豊太郎)는 이기적인 보신(保身)과 타산 때문에 이국의 연인 엘리스를 버리지만, 몰래 귀국을 결심했을 때 거리를 방황하다 쓰러진다.

> 쓰러지듯이 길가의 벤치에 걸터앉아 타는 듯이 뜨겁고 망치에 얻어맞은 듯이 울리는 머리를 벤치에 기대고는 죽은 사람처럼 몇 시간을 보냈을까! 극심한 한기가 뼈에 사무쳐 제정신이 들었을 때는 벌써 밤이었고, 눈은 하염없이 내려 모자의 챙과 외투 어깨에 한 치가량이나 쌓여 있었다.

그 후 도요타로는 병으로 쓰러지는데 그것은 에고이즘의 대가이고 죄책감에서 오는 자기 처벌이었다. 이에 비해 《봄눈》의 마지막 부분, 낙태한 후에 출가한 사토코를 한 번 만나기 위해 병을 무릅쓰고 월수사를 찾아 눈 덮인 나라의 오비토케로 향하는 기요아키의 눈에는 모든 것이 정화된, 이 세상이 아닌 세계가 펼쳐진다.

> 하늘이 물빛처럼 환해지는가 싶더니 엷은 햇살이 비쳐들었다. 햇

빛 속에서 눈은 더욱 가볍게 재처럼 떠다녔다. 〔……〕 벌써 닷새째에 여섯 번째 방문이어서 눈을 놀라게 하는 것은 아무것도 없을 터인데도, 지금 인력거에서 내려 솜을 밟는 듯 불안한 발을 내딛고는 열에 들뜬 눈으로 둘러보니 모든 것이 이상할 정도로 부질없이 명징했고, 매일 보아서 익숙해진 경치는 오늘 처음 본 것처럼 으스스할 만큼 신선한 모습으로 다가왔다. 그러는 동안에도 오한은 가시지 않아 마치 예리한 은(銀) 화살처럼 등줄기에 꽂혔다.

길가에 돋은 풀고사리, 자금우(紫金牛)의 붉은 열매, 바람에 스치는 소나무 우듬지, 줄기는 푸르게 빛나는데 잎은 누런 대나무 숲, 수많은 참억새, 그 사이로 난, 얼어붙은 바퀴자국이 있는 하얀 길, 그 길은 삼나무 숲의 어둠 속으로 섞여들고 있었다. 이토록 온전한 고요 속에서 구석구석까지 뚜렷한, 그리고 형언할 길 없는 애수를 두른 순결한 세계의 중심, 그 깊디깊은 세계의 중심 저 안쪽에 틀림없이 사토코의 존재가 자그마한 순금 조각상처럼 숨을 죽이고 있었다. 그러나 이처럼 맑디맑은 낯선 세계가 과연 이제껏 살아온 '이 세상'일까?

여기에서는 〈무희〉의 에고이즘의 세계가 부정되고, 이 세상의 것이 아닌 미적 이미지가 응결한다. 기요아키와 사토코의 사랑이 성립한다면 그것은 이와 같은 현실을 넘어선 세계에서이다.

세계의 비밀 열쇠와 순금 조각상

이처럼 《봄눈》에서는 일본 근대 문학을 대표하는 연애 소설과 연가에 대한 오마주 또는 아이러니를 곳곳에서 볼 수 있다

그렇지만 여기에서 주의해야 할 것은 근대 문학에서 연애는 연애만의 문제가 아니라는 점이다. "연애는 인간세의 비약(祕鑰, 비밀 열쇠)이고, 연애가 있어야 후인(後人)의 세상도 있다"라는 첫 문장으로 유명한 기타무라 도코쿠(北村透谷)의 〈염세 시인과 여성〉(《여학잡지》, 1892년 2월 6일 및 20일)에서는 "연애는 사상을 고결하게 하는 유모"이고, "투명해서 미의 진실을 꿰뚫으며", "상상 세계의 아성"이라고 말한다. 결국 도코쿠에게 연애는 그 자체로 가치가 있다고는 말할 수 없다. 사람은 연애라는 통로를 거쳐 미와 진실의 핵심에 다가갈 수 있다. 바로 그렇기 때문에 연애는 최고의 가치를 지니는 것이다.

하지만 실제로 일본 근대 문학사를 뒤돌아보면 도코쿠가 마음에 그린 '상상 세계'를 묘사한 작품은 없었다는 것을 알 수 있다. 《봄눈》의 경우는 어떠할까.

실제로 《봄눈》에서는 '비밀 열쇠'라는 말이 사용된다. 그것은 폭포수 시작부에서 죽은 개를 위해 공양할 때 월수사의 주지가 말한 신라의 승려 원효의 법어에 이어지는 장면이다. 그 법어는 밤중에 마신 달콤한 물이 날이 밝아 보니 해골에 담긴 물이었다는 것을 알고 구역질이 난 원효가 곧 "마음이 생기면 곧 갖가지 법이 생기고, 마음을 멸하면 해골 역시 사라진다"는 것을 깨닫는다는 내용이다.[10] 이 법어를 들은 후 혼다는 기요아키에게 이렇게 말한다.

그러나 나에게 흥미로웠던 것은 깨달은 후에 원효가 같은 물을 다시 마음으로부터 깨끗하다 여기고 맛있게 마실 수 있었을까 하는 거야. 순결도 그래. 그렇게 생각하지 않아? 상대가 아무리 굴러먹은 여자라 해도 순결한 청년은 순결한 사랑을 맛볼 수 있지. 하지만 닳고 닳은 여자라는 걸 안 후에, 그러니까 자신의 순결한 심상이 세계를 제멋대로 그리고 있었을 뿐이라는 걸 안 후에 다시 한번 같은 여자에게서 청순한 연심을 맛볼 수 있을까? 그럴 수 있다면 대단한 일 아니겠어? 자기 마음의 본질과 세계의 본질을 그렇게까지 공고하게 결합시킬 수 있다면 얼마나 대단한 일이겠어. 그것은 세계의 비밀 열쇠를 이 손에 쥐고 있다는 뜻이 아닐까?

그러자 기요아키는 '실은 혼다와 달리 자신이야말로 태어나면서부터 세계의 비약(秘鑰)을 쥐고 있노라 여기고 있었다. 어디에서 생겨난 자신감인지도 몰랐다.'라고 생각한다. 비밀 열쇠를 뜻하는 '비약'이라는 말은 이외에 용례가 없는 것은 아니지만, 아무래도 미시마는 도코쿠를 의식하고 이 부분을 썼다고 생각하는 것이 자연스러울 것이다.

그렇다면 미시마는 《봄눈》에서 "투명해서 미의 진실을 꿰뚫는" "상상 세계"를 그릴 수 있었을까.

내가 생각하기에는 눈 속에서, 월수사로 향하는 기요아키의 눈에 비친 "자그마한 순금 조각상"이야말로 하이데거가 횔덜린의 〈귀향〉에 관하여 말한 '보석'이기도 하다. 어린 미시마가 친숙했고, 이윽고 '서정의 악취'라 하여 부정하면서도 결코 끊을 수 없었던 시의 광맥이 이러한 형태로 현전한다.

덧붙여 말하자면, 일생의 대작이 될 이 4부작의 제목을 당초에는 《달의 잔치》로 할 생각이었다. 그런데 미시마는 종전 전후에 간행 계획이 있었던 시집과 같은 이름을 굳이 선택했던 것이다. 이 사실은 자신이 지금부터 쓰는 것은 소설이지만 그 속에 시를 포섭하고 싶다는 비밀스런 생각을 말해주는 듯하다.[11]

전사자 위령제의 환영

도코쿠가 염두에 두었던 것은 주로 시였지만, 이와 유사한 발상은 도코쿠에 앞서 후타바테이 시메이(二葉亭四迷)가 〈소설총론〉(《중앙학술잡지》, 1886. 4. 20.)에서 제시한 소설관에서도 확인할 수 있다. '묘사'를 소설의 본질이라고 생각한 후타바테이 시메이는 '묘사'에 관하여 다음과 같이 말한다.

묘사는 실상을 빌려 허상을 그려내는 것이다.

앞에서 어쩌면 시와 소설은 사실 같은 것이 아닐까라는 말을 했다. 확실히 여기에는 현실을 넘어선(혹은 현실의 저 깊은 곳에 있는) 진실한 것(도코쿠가 말하는 '상상 세계', 시메이가 말하는 '허상')을 지향한다는 공통점이 있다. 그렇지만 말할 것도 없이 둘은 다른 장르이고, 그 점을 놓치면 전체 소설이란 무엇인가라는 문제를 파고들기 어렵다. 그러나 이 난제에 관해서는 뒤에서 따지기로 하고(제20장 주석2 참조), 여기에서는 미시마가 소설로서 《봄눈》에 마련해 둔 별도의 장치를 보기로 한다.

그것은 마쓰가에 저택 안의 단풍 구경 장면에 앞서 바로 작품 서두에 배치된, 《러일전쟁 사진집》 중 '득리사(得利寺) 부근의 전사자 위령제'* 장면을 찍은 사진에 관한 기술이다. "세피아 색 잉크로 인쇄된 그 사진"은 다른 사진들보다 기요아키의 마음을 끈다.

화면의 정중앙에 맨나무 묘표와 흰 천이 펄럭이는 제단 그리고 그 위에 놓인 꽃들이 조그맣게 보인다.
그밖에는 모두 병정들, 몇천 명이나 되는 병정들이다. 〔……〕 앞쪽의 병사들도 뒤쪽의 병사들도 기이하게 잠긴 희미한 빛에 뒤덮여 각반이며 장화의 윤곽이 어렴풋이 빛나고, 고개를 숙인 목덜미와 어깨도 선을 따라 빛나고 있다. 화면 가득히 뭐라 말할 수 없는 침통한 기운이 그득한 것은 그 때문이다.
모든 것은 중앙에 놓인 자그만 흰 제단과 꽃과 묘표를 향해 파도처럼 밀려오는 마음을 바치고 있다. 들판 끝까지 퍼져 가는 그 방대한 집단에서부터 단 하나의, 말로는 표현할 수 없는 생각이 중앙을 향해 그 무거운 쇠와 같은 거대한 고리를 서서히 죄어 오고 있다.

랴오둥반도 중부에 있는 마을 득리사는 러일전쟁 전쟁터 중 하나다. 일본군이 러시아군을 격파하지만 일본의 전사자도 217명에 이르렀다고 하며, 누런 먼지 피어오르는 전쟁터에서 전사자를 위로하는 의식이 거행되었다.

이 광경은 늘 기요아키의 마음을 떠나지 않는데, 눈 속을 달리는 인력거 안에서 처음으로 사토코와 키스를 한 후에도 기요아키는 위령제의 환영을 본다. 그러나 그것은 사진의 광경과는 다른 이상한

---

* 1904년 6월 14일부터 15일까지 시베리아 제1군단과 일본 육군 제2군이 랴오둥반도의 요충지 득리사(得利寺, 일본어 발음은 도쿠리지)에서 벌인 전투를 '득리사 전투'라 한다.

것이었다.

　마침 인력거는 저택이 많은 가스미초(霞町) 언덕 위 벼랑가에 있는, 아자부(麻布) 3연대의 연병장이 내려다보이는 공터에 이르러 있었다. 온통 눈으로 덮인 연병장에 병사들의 모습은 보이지 않았지만, 돌연 기요아키는 그곳에서 전에 보았던 러일전쟁 사진집 속 득리사 부근 전사자 위령제의 환영을 보았다.
　수천 명의 병사가 그곳에 무리 지어 맨나무 묘표와 흰 천이 휘날리는 제단을 멀찍이서 에워싼 채 고개를 숙이고 있다. 저 사진과는 달리 병사들의 어깨에는 온통 눈이 쌓이고 군모의 챙도 모조리 하얗게 물들어 있다. 환영을 본 순간, 그것은 실은 모두 죽은 병사들이라고 기요아키는 생각했다. 저곳에 운집한 수천 명의 병사들은 단지 전우의 위령제를 위해 모여 있는 것이 아니라, 자기 자신을 애도하기 위해 머리를 숙이고 있는 것이다…….

　사토코와의 키스는 더할 수 없이 감미로워서 '자그마한 순금 조각상'도 그 아득한 연장선상에서 숨을 죽이고 있을 터이다. 그러나 입맞춤의 감미로움은 뼛속까지 시린 위령제의 광경과 표리 관계에 있었다.
　그렇다면 여기에서 형상화된 허무는 단지 기요아키만 잠식하는 것일까.
　그렇지 않다. 그것은 일본의 근대 그 자체를 침식하는 허무이고 나아가 근대라는 허무이다. 여기에 미시마가 마련한 중요한 장치가 있다.

종종 이렇게 말하고들 한다. 러일전쟁에서 승리한 일본은 배상금을 받지는 못했지만 당시 대국으로서 두려움의 대상이었던 러시아를 이김으로써 열강의 대열에 들어서게 되었고, 그것은 메이지 유신 이후 급속한 근대화가 이뤄낸 하나의 성취였다고.

하지만 실제로는 어렵사리 만주 경영의 거점을 얻었는데도 불구하고 일본의 국력은 전쟁으로 바닥을 드러내는 바람에 미국과의 이권 대립에 대처할 수 없었다. 그것이 훗날 태평양전쟁의 원인(遠因)이 되기도 하는 것이다. 이런 의미에서 러일전쟁의 승리는 일본 근대화의 도달점이기는커녕 역으로 붕괴의 기점이자, 일본 근대사의 운명을 태평양전쟁의 패전에 앞서 암시하는 것이라고 말할 수도 있다. '득리사 부근 전사자의 위령제'의 침울한 광경만큼 이를 상징적으로 보여주는 것도 없다.

이렇게 생각하면《풍요의 바다》권두에 '득리사 부근 전사자의 위령제' 사진을 배치하고 그 광경을 기요아키의 눈에 계속 비치게 한 미시마의 의도는 명확하다. 바꿔 생각하면 일찍부터 사회, 시대, 역사의 전모를 포착하기 위해 고투해 온 미시마는《금각사》에서 일정한 성공을 거두었다. 하지만 그때 문제가 되었던 시대는 전적으로 제2차 세계대전 후 일본이라는 한정된 장이었다.

다음으로 미시마는《교코의 집》에서 니힐리즘을 근대 그 자체의 문제로 제기하는 방향으로 전선을 크게 확대했다. 하지만 그것은 시기상조여서 독자들은 미시마의 질문을 공유하지 못했다. 특히 작품 세계의 시공간 자체가 1954년 4월부터 1956년 4월에 이르는 2년간으로 한정되어 있다.

그 후 오산과 전략 그리고 마약적 도취에서 도피처를 구하는 시기가 이어졌지만, 《봄눈》을 쓰기 시작하면서 미시마는 표적을 정했다. 러일전쟁 때로 거슬러 올라가 그 어두운 부분으로부터 일본 근대사의 전모를 비춰보고 이것과 격투를 벌인다. 나아가 단지 시대의 어두운 면만을 폭로하는 것이 아니라 어둠을 뚫고 나가 문을 열고 빛을 불러들인다……. 그런 의미에서 '자그마한 순금 조각상'은 시대를 초월하는 아름다움의 비전인 셈이다.

그렇지만 그것은 정말로 일본의 근대에서 우리들을 이끌 빛일 수 있을까. 이 물음은 《달리는 말》 이후의 작품으로 이어진다.

서둘러 덧붙이고 싶은 말이 있다. 몇 번이나 언급했듯이 미시마는 사적인 사항을 그리는 것처럼 보이지만 사정거리를 사회, 시대, 역사의 전모로 확대하고, 거꾸로 아무리 시야가 넓은 소설이라 해도 그려지는 사건은 모두 자신의 몸에서 일어난 구체적 사실에서 출발한다. 그렇다면 '득리사 부근의 전사자 위령제'와 미시마 유키오 개인은 어떻게 연결될까.

여기에서 이 책 제1장으로 돌아가 미시마의 조부 사다타로의 경력을 상기해보자. 사다타로는 효고현의 가코가와에서 상경해 출세했고, 1908년에는 가라후토청 장관 자리까지 올랐다. 가라후토청 관할하에 있던 가라후토(사할린) 남부는 러일전쟁 최후의 전투에서 일본이 점령했고, 그 후 러일강화조약(포츠머스 조약)에 따라 일본에 할양되었다. 그러면 사다타로의 실제 지리상의 고향은 효고현일지 모르지만, 가라후토청 장관이라는 자리는 러일전쟁에서 일본군의 공적과 희생으로 마련된 것이고, 그런 의미에서 '득리사 부근의 전사자 위령제'는 히라오카 집안 가계사(家系史)의 뿌리를 상징한다고 말할 수 있다.

기요아키는 저도 모르게 이 위령제의 사진에 이끌리지만, 그 사진에는 자신의 출신에 대한 미시마의 생각이 투영되어 있다고 할 수 있다.

그러나 사다타로는 그 후 가라후토 장관을 사직하고 전락해 몇 차례 죄를 추궁당하기도 하며, 만주에서는 아편 밀수에 연루되어 스캔들을 일으키기도 했다. 이렇게 보면 러일전쟁의 승리가 곧 붕괴의 기점이었다는 것은 일본 근대사뿐 아니라 히라오카 집안의 운명에도 딱 들어맞았던 셈이다. 제5장에서 사다타로의 죽음을 노래한 〈만가 일편〉을 거론하면서 나는 이렇게 썼다. 미시마는 여기에서 단순히 조부를 한 인간으로서 추도하고 있는 것이 아니라, 사다타로가 상징하는 에도 막부 말기 이래 일본 근대사의 명운을 현실의 패전에 앞서 애도하고 있는 것이라고. 이제 《봄눈》의 앞부분에 배치된 '득리사 부근의 전사자 위령제'에 관해서는 반대로 이렇게 말할 수 있다. 미시마는 여기에서 단지 일본 근대사의 명운을 애도하고 있는 것이 아니라, 조부 사다타로 이래 히라오카가의 가계사를, 머 잖아 찾아올 자결이라는 현실에 앞서 추도하고 있는 것이라고. 말하자면 이중의 추도가 여기에서 융합하고 있는 것이다.

"어찌 폐하는 인간이 되었사옵니까"

《봄눈》에 관해서는 윤회나 유식의 문제 등 아직 논해야 할 것이 더 많이 있지만, 《달리는 말》 이후를 보아야 비로소 이해할 수 있는 것도 많기 때문에, 여기에서 일단 고찰을 멈추고자 한다. 다만, 앞으로 논의를 진행하는 데 대단히 중요한 사항이 있는데 이에 대해서는 지금 확인해 두지 않으면 안 된다.

지금까지 보아 왔듯이 《봄눈》은 연애 소설이면서 동시에 일본 근대사와 격투를 벌이는 작품이다. 또 소설이면서 시를 포섭하고자 하는 작품이기도 하다. 결국 《풍요의 바다》 작품 세계에서는 때로는 서로 모순되기도 하는 복수의 요소들이 공명하고, 긴장 관계를 유지하면서 융합한다. 그리고 이러한 사태는 《봄눈》의 작품 세계와 미시마를 포함하여 우리들이 살아가는 현실 세계의 공명, 긴장 관계라는 사태와도 연결되어 있었다.

미시마는 1968년 5월 이후 《풍요의 바다》와 병행하여 신초샤의 홍보 책자 《물결》에 연재한 평론 《소설이란 무엇인가》에서 작품 세계 속의 현실과 작품 밖의 현실을 혼동하지 않는 것이 자신에게 중요한 방법론이라고 강조한다. 하지만 그것은 이 두 현실이 무관하다는 것을 의미하지 않는다. 양자가 차원을 달리하는 것은 분명하지만, 그럼에도 불구하고 《봄눈》을 써 나가면서 미시마는 작품 세계 속의 현실을 낳는 것과 작품 밖의 현실을 살아가는 것의 조응 관계를 탐색하는 영역으로 빠르게 그리고 대담하게 발을 들여놓는다.

그 중요한 계기가 된 것이 《봄눈》 연재 중에 집필·발표된 〈영령의 소리〉(《문예》, 1966. 6.)였다. 덧붙이자면 같은 달 잡지 《신초》에서는 《봄눈》의 31절과 32절, 바로 기요아키와 혼다가 타이의 왕자들과 가마쿠라의 별장에 체류하는 장면이 그려진다.

〈영령의 소리〉는 가무가에리(歸神)라 불리는 신도영학의 빙의 의식에 참석한 '나'가 그 자리에 나타난, 2·26 사건에서 처형된 장교들과 특공대로 죽은 병사들의 영혼의 말을 충실하게 기록하는 형식의 소설이다. 신도영학이란 《교코의 집》에서 화가 나쓰오가 한때 매료되었던 것인데, 그때는 집필하면서 도모키요 요시사네(友淸歡眞)의 《영학전제(靈學筌蹄)》에 의거했다는 것을 밝히지 않았지만, 〈영령의 소리〉에는 뒷부분의 참고문헌에 《영학전제》가 명기되어 있다.

그렇다면 영혼은 무엇을 말하는가. 그것은 천황을 향한 지순한 마음에서 2 · 26 사건을 일으켰고, 또 최후의 가미카제가 되어 특공 출격했는데도 천황이 그 마음을 이해하려 하지 않았던 데 대한 분노이다. 특공대의 영혼은 이렇게 말한다.

> 쇼와의 역사에서 딱 두 번 폐하는 신으로 나타나셔야 했다. 뭐랄까, 인간으로서의 의무감에서 신으로 나타나셔야 했다. 이 두 번만은 폐하는 인간으로 나타나시는 그 심도(深度)의 극점에서 바로 신으로 나타나셔야 했다. 그런데 두 번 다 폐하는 숨으셨다. 신으로 나타나셨어야 할 그때에 인간으로 계셨던 것이다.
> 한 번은 선배 영령들이 궐기했을 때, 한 번은 우리들의 죽음 후 나라가 패했을 때이다.

나아가 다수의 영혼들의 목소리는 성난 외침이 되어 울려 퍼진다.

> 어떠한 강제, 어떠한 탄압,
> 어떠한 죽음의 협박이 있어도,
> 폐하는 인간이라고 말씀하셔서는 안 된다.
> 세상의 비방, 사람들의 모욕을 받으면서,
> 오직 폐하 한 분, 신으로서 옥체를 보존하시면,

그것을 허구라고, 그것을 거짓이라고는 꿈에도 말하지 못할 것,
(마음속 깊이 그렇게 생각하더라도)
제복으로 옥체를 감싸고, 밤낮 아련히
궁중 가시코도코로(賢所)* 저 깊은 곳
황조황종(皇祖皇宗)의 영혼 앞에 무릎 꿇고,
신을 위해 죽은 자들의 영혼을 기리며
그저 머리 조아리고, 그저 기원하오시면
그 아니 받들지 아니하겠는가.
어찌 폐하는 인간이 되었사옵니까.
　어찌 폐하는 인간이 되었사옵니까.
　　어찌 폐하는 인간이 되었사옵니까.

이 작품은 잡지 발표와 거의 때를 같이하여 가와테쇼보에서 동명의 단행본으로 발간되는데, 그 발문으로 쓴 '2·26 사건과 나'에서 미시마는 〈영령의 소리〉를 쓰기에 이른 내적 동기를 다음과 같이 설명한다.

쇼와의 역사는 패전에 의해 완전히 전기와 후기로 나뉘는데, 그 시기를 연속해서 살아온 나에게는 자신의 연속성의 근거와 윤리적 일관성의 근거를 어떻게 해서든 찾아내야만 한다는 욕구가 생겨났다. 이것은 문사냐 아니냐를 떠나 생의 자연스런 욕구라고 생각한다. 그때 아무래도 걸리는 것은 천황을 '상징'으로 규정한 신헌법보다도 천황

---

* 신전(神殿), 황령전(皇靈殿)과 함께 궁중 삼전(三殿)의 하나이며, 신경(神鏡)을 모신다.

자신의 '인간 선언'이었고, 이 의문은 저절로 2·26 사건까지 한 줄기 그림자를 던지고, 그림자를 더듬어 〈영령의 소리〉를 쓰지 않으면 안 되는 지점으로 나 자신을 몰아넣었다. 스스로 '미학'이니 뭐니 하는 것도 우습지만 나는 나의 에스테티크(미학)를 파고들수록 그 밑바닥에 천황제라는 암반이 박혀 있는 것을 알아야만 했다. 어디까지나 그것을 회피해서는 안 되는 것이다.

여기에서 미시마가 강조하는 것은 패전이라는 단절에도 불구하고 전전과 전후를 잇는 연속성을 찾아내지 않으면 안 된다는 자세이다. 이러한 사고방식은 비연속적인 것과 연속적인 것의 관계라는 관점에서 보면, 한번 죽음으로써 연속성을 끊어버린 자가 그럼에도 불구하고(혹은 바로 그렇기 때문에) 윤회의 고리 속에서 재생한다는 미시마의 윤회관과 조응한다. 그렇다고 한다면, 〈영령의 소리〉를 쓰고자 하는 내적 동기와 주인공이 윤회전생하는 소설로서 《풍요의 바다》라는 작품 세계를 낳고자 하는 내적 동기는 다른 것처럼 보이지만 미시마에게는 그 뿌리가 같다고 할 수 있다.

하지만 실제로 발표된 〈영령의 소리〉에서 미시마는 한 걸음 더 나아가 천황을 향해 화살을 겨눈다. 전후 사회를 좀먹는 기만의 구도에 관하여 미시마는 《가면의 고백》과 《금색》에서도 이미 문제를 삼았고, 《금각사》에서는 정면으로 여기에 도전했다. 그러나 그것을 천황의 이른바 인간 선언과 연결해 고발한 적은 일찍이 없었다.

이러한 고발을 실천한 사람은 미시마 이전에도, 미시마 이후에도 존재하지 않는다. 전후 일본의 기만의 구도는 전후 점령 정책 안에서 배태되고 있었다. 그 점에서 우리들은 연합군 최고사령부를 엄정하게 비판해야 하고 요시다 시게루를 비판하는 것도 가능하겠지만, 미시마는 굳이 그렇게 하지 않고 1946년 1월 1일 선포된 '인간선언'을 표적으로 삼았던 것이다.

이때 비판자인 미시마 자신도 상처를 입었을 것이다. 왜냐하면 천황은 싫든 좋든 우리들의 공동 표상이고, 그것은 우리들이 자신의 내면을 천황에게 투영하거나 아니면 (적어도 부분적으로) 동일화하고 있다는 것을 의미하기 때문이다. 이것을 피하기란 쉽지 않다. 그리고 천황에 대한 비판은 기만의 구도가 만연하고 퇴폐적인 니힐리즘이 깊어진 책임을 비판자 자신이 받아들이고자 하는 결의 없이는 가능하지 않다. 천황을 꿰뚫는 화살은 좋든 싫든 나의 몸도 꿰뚫게 마련이다. 미시마는 그것을 각오하고 있었다. 아키야마 슌(秋山駿)과의 대담[12]에서 미시마는 "〈영령의 소리〉를 쓸 때, 미래의 일이라 잘은 모르겠지만, 뭐랄까 나에게도 책임이 있는 것 같은 느낌이었습니다"라고 말한다.

이러한 자세는 이전의 미시마에게서는 찾아볼 수 없었던 것이다. 특히 1960년대에 들어서 문학과 문학 밖의 현실의 관계는 쓰면 쓸수록 뜻에 반하여 깊어지는 정신의 피로와 마약적 도피로 이어지는 악순환에 빠져 있었다. 그러나 지금은 다르다. 《풍요의 바다》는 미시마의 일생의 대작이고 이 작품의 집필에 미시마가 모든 존재를 걸었던 것은 틀림없지만, 그렇다고 해서 미시마가 그 작품 세계 속에만 갇혀 있었던 것은 전혀 아니다. 오히려 거꾸로 《봄눈》 연재 중에 〈영령의 소리〉로 세상에 질문을 던짐으로써 《풍요의 바다》라는 작품 세계와 그 작품 밖의 현실 세계 사이의 공명을 향해 대담한 걸음을 내디뎠던 것이다.

덧붙이자면, 단행본《영령의 소리》에는 표제작 외에 앞에서도 언급한 단편소설〈우국〉및〈10일의 국화〉[13]가 수록되었는데, 전체가 2·26 사건 3부작으로 이루어져 있다.

이때〈우국〉도 처음 나왔을 때 담당했던 마약적인 기분풀이라는 역할을 끝내고 본래의 의미를 갖기 시작한다.〈우국〉은 자결한 중위 또한 대의에 순사한 영령의 한 사람이고, 그 죽음은 치첸이트사의 인간 희생 의식과 마찬가지로 인류의 문화적 기층으로 이어지는 행위라는 것을 이야기하는 작품이라는 본래의 의미 말이다. 앞에서 조금 언급했지만, 단행본《영령의 소리》보다 두 달 먼저 간행된《우국 영화판》의 '제작 의도 및 경과'에는 이미 이러한 취지가 반영되어 있다.

《사드 후작 부인》

〈영령의 소리〉보다 조금 앞서 발표된《사드 후작 부인》(가와테쇼보, 1965. 11.)은 내가 보기에는〈로쿠메이칸〉을 넘어서는 미시마 최고의 희곡인데, 앞의 문제를 생각하는 데에도 중요한 시사점을 제공한다.

이 희곡은 1965년 11월 NLT*와 신주쿠 기노쿠니야 홀의 제휴로 상연되었다(연출은 마쓰우라 다케오). 사드 본인은 등장하지 않고 후작 부인을 비롯해 사드를 둘러싼 여성들의 대사극(臺詞劇)으로 공연은 진행된다.《사드 후작 부인》발문에서 미시마는 이렇게 말한다.

---

* 일본의 극단. 1964년 1월 10일 미시마 유키오가 결성한 NLT(Neo Littérature Théâtre)가 모체이다.

시부사와 다쓰히코(澁澤龍彦) 씨의 〈사드 후작의 생애〉를 재미있게 읽고 내가 작가로서 가장 흥미를 느낀 것은, 사드 후작 부인이 저렇게 정절을 굳게 지켜 옥중의 남편에게 한결같은 마음을 잃지 않았는데, 왜 사드가 노년에 이르러 비로소 자유의 몸이 되자마자 헤어지고 말았는가라는 수수께끼였다. 이 연극은 이 수수께끼에서 출발하며 그 수수께끼의 윤리적 해명을 시도한 것이다.

제3막 후반, 석방된 사드가 집으로 돌아오기 직전, 사드 후작 부인인 르네, 르네의 어머니 몽트레유 부인 그리고 르네가 수도원에 들어갈 때 신세를 진 시미아메의 대화를 보자.

르네 〔……〕 충분하다고 생각하는 순간 갑자기 사라지는 육체적 행위의 허무함보다 저 사람은 쇠퇴하지 않는 악덕의 대사찰을 쌓아올리려 했죠. 여기저기 흩어져 있는 악업보다 악의 규정을, 행위보다 법칙을, 쾌락의 하룻밤보다 미래영겁으로 이어지는 긴 밤을, 채찍의 노예보다 채찍의 왕국을 이 세상에 세우려 했어요. 뭔가를 해치는 일에만 마음을 빼앗기는 저 사람이 뭔가를 만들어내고 말았던 것이죠. 뭔가 알 수 없는 것이 저 사람 안에서 생겨났고, 악 중에서 가장 명징한 악의 수정(水晶)을 만들어내고 말았어요. 그리고 어머니, 우리들이 살고 있는 이 세계는 사드 후작이 만든 세계예요.
시미아메 (십자를 긋는다) 세상에, 무슨 말을 하는 거야!
르네 〔……〕 어머니, 아주머니, 저 사람은 격자 밖에서 놀랍게도 빛나 보인다는 거예요! 이 세상에서 가장 자유로운 저 사람. 시간의 끝, 나라들의 끝까지 손을 뻗어 모든 악을 긁어모아 그 위로 기어오르고, 조금 더 영원 가까이 손가락이 닿게 하려는 저 사람. 알퐁스는 천국으로 가는 뒷계단을 만든 거예요.

시미아메 신은 그런 뒷계단을 무너뜨리실 거야.

르네 아니에요. 신이 그 일을 알퐁스에게 맡기신 건지도 몰라요. 그것은 이제부터 남은 생애를 수도원에서 생활하면서 천천히 신께 여쭤볼 거예요.

몽트레유 그럼 넌 역시…….

르네 이미 결심했어요.

일본인이 일본어로 프랑스인을 연기한다는 의표를 찌르는 착상은 주로 번역극을 공연해 온 일본 신극계의 현실을 역으로 이용해 반격한 것이다. 그 효과는 대단했고, 쉴 새 없이 튀어나오는 화려한 대사는 《사드 후작 부인》을 '극장적(theatrical)' 연극으로서 뛰어난 성공으로 이끌었다. 이보다 앞서 발표한 〈기쁨의 거문고〉, 〈사랑의 돛 그림자〉는 모두 작품으로 성공적이었다고 말하기는 어렵지만, 미시마 희곡은 여기에 이르러 놀랍게 부활했고, NLT 활동도 이 작품을 계기로 궤도에 오른다.

동시에 《사드 후작 부인》은 문학 작품의 틀을 넘어 현실 세계(르네가 말하는 "우리들이 살고 있는 이 세계")와 관계를 맺고자 하는 미시마 자신의 자세를 되묻는 테마를 내포하고 있다. 사드는 "천국으로 가는 뒷계단을 만들었다"라고 르네는 말하는데, 그것은 소설 〈우국〉의 세계가 단순한 기분풀이나 마약적 도피처가 아니라 "에로스와 대의의 완전한 융합과 상승 작용"의 장이라는 것의 의미를 다른 각도에서 드러내고자 하는 것이라 할 수도 있을 듯하다.

르네는 이러한 물음에 관하여 "수도원에서 생활하면서 천천히 신께 여쭤"보겠다고 말하는데, 실제로 미시마는 이제부터 어떻게 쓰고 어떻게 살아갈까. 그 실상은 《풍요의 바다》 제2권 이후를 읽어 나가는 과정에서 우리들의 눈앞에 뚜렷이 드러날 것이다.

제17장
죽음의 미학

《달리는 말》, 두 번째 삶

 《달리는 말》이 《신초》에 연재된 1967년 2월에서 1968년 8월에 이르는 기간은 처음에는 혼자서(1967. 4. 12.~5. 27.), 다음에는 학생을 이끌고(1968. 3. 1~30.) 자위대 체험 입대를 한 시기와 겹친다. 머 잖아 행동을 함께하게 되는 모리타 마사카쓰와 미시마가 처음 만난 것도 1968년 3월 학생을 데리고 체험 입대를 했을 때였다.
 또 자신의 정치적, 문화적 주장을 정리한 〈문화방위론〉이 《중앙공론》(1968. 7.)에 발표된 것은 《달리는 말》 최종회 연재 직전이다. 《달리는 말》은 《봄눈》의 주인공 기요아키의 환생인 이누마 이사오(飯沼勳, 마쓰가에가의 서생이었던 이누마의 아들)가 중심인물인 테러리즘 이야기인데, 위와 같은 경위를 확인하고 보면 이 작품이 표면상의 줄거리나 심층의 테마 모두 집필 시점의 미시마의 실제 동정과 밀접하게 관련되어 있다는 것을 알 수 있다.
 《달리는 말》의 내용을 확인해보자.

이 작품은 쇼와 시대 초반의 국가주의 운동에 목숨을 바친 젊은이 이사오의 이야기이다. 그는 근대화에 반발한 무사들의 비밀 결사인 '신푸렌(神風連)'에 들어가 동료와 함께 테러를 모의하지만, 협력을 약속했던 육군 중위로부터 중지 명령을 받는다. 그 때문에 동료들 대다수는 포기하지만 이사오는 이를 무릅쓰고 결행하고자 한다. 결행 직전 이사오는 경찰에 체포되고 기소 후에는 이치가야 형무소에 수감된다(미시마의 출생지인 요쓰야 근처에 있는 형무소). 이사오를 사랑하는 여성(鬼頭槇子)은 이사오의 생명을 지키기 위해 비밀리에 온갖 수를 다 쓴다.

한편 판사가 된 혼다(38세)는 폭포수를 맞으며 몸을 씻고 있는 이사오의 왼쪽 옆구리에 기요아키와 마찬가지로 세 개의 검은 점이 있는 것을 본 후, 그가 기요아키의 환생이라는 움직이기 어려운 생각에 휩싸이고, 얼마 지나지 않아 확신하기에 이른다. 그리고 일찍이 사토코와의 사랑에 괴로워하는 기요아키를 도울 수 없었던 분한 마음을 풀고자 판사를 사직하고 이사오의 변호인이 된다. 혼다가 힘쓴 보람이 있어 이사오는 제1심에서 형을 면제받는다. 하지만 석방 후 이사오는 혼자서 재계의 흑막 구라하라(藏原)를 칼로 찔러 죽이고 자신도 할복해 스무 살의 나이로 사망한다.

이상이 개략적인 줄거리인데, 창작 노트를 보면 1867년 구마모토에서 일어난 신푸렌의 난*, 또 신푸렌의 정신을 이은 것으로 알려진 1933년 신페이타이(神兵隊) 사건**을 미시마가 신중하게 취재했다는

---

* 1876년 10월 24일 메이지 정부에 대한 불만으로 일어난 사족(士族, 옛 무사 계급) 반란. '경신당의 난'(敬神黨の亂)이라고도 한다.
** 1933년 7월 발생한 민간 우익 중심의 쿠데타 미수 사건.

것을 잘 알 수 있다.

덧붙이자면《달리는 말》에 삽입된 야마오 고키(山尾綱紀)의《신푸렌 사화(史話)》는 작가이자 향토사학자인 아라키 세이시(荒木精之)의 저서《성충(誠忠) 신푸렌》(제일예문사, 1943. 9.)과 편저서《신푸렌 열사 유문집(遺文集)》(제일출판협회, 1944. 1.), 후쿠모토 니치난(福本日南)의 저서《청교도 신푸렌》(실업지일본사, 1916. 9.) 등 다수의 관련서를 참고하여 미시마가 직접 창작한 것이다. 또 신페이타이 사건의 경우 미시마는 이 사건에 가담한 고쿠가쿠인대학(國學院大學) 학생 가케야마 마사하루(影山正治)와 모로 세이키(毛呂淸輝)에게 세부 내용까지 자세한 이야기를 듣는다.

다만 이러한 사실은 미시마가 단순히 역사적 사실을 재현하고자 했다는 것을 의미하지는 않는다. 상세하게 취재한 것은 전후 일본을 좀먹는 기만의 구도를 메이지 이후의 근대 그 자체가 낳은 어둠과 니힐리즘의 연장선상에 자리매김하고, 이것과 대치하면서 싸우기 위해 필요한 절차였다.

오미와 신사, 히로시마, 구마모토 순례

《달리는 말》을 위해 취재하고 그것을 바탕으로 삼아 작품을 쓰는 것은 미시마에게 자신의 생애를 과거로 거슬러 올라가 다시 사는 일이기도 했다.

〈영령의 소리〉 발표 후인 1966년 8월 하순, 미시마는 취재차 나라, 히로시마, 구마모토를 여행한다.

미시마는 일본에서 가장 오래된 신사로 알려져 있고,《달리는 말》

앞부분에서 혼다가 처음 이사오와 만나는 나라의 오미와 신사(大神神社)를 도널드 킨과 함께 찾았다. 그 후 미시마는 킨과 헤어져 히로시마로 가서 전후 향리에 돌아와 있던 은사 시미즈 후미오를 방문한다. 그때 시미즈 일행과 함께 에타지마(江田島)의 해상자위대 제일술과학교(第一術科學校)를 견학하고, 같은 학교 교육 참고관에 전시되어 있는 특공대원의 유서를 정독한다.

그런 후 구마모토로 가서 위에서 언급한 아라키 세이시를 방문해 신푸렌에 대해 직접 취재했다. 또 하스다 젠메이의 미망인 도시코(敏子)를 만나기도 하는데, 호텔을 찾아주기도 하고 구마모토 체류 중 미시마의 가이드 역할을 한 사람은 당시 야쓰시로(八代) 공업학교 국어 교사였던 후쿠시마 지로였다. 도요대학 일본 문학과 학생이었을 때 《금색》을 읽고 미시마를 찾아왔던 바로 그 사람이다. 미시마는 후쿠시마가 근무하는 곳을 방문했을 때의 일을 창작 노트에 이렇게 적는다(야쓰시로 고교라고 한 것은 야쓰시로 공고의 오기이다).

30일 오후 하토야마(鳩山), 저녁 무렵, 야쓰시로 고교

오후 5시 반 학교 교정, 대단한 해풍. 실망초가 바람에 흔들리는 운동장에 나는 누워 있었다. 왼쪽, 저 멀리 펼쳐진 풀밭에 포플러나무 흔들리고, 나무들은 하얀 나뭇잎 안쪽을 흔든다. 저편의 산 곧바로 다가서는 것 같고, 아름다운 산의 모습은 녹색 비로드를 매끈하게 겹쳐 놓은 듯하다. 털썩 주저앉은 산의 형상, 산주름도 석양을 받아 빛나고 미세한 그림자는 아름답다. 그 위에 여름 구름 떡 버티고 막아선다. 〔……〕 저쪽 교정 가장자리의 철봉에 붉은 배두렁이를 두른 소년이 있다. 내가 다가가 턱걸이를 열다섯 번 하니 놀란 표정이다. (등 뒤

지면의 감각. 학교 여름방학의 감각. 17, 18세 소년이 인생에 품는 꿈과 희망의 감각의 재현.)

이러한 경위를 보면, 미시마는 일본사를 거슬러 올라가면서 자신의 청년기와 소년기로 되돌아가기도 한다는 것을 알 수 있다. 후쿠시마는 오랫동안 미시마와 소원한 관계였지만, 아마도 자신도 모르는 사이에 구마모토를 안내하는 역할뿐만 아니라 미시마의 시간 여행을 안내하는 역할까지 맡고 있었던 것이다.

또 하나, 여기에서 언급해야 할 중요한 사실이 있다. 가쿠슈인 시절 미시마가 친하게 지냈던 아즈마 다카시의 외조부 이시미쓰 마키요(石光眞淸)는 구마모토에서 태어나 유년기에 가야 하루카타(加屋霽堅)를 비롯한 신푸렌 사람들을 만났고, 그들의 인품이나 가르침에 경애심을 품고 있었다. 이것은 이시미쓰 마키요 사후 장남 마히토가 편집한 《성하(城下)의 사람》(니쇼도, 1943. 7.)에 기록되어 있다. 이 책의 표지와 속표지의 그림과 삽화를 그린 사람은 아즈마 다카시였다.

이 사실에 관하여 미시마가 언급한 문헌은 지금까지 발견되지 않았으며, 《정본 미시마 유키오 서지》의 장서 목록을 보아도 미시마가 갖고 있었던 것은 위의 책을 재편집한 《성하의 사람》(류세이카쿠, 1958. 6.)뿐이다. 따라서 실제로 미시마가 이 건에 대하여 어디까지 인식했고 어떤 생각을 하고 있었는지는 명확하지 않지만, 이것은 결연(結緣)이라고밖에 부를 수 없는 관계이다. 구마모토에서 귀경한 후 1966년 9월 3일, 미시마는 아라키 세이시에게 다음과 같은 편지를 보내는데 그 심경에는 조금의 과장도 없었을 것이다. 미시마는 자신의 '조국'을 발견한 것이다.

그러나 구마모토를 방문해 신푸렌을 조사한 것 이상으로 제가 얻은 예기치 못한 효과는 일본인으로서 저의 고향을 발견했다는 느낌이었습니다. 친인척 중에 구마모토 출신이 전혀 없는데도 불구하고 이번에 오로지 신푸렌의 유풍(遺風)이 그리워 찾은 구마모토 땅은 저의 마음의 고향이 되었습니다.

《고킨와카슈》와 《신고킨와카슈》

취재 여행 중 미시마가 히로시마에 들렀다는 것은 앞에서도 언급했는데, 그곳에서 시미즈 후미오와 재회했고 그 연장선상에서 쓰인 논문이 있다. 그것은 히로시마대학에 근무하고 있던 시미즈의 은퇴를 기념해 1967년 3월 동 대학 학회지 《국문학고(國文學攷)》에 기고한 〈고킨슈와 신고킨슈〉였다. 취재 여행이 계기가 되어 미시마는 이른바 일본 고전 문예 여행에 이끌렸던 것이다. 이 글에서 미시마는 몇 편의 와카를 거론하면서 두 가집(歌集)의 특징을 분석하는데, 특히 중요한 것은 다음 두 수이다.

풀도 나무도 물들어 가지만 바닷물결의 꽃에는 가을이 들지 않네

돗자리 펴고 기다리는 밤 가을바람 깊어 가고 달빛을 깔고 홀로 잠든 우지의 하시히메

전자는 《고킨와카슈(古今和歌集)》에 수록된 훈야노 야스히데(文屋康秀)의 노래인데, 가을이 되면 풀도 나무도 색이 바뀌지만 바다의 흰 파도를 꽃에 비유한 '물결의 꽃'은 늘 하얗게 거품이 일고 있을 뿐 가을은 오지 않는다는 의미이다.

후자는 《신고킨와카슈(新古今和歌集)》에 수록된 후지와라노 사다이에(藤原定家)의 노래인데, 기다리는 사람은 결국 찾아오지 않고 가을밤은 깊어만 가는데, 작은 자리를 깔고 홀로 잠들어 있는 우지(宇治)의 하시히메(橋姫)는 달빛 속에 잠겨버린 듯하다는 것이 대략적인 의미이다.[1]

여기에서 '대략적인 의미'라고 한 것은 노래의 이미지가 너무나 복합적이어서 정확한 현대어 번역이 아예 불가능하기 때문이다. 미시마도 이 평론에서 노래를 현대어로 번역하지 않는다.

하지만 바로 그것이 《고킨와카슈》와 다른 《신고킨와카슈》의 특징이라고 미시마는 말한다. 미시마의 해석 중 일부를 보면 다음과 같다.

"기다리는 밤 가을바람 깊어 가고"라는 표현에서 '깊어 가'는 것은 밤과 가을과 바람의 복합체라는 것이 암시된다. 이 애매하고 뒤섞인 어순은 단순한 서경(敍景)이 아니라 마치 작은 눈사태처럼 정감과 정경과 시간의 이동을 한꺼번에 펼쳐놓는다. 이와 같은 몇몇 시적 조건을 뒤섞어 제시하는 예술적 효과는 이 세계의 확고한 논리적 이미지를 파괴하는 데 있다.

다음은 "달빛을 깔고(月をかたしく)"라는 표현이다. '달'과 '홀로 잠든'은 여기에서 훌륭하게 결합되어 복합적 정조를 자아낸다. 그러

나 그것은 결코 명료한 시각을 노린 것이 아니다. 유녀(遊女)의 잠자는 모습은 고요함 속에서 달빛에 젖어들고, 어렴풋한 육체는 달그림자 사이로 비치며, 기다리다 지친 관능은 달에 의해 차갑게 결정화(結晶化)하는 것이다.

위 설명과 비교하면 《고킨와카슈》의 특징도 명료하게 드러난다. 미시마가 말하고 싶은 것을 정리하면 이러하다. 《고킨와카슈》의 와카를 해석하기 위해서는 '풀'이나 '나무'는 '가을'이 되면 색이 변한다는 것, 흰 물결을 '꽃'에 비유하면 그것은 결코 색이 변하지 않는다는 것, 따라서 '물결의 꽃'에는 가을이 오지 않는다는 것 등 몇몇 관념을 논리적으로 조합할 필요가 있으며, 《신고킨와카슈》의 와카에서 볼 수 있는 것과 같은 복합적인 이미지 연쇄는 엄격하게 배제된다.

이와 관련하여 미시마는 이렇게 말한다.

상상력의 방자함이 부정확함에 빠지는 것, 일정한 말에 담긴 의미 내용이 무한하게 넓어지는 것, 예술적 효과가 (아무리 아름답다 해도) 뭔가 부정확한 것에 의존하는 것을 고킨슈의 사계절 노래는 엄밀하게 피했다. 일정한 효과에 집중함으로써 혼돈이 정리되고 정돈된 자연은 비로소 인간적인 것이 되며, 서경적(敍景的) 노래의 '감정의 진실'은 그곳에만 있다고 생각할 때 이미 우리들은 고킨슈의 '시학' 안에 있는 것이다.

이러한 질서의 관념이 바로 '우아함(みやび)'의 본질이다.

여기에서 생각나는 것은 일찍이 중국의 전장에 있었던 하스다 젠메이가 쓴 〈시와 비평 — 고킨와카슈에 관하여〉이다(제4장 참조). 고킨슈의 가인(歌人)들에 관하여 하스다는 다음과 같이 쓴다.

> 그들이 포착한 소재도 정말 좁았고 (곧바로 평범해질 것만 같은) 그 심정도 분방하지 않았는데, 나의 벗 시미즈 후미오가 말하듯이 그들은 오히려 벚꽃이나 매화 대신에 '꽃'이라는 세계를 이 세상에 세웠다. 그들이 세운 풍아(風雅)한 질서는 마침내 이승의 세계를 은폐하고 문화 세계를 향한 변혁을 달성했다.

미시마가 말하는 '우아함'의 세계는 이 '고풍스럽고 우아한 질서'에 상응하는 것이리라. 앞에서 서술했듯이 미시마는 하스다에게 "바로 우리들의 어린 동료", "유구한 일본 역사가 점지한 아이"라는 말을 들으며 세상에 나왔지만, 그 후에는 사실상 《문예문화》의 세계로부터 미묘하게 거리를 두려 했다. 그랬던 그가 시간이 지나 이제는 하스다의 말을 자신의 생각으로 받아들임으로써 자신의 청년기를 다시 살고 나아가 하스다와 함께 일본 문화의 근원으로 거슬러 올라가고자 한다.

그 결과 미시마는 《고킨와카슈》에 관하여 "지금 내가 돌아갈 곳은 고킨슈밖에 없는 것 같다"라고 말하기에 이른다. 그러나 다른 한편으로는 한 수 한 수가 "괴이할 정도로 광채를 내뿜은 단편(fragment)"인 《신고킨와카슈》의 세계에 "탐닉하고 싶은 유혹을 이길 수가 없다"고 털어놓기도 한다.

《고킨와카슈》와 《신고킨와카슈》에 대한 이와 같은 생각을 미시마는《달리는 말》속에 짜 넣었다. 그것은《봄눈》에서 근대 연애 소설이나 연가를 참조하고 인용하고 있는 것만큼 두드러지지는 않지만,《달리는 말》이라는 작품 세계의 골격을 이루고 있다.

무슨 말인가.《신고킨와카슈》의 세계를 "무질서하게 부유하는 상상의 세계"로,《고킨와카슈》의 세계를 "질서 잡힌 관념의 세계"로 바꿔놓으면 이해하기 쉬울 것이다. 그러니까《달리는 말》은《신고킨와카슈》의 세계에 빠져들었던 이사오가 목숨을 걸고《고킨와카슈》의 세계로 회귀하는 이야기인 셈이다. 그 구도를 축약해 보여주는 에피소드가 있다. 이사오의 동료인 이즈쓰(井筒)와 사가라(相良)가 억새풀과 마른 잔가지를 도화선과 뇌관으로 간주하고 기폭(起爆) 연습을 하는 장면이다.

다음은 뇌관을 화약 속에 집어넣어 고정하고 도화선의 반대쪽 끝에 불을 붙이는 일만 남았는데, 이때는 사가라가 흙덩어리를 화약으로 간주하고 신중하게 도왔다. 그리고 점화. 아직 푸릇한 억새 줄기에 성냥불을 갖다 댔지만 좀처럼 옮겨붙지 않았다. 석양 속에서, 불은 보이지 않는 사이 성냥다리를 반쯤 태우고는 꺼졌다. 〔……〕

"이런, 도망쳐!"

"그래, 벌써 백 미터는 도망쳤어!"

두 사람은 앉은 채 아주 멀리 도망친 것처럼 숨을 헐떡이는 시늉을 하면서 눈을 마주보고 웃었다. 삼십 초나 지났는가 싶었는데 십 초가 더 지났다. 관념상으로 또는 시간상으로 뇌관을 집어넣은 화약은 이제 저 멀리 있었다. 그러나 도화선은 이미 점화되었고, 기폭의 조건은 완전히 갖춰졌다. 불은 열심히 무당벌레처럼 도화선 위를 기어가고 있었다.

　마침내 보이지 않는 저쪽에서, 보이지 않는 화약이 폭발했다. 반쯤 썩어 가고 있던 추한 뭔가가 갑자기 딸꾹질을 심하게 하는 듯한 움직임을 얼핏 보이더니 저녁 하늘로 흩어졌다. 주위의 메밀잣밤나무들이 몸을 떨었다. 모든 것은 투명해지고 소리마저 투명해져 구름이 붉게 물든 하늘로 퍼져 나가더니 …… 이윽고 사라졌다.

　서류를 열심히 들여다보고 있던 이사오가 갑작스럽게

　"그것보다는 일본도가 낫겠어. 어떻게든 스무 자루는 있어야 할 거야. [……]"

상상의 세계 속의 폭발은 말할 것도 없이 아무 일도 일으키지 않는다. 이사오는 그런 환영을 뿌리치고 실제로 무기를 손에 쥐지 않으면 안 된다. 단지 그 무기는 일본도이지 폭탄은 아니다. 결국 현실적 유효성이라는 관점보다 오히려 관념적 상징성의 관점에서 선택된 무기이다.

　이 구도는 테러 계획이 사전에 발각되어 체포되었다 석방된 이사오가 멍한 몽유 상태에 빠지지만 최후에는 구라하라를 찔러 죽이고 자신도 할복함으로써 정신의 질서를 끝까지 지킨다는, 작품 전체의 줄거리를 선취하고 있는 에피소드이다.

　여기에서 《신고킨와카슈》의 세계관을 뿌리치고 《고킨와카슈》의 세계관으로 나아가고자 하는 지향과 유사한 형식을 간파할 수 있다. 혼다의 경우도 구도는 크게 다르지 않다. 예컨대 테러 계획이 발각되기 전 이사오가 기요아키의 환생이라는 것을 혼다가 확신하는 장면을 보자.

혼다는 그 전에 노구치 가네스케(野口兼資)가 주인공 역을 맡은 노(能) 〈마쓰카제(松風)〉를 본다(〈마쓰카제〉는 '중세 시대 어느 상습적 살인자가 남긴 철학적 일기에서 발췌'라는 부제가 달린 단편 〈야차〉의 유래가 된 노이다). 그리고 "해수 수레(汐汲車)가 이 세상에서 한 바퀴 도는 순간의 덧없음이여"라는 구절을 듣고 꿈결 같은 기분에 젖어 기요아키의 일을 생각한다. 그러자 그의 귀에 들려오는 것은 더는 정확한 시구가 아니라 "중생이 윤회하여 육도(六道)에서 살아가는 것은 수레바퀴가 시종(始終)이 없는 것과 같구나"라는 《심지관경(心地觀經)》의 한 구절이다.[2] 하지만 얼마 지나지 않아 이런 흔들리는 심리 상태에서 깨어난 혼다는 윤회전생 따위는 바보 같은 얘기라고 고쳐 생각한다.

그런데 그날 밤, 오랜만에 기요아키의 유품인 '꿈 일기'를 읽은 혼다는 잠시 후 '꿈 일기'에 적힌 기요아키의 꿈과 완전히 동일한 광경을 눈앞에서 직접 보고 충격에 휩싸인다. 그 꿈은 새를 쏴 죽인 기요아키가 서생인 이누마로부터 "너는 난폭한 신이야. 틀림없어."라는 말을 듣는다는 것이다. 그리고 지금 혼다의 눈앞에서 새를 쏴 죽인 이사오가 아버지 이누마로부터 "너는 난폭한 신이다. 틀림없어."라는 말을 듣는다. 혼다는 두려움에 떨며 이렇게 생각한다.

> 기요아키가 이사오로 환생한 것은 설령 이사오는 모를지라도 혼다는 이성의 힘을 다 동원해도 부정할 수 없었다. 그것은 사실이었다.

'사실'이라고 하지만 그것은 '바닷물결'에는 '가을'이 들지 않는 것이 사실인 것과 마찬가지로 관념적인 사실이다. 그런데 그 관념적인 사실은 생생한 리얼리티를 갖는다. 바로 이것이 미시마가 생각하는 《고킨와카슈》의 세계이다.

이리하여 미시마는 《달리는 말》 안에 일본 고전 문예에 관한 자신의 생각을 짜 넣었던 것이다.

〈'도의적 혁명'의 논리〉

또 다른 한 편의 글 〈'도의적 혁명'의 논리: 이소베 일동주계의 유고에 관하여〉(《문예》, 1967. 3.)가 〈고킨슈와 신고킨슈〉와 동시에 ─ 그것은 《달리는 말》 연재 개시와 거의 같은 시기이기도 한데 ─ 발표되었다. 2·26 사건의 주모자 중 한 사람으로서 총살당한 이소베 아사이치(磯部淺一)의 미공개 수기 발표에 맞춰 집필된 이 글에 따르면, 2·26 사건은 "자인(Sein, 있는 그대로의 현실)의 국가상을 부정하고 졸렌(Sollen, 실현해야 할 이상)의 국가상을 긍정하는" "당위의 혁명 즉 도의적 혁명"이었다.

다만 "자인 안에서 졸렌의 핵과 맹아가 발견될 터"이고, 그런 점에서 도의적 혁명은 공산 혁명에서 볼 수 있는 권력 탈취와 달리 "국체사상 그 자체 안에 끊임없는 변혁을 유발하는 계기"가 있다고 미시마는 말한다. 그리고 체포되자마자 사형을 구형받고서도 천황에 의한 구제(救濟)를 낙관적으로 믿었던 이소베의 심리를 다음과 같이 분석한다.

> 이때 이소베가 천황의 구제와 신의 구제를 기다린 것은 필연적이다. 왜냐하면 졸렌의 국가상은 끝내 붕괴해 자인의 악에 완전히 포위

되고 막다른 곳으로 내몰리며, 졸렌은 최고도로 순화되고 절대적으로 고립되어 이소베의 개별적 존재 그 자체와 완전히 중복된 것이기 때문에, 졸렌의 궁극적 상이자 그 옥체와 신이 일체불이(一體不二)인 천황과 이소베는 이미 일체가 되었을 터이다. 이소베는 스스로 신이 되었다. 신이 신 자신을 멸한다는 것은 논리적 모순이다. 신은 신주(神主)를 구제하지 않으면 안 된다.

그러나 이처럼 개별자이면서 동시에 전체인 것과 같은, 육체와 사상의 궁극적 결합 상태에서 그가 희망했던 것과 같은 구제는 가능할까. 그는 그 육체 불사의 신념을 틀림없이 현인신(現人神) 신앙을 통해 배웠을 것이기 때문이다.

그때 그는 무의식적으로 자결의 사상에 가까워지고 있었을 것이라고 나는 생각한다. 천황과 일체화함으로써 천황으로부터 비롯되는 불사의 근거는 자결 말고 달리 없기 때문이고, 기독교 신학의 신이 인간의 혼을 구제하는 것과 달리 현인신은 자살하는 혼=육체의 총체를, 그 생명 자체를 구제하는 것일 터이기 때문이다.

이소베는 실제로는 자살한 게 아니라 구형대로 사형에 처해졌다. 그러나 미시마는 위와 같이 생각하고서, 이소베는 졸렌으로서 천황과 자신을 동일화하기에 이르렀으며 그것은 그가 자결하는 것과 다르지 않다고 한 것이다.

이 논의는 논리적으로 잘 짜인 것처럼 보이지만, 다른 한편으로는 용이하게 이해하기 어려운 비약이 있는 것처럼 보이기도 한다. 정리해보면 이렇다. 우선, 자인에 졸렌을 대치시키는 발상은 미시마가 〈고킨슈와 신고킨슈〉에서 '상상력의 방자함'이나 '감각의 방자함'에 '우아함'을 대치시키고, 하스다가 〈시와 비평〉에서 '현신(現身)의 세계'에 '풍아의 세계'를 대치시키는 발상과 통한다. 이 점에 관해서, 그리고 "자인 안에서 졸렌의 핵과 맹아를 발견할 수 있을 터"라는 점도, 하나의 사고방식으로 이해할 수 있다.

하지만 붕괴한 '졸렌의 국가상'과 '이소베의 개별적 존재'가 '완전히 겹친다'는 판단을 보면, A(졸렌의 국가상)는 막다른 곳으로 내몰리고 있다. B(이소베의 개별적 존재) 또한 붙잡혀 막다른 곳으로 내몰리고 있다. 따라서 A와 B는 완전히 겹친다는 식의, 술어의 동일성으로 주어의 동일성을 주장하는 논리가 작동하고 있다. 이것은 이미 통상적인 사고의 틀을 무너뜨리는 논리이다. 그렇다 해도 일단 이것을 인정하고 아울러 '졸렌의 국가상'과 '졸렌의 궁극적인 상'인 천황과의 동일시 문제도 하나의 견해로서 인정한다면, 이소베가 신(천황)과 일체화했다는 생각이 자연스럽게 도출될 수밖에 없다.

〈영령의 소리〉를 논할 때 말했듯이 여기까지는 원래 우리들은 공동 표상으로서 천황과 다소라도 동일화하고 있기 때문에 큰 위화감 없이 받아들일 수 있다고 생각한다.

오히려 비약은 그 앞에 있다. 왜 자결이 불사의 근거가 되는 것일까. 천황과 일체화함으로써 이소베가 대면할 구제가 왜 자결과 결부되는 것일까.

그런데 다시 생각해보면 이런 종류의 비약이 미시마와 인연이 없지는 않았다는 것을 알 수 있다. 왜냐하면 한 번의 죽음으로 연속성이 끊긴 자가 그럼에도 불구하고(또는 바로 그것 때문에) 윤회의 고리 속에서 재생한다는 미시마의 윤회관에서도 같은 종류의 비약을 확인할 수 있기 때문이다. 죽은 자가 죽음이라는 계기를 거쳐 윤회의 연환(連環) 속에서 환생하듯이 이소베는 자결함으로써 구제받고 불사의 존재가 된다.

게다가 여기에서 빠뜨리지 말아야 할 것은, 그것은 선제(先帝)의 붕어(또는 양위)로 황위가 계승될 때 대상제(大嘗際) 의식에 의해 신제(新帝)가 아마테라스오미카미(天照大神)와 일체인 '현인신(인간으로 나타난 신)'이 되는 논리와도 동형이라는 점이다.[3]

이리하여 미시마의 사고 속에서 2·26 사건의 근저에서 발견되는 자결의 사상과 윤회의 세계관 그리고 현인신 신앙이 하나의 선으로 연결되기 시작한다. 생각해보면 미시마 유키오라는 필명의 유래 중 하나가 대상제의 신사(神事)와 관련된 것이었다는 점도 상징적이다(제4장 참조).

미시마는 〈영령의 소리〉를 발표하여 세상의 평가를 구함으로써 《풍요의 바다》라는 작품 세계와 그 작품 밖 현실 세계의 공명을 향하여 대담한 발걸음을 내딛고 있었다. 여기에서 나아가 이제 〈'도의적 혁명'의 논리〉를 통해 문학과 행동, 생과 사를 총체적으로 포착하는 논리가 펼쳐진다.[4]

체험 입대

이 논리의 지향점을 따라 미시마는 자위대 체험 입대를 시작한다. 그것은 우슈말의 왕족이 중요한 의식을 치를 때 돌층계를 통해 치첸이트사로 나아갔던 역사적 사실에 빗댈 수 있는데, 체험 입대를 통해 미시마가 구체적으로 무엇을 노리고, 무엇을 목표로 삼았는지 하나씩 밝혀보고자 한다.

미시마가 체험 입대한 시기는 1967년 4월 12일(서류상 정식 수속은 13일[5])부터 5월 27일까지인데, 그는 먼저 후쿠오카현 구루메의 마에가와라 육상자위대 간부후보생학교를 찾았고, 그다음에 후지 주둔지(후지학교 등의 시설이 있다)로 간다. 다키가하라 분둔지(分屯地)의 합숙소에 들어가고 야마나카코(山中湖)에서 야영한 것이 이때이다. 5월 연휴에 잠시 도쿄로 돌아왔다가 다시 학교로 돌아간 후에는 후지학교 간부상급과정(AOC), 특수부대(ranger) 과정을 체험한 다음 나라시노 주둔지의 제일공정단으로 이동했다.

미시마가 체험 입대를 기획하고 이를 실현하기 위해 움직이기 시작한 것은 신푸렌 취재를 마치고 귀경한 1966년 9월의 일이다. 무라마쓰 다케시(村松剛)와 도쿠오카 다카오(德岡孝夫)에 따르면, 미시마가 처음 중개 역할을 부탁한 사람은 당시 마이니치신문사 출판 담당 직원으로서 폭넓은 인맥을 자랑하던 가노 지카오(狩野近雄)였다.[6] 체험 입대 후의 독점 기사를《선데이 마이니치》기자 도쿠오카 다카오가 담당한 것을 보면 확실히 전후의 사정이 있었을 것이다. 하지만 실제로는 그 이상의 움직임이 있었다.

사관학교에서 미시마의 관리자 역할을 했고 그 후에도 미시마와 친하게 교제한 사람이 기쿠치 가쓰오(菊地勝夫)인데, 기쿠치의 친구 중에 스기하라 유스케(杉原裕介)가 있다. 유스케는 해상자위대 간부후보생학교를 거쳐 자위관(自衛官)을 지낸 후 곧 니시혼간지(西本願寺)에서 득도해 승려가 되었고, 1988년에 암으로 사망했다. 그가 남긴 수기를 바탕으로 삼은 책을 유스케의 쌍둥이 동생인 스기하라 고스케(杉原剛介, 해상자위대 간부후보생학교를 거쳐 역시 자위관으로 근무하다가 나중에 후쿠오카대학 이학부 교수가 된다)가 아키 료스케(安

藝遼介)라는 필명으로 간행했고, 이 책의 개정판에[7] 도미자와 히카루(富澤暉)가 글을 쓴다. 도미자와는 유스케와 방위대학 4기 동기생인데, 1993년 7월부터는 제24대 육상막료장(陸上幕僚長)을 지낸 인물이다. 그는 〈유스케와 고스케에게 응하여〉라는 글의 마지막 부분에서 이렇게 말한다.

미시마가 자위대와 접촉을 생각했을 때 먼저 상담을 한 사람은 다나카 세이겐(田中淸玄)이라는 유명인이었고, 다나카는 전 제1사단장 후지와라 이와이치(藤原岩市)를 미시마에게 소개했다. 후지와라와 미시마는 의기투합했던 듯한데, 자위대를 알고 싶다는 미시마에게 후지와라는 육상자위대 조사학교와 후지학교를 소개했다. 후지와라는 나의 의붓아버지인데, 그가 미시마를 처음 후지학교로 데려왔을 때 젊은 자위관의 생활상도 보여줄 겸 다타미 여섯 장짜리와 네 장 반짜리 방을 사용하고 있던 나의 셋집으로 안내했다. 그 후 미시마와 나는 내 친구들과 함께 요릿집에서 모임을 갖기도 했고, 조용한 휴일 날 후지학교 학생 기숙사에서 대화를 나누기도 했는데, 내가 자리를 옮기면서 만나지 못했다. 그는 우리들에게 실망했지만 계속해서 그에게 동조하고 공명하는 자위관을 찾고 있다. 나는 그렇게 생각하고 있었다.

다나카 세이겐은 전전에는 무장 공산당 지도자로 활약했지만 전향했고, 전후에는 우익의 막후 인물로 알려져 있었다. 다른 한편으로 전학련(全學聯)*에 자금을 제공하기도 했고, 기시 노부스케, 고다

---

* 전일본학생자치회총연합. 1948년에 결성되었으며, 1950~1960년대 반전·반미 학생운동의 핵심 조직으로 활동했고, 이후 여러 파벌로 분열되었다.

마 요시오(兒玉譽士夫)와 대립했으며, 1963년 11월 9일 총격으로 중상을 입은 사건이 잘 알려져 있다. 훗날 방패회에서도 어떤 문제를 일으키게 되는데 이에 대해서는 제19장에서 언급하기로 한다.

후지와라 이와이치는 육군 군인으로서 스파이 양성 조직으로 설립된 육군 나카노학교의 교관도 겸임했다. 그 후 백인 지배로부터 해방을 목표로 삼아 말레이반도 인도계 주민의 선무공작을 추진한 특무기관(F기관)의 기관장이 되었으며, 인도 국민군 창설에도 관여했다. 전후에는 공직에서 추방된 후 육상자위대에 입대하여 육상자위대 조사학교 교장 등을 지냈다(1956 ~ 1960. 조사학교는 현재의 정보학교이며, 첩보·방첩에 관한 교육과 훈련을 위한 조직이다).

체험 입대에서 방패회 결성에 이르기까지 후지와라 이와이치와 미시마 사이에 일정한 관련이 있었다는 것은 현재 남아 있는 후지와라에게 보낸 미시마의 편지를 통해서도 확인할 수 있다. 다나카 세이겐에 관해서는 오스가 미즈오(大須賀瑞夫)가 인터뷰한 《다나카 세이겐 자전》에서 다나카 자신이 이렇게 말한다.

> 자위대 난입 사건이 일어나기 2, 3년 전의 일이었다. 평론가 무라마쓰 다케시가 (미시마를) 처음으로 데리고 왔다. 〔……〕 "자위대에 들어가고 싶으니 힘 좀 써 달라"고 말했다. "무슨 일이냐"고 묻자, 자위대는 쿠데타를 일으켜야 한다며 이번 주간지에 실린 것과 같은 내용의 말을 거침없이 했다. 일본의 해체로 이어질 위험한 사상이었다.
> 그래서 나는 자위대에서 반란을 일으킬 사람을 소개할 수는 없다고 거절했다. 그러자 이번에는 "아니, 그건 나의 이상이지 실행하려는 게 아니다. 자위대에 들어가 어떤 훈련이든 몸에 익히고 싶다. 가

능하면 위험한 곳이 좋다. 공정부대에 들어가고 싶다."라고 말했다.

그래서 나는 육상막료장을 끝으로 정년퇴직한 스기타 가즈시(杉田一次) 씨에게 "미시마는 헌법을 오해하고 있고 자위대에 관해서도 오해하고 있으니 얘기를 잘 해줬으면 좋겠다. 위험한 곳에 간다고 해서 미시마가 목숨을 잃을 리도 없을 테니……." 운운하며 소개했다.[8]

스기타는 태평양전쟁의 첫 전투인 싱가포르 전투에서 커다란 공을 세운 야마시타 도모유키(山下奉文)를 보좌한 군인이었고 후지와라의 선배 격이다. 또 인용문의 "이번 주간지에 실린 것"은 바로 육상자위대 고사학교(高射學校) 전사교관 야나이 신사쿠(柳內伸作)가 《주간 문예춘추》(1992. 10. 22.)에 발표한, 자위대의 쿠데타를 적극적으로 긍정하는 듯한 논문을 가리킨다.

여기에서 다나카 세이겐이 술회한 것에 관해서는 무라마쓰 다케시의 언급이 없어서 분명하게 확인할 수는 없다. 하지만 도미자와 히카루의 글과 함께 읽어보면 구체적인 사실에 바탕을 두고 있음을 확인할 수 있다. 오히려 무라마쓰는 일련의 경위에 관하여 굳이 침묵하는 구석이 있고, 체험 입대와 관련해서는 마이니치신문사의 가노 지카오와의 관계 이상으로 위의 움직임에 깊이 관여한 것이 사실에 가까울 듯하다. 그 결과 개인의 장기 체험 입대는 전례가 없어서 그에 알맞은 대응을 검토하고 있던 자위대 측은 1, 2주마다 일시 귀가한다는 조건을 달아 미시마의 입대를 승인했다. 그때 행정적 절차에 대응한 사람은 당시 방위청 홍보과장이었고 훗날 내각국방회의 사무국장을 역임한 이토 게이이치(伊藤圭一)였다.[9]

그렇게 결정되자 체험 입대에 반대했던 신초샤의 담당 편집자 스기와라 구니타카(菅原國隆)도 미시마의 행동을 마지못해 받아들였고, 신초샤 전속 카메라맨이 입대한 미시마의 모습을 촬영했다. 그 사진의 일부가 특별 수기 〈자위대를 체험한다—46일간의 비밀스런 '입대'〉 및 도쿠오카 다카오의 인터뷰 〈미시마 귀향병에게 던지는 26개의 질문〉과 함께 《선데이 마이니치》(1967. 6. 11.)에 게재되었다. 물론 《주간 신초》도 〈'우국' 작가의 '체험 입대' 기록〉(1967. 6. 17.)을 통해 미시마 유키오의 체험 입대를 보도했다.

미시마가 체험 입대한 사실이 미디어를 통해 알려지자 많은 사람들이 기이하고 미심쩍은 눈길을 보냈다. 그렇지만 미시마에게는 자기 나름의 계산이 있었다. 그것은 매스컴의 화제의 표적이 됨으로써 마약 같은 도취를 얻는 것이 아니었다. 그런 시기는 이미 지났다.

이때 미시마는 〈영령의 소리〉나 〈'도의적 혁명'의 논리〉의 주장에 공명하는 '동지'를 미시마 문학 애독자라는 틀 밖에서 찾아내기 위한 문을 열 생각을 하고 있었다. 그래서 자신의 뜻을 알리는 매체로 《풍요의 바다》를 연재 중인 신초샤의 잡지보다 먼저 《선데이 마이니치》를 선택했을 것이다.

미시마의 기획에 호응할 가능성이 있는 몇몇 움직임은 이미 잠재해 있었다. 뒤에서 서술하듯이, 체험 입대 허가를 얻기 위해 움직이기 시작한 1966년 가을에 미시마는 그러한 움직임을 포착하고 스스로 조직하려는 생각을 품고 있었는데, 실제로 미디어가 미시마의 체험 입대를 전함으로써 그 생각이 좀 더 구체적이고 의미 있는 현실로 발전하기를 바랐던 것이다.

그 움직임의 하나가 1960년대 후반 좌익 학생운동의 고조에 대항하는 형태로 시작된 민족파 청년의 활동이었다. 그중에서도 중요한 것이 히라이즈미 기요시(平泉澄)의 문하생이 중심이 되어 창간한 잡지 《논쟁 저널》(1967. 1. ~ 1969. 10.) 그룹인데, 1966년 12월 19일 하야시 후사오(林房雄)의 소개로 미시마를 방문한 이 잡지 편집부의 반다이 이사사기(万代潔)에게 큰 감동을 받은 미시마는 반다이와 같은 잡지 편집장 나카쓰지 가즈히코(中辻和彦) 등과 밀접한 관계를 맺게 된다.

1966년 11월 14일, 와세다대학학생연맹의 호소로 결성된 일본학생동맹의 존재도 중요하다. 그 중심인물 중 한 사람인 모치마루 히로시(持丸博)는 곧 《논쟁 저널》에 깊이 관여하게 되고, 훗날 방패회의 초대 학생장이 되었다. 또 1967년 4월 와세다대학의 일본학생동맹 안에 결성된 국방부(國防部)는 미시마의 중개로 7월 자위대 기타에니와(北惠庭) 전차부대에 체험 입대한다. 덧붙이자면 2대 학생장으로 미시마와 죽음을 함께하게 되는 모리타 마사카쓰는 일본학생동맹과 국방부의 창립 멤버 중 한 명이었다.

이리하여 젊은 동지를 얻은 미시마는 1968년 2월 25일 혈맹장(血盟狀)을 작성하고(모리타는 참가하지 않는다), 3월 1일부터 30일까지 학생들과 함께 체험 입대에 들어간다(단, 미시마는 8일에 귀경했다가 25일에 부대로 돌아간다). 자위대 측 책임자는 이와다 사다유키(岩田貞幸) 일위(一尉)*였다.

이때는 모리타도 참가하는데 그것은 사실 학생의 결원을 메우기 위한 갑작스런 입대였다. 게다가 와세다대학 교육학부 2학년 과정

---

* 자위대 계급 일등육위(一等陸尉)의 준말. 한국군의 대위에 해당한다.

을 마친 모리타는 2월에 스키를 타다가 골절상을 입고 요양 중이었기 때문에 일주일 늦은 3월 7일에야 합류했다. 태어나자마자 아버지를 잃었고 뒤이어 어머니마저 병사했는데, 어머니가 세상을 떠난 것은 모리타의 세 번째 생일날인 1948년 7월 25일이었다. 모리타가 어떤 인물이었는지에 관해서는 뒤에서 서술하겠지만, 이처럼 불행한 성장 과정만 보아도 그가 말로 표현할 수 없는 뭔가를 짊어진 존재라는 것을 미루어 짐작할 수 있다. 그런 모리타가 자위대에 입대해 미시마와 의기투합했고, 제대 후에는 "선생을 위해서라면 언제라도 이 한 목숨 버리겠습니다"라는 내용의 사례 편지를 속달로 보냈던 것이다.[10]

조국방위대 구상

다시 말하면 1966년 가을 이후 미시마는 이미 청년들을 조직할 생각을 하고 있었다. 《봄눈》, 《달리는 말》은 물론이고 〈고킨슈와 신고킨슈〉, 〈'도의적 혁명'의 논리〉의 집필을 병행하면서 말이다. 미시마는 그 조직을 가칭 조국방위대(Japan National Guard)라 했다. 간접 침략(외국의 관여로 발생하는 반란과 내전)에 대항하는 것이 목적이었는데, 당시에 쓴 조국방위대 '초안'은 다음과 같다.

1. 조국방위대는 민병으로 조직하되, 유사시 동원에 대비해 연 1회 이상 훈련 교육을 받는 것을 의무로 한다.
1. 민병은 지원제로 하되, 성년 이상의 남자로 연령을 불문하며, 체격 검사, 체력 검정에 합격한 자 가운데 전과가 없는 자를 채용한다.

1. 대원의 고용주는 대원 훈련 기간 동안 유급휴가를 줄 의무를 진다. 대원에게는 원칙적으로 봉급을 지급하지 않는다.
1. 대원은 간부와 병사로 나누고, 간부 교육은 연 1개월, 사병의 경우 연 1주간의 특수 단기 훈련을 실시한다.
1. 대원에게는 제복을 지급한다.

이것은 '조국방위대는 왜 필요한가?'(1968년 1월 1일이라고 일자가 적혀 있다. 《결정판 전집》 34)라는 서명 없는, 타이프 인쇄 문서 중에서 1966년 가을에 작성된 문서에서 인용한 것인데, 이 '초안'에 따르면 학생과 함께했던 자위대 체험 입대는 바로 조국방위대의 '간부 교육'에 해당하고, 미시마가 단독으로 행했던 1967년의 체험 입대는 조국방위대 조직을 목표로 한 준비였던 셈이다.

다만 문서에 적힌 내용은 단순히 민족파 학생 중에 미시마의 기획에 호응하는 '동지'가 있었다는 것만을 이야기하지는 않는다. 여기에서 상정하고 있는 '대원'은 학생이 아니라 사회인이다. 그 '대원'을 사원으로 고용한 기업, 그리고 체험 입대를 받아들이는 자위대의 관여가 없으면 '초안'은 탁상공론에 그치고 만다. 이 착상은 처음에는 분명히 미시마의 머릿속에서 싹튼 것이리라. 하지만 미시마로 하여금 그 실현 가능성을 생각하게 했을 토양과 문맥이 실제로 존재하고 있었던 게 아닐까.[11]

이에 관해서는 미시마가 기쿠치 가쓰오에게 보낸 1967년 9월 24일 자 편지를 볼 필요가 있다.

16일 당일에는 요쓰야의 후쿠다 집으로 교육 관련 5부 부부장, 플랜 제작을 맡은 미나미무라(南村) 일좌(一佐)*, 학교 스케줄 관련 이좌(二佐)** 및 홍보 쪽에서 니와야(庭屋) 홍보반장을 불렀고, 저희 쪽은 동지 이와사키 씨와 나카쓰지 씨였습니다. 〔……〕 이와사키 씨가 사회인에게 1개월은 무리이며 1주간 계획도 짜야 한다는 의견을 제시해서 1개월과 1주간 두 가지 계획을 짜기로 했습니다. 11월 중순에 한 번 더 회의를 연 다음 저는 후지학교로 가서 현지를 확실하게 다지고 올 예정입니다.

그리고 다음은 1964년 11월부터 1967년 12월까지 방위사무차관을 지낸 미와 요시오(三輪良雄)에게 보낸 미시마의 편지(1968년 3월 18일 자. 학생을 인솔하고 간 첫 번째 체험 입대 기간에 작성되었으며, 미시마는 일시 귀경해 있었다) 중 일부이다. 길지만 관련되는 부분을 생략하지 않고 인용한다.

그날 밤 여러분의 찬동을 얻은 대로 이제 조국방위대 도쿄도방위협회 청년부에 귀속하는 안은

(1) 안심하고 자위대의 협력을 얻을 수 있을 것.

(2) 이미 시민권을 획득한 단체이기 때문에 저널리즘에 어떤 신기한 쇼크를 주지 않을 것.

(3) 저 역시 여기에 귀속되어도 저널리스틱하게 큰 문제가 되지 않을 것이며, 학생들과 저의 직접적인 관계는 일단 감출 수 있을 것.

(4) 사무소가 자위대 내에 있기 때문에 청년부 회합 등이 눈에 띠

---

* 자위대 장교 계급. 한국군의 대령에 해당한다.
** 자위대 장교 계급. 한국군의 중령에 해당한다.

지 않아 편리할 것.

(5) 자금 유입도 방위협회를 통하면 들여오기 쉬울 것.

등 많은 이점이 있으며, 어떻게든 실현하고 싶은 안입니다.

그렇지만 핵심 인물인 사쿠라다(櫻田) 회장의 의지가 확실하지 않고 이번 모임에서도 최종적인 상담이 불가능했는데, 그 후 후지와라 이와이치 씨(나와 회견을 마친 후 사쿠라다 씨는 스기타 씨, 후지와라 씨와 그 이야기를 했습니다)가 전화를 걸어와 여러 가지 이야기를 해서 사쿠라다 회장의 현재 심경을 거의 이해할 수 있었습니다. 그것은 (나의 억측도 포함되어 있습니다만) 대략 다음과 같다고 생각합니다.

(1) 미시마라는 사람에게 전폭적으로 일을 맡기는 것은 불안하며, 사람 수가 2, 3백 명을 넘을 때 미시마가 컨트롤할 수 있을지 의심스럽다.

(2) 그 경우 청년부가 폭주하는 사례가 발생해 공안 문제가 될 경우 방위협회뿐만아니라 자위대도 곤경에 처할 것이다. 특히 지금 세간에서는 방위 문제에 대해 과도하게 민감하다.

(3) 잘못했다가는 미시마가 사병으로 만들지 않을까.

(4) 도쿄도방위협회는 각 구의 영세한 자금을 모아서 꾸린, 어디까지나 도쿄 중심의 조직인데, 미시마의 최종 계획인 전국 조직과는 어긋나는 게 아닐까.

대체로 위와 같은 의심이 있는 것으로 보입니다. 사쿠라다 씨는 후지와라 씨에게 "당신이 다른 일을 제안하면 할 생각이 있을까요?"라고 물었다고 하는데, 이것은 제가 사쿠라다 씨에게 "후지와라 씨라면 함께 일할 수 있을 것 같습니다"라고 말한 것에 대한 반응이라고 생각합니다.

　위의 의심에 관해서는

　(1) 미시마는 애초에 권력욕에서 시작한 것이 아니고 조직이 커지면 기꺼이 전문가에게 맡길 생각이지만, 처음에는 어떻게든 퍼스널하게 조직하여 청년 한 사람 한 사람을 스카우트하지 않으면 안 된다고 믿고 있다는 것. 물론 최종적인 형태는 사쿠라다 씨의 안, 즉 황족을 총재로 하는 대조직을 꾸린다는 이상에 전적으로 찬성한다는 것. 그때 자신의 지위는 소대장 이상은 바라지 않는다는 것.

　(2) 공안 문제에 관해서는 경시청의 야마모토 공안부장에게 계획의 상세한 내용을 이야기해 벌써 양해를 얻었다는 것.

　(3) 미시마는 수도방위를 제일 중요하게 생각하고 있으며, 전국적인 지역 사회와의 연결은 훨씬 나중 단계로 생각하고 있다는 것.

　(4) 청년의 폭주 위험에 관해서는 사회인의 1주간 훈련 계획과 병행하여 처음부터 부대 안의 밸런스를 유지할 것을 이미 계획하고 있다는 것.

○……………………………………………………………○

　위와 같이 설명할 수 있겠습니다만, 이번 사쿠라다 씨와의 회견은 첫 대면이기도 하고 시간도 충분하지 않아서 뜻을 온전히 전하지 못한 것이 참으로 유감스러웠습니다.

　결국은 저에 대한 신뢰도 문제일 터인데, 사쿠라다 씨를 만날 때 만약 저에 대해 묻거든 미와 선생께서 직접 관찰한 제 모습을 그대로 말씀해주시면 좋겠습니다.

　대단히 낯 두꺼운 부탁인 줄 압니다만, 상황에 관하여 이와사키와 와카이즈미(若泉) 두 사람을 만나 의견을 구했더니 "미와 선생에게 매달리는 게 가장 좋을 것 같다"라고 해서 선생의 힘에 의지하고자 합니다.

바라건대 미와 선생, 사쿠라다 씨, 후지와라 이와이치 씨, 저, 그리고 생각해보시고 필요하다면 스기다 씨까지 한자리에 모여서 이 문제를 선생의 입회하에 논의할 기회를 만들어주실 수 있겠는지요. 미와 선생이 입회하신다면 사쿠라다 씨는 아무래도 안심할 것이라 생각합니다. 아무쪼록 깊이 배려해주시면 감사하겠습니다.

〈문화방위론〉

인용이 길어지고 말았지만, 이것에 이어지는 4월 17일 자 미와에게 보낸 편지에서 미시마는 "지난번에는 참으로 감사했습니다. 덕분에 계획도 점차 궤도에 오르고 있고 특히 선생의 조언이 있어 사쿠라다 씨도 안심한 것처럼 보입니다."라고 했는데, 실제로 이 시기에 '사쿠라다 씨'를 포함한 모임이 있었다는 것을 알 수 있다. 같은 4월 17일 자 기쿠치 가쓰오에게 보낸 편지는 더 상세한데, 이 편지에서 미시마는 사쿠라다와 미와 외에 당시 방위협회 사무국장을 맡고 있던 후지와라가 함께한 모임의 결과를 다음과 같이 보고한다.

〔……〕 방위협회의 외곽 단체 형태로 '체험 입대동우회'와 같은 무난한 명칭의 조직을 만든다. 여기에 일반 체험 입대자는 포함하지 않고 이번 계획에 따른 1개월 훈련을 거친 자만을 모두 명단에 넣는다, 그중에서 내가 직접 가르친 중핵대(中核隊)를 명칭 없이 둔다, 이들만이 조국방위대의 임무를 몸과 마음으로 잘 이해할 것이다. …… 이런

식으로 진행해 나가는 데 찬동을 얻었고 자금의 대략적인 윤곽도 잡혔습니다. 후지와라 씨는 2년 안에 500명을 목표로 하겠다고 합니다만, 가능하면 소수정예가 좋을 것이라고 생각합니다.

도대체 '사쿠라다 씨'란 어떤 사람일까. 1966년 3월 발족한 도쿄도자위대협력회연합회(다음 해 도쿄도방위협회로 개칭)의 회장인데, 일반적으로는 재계 사천왕(四天王) 중 한 사람으로 간주되는 닛케이렌 회장 사쿠라다 다케시(櫻田武)로 알려져 있는 인물이다. 아울러 방위협회는 자위대를 응원하는 한편 도쿄 도민의 방위 의식 보급과 향상을 목표로 하는 조직이었다.

그렇다면 기쿠치에게 보낸 편지에서 언급한 '동지 이와사키 씨'는 누구일까. 그는 미쓰비시 재벌 창업자 이와사키 야타로(岩崎弥太郎)의 증손자인 이와사키 히로야(岩崎寬弥)이다. 또 미와에게 보낸 편지에서 "이와사키, 와카이즈미 두 사람에게 상담"했다고 했는데, 와카이즈미는 도쿄대 재학 중 이와사키 등과 함께 학생연구회 토요회의 일원으로 활약한 와카이즈미 게이(若泉敬)이다.

1968년 6월 15일, 이치가야의 사학회관 홀에서 전일본학생국방회 결성식이 개최되었는데(초대 회장은 모리타 마사카쓰), 와카이즈미는 그 자리에서 기념 강연을 했고 미시마는 만세삼창을 했다. 뒤에서도 언급하겠지만, 사토 에이사쿠 총리의 밀사로 오키나와 반환 교섭을 담당한 인물이 바로 와카이즈미 게이이다. 그리고 '경시청 야마모토 공안부장'은 옛 내무성 특별 고등계 경찰 계통으로 이어지고 나중에 경시청 장관이 되는 야마모토 시즈히코(山本鎭彦)를 가리킨다.

이렇게 보면 위에서 인용한 편지에서 몇 가지 간과할 수 없는 사실을 확인할 수 있다. 이러한 경위는 동시대에는 전혀 알려져 있지 않았다. 그 후에도 관계자가 입을 닫았고, 어느 정도 사정을 들어서 알고 있었을 무라마쓰 다케시도 아마 의도적으로 상세하게 말하지 않은 까닭에 사람들은 그 내막을 알 수가 없었다. 하지만 실제로는 1967년부터 다음 해에 걸쳐 조국방위대 구상을 현실적인 프로그램으로 생각하고자 하는 움직임이 미시마 주변에 존재했던 것이다.

그 연장선상에서 발표된 것이 1968년 5월 5일에 마무리한 〈문화방위론〉(《중앙공론》, 1968. 7.)이었다. 이 평론은 〈'도의적 혁명'의 논리〉나 〈고킨슈와 신고킨슈〉의 논지를 더 밀고 나간 것인데, 우아함의 원천인 "문화 개념으로서 천황"을 "나라와 민족의 비분리의 상징이자 그 시간적 연속성과 공간적 연속성의 좌표축"으로 파악하고, 이것을 지키기 위해 "천황과 군대를 영예로운 끈으로 묶어두는 것이 급선무"라고 주장한다.

여기에서 볼 수 있는 미시마의 천황론에 관해서는 다음 장에서 살펴보기로 하고, 지금 확인해 두고 싶은 것은 미시마가 전체 소설 《풍요의 바다》 집필에 에너지를 쏟는 것은 작품 외의 현실에서도 전력을 다해 싸운다는 것을 의미하고, 작품 외의 현실에 에너지를 쏟는 것은 전력을 다해 《풍요의 바다》를 집필하는 것을 의미했다는 점이다.

《태양과 철》

1960년대 전반, 미시마는 글을 쓸수록 정신은 점점 피폐해지고 그 상태에서 벗어나고자 오히려 더욱 정신을 짓눌러야만 하는 악순환에 괴로워하고 있었다. 그러나 어렵사리 위기를 넘기고 《풍요의 바다》를 쓰기 시작하는가 싶더니, 동인으로 참가한 잡지 《비평》을 무대로 삼아 자신의 말과 삶의 관계를 새삼스럽게 검증하는 자전적 평론 《태양과 철》(1965. 11. ~ 1968. 6.)을 연재하기 시작했다.

이 글의 핵심은 제10장에서 서술했듯이 이미 《금각사》에서도 예리하게 드러나 있었다. 상기해보자. 주인공 미조구치는 처음에는 금각사의 아름다움에 매료되지만 곧 주술에 걸린 듯 그것에 포박되어 불능 상태에 빠진다. 그래서 그는 삶을 갉아먹는 금각의 아름다움을 저주하는데, 미시마는 어느 시점에서 생을 파괴하고 허무를 심각화(深刻化)하는 언어 표현의 마이너스 측면을 간파하고 있었다. 그래도 미시마는 《금각사》에서는 예술 창작이 아무리 생의 현실을 잠식하더라도 그것에 모든 것을 걸었고, 그렇게 함으로써 시대를 굴복시키는 길을 선택했다.

그런데 《교코의 집》 이후, 그러니까 1960년대 들어서 미시마는 언어 표현이 예술가를 구하기는커녕 한층 더 니힐리즘을 강화하는 곤경을 뼈저리게 맛보았다.

그 곤경을 딛고 있는 만큼 《태양과 철》에서 미시마는 언어에 관하여 신랄한 어조로 비판한다. 다음 인용은 《태양과 철》 연재 제4회(《비평》, 1966. 12.)에서 뽑은 것인데, 이 글을 집필한 것은 그해 가을, 바로 미시마가 자위대 체험 입대를 목표로 움직이기 시작했을 무렵이다.

왜 우리들은 언어를 사용해 '말하려야 말할 수 없는 것'을 표현하

사진작가 다모쓰 야토가 촬영한 미시마 유키오. 그는 《태양과 철》에서 '몸과 검'을 통한 미학적 자기 표현을 중요하게 다루었다.

고자 하며, 어떤 경우에 성공하는가. 그것은 문체에 의한 언어의 정묘(精妙)한 배열이 독자의 상상력을 극도로 환기할 때 일어나는 현상인데, 그때 독자도 작가도 상상력의 공범이다. 그리고 이와 같은 공범의 작업이 작품이라는 '사물〔物〕' 아닌 '사물'을 존재케 하면 사람들은 그것을 창조라고 부르며 만족한다. 〔……〕 표현이란 사물을 피해 사물을 만드는 것이다.

상상력이라는 말로 얼마나 많은 게으름뱅이의 진실이 용인되어 온 것일까.

그리고 미시마는 언어가 전혀 개입해 있지 않은 곳에서 자기 존재의 근거를 찾고자 했다. 다음 인용은 《태양과 철》 마지막 부분(《비평》, 1968. 6.)인데, 그해 봄 학생을 데리고 처음 자위대 체험 입대를 한 직후에 쓰인 것이다.

초봄 이른 아침, 집단의 일원으로서 이마에는 히노마루를 그린 띠를 묶고 추위에 떠는 반라(半裸)의 몸으로 달리고 있던 나는 함께하는 고통, 함께하는 구호, 함께하는 보조, 함께하는 합창을 꿰뚫고 자신의 피부에 서서히 번지는 땀처럼, 동일성의 확인에 다름 아닌 저 '비극적인 것'이 군림해 오는 것을 절절하게 느꼈다. 그것은 살을 에는 듯한 아침 바람 저 밑에서 어렴풋이 움트는 육신의 불꽃이자, 이렇게 말해도 좋다면, 숭고함의 아슬아슬한 맹아였다. '몸을 바친다'는 감각은 근육을 뛰놀게 했다. 우리들은 똑같이 영광과 죽음을 바라고 있었다. 바라고 있는 사람은 나 혼자가 아니었다.

여기에서 "동일성의 확인에 다름 아닌 저 '비극적인 것'"이라는 말은 설명이 필요하다. 미시마는 《태양과 철》 연재 제2회(《비평》, 1966. 3.)에서 《금각사》 원고를 끝낸 직후인 1956년 8월 미코시(神輿)를 멨던 경험을 언급하면서, 그때 자신은 미코시를 멘 다른 사람들과 체험과 감수성을 공유했다고 회고한다. 그리고 그 경험의 본질을 '비극적인 것'이라고 불렀다. '비극적인 것'이든 "'몸을 바친다는' 감각"이든 《가면의 고백》 서두의 분뇨 수거인을 묘사하는 데서 사용되었던 표현이다(제7장 참조). 이런 식으로 미시마는 시공을 넘어 자신의 생을 회고하고, 다시 살며, 더 앞으로 나아가고자 한다. 《태양과 철》의 마지막 부분을 계속 인용한다.

심장의 웅성거림은 하나로 통하고, 맥박은 빠르게 퍼져 나가고 있었다. 자의식은 이미 먼 도시의 환영(幻影)처럼 저 멀리 있었다. 나는 그들에게 속하고 그들은 나에게 속해 의심할 수 없는 '우리들'을 형성하고 있었다. 속한다는 것은 뭔가 가열찬 존재의 양태였으리라. 우리들은 작은 전체라는 바퀴를 통해 거대하고 아련하게 빛나는 전체의 바퀴를 생각했다. 그리고 이와 같은 비극의 모사(模寫)가 내가 어렵사리 얻은 행복과 마찬가지로 결국은 구름처럼 흩어지고 안개처럼 사라져 오직 존재하는 근육으로 돌아올 수밖에 없을 것을 예견하면서도, 나 혼자는 근육과 언어로 환원되지 않을 수 없는 어떤 것이 집단의 힘에 의해 끊어지지 않고 유지되어 두 번 다시 돌아올 수 없는 저편으로 나를 데려가는 것을 꿈꾸고 있었다. 아마도 그때 나는 처음으로 '남'을 믿었던 것 같다. 게다가 타자는 이미 '우리들'에게 속하고, 우리들 각자는 이 측량하기 어려운 힘에 몸을 맡김으로써 '우리들'에게 속했던 것이다.

　이렇게 집단은 나에게 뭔가에 이르는 다리, 그곳을 건너면 돌아올 길이 없는 하나의 다리로 생각되었던 것이다.

이리하여 미시마는 언어가 개입해 있지 않은 세계로 나아가고자 한다. 그 앞에 있는 것은 죽음 그 자체다.

하지만 주의해야만 할 것은 여기에서 미시마가 실제로 죽음을 선택한 것은 아니라는 점이다.

그런 게 아니라 작품 밖의 현실에서 죽음을 결의함으로써 언어의 힘을 소생시킨다. 그 힘을 충분히 발휘하게 하여 사회, 시대, 역사의 전모를 포착하고, 현실을 넘어서는 방법론과 새로운 비전을 제시하는 소설을 씀으로써, 작품 밖의 현실을 부정하고 극복한다.

미시마는 이제 시대를 응시하며 이렇게 말한다. 이번에는 반드시 너를 붙잡아 굴복시키고 말 것이다, 라고.

제18장
폭류의 언어

《새벽의 사원》 제1부

《풍요의 바다》 제3권 《새벽의 사원》은 잡지 《신초》에 1년 8개월 동안 연재되었다(1968. 9. ~ 1970. 4.). 먼저 그 내용을 보기로 하자.

《새벽의 사원》은 《풍요의 바다》 4부작 중에서 유일하게 2부로 구성되어 있다. 제1권, 제2권과 다른 점이 또 하나 있는데, 그것은 그때까지 부주인공 역할이었던 혼다 시게쿠니가 주인공 역할을 맡기 시작한다는 점이다.

제1부의 시간적 배경은 1941년이다. 마흔일곱 살이 된 변호사 혼다는 업무로 타이에 갔다가 타이 왕실의 잔트라파 공주(월광 공주, 잉 찬)를 알현한다. 그 자리에서 만 일곱 살의 공주는 몸을 떨며 자신은 일본인(이사오)의 환생이라고 울부짖는다. 충격을 받은 혼다는 이사오의 윤회를 확신하고 말로 표현할 수 없는 지복을 느끼지만, 미역을 감는 공주의 왼쪽 옆구리에 있을 터인 전생의 표시(검은 점 세 개)는 확인하지 못한다.

그 후 혼다는 인도의 바라나시와 아잔타 등지를 방문하고, 귀국하고 나서는 윤회전생 연구에 전념하면서 종전에 이르기까지 시간을 보낸다. 제2부는 샌프란시스코 강화조약이 발효된 1952년(미시마가 첫 번째 외국 여행에서 돌아온 해이기도 하다) 잉 찬이 일본으로 유학을 오는데, 상세한 내용은 다음 장에서 서술하기로 한다.

《새벽의 사원》을 쓰기 시작한 것은 1968년 7월 1일이다. 이때 미시마는 단단히 결심을 하고 유식사상을 파고들었고, 그 철학을 배경으로 삼아 《풍요의 바다》의 작품 세계를 창조하고자 했다. 그것은 〈문화방위론〉의 이념을 실현하고자 하는 것이기도 했는데, 미시마는 문자 그대로 전력을 다해 시대와 한판 대결을 벌였던 것이다.

그러나 시대의 반격은 집요하고도 혹독했다.

"자네, 사병을 만들어서는 안 되네"

반격은 《달리는 말》 집필이 끝나기 전에 이미 시작되었고, 조국방위대 구상이 벽에 부딪치면서 모습을 드러낸다.

제17장에서 미와 요시오에게 보낸 편지를 인용하면서 말했듯이, 미시마는 1968년 봄 이와사키 히로야, 와카이즈미 게이, 후지와라 이와이치 등과 접촉하면서 계획을 구체화하려 했다. 그런데 미시마의 기대와 달리 이 구상에서 중요한 역할을 맡아야 할 도쿄도방위협회 회장이자 닛케이렌 회장 사쿠라다 다케시는 미시마를 내심 못마땅하게 여기고 있었다. 무라마쓰 다케시는 다음과 같이 쓴다. 1968년의 일이다.

미시마는 당초 민간방위조직을 만들 계획을 주니치신문사 사장이었던 요라 아이치(與良ㅈ)에게 말한 모양이었다. 요라 씨가 4월 중순 갑자기 사망한 탓도 있었겠지만 〔……〕 그는 쓰쓰미(堤) 씨에게 누군가가 가능하면 재계 인사를 만나게 해주었으면 좋겠다고 말했고, 쓰쓰미 씨는 닛케이렌 대표 상임이사 사쿠라다 다케시와 상임이사 고사카 도쿠사부로(小坂德三郎)를 소개했다. 쓰쓰미 씨가 기억하기로 사쿠라다 다케시 씨와 미시마가 만난 것은 5월 아니면 6월이었다.

사쿠라다 씨는 미시마에게 "자네, 사병을 만들어서는 안 되네"라고 말하고 얼마간 돈을 내놓았다.

미시마에게는 온몸이 떨릴 정도로 굴욕적이었다. 그는 돈을 사절하고 자리에서 일어섰고, 이후 재계로부터 지원받는 것을 단념했다. 여름에 만났을 때에는 자금을 마련하기 위해 텔레비전 광고에라도 나갈까 싶다며 정색을 하고 말했다.[1)]

나는 '쓰쓰미 세이지 씨'(시인, 필명은 쓰지이 다카시)가 죽기 직전에 직접 그에게 확인할 기회가 있었는데, 무라마쓰의 이 말은 괜히 해보는 소리가 아니다. 하지만 굳이 입을 다문 게 있다. 쓰쓰미는 알지 못했던 듯하지만, 위에 인용한 편지에서 볼 수 있는 것처럼 쓰쓰미가 '소개'하기 이전에 미시마와 사쿠라다는 이미 만난 적이 있다. 아마도 무라마쓰는 사정을 알면서도 나름의 생각이 있어서 이 사실을 감춘 것이리라.

다만 확실한 것은 1968년 여름 이전에 조국방위대 구상이 사실상 파탄에 이르렀다는 점이다. 실제로 미와 요시오는 1969년 12월 5일 방위 사무차관 자리에서 물러났고, 후지와라 이와이치는 자민당 공천으로 참의원 선거에 나간다는 이야기가 있어서 관심이 온통 선거에 쏠려 있었다(1971년 입후보했으나 낙선). 그러한 사정까지 겹쳐서 그들은 서서히 미시마와 거리를 두게 된다.

그러나 미시마에게는 다음과 같은 생각이 있었다. 도쿄도방위협회, 방위청, 재계 등과 제휴하는 대규모 민간 방위 조직을 설립하는 계획은 단념하고 그 대신 그 조직의 간부가 될 가능성이 높아 보이는 젊은이들과 함께 소규모 그룹을 결성하기로 했던 것이다.

방패회와 야마모토 기요카쓰

그 그룹이 바로 1968년 10월 5일 도라에몬의 국립교육회관에서 정식 결성을 밝힌 방패회(楯の會)이다. 모임의 명칭은 처음 1기생(첫 번째로 자위대에 체험 입대한 학생) 가네코 히로미치(金子弘道)의 제안으로 미타테카이(御楯會)[2]라는 이름이 후보로 올랐지만, 검토 결과 방패회로 결정했다.

조국방위대 구상에서 방패회 결성으로 사태가 바뀌는 과정을 미시마 곁에서 함께 지켜본 인물이 있었다. 당시 육상자위대 조사학교 정보교육 과장으로 근무하고 있던 야마모토 기요카쓰(山本舜勝)이다.

야마모토가 미시마를 처음 만난 것은 1967년 세밑이었다. 후지와라 이와이치의 명을 받은 히라바라 가즈오(平原一南) 일좌(一佐, 대령)의 소개를 받았다. 이때 문사인 당신은 글을 쓰는 일에 전념해야 하는 게 아니냐는 야마모토의 물음에 미시마는 "쓰는 건 이미 포기했습니다. 노벨상 따위는 흥미가 없습니다."라고 대답했는데,[3] 그

진의에 대해서는 뒤에서 검토하기로 한다. 그 후 학생을 동반한 체험 입대를 마친 미시마의 뜻을 받은 야마모토는 1968년 5월에서 6월에 걸쳐 미시마와 학생들에게 조국방위대 간부 교육의 일환으로 첩보 활동에 관한 강의와 연습을 행한다. 등산모에 나막신을 신고 낡아빠진 점퍼 차림으로 미시마가 산야(山谷)에 나타난 것이 바로 이때의 일이다.

야마모토에 관해서는 자기 과시욕이 강하고 신용할 수 없다는 평가도 적지 않다.[4] 하지만 미시마는 1968년부터 1969년에 걸쳐 야마모토와 아주 친밀한 관계를 쌓았다.

잘 알려져 있지 않은 사실인데, 1919년에 태어난 야마모토는 전쟁 중에는 중국공산당 팔로군과 싸웠고, 종전 전에는 육군나카노학교의 연구원 겸 교관이 되었다. 전후에는 다시 첩보 관련 업무를 맡아 자위대에서 근무했고, 미국의 특수전 학교에 유학하는 경험도 쌓는다. 그러나 그것은 이전의 적국에 자신의 존재 이유를 맡기는 모순으로 가득 찬 행동이었다. 그런 딜레마를 해소하지 못한 상황에서 야마모토는 후배의 뒤를 따르는 모양새로 자위대 조사학교 정보교육 과장에 취임한다. 그 직후인 1967년 4월, 미시마 혼자서 체험 입대를 시도했던 것이다.

야마모토의 이러한 경력을 생각하면 야마모토와 미시마 사이에 심리적 접점이 생긴 이유를 미루어 짐작할 수 있다. 야마모토는 국가의 녹을 먹는 자위관으로서 자신의 삶에 대해 깊은 불편함을 느끼고 있었다. 그런 점에서 야마모토는 우직했다. 그리고 미시마 또한 시대에 맞선다고 말하면서 동시대인을 독자로 삼았을 뿐만 아니라 오랜 기간 시대의 총아라는 위치를 즐기지 않았다고는 말할 수 없다. 그런 점에서 미시마 또한 불편함과 죄책감을 떨칠 수 없었다.

다른 한편, 그런 두 사람과 거리를 두거나 그들을 이용하고자 하는 자들의 역학도 작동하고 있었다. "사병을 만들어서는 안 되네"라고 말하면서 사쿠라다 다케시가 내준 돈은 300만 엔이었다고 한다. 야마모토는 미시마가 그 사실을 알릴 때의 격앙된 모습을 전하고 있는데, 사실 조국방위대 구상이 구체화되며 기존 우익이나 단순한 체제파와는 발상이 다르다는 게 분명해지자, 많은 사람들이 미시마에게 쉽게 다가가지 못했다. 체험 입대 때 미시마와 학생들의 관리자 역할을 했고 미시마도 각별히 신뢰했던 기쿠치 가쓰오와 이와다 사다유키조차 미시마와 거리감을 느끼고 있었다. 일부에서는 성가신 일은 모두 야마모토에게 미루고, 자위대의 존재 의의를 알리고 확산하는 데 미시마가 얼마나 쓸모 있을지 지켜보려는 분위기까지 있었다.

여기에서 당시 세계 정세로 눈을 돌려보면, 특히 1968년은 북베트남과 남베트남 해방민족전선의 구정 대공세, 프랑스의 5월 혁명, 바르샤바조약기구군(軍)의 체코 개입(프라하의 봄)이 일어난 그야말로 격동의 해였다. 세계적으로 긴장이 고조되는 상황에서 볼 때, 미시마가 추구한 것은 분명히 동시대적 성격을 띠고 있었다.

그러나 도쿄 올림픽 후의 불경기를 벗어나 1968년에 일본은 국민총생산(GNP)이 프랑스, 영국, 서독을 제치고 미국 다음으로 서방세계에서 2위를 차지했다. 확실히 1970년 안보 투쟁을 앞두고 학생운동은 격화하고 있었지만 전체적으로 볼 때 쇼와겐로쿠(昭和元祿)*라고 불린 경조부박(輕佻浮薄)한 상태에 빠져 미시마의 말과 행동에 진지하게 귀를 기울이는 사람은 없었다. 귀를 기울이는 것은 결국 불편한 진실, 즉 야마모토 기요카쓰가 품은 불편함이 사실은 전후 일본인 모두가 직면한 모순임을 마주하는 일이었기에 사람들은 그 진실을 회피하려 했다.

그러나 미시마는 조금도 두려워하지 않았다.

시간과 공간의 분절

작품 밖에서 이러한 준비를 거듭한 것이 도약대가 되어 《새벽의 사원》은 네 번째 연재분(《신초》 1968. 12.)인 제4절에서 일찌감치 중대한 국면을 맞이한다. 그것은 《풍요의 바다》 4부작 중에서 가장 중요한 장면의 하나이다. 타이를 방문한 혼다는 일본인 이사오의 환생이라고 주장하는 공주와 함께 아름다운 궁전들이 모여 있는 타이 왕실의 휴양지 방파인을 찾는데, 도중에 저 멀리 정글 풍경을 말없이 바라보는 공주의 모습이 혼다의 눈을 통해 다음과 같이 그려진다.

먼 지평선은 낮은 밀림으로 뒤덮여 있다. 비교적 앞쪽의 밀림은 이 빛줄기(구름 틈새로 비쳐드는 햇빛을 가리킨다—인용자)가 비추어 딴 세상처럼 초록이 아름답게 빛나고 있다. 그러나 뒤쪽의 밀림에서는 먹구름이 안개가 피어오르는 듯한 거센 비를 그 아래로 쏟아붓고 있다. 균사(菌絲)처럼 촘촘하게 수직으로 떨어지는 빗발은 어두운 밀림

---

* 태평성대였던 겐로쿠 시대(1688~1704)가 쇼와 시대에 다시 찾아왔다는 뜻. 고도 성장기의 태평하고 사치와 안일이 지배하던 시대를 가리키는 말이다. 총리대신을 지낸 후쿠다 다케오가 쓰기 시작한 말이라고 한다.

을 고요히 에워싸고 있다. 아득하기만 한 지평선의 밀림에서 일부분에만 떨어지는 균사같은 빗발은 아주 명료하게 보이고, 그 빗발이 가로로 부는 바람에 흔들리는 모습까지 뚜렷하게 보인다. 소나기가 그곳에서만 응결하여 유폐되는 것이다.

…… 혼다는 그때 어린 공주가 바라보는 것이 무엇인지 곧바로 알았다.

공주는 시간과 공간을 동시에 바라보고 있었다. 즉 저편 소나기 아래 공간은 원래 이곳에서는 보일 리가 없는 미래 혹은 과거에 속했다. 현재의 맑은 공간에 몸을 두고서 비의 세계를 명료하게 보는 것은 다른 시간의 공존이기도 하고 다른 공간의 공존이기도 했는데, 비구름이 시간의 어긋남을, 아득한 거리가 공간의 어긋남을 살짝 내보이고 있었다. 그러니까 공주는 이 세계의 갈라진 틈을 응시하고 있었던 것이다.

그리고 다섯 번째 연재분인 제5절(《신초》, 1969. 1.)에서는, 방파인에 도착한 혼다가 시공의 경계를 넘어 시적 조화로 가득한 영묘자재(靈妙自在)한 영역으로 끌려 들어간다.

시간도 거품을 일으키고, 벌들이 윙윙 나는 소리로 가득 찬 해질녘 정원의 공기도, 이리저리 걷는 일행의 감정도 거품을 일으켰다. 산호처럼 아름다운 시간의 정수가 드러났다. 그렇다. 그때 어린 공주의 티없는 행복과 그 행복의 배후에 죽 펼쳐지는 전세의 고뇌와 유혈은 마치 오늘 길에 보았던 먼 밀림의 청우(晴雨)처럼 하나로 이어져 있었다.

혼다는 자신이 지금 칸막이라는 칸막이는 모두 치운 넓은 방과 같은 시간 속에 있는 느낌이었다. 아주 넓고 더없이 자유자재여서 지금껏 살아온 '이 세계'의 집이라고는 생각할 수 없을 정도였다. 그곳에는 검은 나무 기둥이 빼곡하게 늘어서 있고, 인간의 감정으로는 닿을 수 없는 곳까지 눈길도, 목소리도 가닿을 수 있을 듯했다. 어린 공주의 지극한 행복이 펼쳐놓은 이 넓은 방의 무리 지어 서 있는 흑단 기둥 그늘, 마치 숨바꼭질을 하는 사람들처럼 저 기둥 뒤에는 기요아키가, 이 기둥 뒤에는 이사오가, 각각의 기둥에는 무수히 많은 윤회의 그림자가 숨을 죽인 채 몸을 숨기고 있는 것만 같았다.

1965년 9월부터 10월에 걸쳐 미시마는 부인 요코와 함께 세계 여행을 떠나는데, 그때 방파인을 찾는다(10월 24일). 《새벽의 사원》에서 방파인이 묘사되는 제4절과 제5절은 그때의 취재를 바탕으로 한 것이다.

그런데 우리들은 여기에서 발견할 수 있는 시간 감각을 어디선가 본 기억이 있지 않은가. 그렇다. 그것은 태평양전쟁 말기에 쓴 〈2605년의 시론〉에서 볼 수 있는, 그러니까 "운명관 중 최고라 할 수 있는 윤회는 영원과 현존을 연결하는 고리이기도 한데, 무수한 소윤회는 개개인 안에서 돌면서 맞물린 톱니바퀴와 같이 우주의 대윤회로 이어진다"는 세계관에서 실마리를 찾을 수 있으며, 멕시코의 우슈말에서 정점에 도달했던 저 행복한 시적 조화를 한층 심화한 것이다. 그것은 또 《태양과 철》 마지막 장의 표현, 즉 "우리들은 작은 전체라는 바퀴를 통해 거대하고 아련하게 빛나는 전체의 바퀴를 생각한다"는 말과도 공명한다.

이러한 시적 조화의 배경을 이루는 것은 어떤 철학, 어떤 사상일까. 그것과《풍요의 바다》가 사회, 시대, 역사의 전모를 파악하고자 하는 전체 소설이라는 것은 어떤 관계가 있을까. 지금 단계에서는 확실하지 않지만, 방파인 장면이《풍요의 바다》전편의 클라이맥스 중 하나라는 점은 변함이 없다.

그런데 바로 이 국면에서 미시마는 전례 없이 격렬한 '폭류'에 휩쓸린다. 사정은《새벽의 사원》네 번째 연재분이 실린《신초》를 펼치면 금방 알 수 있다.《신초》1968년 12월호 권두는 가와바타 야스나리의 에세이〈가을 들판에서〉이다. 그리고 이토 세이(伊藤整)의〈가와바타 야스나리의 예술〉이 11페이지에 걸쳐 이어진다. 그 지면은 1968년 노벨문학상 수상을 기념하여 꾸민 페이지였다. 이에 비해《새벽의 사원》은 방파인 방문 전반에 해당하는 제4절만 게재되었다. 원고용지 8장,《풍요의 바다》전체 연재 중에서 가장 적은 분량이었고, 3페이지밖에 되지 않는다. 가와바타의 노벨상 수상 때문에 방파인 체험에 관한 내용이 두 번으로 나뉘었던 것이다.

노벨문학상 논란

미시마가 가와바타 야스나리의 노벨상 소식을 처음 들은 것은 1968년 10월 17일이다(방패회 결성을 정식 표명한 날로부터 12일 후이다. 미시마는 자신의 수상 소식을 듣기 위해 우시고메의 일본출판클럽회관에서 대기하고 있었다). 미시마는 가와바타의 집으로 달려갔고, 다음날 18일에는 가와바타의 집에서 열린 좌담회〈가와바타 씨를 둘러싸고〉(NHK TV, 제1라디오)에 이토 세이와 함께 출연하여 축하의

가와바타 야스나리(오른쪽)의 노벨문학상 소식이 전해진 후 좌담회에 참석한 미시마 유키오.

말을 했다.

그런데 여기에 이르기까지 어떤 사정이 있었던 것일까. 이 건에 관해서는 지금까지 몇 번이나 언급했지만 그때마다 문제를 뒤로 미뤄 왔다. 이제 이 문제를 파헤쳐보고자 한다.

《풍요의 바다》를 쓰기 시작할 때 미시마는 분명 노벨상을 의식하고 있었다. 미시마가 그랬을 것이라고 볼 만한 사정이 있다. 미시마 자신이 다니자키와 가와바타의 추천서를 쓴 것, 또 1962년 일본을 방문해 후보자 추천과 관련해 일본인들로 위원회를 꾸릴 것 등을 제안했고 1964년과 1965년에는 스스로 미시마, 다니자키, 가와바타를 추천한 스웨덴의 작가이자 시인 하리 마르틴손과 미시마가 면식이 있었다는 것 등을 생각하면, 자신의 추천 상황에 관하여 미시마는 어느 정도 예측을 할 수 있었을 것이다.

구체적으로 말하면 스웨덴 아카데미에 제출된 미시마를 포함한 일본 문학가에 관한 문서를 보면 다음과 같은 것을 알 수 있다(마르틴손은 스웨덴 아카데미의 멤버였기에 문서가 아니라 구두로 추천했다).

① 요하네스 라델(1963년 1월 8일) 미시마에 관하여. 라델은 예일대학의 동양학자.

② 도널드 킨(1963년 3월 15일) 가와바타, 미시마, 다니자키, 니시와키 준자부로(西脇順三郎)에 관하여.

③ 에드워드 사이덴스티커(1963년 4월) 미시마에 관하여.

④ 욘 론스트렘(1965년 8월 8일) 가와바타, 미시마, 다니자키, 니시와키에 관하여. 복수의 일본인 인터뷰를 스웨덴 아카데미의 노벨위원회로부터 비공식적으로 위탁받은 조사원 론스트렘이 조사보고서를

정리했다.

이 자료들은 스웨덴 아카데미 도서관에서 열람할 수 있다. 나는 사전 조사를 통해 개략적인 내용은 알고 있었으나 이 책을 쓰면서 실물을 확인하고 싶었고, 2020년 봄 스웨덴으로 출장을 떠날 예정이었다. 그런데 코비드19의 영향으로 갈 수가 없었다.

그래서 스웨덴에 살고 있는 이노우에 미요코(성은 나와 같지만 친척은 아니다)에게 대신 열람해 달라고 부탁했다. 저간의 사정을 말하고 도서관 쪽의 이해를 얻어 그녀는 자료 영상을 나에게 보내주었다. 문서는 영문이다. 론스트렘의 보고서만 스웨덴어여서 이노우에가 번역해주었다. 그 영상을 보면서 원고를 쓰고 있는 지금, 나는 암담한 생각을 억누를 수가 없다. 미시마는 자신의 추천 상황에 관하여 어느 정도 예측을 할 수 있었을 것이라고 나는 말했다. 그러나 사태가 그렇게 잔인(이렇게 말해도 좋다)했으리라고는 생각하지 못했을 것이다.

무슨 말인가.

위 문서 작성자 가운데 미시마를 적극적으로 추천한 사람은 라델뿐이다. 그는 미시마가 인간 감정을 분석하고 표현하는 데 뛰어나며 전통적인 가치관과 현대 일본을 훌륭하게 융합하고 있다는 점을 높이 평가했다.

실은 도널드 킨도 현존하는 일본 작가 중에서는 미시마가 가장 뛰어나다고 말한다. 하지만 그는 "미시마는 아직 40세도 되지 않았고 소설가로서나 극작가로서나 앞으로 더욱 발전할 것이라고 생각한다"면서, "만약 다니자키나 가와바타가 미시마에게 선수를 빼앗긴다면 일본의 대중은 기이하게 생각할 것"이라고 말한다. 미시마의 추천 순위는 다니자키, 가와바타에 이어 세 번째였다(킨은 니시와키는 논외로 한다). 나는 이 문서에 관하여 이전부터 알고 있었기 때문에 킨에게 진실을 듣고 싶어서 몇 번이나 물어볼까 망설였지만 끝내 말을 꺼낼 용기가 없었다. 킨이 자신의 판단을 후회하고 있을 것이라고 생각하면서도…….

그렇다면 이외에 다른 문서의 내용은 어떠할까. 그 어느 것보다 가혹한 것은 사이덴스티커의 의견서이다. 예를 들면 이러하다.

미시마는 지금까지 비평적 에세이와 논고, 장편소설과 단편소설, 전통극, 반(半)전통극, 현대극과 같은 다양한 희곡 등 100편에 이르는 작품을 통해 훌륭한 성취를 보여주었다. 문제는 그가 여전히 15년 전과 마찬가지로 "일본에서 가장 장래가 유망한 젊은 소설가"에 머물러 있는 것처럼 보인다는 점이다. 그에게 걸었던 기대는 아직 채워지지 않았다. 그는 사람들이 충분히 만족할 만한 본격적인 작품을 아직 쓰지 못한 것이다. 어쩌면 장래 작가로서 경력을 마칠 때까지도 그는 여전히 "일본에서 가장 장래가 유망한 소설가"로 남아 있을지 모른다고 의심하기 시작한 사람도 있다.

의견서의 마지막 단락은 다음과 같다.

미시마의 재능을 부정할 수는 없다. 돈벌이 때문에 조악한 작품을 양산하는 삼류작가로 떨어지는 게 아닐까 싶을 때조차 읽고 마음에 남는 순간이 없는 희곡이나 소설을 쓰는 경우는 거의 없었다. 그러나 지금까지 세상에 나온 미시마 작품에 대한 최종적인 평가는 다음과 같을 수밖에 없을 것이다. 즉 에누리 없는 상찬을 받을 만한 작품을 미시마는 아직껏 쓰지 못했지만 언젠가 쓸 것이라는 기대를 갖게 하는 작품은 실컷 보아 왔다.(번역은 필자)

확인을 위해 원문을 제시한다.

He is already well on his way to a hundred, including critical and descriptive essays, long and short fiction, and various sorts of drama, traditional, semi-traditional, and modern. The trouble is that he seems still to be what he was a decade and a half ago, "Japan's most promising young novelist." The promise has never been fulfilled, in that he has yet to write a wholly satisfying work of major proportions. One begins to wonder whether, at the end of his career, he will not still be Japan's most promising novelist.

There can be no denying Mishima's talent. He has produced scarcely a play or a piece of fiction, even when he is dangerously near the potboiler, that is without its memorable moments. The final judgement of his work thus far, must be that we have not yet seen enough to permit unrestrained enthusiasm, and we have seen enough, on the other hand, to permit a hope that the day for unrestrained enthusiasm may yet come.

마지막 문장은 상당히 강하게 번역했지만, 의견서 전체의 어조나 느낌은 이 번역과 다르지 않다.

이것은 추천사가 아니다. 그 반대다. 미시마 문학이 마음에 들지 않으면 의견서를 요구해도 거절하면 그만일 터인데 사이덴스티커는 굳이 이런 글을 추천사라고 썼던 것이다.

위 문서가 제출된 것은 미시마가 처음 후보에 오른 1963년이었는데, 사이덴스티커의 이와 같은 비판 때문에 노벨상 수상의 싹이 일찌감치 꺾여버렸던 게 아닐까. 1965년에 작성된 론스트렘의 조사보고서는 다니자키와 가와바타의 공동 수상을 제안하면서 미시마와 니시와키에 관해서는 후보 대상이 될 수 없다고 결론짓는데, 이것은 미시마 배제의 이유를 확실히 하기 위한 것으로밖에 볼 수 없다. 이 보고서가 작성되기 일주일쯤 전에 다니자키가 사망했기 때문에 다음 해 1966년 4월 (위 리스트에는 게재되지 않았지만) 이토 세이가 가와바타만을 추천하는 문서를 제출한다. 이리하여 가와바타의 수상이 사실상 확정되었다.

미시마는 1963년 이후 1966년을 제외하고 가와바타가 수상하기까지 매년 공식적으로 노벨상 후보에 올랐는데, 그것은 최종 선정 과정에서 미시마 표가 가와바타에게 갈 것을 전제로 한 계략이었을 수도 있다는 의심을 지우기 어렵다.

그건 그렇고, 도대체 왜 사이덴스티커는 굳이 미시마의 수상을 방해하는 듯한 문서를 작성했을까. 그는 《설국》, 《천우학》, 《이즈의 무희》 같은 가와바타 작품을 훌륭하게 번역한 사람이고, 분명히 가와바타 문학을 좋아해서 그의 수상을 바랐다는 것을 첫 번째로 고려해야 할 것이다.

하지만 사정은 훨씬 복잡하다. 동서 냉전기인 1950년, 문화 전략의 일환으로 CIA에 의해 문화자유회의가 설립되었다. 그 실태를 고찰한《문화 전략과 글로벌 냉전》[5]에서 앤 셰리프(Ann Sherif)는 흥미롭게도 다음과 같이 쓴다.

> 패신은 연합군에서 일했고 일본에서 박사논문 연구를 했기 때문에 이런저런 커넥션도 있었다. 1955년 워싱턴대학에 취직하기 위해 패신이 일본을 떠나자 미국인 문학연구자 에드워드 사이덴스티커가 문화자유회의의 에이전트 역할을 하게 되었다. 패신과 사이덴스티커는 제2차 세계대전 중에 미군에서 일본어 훈련을 받은 후 미국 정부에서 자금을 지원하는 냉전기 지역 연구 영역에서 경력을 쌓기 시작한 영향력이 큰 학자 그룹의 일원이었다. 1950년대와 1960년대 일본에는 아직 대규모 미군이 주둔하고 있었고, 그 정보원으로부터 많은 정보가 패신과 문화자유회의로 유입되었던 듯하다. 이와 동시에 중요한 것은 이 젊은이들이 자립적인 지식인이라는 환상을 유지하는 것이었다.

허버트 패신에 관해서는 미시마의 첫 미국 체류에 대해 서술할 때(제9장) 조금 언급했는데, 위 인용을 보면 패신이 사이덴스티커와 가까운 관계였다는 것을 알 수 있다. 사이덴스티커는 자신이 CIA 특히 문화자유회의에 관여했다는 것을 감추지 않는다.[6] 이 점에 관해서는 오히려 노골적이기까지 하다. 그것은, 위의 인용에서 볼 수 있듯이 자신이 "자립적인 지식인"이라 생각한 그에게는 설령 문화자유회의에 관여했다 해도 정신의 자유를 팔아넘긴 것은 아니라는 자신감이 있었기 때문일 것이다. 하지만 사이덴스티커가 그렇게 철석

같이 믿도록 한 것 자체가 CIA의 책략이었다.

　문화자유회의의 목적은 공산주의 진영에 대해 서방측의 우위를 보여주는 것이었다. 1971년 노벨문학상을 수상한 칠레의 좌파 시인 파블로 네루다에 대해 오랜 기간에 걸쳐 네거티브 캠페인을 펼쳐 온 것도 지금은 잘 알려져 있다.

　CIA 입장에서 볼 때 미시마와 가와바타 중 누가 노벨상에 어울릴지는 말할 필요도 없다. 천황의 인간 선언을 규탄함으로써 전후 일본을 잠식하는 기만의 구도를 폭로한 미시마보다는 미적, 정서적, 감성적 세계에 스스로를 가둔 가와바타가 수상자로서 훨씬 무난해 보였을 것이다. 결국 사이덴스티커가 자신의 주관과 가치 판단에 따라 가와바타를 후보로 올린 것이 그대로 미국 정부의 의향과 합치했던 셈이다.

　게다가 그것과는 별도로 미시마의 노벨상 수상을 방해하는 의견서를 사이덴스티커에게 쓰도록 한 또 다른 이유가 있었다고 나는 추측한다. 그것은《가면의 고백》에 관한 것이다.

　앞에서 서술했듯이 웨더비는 1950년에 이 작품의 번역을 거의 마쳤지만, 동성애 차별이 극심했던 당시 미국에서는 오랫동안 간행이 미뤄지고 있었다. 이 번역서는 1958년에야 뉴디렉션스에서 출판되지만 차별적인 상황은 변함없이 계속되고 있었다. 그래도 미시마가 수상하면《가면의 고백》이 화제가 되었을 것이다. 사이덴스티커는〈한여름의 죽음〉등 미시마의 몇몇 작품을 번역했기 때문에 당연히 취재를 요청받았을 것이다.[7] 그러나 사이덴스티커는 그런 식으로 자신과《가면의 고백》이 연결되는 것을 싫어했다. 동성애자라는 이유로 일자리에서 쫓겨나는 시대였던 것이다.

한 걸음 더 나아가보자. 앞에서 말했듯이 웨더비의 번역 능력에는 얼마간 의문이 없지 않았고, 《가면의 고백》 번역에 관해서는 누군가 도와준 사람이 있었다고 한다. 짐작건대 사이덴스티커가 그 번역에 어느 정도 관여했을 가능성이 있다.

사이덴스티커가 처음 일본에 온 것이 1945년 9월이고, 머문 곳은 규슈의 사세보였다. 그 후 미국으로 돌아가 컬럼비아대학, 예일대학, 하버드대학 등에서 공부하고 다시 일본으로 건너온 것이 1948년 7월이다. 1951년 이후 여름은 규주큐 섬에서 보낸 적이 많았다고 하는데, 바로 제8장에서 언급한 터틀상회의 사원 여행 시기와 겹친다. 그 전후에 《가면의 고백》 번역을 둘러싸고 두 사람 사이에 접점이 있었다고 해도 전혀 이상하지 않다.

그렇다면 사이덴스티커의 의견서와 함께 가와바타의 수상에 영향을 끼친 이토 세이의 경우에는 어떤 배경이 있을까. 이토는 영어로 발신할 수 있는 몇 안 되는 일본인 작가로서 외국 관계자의 신뢰를 얻었는데, 1962년부터 일본 펜클럽 부회장을 맡아 1965년까지 회장이었던 가와바타와 위치상 같은 조직의 상하 관계에 있었다. 거슬러 올라가면 이토는 소설 〈감정세포의 단면〉이 가와바타의 추천으로 잡지 《신초》(1930. 6.)에 실리면서 문단에 데뷔했다.

결국 스웨덴 아카데미에서 문서를 요청한 단계에서, 일본 펜클럽의 입장에서 말하든 아카데미의 입장에서 말하든, 가와바타의 수상이 문제가 없다는 식으로 정리하는 것이 이토가 담당해야 할 임무였다고 보아야 할 것이다.

이렇게 보면 1966년 4월에 제출된 이토 세이의 문서에서 가와바타의 수상이 사실상 확정되었다고 할 수 있는데, 왜 수상은 2년 뒤였을까.

덧붙여 말하자면 1966년에는 유대계 소설가와 시인 두 사람이 공동 수상했고, 1967년에는 과테말라의 공산주의 작가 미겔 앙헬 아스투리아스가 수상했다. 1966년은 다음 해 1967년에 발발한 제3차 중동전쟁의 원인 중 하나가 된 시리아와 이스라엘의 교전이 있었던 해이다. 1967년은 볼리비아에서 게릴라 활동을 하던 체 게바라가 체포되어 총살된 해이다. 이러한 정치 상황이 가와바타의 수상이 미뤄지는 데 영향을 주었을 가능성은 부정하기 어렵다.

"노벨상 따위에는 흥미가 없습니다"

사이덴스티커는 문화자유회의 계열의 잡지 《자유》 1963년 7월호에 〈미시마 유키오론〉을 발표한다. 이 글은 아카데미에 보낸 문서와 같은 취지의 엄격한 표현까지 포함하고 있는데, 사이덴스티커가 아카데미 앞으로 의견서를 보냈다고 해도 미시마에 대하여 호의적이지는 않았을 것으로 추정할 수 있다. 이토와 가와바타의 관계의 깊이도 얼마든지 상정할 수 있다.

그러나 선정 과정이 이렇게 미심쩍고, 더구나 사이덴스티커의 1963년 문서에서 일찌감치 그 후의 방향성이 결정되었을 줄은 미시마도 미처 생각하지 못했을 것이 틀림없다.

그 내막을 전혀 모른 채 미시마는 계속 노벨상에 도전한다. 《풍요의 바다》의 클라이맥스인 방파인 장면을 수상 발표 시기에 맞출 수 있도록 집필 계획을 조정했고, 《봄눈》과 《달리는 말》의 단행본 간행을 기획했다. 물론 가와바타의 수상으로 이 기획은 미뤄진다. 그리고 《봄눈》과 《달리는 말》은 각각 1969년 1월과 2월에 뒤늦게 간행되었는데, 《봄눈》의 경우 '1968년 10월 30일' 자로 시험판이 제작되었다. 세상에서는 이 판본을 '노벨판'이라고 부른다.

이러한 사정을 생각하면 나는 말을 잊는데, 시대가 미시마에게 이렇게 선고하고 있는 것처럼 들리기도 한다. 어떤 의미에서는 가와바타도, 사이덴스티커도, 이토 세이도 그 때문에 시대에 이용당한 장기 말에 지나지 않았다.

미시마여. 너는 사회, 시대, 역사의 전모를 포착하는 소설을 쓰고 싶었던 모양이구나. 그리고 노벨상을 수상해 나(시대)를 쓰러뜨린 증거로 삼고 싶었구나. 그런 일이 가능할 리 없지 않은가. 용서 없이 뼈저리게 느끼게 해줄 테니 그렇게 생각하라.

확실히 가와바타의 노벨상 수상은 미시마에게 타격이었다.

그런데도 미시마는 절차에 따라 싸움을 이어 나간다.

여기에서 강조하고 싶은 것은 미시마는 노벨상을 바라긴 했지만 수상을 위해 다른 사람과 영합하거나 자신을 굽히는 일은 결코 하지 않았다는 점이다. 단순히 노벨상 수상이라는 명예와 명성을 바랐다면(이미 사이덴스티커 문서에 의해 그 가능성이 틀어졌다 해도), 〈영령의 소리〉나 〈문화방위론〉을 쓰거나, 자위대에 체험 입대를 하거나, 방패회를 만들거나 해서는 안 된다. 희곡 〈나의 벗 히틀러〉 공연 따위는 당치도 않은 일이다.[8]

그러나 미시마에게 그것은 전체 소설을 통해 전후 일본을 그리고 근대라는 시대를 좀먹는 허무를 형상화하고 기만의 구도를 폭로하는 것과 뿌리가 같은 작업이었다. 그만둘 리가 없다. 미시마에 비해 가와바타는 자신의 노벨상 수상을 위해 대단히 계산적으로 행동을 했다. 사이덴스티커가 싫어하는 일은 하지 않았고, 이토 세이와도 친밀한 관계를 유지한다.

이상의 사실을 알아야 비로소 1967년 세밑에 처음 만난 야마모토 기요카쓰에게 미시마가 "쓰는 건 이미 포기했습니다. 노벨상 따위는 흥미가 없습니다."라고 말한 배경도 이해할 수 있을 것이다. 실제로는 야마모토에게 방패회의 훈련 지도를 의뢰하면서 미시마는 '쓰는 일'을 계속한다. 따라서 말 그대로 미시마가 쓰는 것을 포기했다고 받아들여서는 안 된다. 그 진의는 자신이 하고 싶은 것, 해야 할 것을 희생하면서까지 노벨상을 바라지는 않는다는 데 있었던 것이다.

"또 만날 거야, 폭포 아래에서"

《풍요의 바다》 연재 중 원고 매수가 가장 적었던 12월호와는 완전히 다르게 미시마는 《신초》 1969년 1월호에 《새벽의 사원》 제5절부터 제8절까지 원고용지 47장을 한꺼번에 게재했다. 그 내용은 혼다의 방파인 방문 후반부터 인도의 베나레스 방문까지의 일이며, 베나레스에 관해서는 1967년 10월 미시마 자신이 그 지역을 방문했던 체험에 기초하여 쓴 것이다.

자신이 아니라 가와바타가 노벨상을 받았다. 그 타격을 타고 넘기라도 하듯 미시마는 평소보다 더 집필에 전력을 쏟았다. 다음 인용은 갠지즈 강가에 있는 화장장 광경이다.

사대(四大, 지·수·화·풍의 4원소)로 돌아가기 위한 정화의 완만

함, 그에 거스르는 인간의 살과 죽은 후에도 여전히 남는 무용한 방순(芳醇, 좋은 향기), …… 불길 속에서 붉은 것이 펼쳐졌다가 반짝이는 것이 꿈틀거렸다가 불티와 함께 검은 가루가 흩날리고, 마치 무언가가 생성되듯이 불길 너머로 끊임없이 번쩍이는 움직임이 있었다. 또 갑자기 소리를 내며 장작이 무너져 어느 정도 불길이 사그라드는가 싶자 인부가 직접 불을 다시 붙이면 사원의 발코니를 핥듯이 갑자기 불길이 높이 치솟기도 했다.

 이곳에 슬픔은 없었다. 무정하게도 보이는 것은 모두 희열이었다. 윤회전생은 사람들이 믿을 뿐만 아니라 논의 물이 벼를 자라게 하고 과일나무가 열매를 맺는 것과 똑같이 늘 눈앞에서 반복되는 자연 현상에 지나지 않았다. 그것은 수확이나 경작에 사람의 손이 필요하듯이 얼마간 도움을 필요로 했지만, 말하자면 사람은 교대로 이 자연 현상을 돕기 위해 태어난 것이었다.

 인도에서는 무정하게 보이는 것의 원인은 모두 비밀스럽게 감춰진, 거대한, 무서운 희열로 이어져 있었다. 혼다는 그런 희열을 이해하는 것이 두려웠다. 하지만 자신의 눈이 구극(究極)의 것을 보고 만 이상 두 번 다시 원래대로 치유되지 않을 것이라 느꼈다. 마치 베나레스 전체가 신성한 나병에 걸려서 혼다의 시각 그 자체도 이 불치의 병에 걸린 것처럼.

 그러나 이 구극의 것을 보았다는 인상은 다음과 같은 순간이 오기까지는 완전하지 않았다. 그 순간 혼다의 마음을 수정처럼 순수한 전율이 습격한 것이다.

 즉 신성한 소가 이쪽을 바라본 순간.

이 베나레스 체험은 앞의 방파인 장면과 이어지는 것이지만, 여기에서 멈추지 않는다. 이것은 세바스티아누스 콤플렉스의 형상화가 동시에 허무의 형상화이기도 한 듯한 두려운 장면이다. 그리고 그 세바스티아누스 콤플렉스와 허무는 개인의 내면 우주를 넘어서 인류의 문화적 기층의 가장 깊은 곳에 뿌리내리고 있다. 다시 혼다는 아잔타 동굴 사원으로 향한다(《신초》 2월호에 게재된 제9절). 그곳에서 혼다가 거대한 폭포를 올려다보는 장면은 다음과 같다. 덧붙이자면 미시마 자신은 베나레스 방문에 앞서 1967년 9월에 아잔타를 방문한다.

혼다는 폭포 입구를 올려다보고는 그 아찔한 높이에 놀랐다. 너무도 높아서 이곳과 차원을 달리하는 세계가 그곳에서 모습을 드러내고 있는 것 같았다. 폭포가 미끄러져 떨어지는 암벽은 이끼와 양치류로 어두운 초록색을 띠었지만, 산정의 폭포 입구는 맑은 연둣빛이었다. 그곳에도 몇 개의 바위가 드러나 있었지만, 풀들의 부드럽고 맑은 초록빛은 이 세상의 것이 아니었다. 검은 새끼 산양 한 마리가 그 풀을 뜯고 있었다. 그리고 풀보다 더 높이, 절대의 푸른 하늘에 수많은 구름이 빛을 머금고 장엄하게 뒤엉키고 있었다.

소리가 들리는가 싶으면 이 세상 끝의 무음(無音)이 이곳을 지배하고 있었다. 침묵에 압도되는가 싶으면 폭포 소리가 난폭하게 되살아났다. 혼다의 귀는 넋을 놓고 정적과 물소리를 번갈아 들었다.

폭포가 물방울을 튀기는 5번 동굴로 서둘러 가고 싶은 초조함과 발을 붙드는 두려움이 서로 다투고 있었다. 그곳에는 아무것도 없을 것이 거의 확실했다. 그러나 이때 열에 들뜬 기요아키의 한마디가 혼다의 마음에 물방울처럼 떨어졌다.
"또 만날 거야. 분명히 만나게 돼. 폭포 아래에서."

'폭포'는 혼다가 처음 이사오를 만난 성스러운 장소인데, 《봄눈》 첫머리에서 볼 수 있었던 개의 익사라는 불길한 사태와도 연결된다. 원래는 《유식삼십송》의 '항전여폭류(恒轉如暴流)'에서 유래하는 이미지이기도 하다. 이 모든 것을 융합한 미시마는 허무를 불식하고, 베나레스 체험에서는 후경(後景)으로 물러나 있던 시적 조화를 되찾는다.

이리하여 미시마는 《풍요의 바다》 4부작의 배경을 이루는 철학, 사상의 세계에 점점 깊이 발을 들여놓는다. 이제야 비로소 윤회사상과 유식에 정면으로 도전하는 것이다.

'동시상호인과'

《새벽의 사원》 제13절부터 제19절까지는 귀국한 혼다가 윤회와 유식을 고찰하고 탐구하는 것이 주요 내용이다. 작품 세계의 시간은 태평양전쟁이 한창일 때이며, 집필 시기는 1969년 2월부터 3월, 야마모토 기요카쓰가 방패회 회원을 대상으로 하여 특별 훈련을 실시하고 있을 때, 미시마가 회원들을 이끌고 육상자위대 후지학교 다키가하라 분둔지에서 체험 입대를 행하고 있을 때이다(3월 15일부터 24일까지 일시 귀경). 4월에 단행본으로 만들어진 《문화방위론》(신초샤)의 후기를 집필한 것은 그 분둔지에서였다. 아울러 《신초》 4월호에는 제12절부터 제15절까지가, 5월호에는 제16절부터 제20절까지가 발표된다.

이 가운데 제13절, 제14절에서는 불교가 아니라 그리스 이래 유럽의 윤회사상을 개관하고 있다.

《새벽의 사원》에서 명확하게 밝히지는 않지만, 미시마는 여기에서 이즈쓰 도시히코(井筒俊彦)의 《신비철학 — 그리스 편》(철학수도원, 1949. 9.)에 주로 의거하고 있다. 그 요점 중 하나는 윤회의 사고방식을 엑스터시 체험과 연결한 것이었다. 엑스터시에 관하여 이즈쓰는 "ek-stasis란 '밖으로 나가는 것' 즉 인간의 내부인 영혼이 육체 밖으로 탈출하여 진정한 근원으로 돌아가는 것"이라고 설명하는데, 이를 토대로 삼아 미시마는 《새벽의 사원》에서 이렇게 쓴다.

> 그중에서도 그리스의 사고를 처음 윤회전생으로 향하게 한 것은 바로 이 엑스터시 체험이었다. 전생의 가장 깊은 심리적 원천은 '황홀'이었던 것이다.

사실 '황홀'(엑스터시)의 어원은 ἔκστασις(ekstasis)인데, 여기에서 생각나는 것은 《비단과 명찰》에서 소개한 하이데거의 철학에 관한 하나의 해석이다. 이 해석에 따르면, 《존재와 시간》에서 하이데거가 인간(현존재)의 모습으로 제시한 '탈자(脫自, Ekstase)'라는 개념은 그리스어 ἐκστατικόν(ekstatikon)으로 거슬러 올라가는데, 이것은 '황홀'이라고 해석할 수 있다. 결국 내가 이 책에서 하이데거 3부작이라고 부른 작품들에서 미시마는 하이데거의 사상을 받아들이려 했는데, 《풍요의 바다》에서 윤회에 대한 관심 때문에 이러한 시도를 이어받고 있다는 것이 이 부분에서 확실해진다.

제15절부터 이야기는 점점 불교의 윤회 문제로 다가간다. 이미 서술했듯이 미시마는 전생에 대한 관심을 유식에 대한 흥미로 발전시켰는데, 그 계기가 된 후카우라 세이분의 《윤회전생의 주체》가 큰 역할을 했다. 그 연장선상에서 논의가 깊어지는 것은 제18절과 제19절이다.

여기에서 미시마가 주로 의거하고 있는 것은 후카우라의 저서가 아니라 앞에서도 언급한 우이 하쿠주의 《섭대승론 연구》와 우에다 요시부미(上田義文)의 《불교에서 업의 사상》(아소카쇼린, 1957. 3. 미시마 장서는 1959년 9월에 발행된 제3판)이다.[9] 특히 우에다의 저서는 800페이지에 이르는 대작이며, 난해한 우이 하쿠주의 저서와 달리 후카우라의 것과 같은 입문적인 개설서인데 이 책이 미시마에게 끼친 영향은 대단히 컸다.

이 저서에서 우에다는 아뢰야식에 받아들여진 '종자(種子)'가 원인이 되어 세계의 모든 사물(염오법 染汚法)이 생기고, 또 그것이 원인이 되어, 그 결과로 아뢰야식이 생겨나는 인과관계와 거기에서 파생하는 시간론을 '아뢰야식과 염오법의 동시상호인과'라는 개념으로 설명한다. 미시마는 여기에서 유식사상의 핵심을 발견한다(우에다는 '아라야식'으로 표기하고 있다).

미시마는 죽기 약 2개월 반 전 다케다 다이준과 함께한 대담 〈문학은 공허한가〉(《문예》, 1970. 11.)에서도 "'아뢰야식과 염오법의 동시상호인과'라는 개념, 그 개념이 아마도 유식의 절정일 겁니다"라고 말한다.

이러한 유식 이해는 결코 틀린 게 아니다. 유식은 모든 존재는 마음[識]이 만들어낸 가짜에 지나지 않으며 나아가 이 마음도 사실은 존재하지 않는다고 가르치는데, 한 걸음 더 나아가 말하자면 이 교설의 제일 핵심은 우에다가 "아뢰야식과 염오법의 동시상호인과"라고 부른 것이다. 유식에는 삼성설(三性說)이라는 또 하나의 중요한 의론이 있지만[10] 그것은 제일 핵심을 전제로 한 설이므로, 미시마는 교설의 중심부로 단숨에 다가서게 된다.

그렇다면 '동시상호인과'란 구체적으로 어떤 것일까. 《풍요의 바다》의 독자라면 이미 우에다가 말하는 이 교설을 접했을 터이다. 역시 미시마는 밝히고 있지 않지만, 《봄눈》 제54절에서 월수사 주지가 소개하는 아래의 교설은 우에다의 저서에 따라 기술된 것이었다.

> 끊임없이 변전하는 아뢰야식의 무상함에 착안한 무착의 《섭대승론》은 시간에 관한 독특한 연기설을 펼쳤다. 아뢰야식과 염오법의 동시상호인과라고 불리는 것이 그것이다. 유식설은 현재의 한 찰나에만 우주의 모든 것(그것은 바로 식이다)이 존재하며, 그 찰나를 지나면 멸하여 무가 된다는 설이다. 인과동시란 아뢰야식과 염오법이 한 찰나에 동시에 존재하면서 서로의 원인이 되고 결과가 된다는 것으로 이 한 찰나가 지나면 쌍방이 함께 무가 되지만, 다음 찰나에는 아뢰야식과 염오법이 새롭게 다시 생겨나고 그것이 서로의 원인이 되고 결과가 된다. 존재자(아뢰야식과 염오법)가 매 찰나 멸함으로써 시간이 성립한다. 찰나마다 단절되고 멸함으로써 시간이라는 연속적인 것이 성립하는 것은 점과 선의 관계에 비유할 수 있을 것이다.

조금 주의해야 할 것은 위 인용에서는 '유식론'이 아니라 '유식설'이라는 말을 사용한다는 점이다. 전자는 《성유식론》의 교설을 가리키는 경우가 많으며, 이것을 근본 성전으로 삼는 법상종에서 사용된다. 그러나 후자는 그렇지 않다. 법상종의 입장에 선 후카우라와 달리 우이와 우에다는 무착이 저술한 《섭대승론》이 유식의 본의를 전하고 있다는 섭론종(攝論宗)에 가까운 입장이기 때문에 굳이 '유식설'이라고 말하고 있는 것이다.[11] 지금 한정된 지면에서 법상종과 섭론종의 차이를 설명하는 것은 쉽지 않지만, 가장 큰 차이점은 아뢰야식(섭론종에서는 아리야식'阿黎[梨]耶識'으로 표기한다)에 관하여 법상종에서는 아뢰야식이 이미 더러워져 있다고 간주하는 데 비해 섭론종에서는 그런 게 아니라 오히려 아뢰야식을 진망화합(眞妄和合)으로 파악하는 경우가 많다는 점일 것이다.

그러나 위에서 인용한 '동시상호인과'의 메커니즘에 관해서는 두 종파의 사고방식에 큰 차이가 없다(단지 법상종에서는 이것을 '삼법전전 인과 동시 三法展轉因果同時'라는 개념으로 설명한다. 덧붙이자면 우이 하쿠주는 '호위인과 互爲因果'라는 개념을 사용한다). 미시마는 법상종과 섭론종을 특별히 구별하지 않는데, 이 문맥에서는 그래도 문제는 없다.

그렇다면 위 인용 부분의 연장선상에 있는 혼다의(그리고 미시마의) 유식 이해는 어떤 것일까. 그것은 난해한 유식불교의 해석으로서 어떤 특징을 띠고 있는가. 《새벽의 사원》에서 그것을 문제 삼고 있는 것은 제1부의 최종 장면에 해당하는 제19절 이하이다. 혼다는 "세계의 일체를 현현케 하는 아뢰야식은 **시간의 축과 공간의 축이 교차하는 하나의 점에 존재한다**(강조 원문)"고 한 다음, 이렇게 생각한다.(이미 알아챘겠지만 이것은 앞 장에서 인용한 '시간적 연속성과 공간적 연속성의 좌표축'을 '문화 개념으로서 천황'으로 간주하는 〈문화방위론〉의 주장과 공명한다. 이 구절에 관해서는 미시마의 천황관을 다루는 제 20장에서도 언급하기로 한다.)

> 윤회전생은 사람의 긴 인생 동안 준비되었다가 죽음 이후에 움직이는 것이 아니라, 세계를 순간순간 새롭게 하고 또 순간순간 폐기해 가는 것이었다. 〔……〕 유식의 진정한 의미는 우리가 사는 찰나의 현재에 이 세계가 모두 나타난다는 말이다. 게다가 그 찰나의 세계는 다음 찰나에는 일단 소멸하고 다시 새로운 세계가 나타난다. 현재 여기에 나타난 세계가 다음 순간에는 변화하면서 그대로 이어진다. 이런 식으로 이 세계는 모두 아뢰야식인 것이다…….

위 해석은 존재(세계)는 찰나마다 멸하지만 그럼에도 불구하고 (또는 바로 그렇기 때문에) 존재(세계)가 현존한다는 '동시상호인과'의 역설적 진리를 포착하고 있다는 점에서 앞에서 인용한 《봄눈》 제54절의 기술의 전거(典據)인 우에다의 교설을 정확하게 이어받고 있다.

그러나 죽은 자가 다른 산 자에게서 되살아난다는 의미가 아니라 위와 같은 사태를 윤회전생이라고 부르는 것은 미시마의 독자적인 창안이다. 이러한 사상, 철학에 기초하여 미시마가 방파인, 베나레스, 아잔타의 체험을 그리고 있다는 것을 이제는 충분히 이해할 수 있을 것이다.

그런데 이제 우리에게 뭔가가 떠오르지 않는가.

공습과 유식

그렇다. 이것은 1945년 5월의 도쿄 대공습을 당하고 쓴 시 〈밤을 알리는 새〉와 〈2605년의 시론〉에서 볼 수 있는 것과 동형의 세계관이다. 미시마는 유식의 '동시상호인과'라는 사고방식 속에서 종전 직전 시기에 스스로 낳고 스스로 살았던 것과 같은 것을 발견했다.

그런데 여기에 빠뜨려서는 안 되는 중대한 것이 있다. 이 세계관은 방파인이나 아잔타 체험에서는 시적 조화에 있어 '탈자(엑스터시)'라는 사태와 모순 없이 양립했다. 그러나 일찍이 공습 속에서 미시마는 그러한 시적 조화를 누릴 수 있었을까.

미시마는 1945년 5월의 도쿄 대공습(역사적 사실로서 공습은 5월 24일 새벽과 25일 밤에 있었다) 직전에 스스로 체험한 것을, 메이지 유신 직후 일어난 소송 사건 때문에 시부야를 찾았다가 불에 탄 자리를 직접 본 혼다를 통해 보여준다(《새벽의 사원》 제20절).

창밖으로 6월의 햇빛 아래 시부야역 주변까지 널찍하게 보인다. 근처 주택가는 불에 타지 않고 남아 있지만, 고지대 끝에서 역까지는 군데군데 불에 탄 건물이 남아 있어 그 흔적이 생생하다. 이곳을 태워버린 공습은 불과 일주일 전의 일이다. 즉 1945년 5월 24일과 25일 이틀 밤 동안 연이어 총 500대의 B29 폭격기가 야마노테(山の手) 곳곳을 불태웠다. 아직 그 냄새가 떠돌고 한낮 햇빛에 아비규환의 흔적이 떠다니는 듯했다. 〔……〕 전체적으로 조용하지만 희미하게 움직이며 뭉실뭉실 떠다니는 것이 있다. 눈을 돌려보니 검은 시체가 수많은 구더기에 덮여 꿈틀거리는 것을 착각한 듯하다. 바람을 따라 재가 사방

에서 떨어져 떠다닌다. 흰 재도 있고 검은 재도 있다. 떠다니던 재는 다시 무너진 벽에 달라붙어 쉬고 있다.

혼다는 또 이렇게 생각한다.

　이것들은 바로 지금 혼다의 오감에 주어진 세계였다. 충분히 저축을 해두었기 때문에 전쟁 중에도 마음에 드는 일만 맡고 여가 시간을 오롯이 윤회전생 연구에 바칠 수 있었던 것이 지금 혼다가 생각하기에는 바로 이런 폐허를 현현시키기 위한 계획이었던 것 같았다. 파괴자는 자기 자신이었던 것이다.
　둘러보는 곳마다 불타고 문드러진 이 말기적 세계는 그러나 그 자체가 끝이 아닐뿐더러 시작도 아니었다. 그것은 순간순간 아무렇지도 않게 갱신되는 세계였다. 아뢰야식은 어떤 것에도 흔들리지 않고 이 검붉은 폐허를 세계로 받아들였다가 다음 순간에는 또 곧바로 내버리며, 똑같지만 날마다 달마다 점점 파멸의 색이 깊어지는 세계를 받아들이는 것이 틀림없다.

이 무시무시한 유식 해석은 불교의 가르침으로서는 완전히 뒤집힌 것처럼 보인다. 그러나 사실상 제15장에서 인용한 《호조키》 서두의 "가는 강물의 흐름은 끊이지 않으며 게다가 처음의 물이 아니다"라는 구절이 의미하는 것과 같은 세계관의 표현일지도 모른다. 그렇다고 한다면 이것 또한 유식의 본질임에 틀림없다. 하지만 그것은 방파인이나 아잔타에서 체험한 시적 조화와는 거리가 멀다.
　일찍이 미시마는 멕시코의 우슈말과 치첸이트사에서 세바스티아누스 콤플렉스의 가장 눈부신 국면과 무시무시한 허무를 불식한 시적 조화가 분리하기 어렵게 연결되는 순간을 체험했다. 이것을 포지티브 필름(陽畵)이라 한다면 그 연장선상에 혼다의 방파인과 아잔타 체험이 있다. 다른 한편《교코의 집》에서 묘사된 아오키가하라 수해에서의 세계 소멸 체험은 우슈말 체험의 네거티브 필름(陰畵)이었다.《새벽의 사원》제1부에서 만날 수 있는 공습 후의 광경은 그 연장선상에 있다. 그리고 어느 쪽이든 그 배경에는 유식의 사상이 놓여 있다.

이상의 고찰을 통해 미시마가 유식의 사상적 핵심이라고 생각한 '동시상호인과' 개념이 어떤 것인지는 대략 이해할 수 있을 것이다. 그런데 지금 그것은 포지티프 필름과 네거티브 필름의 양면으로 분열되어 있다. 더욱이 그것이 어떤 의미에서 사회, 시대, 역사의 전모를 포착하는 전체 소설의 기반일 수 있는가, 그것에 의해 현실을 넘어설 수 있는 어떠한 비전을 제시할 것인가와 같은 중요한 물음에 대한 대답은 아직 확실하지 않다.

가와바타가 노벨상을 수상하면서 입은 타격을 미시마는 어떻게든 넘어서긴 했으나 위와 같은 문제에 관해서는 아직 암중모색 단계에 있었다.《풍요의 바다》전편의 결말의 방향성도 아직 분명하지 않았다.

사실을 먼저 말하면, 결말의 큰 줄기가 최종적으로 확정된 것은 1970년 3월에서 4월에 걸친 시기이고, 그때까지 미시마는 "《풍요의 바다》를 쓰면서 〔……〕 마지막 부분은 확정하지 않은 채 미래에 맡겨 두었다"(《소설이란 무엇인가》). 이것은 "결말부를 머릿속으로 그리면서 〔……〕 써 나가는 경우가 많았던" 미시마에게는 이례적이었다.

구체적으로 1969년 2월에서 4월경으로 추정되는, 《새벽의 사원》 제2부를 본격적으로 쓰기 직전에야 비로소 미시마는 제3부 후반과 제4권의 큰 틀을 다음과 같이 잡는다.

△혼다가 열광적으로 가담하지 못한 것은 오히려 보신(保身), 자기 방위 때문이다. 제2권에서 열광의 결과를 남김없이 본(제1권에서는 감정의 결과를) 그는 인생에서 악마적인(dämonisch) 것을 모두 피하고, 정치적 열광도 배제한다. 이성과 법 질서조차 저 깊은 곳에서는 믿지 못한다. 제3권의 남방행마저도 추방의 원인이 되지 못한다. 휴머니즘은 나중에 몸을 감싸주기 때문이다. 사디즘은 자기 파괴로 이어진다는 것을 안다. 제3권 후반에서 공주가 일본에서 호되게 당하고 법률상 조언을 구하러 오지만 공감하지 못한다. 그녀는 고국으로 돌아가 열대성 궤양으로 사망한다. 조문을 간 그는 그 무시무시한 죽음을 대면한다.

(비교. 방콕에서 병인을 본다. 코프라*.)

제4권 — 1943년.

이미 노인이 된 혼다. 그의 신변에 1, 2, 3권의 주인공으로 보이는 여러 인물들이 출몰하지만, 그들은 이미 사명을 다했으므로 가짜다. 4권을 통해 주인공을 찾아보겠지만 눈에 띄지 않는다. 결국 78세의 나이로 죽음을 맞이할 때 18세의 소년이 나타나[12] 마치 천사처럼 영

---

* 야자나무 열매의 과육을 말린 것.

원한 청춘으로 빛난다. (지금까지의 주인공이 해탈에 이르러 사라졌다거나 윤회를 피했다고는 생각하지 않는다. 제3권의 여주인공은 비참한 죽음으로 생을 마감한다.)

이 소년의 증표를 보고 혼다는 대단히 기뻐하며 자기 해탈의 계기를 포착한다.

생각건대 이 소년, 제1권부터 나오는 이 소년은 아뢰야식의 권화(權化), 아뢰야식 그 자체, 혼다의 종자(種子)*이다.

혼다가 죽어 해탈에 들 때 광명한 하늘로 막 출범하려는 소년의 모습, 창 너머로 보인다. (발타자르의 죽음)

《결정판 전집》14

위 인용은 각각 원고용지 한 장에 쓰인 것으로 그 내용에 관해서는('발타자르의 죽음'은 무엇인가라는 물음까지 포함하여) 따로 검토할 필요가 있지만, 한번 읽어보고 금방 알 수 있는 것은 《풍요의 바다》의 결말이 현행의 그것과 전혀 달라서, 혼다가 진짜 환생한 자에게 이끌려 행복한 죽음을 맞이하는 것이었다는 점이다. 앞에서도 언급했듯이 미시마는 제3권 《새벽의 사원》을 마친 후, 마지막 권의 내용과 결말을 완전히 뒤집었던 것이다.

생각해보면 미시마에게 남은 인생의 시간은 일 년 반 정도이다. 《풍요의 바다》의 결말을 크게 변경할 것을 결심하기까지는 일 년 정도의 시간이 있다.

도대체 왜 미시마는 결말을 뒤집었는가. 그 결과 미시마는 어떤

---

* 유식종(唯識宗)에서, 아뢰야식 가운데 들어 있는, 만유의 물심 현상을 내는 마음의 힘. 또는 그런 작용을 이르는 말.

위치에 서게 되었는가.

남은 두 장에서 이 물음들을 만나기로 한다.

제19장
종말 전야

《새벽의 사원》 제2부

《새벽의 사원》 제2부(《신초》, 1969. 6. ~ 1970. 4.)의 내용부터 확인해보자. 이 소설은 전후 샌프란시스코 강화조약이 발효된 1952년의 이야기이다. 18세가 된 타이의 잉 찬 공주가 일본으로 유학을 오는데, 공주는 일찍이 혼다와 만났던 것도 자신이 일본인의 환생이라 주장했던 것도 기억하지 못한다.

무슨 생각을 하는지 알 수 없는 이 아름다운 소녀에게 58세가 된 혼다는 자기 스스로도 이해할 수 없는 연모의 정을 품고, 유명한 변호사사무소를 대표하는 입장에서 잉 찬을 집요하게 따라다닌다. 그런 사랑이 결실로 이어질 리 없다. 계책을 궁리하던 혼다는 고텐바에 지은 별장에서 파티를 개최하고, 잉 찬을 손님으로 초대한다. 그리고 비밀리에 마련해 둔 작은 창문을 통해 잉 찬의 침실을 엿본다. 그런데 창문 맞은편에서 잉 찬은 별장의 이웃인 중년부인 게이코와 레즈비언 행위에 빠져 있다. 잉 찬의 겨드랑이에 환생의 표지인 검은 점이 있는 것을 자기 눈으로 확인한 혼다는 자신의 사랑이 절대적으로 불가능하다는 것과 인생이 무의미하다는 것을 뼈저리게 느낀다. 그 직후 어둑어둑한 새벽에 별장은 불에 타 사라진다.

제1부에 이어 혼다 시게쿠니가 주인공 역할을 하지만, 그는 《봄눈》의 미모의 청년 기요아키나 《달리는 말》의 우익 청년 이사오처럼 윤곽이 명확한 캐릭터라고 할 수 없으며, 스토리 전개도 모호해 보인다. 그러나 《새벽의 사원》 제2부는 미시마에게는 작가로서, 아니 인간으로서 운명을 함께한 중요한 작품이었다. 이것을 실수 없이 읽기 위해 필요한 사항을 확인하기로 한다. 먼저 작품의 시대적 배경이다.

1952년은 샌프란시스코 강화조약과 미일안전보장조약이 발효되고 그보다 앞서 미일행정협정이 조인된 해인데, 5월의 피의 메이데이 사건*, 6월의 스이타 사건**, 7월의 오스 사건*** 등 이른바 소요 사건이 빈발한 것도 잊어서는 안 된다. 그리고 《새벽의 사원》에서는 5월의 피의 메이데이 사건(제34절, 《신초》, 1969. 11.), 6월의 파괴활동방지법 분쇄 시위(제37절, 《신초》, 1970. 1.)를 그리고 있다.

내가 생각하기에 이 장면을 집필하는 미시마의 머릿속에는 《가면의 고백》 간행과 같은 해에 일어난 시모야마(下山) 사건, 미타카(三

---

* 1952년 5월 1일 도쿄 고쿄가이엔(皇居外苑)에서 발생한 시위대와 경찰부대의 충돌 사건. 시위대 1명이 현장에서 사망하고 시위대 200명과 경찰 750명이 부상당했다. 전후 좌익운동에서 처음 사망자가 발생한 사건이며, 파괴활동방지법 제정의 계기가 되었다.
** 1952년 6월 24일과 25일 오사카부 도요나카시 스이타(吹田)에서 한국전쟁의 즉각 휴전, 군사물자 수송 반대 등을 요구하는 시위대와 경찰이 충돌한 사건.
*** 1952년 7월 7일 아이치현 나고야시의 오스(大須)에서 경찰부대와 시위대가 격렬하게 충돌한 사건. 시위대는 미군 시설과 경찰서를 공격했다.

鷹) 사건, 마쓰카와(松川) 사건, 그리고 그 배경이 되는 국철 노동조합의 인원정리 반대투쟁 같은 사건이 있었다. 동시에《새벽의 사원》집필과 병행하여 일어났고, 미시마 자신이 직접 시찰하고 취재한 국제 반전 데이(1968, 1969년 10월 21일), 오키나와 데이(4월 28일)[1]의 상황도 겹쳐 있었던 것으로 보인다.

결국《새벽의 사원》제2부의 작품 세계에서는, 1952년이라는 시공간이 연결고리가 되어《가면의 고백》이 쓰이고 발표된 종전 후의 시공간과, 지금 바로《새벽의 사원》이 쓰이고 있는 동시대의 시공간이라는 두 세계가 서로를 비추고 있는 것이다.

그렇다면 실제로 그 장면은 어떻게 그려져 있을까. 그것은 처참한 아이러니로 가득하다.

먼저 피의 메이데이 사건인데, 시위대와 경찰이 충돌한 사건 그 자체에 관해서는 지나가듯이 언급하고 있을 뿐이고, 서술의 중심은 다음 날 혼다의 체험이다. 소요 때문에 이루 표현할 수 없는 불안을 느낀 혼다는 집에 가만히 틀어박혀 있을 수가 없어 외출했다가 책방에 들어간다. 그곳에서 그는 밧줄에 묶인 여성의 누드 사진, 조악하게 인쇄된 화보 페이지를 뚫어지게 바라보고 있는 청년을 발견한다. 그리고 "바지 오른쪽 주머니에 넣은 청년의 손이 격렬하게 기계적으로 움직이는 것을 생생하게" 본다. 사상자까지 발생한 소요는 이미 끝나고 거리에는 더는 성난 외침도 폭력도 없다. 그곳에 남은 것은 사람들 앞에서 자위 행위에 빠진 젊은이와 그것을 바라보는 초로의 사내뿐이다.

6월의 파괴활동방지법 반대 소요에 관해서도 직접적인 묘사는 그리 많지 않다. 이 장면에서 주로 기술하고 있는 것은 퇴폐적인 성적 환상을 품고 있는 독일 문학가 이마니시(今西)와 그의 애인이며 전쟁에서 자식을 잃은 쓰바키하라(椿原) 부인의 관계이다. 두 사람은, 일찍이 이사오를 사랑했고 지금은 가단(歌壇)2)에서 활약하는 기토 마키코(鬼頭槇子)의 시선을 의식하면서 남녀관계를 맺곤 했었는데, 이날은 마키코의 눈을 피해 방종하게 내실 없는 성교를 하려고 시부야의 여관을 찾았다가 소란에 휘말렸던 것이다. 이마니시는 소란의 한가운데서 누군가 벗어서 버린 검은 브래지어를 줍는다.

미시마는 왜 이렇듯 진부하고 추악한 장면을 그렸을까. 그것은 전후 일본의 기만의 구도를 폭로하고 고발하려는 행위는 반드시 좌절하고 만다는 것, 그리고 일찍이 미시마가 멕시코의 치첸이트사와 베나레스에서 얼핏 보았던 세바스티아누스 콤플렉스의 가장 눈부신 국면도 강도(强度)를 상실하고 참혹하고도 슬픈 성벽(性癖)에 빠지고 마는 것을 말하기 위해서다. 그 광경은 1960년대 전반 마약적 도취로 도피했던 미시마가 자신의 행선지에서 본 것이기도 했다.

그렇다면《새벽의 사원》제2부를 집필하고 있는 이 시점에도 같은 사태가 되풀이되고 말 것인가.

그것이야말로 지금 미시마가 저항하면서《새벽의 사원》을 써 나가고,《새벽의 사원》을 써 나가면서 저항하는 사태였다.

미시마는 유식의 '동시상호인과'라는 개념이 공습 속의 시공간뿐만 아니라 널리 사회, 시대, 역사의 면모를 포착하는 포괄적인 철학일 수 있다는 것, 그리고 그 철학을 토대로 하여 태어난《풍요의 바다》가 지금 본 것과 같은 슬프고 비참한 사태를 부정하고 뛰어넘는 비전을 제시할 수 있다는 것을 자신의 펜으로 증명해야만 했다.

도쿄대 전공투 토론회

《새벽의 사원》제2부를 쓰기 시작했을 무렵, 그 시금석이 될 알맞은 장이 미시마에게 마련되었다. 1969년 5월 13일, 도쿄대 전학공투회의(전국학생공동투쟁회의) 고마바 공투분제위원회(共鬪焚際委員會)에서 주최한 토론회였다. 2020년 3월 〈미시마 유키오 vs. 도쿄대 전공투 50년의 진실〉이라는 제목으로 도요시마 게이스케(豊島圭介) 감독이 다큐멘터리로 제작한 그 토론회다.

이 토론회의 기획 자체는 1969년 1월 19일 전공투가 점거하고 있던 도쿄대학 야스다 강당을 기동대가 포위하면서 봉쇄가 풀리자, 이른바 후퇴전(後退戰)을 펼칠 수밖에 없었던 도쿄대 전공투 측에서 사태 수습책의 일환으로 미시마를 부른 것이었다. 여기에 참가한 학생 중 한 사람으로 이미 연극판에서 활약하고 있던 아쿠타 마사히코(芥正彦)와 나눈 대화는 미시마에게는 의미 있는 경험이었다.

미시마 〔……〕해방구란 일정한 사물에 부딪힌 순간 그 공간에서 발생하는 것이라고 생각해도 좋겠습니까?

아쿠타 그렇습니다.

미시마 좋습니다. 그 공간, 왜곡된 공간인지 만들어진 공간인지는 모르겠습니다만, 그 공간이 일정 시간 동안 지속됩니다.

아쿠타 공간에는 시간도 없고 관계도 없기 때문에 왜곡될지도……. 따라서 본래의 형태가 나온다는 것인데, 그것을 조금 전 그는 자연으로 돌아갔다라고, 어쩌면 유치한 말로 표현한 게 아닐까 생각합니다. (아기를 안으며 응답)

미시마 그렇군요. 그렇다면 말이지요, 그것이 지속되지 않는다는 것은 그것의 본질적인 문제는 아니라는 뜻인가요?

아쿠타 시간이 없기 때문에 지속이니 뭐니 하는 개념 자체가 이상한 게 아닐까요?

미시마 그렇다면 말이지요, 그것이 3분밖에 지속되지 않더라도, 혹은 일주일이나 열흘 동안 지속된다 해도, 그 사이에 본질적인 차이랄까 차원상의 차이마저 전혀 없는 겁니까?

아쿠타 하지만 그것은 비교하는 것 자체가 이상하지 않을까요?

미시마 결국 그것의 차원이 다르기 때문에?

아쿠타 예컨대 당신의 작품과 이 현실 사이의 아득한 몇만 년이라는 것을 비교하라고 하면 난센스가 아니겠습니까?

미시마 그런데 말이지요, 내 작품은 (현재와—인용자) 몇만 년이라는 시간의 지속 사이에 있는 하나의 지속입니다.[3]

미시마는 《토론 미시마 유키오 vs. 도쿄대 전공투》에 붙인 긴 후기 '사막의 주민에게 보내는 논리적 조사(弔辭)—토론을 마치고'에서 전체 토론 중 이 부분이 가장 흥미로웠다고 말하는데, 이 글을 조금 더 보면 다음과 같다.

나는 먼저 내 입장에서 말했는데, 나는 과거를 하나의 연속성으로서, 역사로서, 전통으로서 파악하고, 현재를 과거의 최종적인 성과로 파악하며, 현재의 한순간에 전력을 다하는 것이 그대로 과거의 역사와 전통의 최종적인 성과를 보증한다고 생각한다. 〔……〕 나는 일이든 행동이든 모두, 《하가쿠레(葉隱)》*에서나 할 법한 얘기 같긴 하지만, 아침 일찍 일어났을 때 오늘을 죽는 날이라 생각하고 굳은 마음으로 실행한다. 따라서 현재는 죽음을 위한 최종적인 성과인 까닭에 미래는 존재하지 않는다. 미래가 존재하지 않기 때문에 미래로 향하는 과정으로서 자기도 존재하지 않는다.

미시마는 토론에서 "나의 작품은 하나의 지속이다"라고 말한다. 그런데 위의 인용이 말하는 것은 죽음을 걸고 행한 순간순간의 창작과 삶의 결과를, 다시 죽음을 걸고 현재를 살아낼 때 비로소 하나의 '지속'으로 포착할 수 있다는 결단의 문제이지, 선험적으로 자신의 존재나 작품이 영속한다고 주장하는 것이 아니다.

그렇다면 이것은 존재(세계)는 찰나마다 멸하지만 그럼에도 불구하고(혹은 바로 그렇기 때문에) 존재(세계)가 현존한다는 유식의 '동시상호인과'라는 생각의 변주(variation) 중 하나가 아닐까.

그것이 의미하는 것은, 《새벽의 사원》 제2부에서 탐구한 유식의 사상이 종전 직전의 공습 속에서 미시마가 발견한 세계관과 동등할 뿐만 아니라 1960년대 일본에서 어디까지 유효할 수 있는가를 미시마는 지금 아쿠타와의 토론을 통해 확인하려 한다는 점이다. 토론이 의미 있는 경험이었다고 말한 것은 특히 이 점 때문이었다.

만약 선험적으로 존재하는 것이 있다면, 미시마의 생각으로는, "몇만 년이라는 시간의 지속"이 그러할 것이다. 그리고 내가 생각하기에 그것은 미시마가 소설을 씀으로써 포착하고, 싸우고, 넘어

---

* 에도 시대 중기(1716년 무렵)에 야마모토 쓰네토모(山本常朝)가 쓴 책. 무사가 갖춰야 할 소양, 처세술 등이 주요 내용이다.

1969년 5월, 도쿄대에서 학교를 점거하고 있던 전공투의 요청으로 열린 토론회에 참석한 미시마 유키오.

서고자 하는 사회, 시대, 역사의 전모에 조응한다.

2015년 11월, 미시마와 도쿄대 전공투의 토론회가 열렸던 곳인 고마바 900 강의실에서 개최된 '국제 미시마 유키오 심포지엄 2015'에 아쿠타 마사히코를 초청한 나는 공개 질의를 통해 그에게 그 토론에 관한 현시점의 생각을 물었다. 그의 답변 중 일부를 보면 다음과 같다.

> 미시마 씨가 말하는 지속이나 시간은 모두 권력이라는 것이 사전에 준비되어 있는 시간인데, 이는 전쟁의 지속을 가리킵니다. 따라서 우리들이 애써 만든 아름답고 성스러운 공간을 권력의 지속이라는 형태로 권력과 대항하게 한다면 결국 질 수밖에 없기 때문에 그런 것은 처음부터 염두에 두지 않습니다. 우리들은 물질의 광휘와 함께 공간의 성스러움을 자기의 생명을 통해 만듭니다. 미시마 씨는 날조를 정당화하기 위해 시간의 지속을 끌어들여 문학을 제작합니다.[4)]

나는 이번 다큐멘터리 영화 공개 때에도 아쿠타에게 전화를 해보았다. 아쿠타는 원래의 영상을 저렇게 제멋대로 편집하다니, 이럴 줄 알았다면 협력하지 않는 게 나았을 것이라고 말하면서도, 매우 좋아하는 것 같았다. 그런데 내가 미시마의 생각을 이어받아 발전시켜 보고 싶다는 뉘앙스로 말을 한 탓일까, 당신은 미시마라는 아무것도 없는 자에게 뭔가 있는 것으로 착각하고 있을 뿐이라며 화를 내더니 서둘러 전화를 끊었다. 미시마와의 토론에서도 아쿠타는 급하게, 지루하니까 나는 가봐야겠다며 이야기 도중 단상에서 내려오는데, 그때와 똑같은 모습을 나에게도 보여주었던 것이다.

반세기 전부터 지금까지 변함없는 아쿠타의 수미일관한 스타일은 참으로 훌륭하다. 하지만 이런 스타일로는 미시마라는 존재 또는 작품과 그것이 맞선 "몇만 년이라는 시간의 지속"의 긴장 관계를 물을 수가 없다. 미시마는 "몇만 년이라는 시간의 지속"과 동일화하고자 한 것이 아니라 이것과 싸웠던 것인데, 아쿠타는 이 점을 보려고 하지 않는다. "이어받아 발전시켜 보고 싶다"는 내 말의 의도는 미시마의 투쟁 방식에는 배워야 할 것이 있으며, 그의 방식에 미처 갖춰지지 않은 뭔가가 있다면 우리들이 그것을 채워 넣을 수도 있다는 뜻이었다.

　이것과 관련하여 나는 다시 한번 아쿠타와 이야기를 해볼 생각이지만, 지금은 이 토론회 이후 미시마의 작품 안의 현실과 작품 바깥의 현실이 어떤 관계를 맺고 있는지 그 경위를 살펴보고자 한다.

모리타 마사카쓰

　그 과정에서 중요한 역할을 한 사람이 모리타 마사카쓰이다. 앞에서 서술했듯이 미시마가 모리타를 처음 만난 것은 1968년 3월 자위대 체험 입대 때였다. 다음 해 1969년 2월 모리타는 창립 때부터 관여하고 있던 일본학생동맹에서 자기 세력을 이끌고 탈퇴한다. 방패회 활동에 전념하기 위해서였다.

　1945년 7월 미에현 욧카이치시(四日市)에서 태어난 모리타는 일찍 부모를 잃었다. 그 후 형 모리타 오사무의 도움으로 가톨릭계 사립 남학교인 가이세이 중고등학교에서 공부하고 삼수 끝에 와세다대학 교육학부에 들어간다.

모리타는 명랑하고 외곬인 청년처럼 보이지만 결코 그렇지만은 않았다. 일기를 보자.[5]

> 오늘 아침, 일어나보니 온통 두꺼운 얼음으로 덮여 있다.
>
> 오늘 내 마음은 얼음 같다. 뭔가 묘한 충동. 왠지 쓸쓸한, 누군가가 그리운, 누군가를 사랑하고 싶은, 뭐라 말할 수 없는 기분이다.
>
> 자신이 자신을 괴롭힌다. 야수의 껍질을 깨부수고 싶어도 동료들의 만류 때문에 그럴 수 없는 야수. 우우 하고 소리를 질러도 시끄러우니 가만히 있으라는 말을 듣는 야수. 한번 날뛰기 시작하면 멈출 줄 모르고 이 사람 저 사람에게 손을 대는 야수. 그런데도 모두로부터 야수 취급을 받지 못하는 야수. 그 야수가 바로 나다. ─ 현재의 심경
>
> 죽고 싶진 않지만 죽음을 몹시도 동경한다. 이대로 팍 죽어버리면 슬퍼할 사람도 없을 것이고, 먼 훗날의 일도 아닐 것이라며 막연하게 동경한다. (1962년 10월 19일)

말로 표현할 수 없는 어둠 같은 것을 품고 있었던 모리타는 방패회에 전념하게 되면서부터 미시마와의 접점을 늘려 갔다. 도쿄대 전공투와의 토론회에서도 모리타는 보디가드처럼 미시마에게서 떨어지지 않고 움직인다. 그 후의 방패회의 움직임을 관련 있는 사회적, 정치적 상황과 함께 정리하면 다음과 같다.

1969년 7월 야마모토 기요카쓰, 육상자위대 조사학교 부교장에 취임. 방패회 회원을 인솔하고 육상자위대 후지학교의 다키가하라 분둔지에 네 번째 체험 입대(7월 26일부터 8월 23일까지). 이 무렵부터 《논쟁 저널》의 편집·간행에 관여하고 있던 방패회의 주요 멤버 나카쓰지 가즈히코, 반다이 기요시(万代潔) 등과 미시마 사이의 갈등이 잇달아 표면화한다. 재정난에 빠진 《논쟁 저널》을 지원했던 미시마에게 돈을 갚지 못한 것, 멤버들이 미시마의 뜻과 달리 다나카 세이겐으로부터 자금 지원을 받은 것이 그 배경이었다.

8월 하순 체험 입대 후 나카쓰지 가즈히코, 반다이 기요시 등 《논쟁 저널》계 회원 몇 명이 방패회를 탈퇴. 이 무렵 미시마는 모치마루 히로시(《논쟁 저널》부편집장, 방패회 초대 학생장)에게 방패회 업무에 전념하면 생활을 보증하겠다고 제안하지만 거절당한다.

10월 12일 방패회 월례회에서 모치마루 히로시가 탈퇴 인사를 한다. 모치마루를 이어 모리타 마사카쓰가 학생장이 되고, 이를 계기로 《논쟁 저널》편집부 안에 있던 방패회 사무국은 모리타의 집으로 이전한다. 아울러 모리타는 신주쿠구 주니소(十二社)의 고바야시소(小林莊)에서 방패회 회원 다나카 겐이치(田中健一)와 공동생활을 하고 있었는데, 이곳에 모인 사람들을 주니소 그룹이라 부른다.

10월 21일 국제 반전(反戰) 데이. 미시마는 저녁 무렵부터 신주쿠에 나가 방패회 회원과 함께 극좌 세력이 간단하게 진압되는 상황을 확인한다. 치안을 위해 자위대가 출동할 만한 사태와는 거리가 멀다는 것을 재확인하고 실망한다.

10월 25일 기쿠보(萩窪)의 요정 모모야마(桃山)에서 하스다 젠메이의 25주기 모임.

10월 31일 방패회 간부를 자택으로 부른 미시마는 "10·21 국제 반전 데이도 불발로 끝났고, 과격파 학생에 대한 치안 활동도 없었다. 방패회는 어떻게 해야 할까?"라고 묻는다. 이에 모리타는 "방패회와 자위대가 국회를 포위하고 헌법 개정을 발의하게 하면 어떻겠느냐"고 답한다. 미시마는 "무기 문제 말고도 국회 회기 중에는 어렵다"고 말한다.

11월 3일 오후 3시부터 국립극장 옥상에서 육상자위대 후지학교 교장을 지낸 예비역 육장(陸將, 중장) 이카리이 준조(碇井準三)를 사열관으로 맞아 방패회 결성 1주년을 기념하는 퍼레이드 거행. 그 후 같은 극장 2층 대식당에서 파티를 연다. 후지와라 이와이치, 미와 요시오가 축사를 한다.

11월 5일 가부키 〈진세츠 유미하리즈키(椿說弓張月)〉를 국립극장 개관 3주년 기념 공연으로 국립극장 대극장에서 초연(27일까지). 야마나시현 다이보사쓰 고개(大菩薩峠)에서 군사 훈련 중이던 적군파 53명 체포.

11월 21일 워싱턴에서 열린 사토 에이사쿠 총리와 미국 닉슨 대통령의 회담 종료. 미일안보조약 유지, 1972년 오키나와 반환을 표명한다.

11월 28일 '최종적 계획안'에 대한 의견을 듣고 싶다는 취지로 야마모토 기요카쓰를 자택으로 불러 토의. 방패회의 훈련을 더욱 체계화하고 장기적인 구상 아래 추진한다는 추상적인 제안밖에 없었고, 미시마의 반응은 차가웠다.

12월 8일 나흘간의 일정으로 군사 사정 시찰을 위해 한국을 여행. 런던 출신 일본 문학 연구자로 《금각사》를 영역한 아이반 모리스

(Ivan Morris)가 동행한다.

12월 22일 육상자위대 나라시노(習志野) 주둔지에서 방패회 12월 월례회 개최. 당일 나라시노 공정단(空挺團)에서 11미터 강하 훈련을 한다. 훈련 후 미시마는 헌법 개정의 긴급성을 설명한다. 이에 기초하여 체험 입대 1기생으로 와세다대학 법학부 학생인 아베 도무(阿部勉)를 반장으로 하는 헌법개정초안연구회가 조직되고, 매주 수요일 밤 3시간 동안 토론을 하기로 한다.

12월 27일 중의원 총선거에서 자민당이 288석을 획득해 압승한다.

이 연보를 보면 방패회 내부에 혼란이 있었다는 것을 알 수 있다. 야마모토 기요카쓰가 조사학교 부교장이 된 것도 방패회에 타격이었다. 정보교육 과장 시절과 달리 조사학교 부교장이 되면서 야마모토는 방패회와 밀접한 관계를 맺기 어려운 입장에 놓인다. 이 인사 조치는 그때까지 미시마와의 교제를 너그러이 봐주었던 자위대가 두 사람을 떼놓으려 방향을 바꾼 것이라 할 수 있다. 방패회 결성 1주년 기념 퍼레이드는 자위대 관계자까지 참가해 성대하게 펼쳐졌지만, 그것은 겉모습에 지나지 않았고 실제로는 방패회의 존재 의의 자체가 뿌리부터 의심받는 상황에 이르러 있었다.

다른 한편, 갈 곳을 잃은 신좌익 학생들도 이후 내부 투쟁과 테러로 빠져든다. 신좌익 운동이 폭발하는 것을 봉쇄하는 데 성공한 사토 내각도 실은 미국의 극동 전략에 한층 깊이 끌려 들어가고 있었다. 이리하여 전후 및 점령기 이래의 기만의 구도는 더욱 더 견고해지고 말았던 것이다.

이러한 상황에서 모치마루 히로시를 대신해 모리타가 2대 학생장이 되었던 것이다. 그렇다면 이 일은 무엇을 의미할까.

앞의 연보를 보면 이렇게 생각하지 않을 수 없다. 《가면의 고백》이 쓰인 종전 후, 《새벽의 사원》의 작품 세계인 1952년과 마찬가지로, 지금 《새벽의 사원》이 쓰이고 있는 동시대에도 다를 게 없이, 이 나라에서 뭔가 행동을 하고자 하는 자는 반드시 기만의 구도에 휩쓸려 퇴폐와 좌절, 존재의 거처가 될 만한 가치관의 붕괴와 자기 부정을 강요받았다고 말이다. 도대체 어떻게 하면 좋을까. 그때뿐인 기분 전환이라면 뭐든 가능할지도 모른다. 남들 앞에서 자위에 열중하든가, 의미 없는 섹스를 하든가. 그러나 아무리 그래봐야 '폭류'에 농락당한 끝에 허무의 밑바닥으로 떨어질 뿐이다.

그런 까닭에 위기를 타고 넘으려면 근본적인 발상의 전환이 필요하다. 여기에서 미시마의 머릿속에 떠오른 것은 이런 것이 아니었을까.

즉 우리들이 직면한 좌절과 퇴폐, 가치관의 붕괴와 자기 부정이라는 사태를 단순히 그대로 받아들일 게 아니라, '동시상호인과'라는 사고방식에서처럼, 매 순간의 좌절과 파멸로 다시 포착한다. 미시마는 이미 전쟁 말기 공습 속의 세계관 속에서 '동시상호인과'와 동형의 구조를 발견했다. 그것이 1960년대 일본에서 얼마나 유효할 것인지에 관하여 아쿠타 마사히코와의 토론에서도 확인하고자 했다.

지금 이것을 전후 일본에서 우리가 일상적으로 경험하고 있는 사태로 간주한다. 한 걸음 더 나아가 우리를 둘러싼 근대 일본의 시공간 그 자체가 끊임없이 한 순간 한 순간 절단되어 있는 것으로 해석한다. 말하자면 그렇게 각오하는 것이다.

그리고 다른 한편, '동시상호인과'라는 사고방식은 매 순간의 단절에도 불구하고, 아니 오히려 그 단절 때문에, 연속성이 싹트고 생의 일관성이 보증되는 시간론까지 내포한 것이었다.

이러한 일관성과 연속성을 확인하기 위해 필요한 존재가 바로 모리타였다. 간단하게 말하면, 이 시기 모리타라는 존재가 없었더라면 방패회는 분열하고 붕괴했을 것이다.[6]

그러나 이 시점에서 미시마에게는, '동시상호인과'라는 개념에 기초하여 《새벽의 사원》의 작품 세계를 낳았다 해도, 시대를 타고 넘기 위해 어떤 비전을 제시할 수 있을 것인지, 앞 장의 마지막 부분에서 보았듯 원고용지에 적은 메모 이상의 확실한 전망은 없었다. 애초에 《새벽의 사원》에는 모리타에 해당하는 캐릭터가 존재하지 않는다.

하지만 내가 생각하기에 이때 미시마에게는 어떤 기대가 있었던 것 같다. 신좌익 학생운동이 소동과 내란으로 확대되리라는 기대가 그것이다. 내란으로 치달으면 자위대의 치안 출동은 피할 수 없다.

그 직전의 순간에 방패회가 뛰어들고 혼란 속에서 미시마가 부상하는 것, 아니 살해되는 것. 그것은 '동시상호인과'의 세계관에서 시간론을 구현하는 것이기도 했다. 왜냐하면 칼에 죽임을 당한 미시마는 개체로서는 죽지만 그의 죽음에 의해 매 순간 목숨을 건 사자들의 행렬이 더해질 수 있기 때문이다. 그것은 물론 세바스티아누스 콤플렉스의 체현이기도 하지만, 그 이상으로 미시마 자신이 2·26 사건으로 처형당한 장교들이나 특공대로 죽은 병사들의 계보에 연결된다는 것, 그리고 그것을 잇는 자들이 나타나는 것이 중요했다. 그 최대 기회가 10월 21일의 국제 반전 데이였다.

사라진 잉 찬과 〈진세츠 유미하리즈키〉

그때 연재 중이었던 《새벽의 사원》은 어떤 국면에 접어들었을까. 《신초》 1969년 12월호에 게재된 제36절, 1970년 1월호에 게재된 제37절이 그것에 해당한다.

제36절에서 혼다는 고텐바의 별장으로 잉 찬을 불러 게이코의 조카로 하여금 그녀를 덮치게 한다(혼다는 그 후 잉 찬과 관계를 맺을 생각이었다). 하지만 저항하던 잉 찬이 어디론가 사라진다. 제37절은 앞에서도 언급한 파괴활동방지법 분쇄 시위가 있던 날 이마니시와 쓰바키하라 부인이 밀회를 갖는 장면인데, 두 사람이 침대에서 이야기를 나누던 중 잉 찬이 사라진 후의 전말이 부인의 입을 통해 드러난다. 잉 찬은 이웃집인 게이코의 별장에 숨었던 것이다. 덧붙여 말하면 게이코는 그 후 잉 찬의 동성애 상대가 되는 여성이다.

만약 미시마가 그때 정말로 칼에 죽임을 당했다면 《새벽의 사원》은 완결되지 못한 채 제36절에서 중단되었을 것이다. 그 마지막 부분은 다음과 같은데, 혼다가 잉 찬의 방으로 아침 식사를 가져가는 장면이다.

잉 찬의 방을 노크한다. 대답이 없다. 혼다는 일단 쟁반을 바닥에 내려놓고 여벌 열쇠를 맞춰 돌렸다. 뭔가가 문을 받치고 있어 열기가 어려웠다.

혼다는 아침 햇살이 가득한 방 안을 둘러보았다. 잉 찬은 없었다.

만약 유고로 이 부분을 읽는다면 독자는 순간적으로 착각에 사로잡히지 않을까. 없어진 것은 잉 찬이 아니라 미시마 유키오 그 사람이 아니었던가 하고. 여기에서 불가사의한 전이가 발생한다. 즉 독자의 독서 체험에서 기요아키—이사오—잉 찬으로 이어지는 윤회의 계보에 작가인 미시마 자신이 오르는 기괴한 순간이 찾아오는 것이다. 물론 이것은 착각이지만, 1969년 가을에 미시마는 그러한 착각을 낳는 것과 같은 상황을 기대하고 있었다.

이때 헛것처럼 유작이 되었을지도 모르는 작품이 하나 더 있다. 1958년 발표한 〈무스메고미 오비토리노이케〉 이래 11년 만에 내놓은 신작 가부키 〈진세츠 유미하리즈키〉(1969. 11. 5~27, 국립극장 대극장. 집필은 1969. 5. 28~9. 1.)이다.

이 작품의 원작은 호겐의 난(保元の亂)*에서 패해 오시마(大島)로 흘러든 후 이리저리 떠돌다 류큐로 건너간 것으로 알려진 미나모토노 다메토모(源爲朝)의 전설적 생애를 그린 교쿠테이 바킨(曲亭馬琴)의 요미혼(讀本)**인데, 국립극장 개관 3주년 기념 공연으로 8대 마쓰모토 고시로(松本幸四郞)가 다메토모 역을 맡았다.

화려한 전과(戰果)를 뒤로한 채 좌절을 거듭하면서도 스토쿠 상황에 대한 충의를 잃지 않는 다메토모는 미시마가 〈영령의 소리〉에서 노래했던 특공대 병사, 2·26 사건의 청년 장교들과 같은 계보에 속한다. 동시에 《문화방위론》이나, 《일본문학소사》의 한 장으로

---

* 일본 헤이안 시대 1156년 7월, 황위 승계 문제와 셋칸가(攝關家)의 내분으로 조정이 고시라카와(後白河) 천황파와 스토쿠(崇德) 상황파로 분열되어 교토에서 두 세력이 무력 충돌에까지 이르게 된 정변.
** 에도 시대 후반기에 유행한 소설의 일종. 전기적(傳奇的)이고 교훈적인 내용이 특징이다.

《군상》 1965년 8월호에 발표된 《《고사기》와 《만엽집》》에서 언급하고 있는, 스사노오노미코토(速須佐之男命)와 야마토타케루(倭建命)까지 거슬러 올라가는 졸렌(당위)으로서 문화 개념인 천황 상을 구현한 것이기도 했다.

여기에서 놓치지 말아야 할 것은 하권의 무대가 류큐라는 점이다. 그곳에서 다메토모는 역신(逆臣) 리유(利勇)*를 토벌하는데, 이러한 줄거리는 당시 진행 중이던 오키나와 반환 교섭과 명백히 병행한다. 1972년의 오키나와 반환을 표명한 사토-닉슨 공동성명이 발표된 것은 〈진세츠 유미하리즈키〉가 공연 중이던 11월 21일이었다.

조국 방위 구상을 가다듬고 있던 미시마와 사토 에이사쿠 총리의 밀사로서 오키나와 반환 교섭을 맡았던 와카이즈미 게이 사이에 접점이 있었다는 것은 이 책의 제17장에서 언급한 대로이다. 와카이즈미는 오키나와 문제에 관해 신념이 있었기 때문에 '본토 수준의 핵무기 제거'를 표방하면서도 핵무기 반입을 용인하는 비밀 협약에 관여한 것을 자책하다가 훗날 청산가리를 먹고 자살했다.

미시마에게도 신념이 있었다. 그것은 다메토모가 류큐를 떠나 죽은 스토쿠 상황 곁으로 돌아가는 〈진세츠 유미하리즈키〉의 막이 내리는 장면에서 볼 수 있다. 최후의 '격문'에서 미시마는 묻는다. "오키나와 반환이란 무엇인가?" 닉슨 대통령이 오키나와 반환에 동의한 것은 어디까지나 안보조약 연장에 대한 보상이었다. 미군 기지를 오키나와에 집중한다는 점에서도 미일 두 정부의 생각이 일치했다.

---

* 류큐 최초의 왕통인 덴손씨(天孫氏)를 멸한 것으로 알려진 인물.

하지만 그건 아닐 것이다. 뭔가 잘못됐을 것이다. 보상으로서 오키나와 반환은 일본 쪽에나 오키나와 쪽에나 하등 이로울 게 없다는 것이 〈진세츠 유미하리즈키〉에 담긴 미시마의 정치적 메시지이다.

이것은 당시에도 그랬고 지금도 거의 고려되지 않는데, 만약 미시마가 칼에 죽임을 당한 후에 〈진세츠 유미하리즈키〉가 상연되었다면 우리는 과연 모르는 척할 수 있었을까. 그 경우 상황이 시끄러워서 사토 총리의 방미도 실현되지 않았을 가능성이 있다.

"정말 정말 정말 불쾌했다"

그러나 10·21 국제 반전 데이 시위에서 극좌 세력이 간단히 진압되는 바람에 자위대가 치안 출동하는 사태까지는 일어나지 않았다. 미시마는 《새벽의 사원》을 계속 써야만 한다.

총 45절로 구성된 《새벽의 사원》 중 10·21 이후에 쓰인 것은 제37절 이하이다. 제37절에 관해서는 앞에서 서술했고, 그 후의 개략은 다음과 같다. 고텐바 별장에서 파티를 주최한 혼다는 게이코의 도움으로 다시 잉 찬을 초대한다. 그날 밤 혼다는 잉 찬과 게이코가 레즈비언 행위에 몰두하고 있는 것을 엿본다. 그리고 별장은 불타고, 귀국한 잉 찬은 코브라에 물려 기요아키, 이사오와 마찬가지로 스무 살의 나이에 사망한다. 이렇게 《새벽의 사원》을 탈고한 미시마는 1970년 2월 20일 신초샤의 편집자 고지마 지카코(小島千加子)에게 원고를 건넸던 것이다.

《새벽의 사원》 탈고 직후 미시마는 연재 중이던 《소설이란 무엇인가》에 다음과 같은 글을 보낸다(《波》, 1970. 5 ~ 6.).

바로 며칠 전, 나는 지난 5년 정도 이어 온 장편 《풍요의 바다》의 제3권 《새벽의 사원》을 탈고했다. 이것으로 전체를 마친 게 아니라 더 골치 아픈 마지막 권을 앞두고 있지만, 그래도 일단락을 지었으니 말하자면 행군 중간에 잠깐 쉬는 셈이다. 길가 수풀에 다리를 뻗고 담배 한 대를 피우며, 수통에 든 물로 입을 적시고 있는 모습을 상상하시면 된다. 남들 눈에는 너무나도 쾌적한 휴식으로 보일 것이다. 그러나 나는 정말 정말 정말 불쾌했다.

이렇게 말을 꺼낸 미시마는 집필 도중의 단계에서는 미결정인 채 부유하고 있던 작품 안의 현실과 작품 밖의 현실이라는 두 종류의 현실이 《새벽의 사원》 탈고와 함께 확정되었다면서 다음과 같이 이어 간다. 조금 길지만 정리된 형태로 인용하기로 한다.

뭘 그리 유난을 떠느냐고 하겠지만, 사람은 자신의 감각적 진실을 부정할 수 없다. 즉 《새벽의 사원》이 완성됨으로써 그전까지 부유하던 두 종류의 현실은 확정되고, 하나의 작품 세계가 완결되어 닫히는 동시에 그전까지의 작품 밖의 현실은 모두 이 순간에 휴지 쪼가리가 된 것이다. 나는 정말이지 그것을 휴지 쪼가리로 만들고 싶지 않았다. 그것은 나에게 귀중한 현실이고 인생이었을 터이다. 그러나 제3권에 매달렸던 일 년 8개월은 잠깐의 휴식과 함께 두 현실의 대립과 긴장 관계를 잃고, 하나는 작품으로 남고 다른 하나는 휴지 쪼가리가 되었던 것이다. 그것은 나의 자유도 아니고 나의 선택도 아니다. 작품의 완성이란 그런 것이다. 자동적으로 한쪽의 현실을 '폐기'하는 것이며, 그것은 작품이 남는 데 필수적인 잔혹한 절차이다.

 나는 제3권의 종결부가 폭풍처럼 덮쳐 왔을 때, 거의 믿을 수가 없었다. 그것이 완결되지 않을 수도 있다는 현실 쪽에 내기를 걸고 있었기 때문이다. 이 완결은 여우에게 홀린 듯한 사건이었다. '뭘 그렇게 유난을 떠느냐'고 사람들이 말하는 소리가 다시 들린다. 작가의 정신생활이란 세상의 그 무엇보다 요란스러운 것이다.

 부유하던 것이 확정되어 하나의 작품 속에 봉인되는 순간에 겪는 일종의 아픈 경험에 관하여 작가는 아무리 요란스럽게 굴어도 여전히 충분하지 않다고 느낄 게 틀림없다.

 그러나 아직 한 권이 남아 있다. 마지막 권이 남아 있다. '이 소설이 끝나면'이라는 말은 지금 나에게 최대의 터부다. 이 소설이 끝난 후의 세계를 나는 생각할 수 없기 때문이며, 그 세계를 상상하는 것이 싫기도 하고 두렵기도 하다. 소설이 끝나면서 결정적으로 이 부유하는 두 종류의 현실이 결별하여 한쪽이 폐기되고 다른 한쪽이 작품 속에 봉인된다면, 나의 자유는 어떻게 될 것인가. 〔……〕 나의 불쾌감은 이 두려운 예감에서 생겨난 것이었다. 작품 밖의 현실이 나를 강제로 납치하지 않는 한, (그러기 위한 준비를 충분히 해두었는데도,) 나는 언젠가 깊은 절망에 빠질 것이다.

여기에서 미시마는 《새벽의 사원》 탈고 시의 생각을 작품 창작에 관한 일반적인 사태로 말하고 있다. 확실히 작품을 낳을 때 작품 밖의 현실이 폐기되는 것, 아니 무릇 언어로 표현할 때 존재가 말살되는 것은 피할 수 없는 일이고, 그것은 본질적으로 블랑쇼가 〈문학과 죽음의 권리〉에서 예리하게 지적한 것과 동일한 문제이다(제10장 참조).

다만, 이 사태와 전후 일본이 직면한 곤경이 깊이 얽혀 있다는 점에서 사태의 예사롭지 않은 성격이 드러난다. 게다가 미시마는 그것을 그 자신을 침범하는 제어 불능의 허무로 체험하고 있다.

미시마는 《새벽의 사원》에 관하여 "그것이 완결되지 않을 수도 있다는 현실 쪽에 내기를 걸고 있었다"고 말하는데, 구체적으로 고쳐 말하면 10·21 국제 반전 데이 시위에서 자신이 칼에 찔려 죽고 《새벽의 사원》 중단되는 사태를 대망했다는 얘기다. 그러나 기대와 달리 국제 반전 데이 시위는 별일 없이 제압되었다. 결과적으로 《새벽의 사원》에서는 마지막 부분에서 잉 찬이 환생자라는 것이 확인되지만, 그것은 혼다에게 깊은 절망과 무슨 일이 일어나도 자신은 방관자에 지나지 않는다는 무력감만을 안겨줄 따름이다. 거기에서는 방파인에서 경험한 아찔한 도취, 베나레스에서 맛본 희열, 아젠타에서 느낀 두려움은 티끌만큼도 찾아볼 수 없었던 것이다.

《동트기 전》과 《새벽의 사원》

《새벽의 사원》을 탈고한 미시마는 허무를 그 자신의 문제로 체험한다. 그러나 《풍요의 바다》에는 원래 그것을 근대라는 시대 자체의 니힐리즘으로 묻는 장치가 마련되어 있었다. 《풍요의 바다》 권두에 놓인 '득리사 부근의 전사자 위령제' 사진이 그 상징이다.

실은 《새벽의 사원》에도 유사한 장치가 준비되어 있었다. 그것은 득리사 부근의 전투 시점(1904년)보다 더, 《달리는 말》에서의 신푸렌의 난(1867년)보다 더 시간을 거슬러 올라간다. 열쇠는 《새벽의 사원》 제2부에서 혼다가 고텐바에 별장을 갖게 된 경위에 감춰져 있다. 우수한 변호사이긴 하지만 결코 재력가는 아니었던 혼다는 전후(戰後)에 도대체 어떻게 그 많은 돈을 모아 드넓은 별장을 얻게 되었을까. 그것은 그가 어떤 행정소송을 담당하고 있었기 때문이다.

이것은 역사적 사실인데, 1871년의 폐번치현(廢藩置縣)과 1873년의 지조개정(地租改正)으로 많은 사유지나 입회지(入會地)*가 반강제로 국유지가 되었다. 그 토지를 원래 소유자에게 돌려주기 위해 1899년에 이르러서야 〈국유토지삼림원야처분법〉이 제정되었는데, 처분 신청자에게는 소유 사실을 입증할 책임이 부과되었다. 후쿠시마현 미하루(三春) 지방의 어떤 촌에서도 관련 신청이 있어서 행정소송이 진행되었는데, 《풍요의 바다》에서는 중요한 안건이 아니라는 이유로 상황이 진전되지 않은 채 혼다가 소송대리인 역할을 이어받는다는 설정을 취하고 있다. 《새벽의 사원》 제1부 마지막에 혼다가 공습 직후의 시부야를 찾은 것은 이 소송 관련 업무 때문이었다.

소송의 교착 상태를 깬 것은 태평양전쟁 패전과 그 결과 1947년에 시행된 일본국 헌법이었다. 이 사건에서 쉽게 이긴 혼다는 막대한 성공 보수, 즉 반환된 산림의 매각 대금 3분의 1에 해당하는 3억 6천만 엔의 돈을 번다. 그리고 그 일부를 사용해 미 점령군 후지 연습지에서 가까운 좋은 땅을 구입해 별장을 지었던 것이다.

그렇다면 도대체 혼다는 이 별장에서 무엇을 한 것일까. 그것은

---

* 한 지역의 주민이 공동으로 이익을 얻을 수 있는 산야나 어장 따위의 지역.

벽에 작은 구멍을 뚫어놓고 잉 찬의 레즈비언 행위를 엿보는 어리석은 짓이었다. 그 결과 별장은 무참하게 불타버린다.

여기에서 독자는 이 에피소드가 시마자키 도손(島崎藤村)이 《동트기 전》에서 던진 물음을 이어받고 있다는 점에 유의하지 않으면 안 된다.

《동트기 전》은 히라타파(平田派) 국학에 심취해 촌장으로서 마을 사람과 마을의 장래를 위해 고심하던 아오야마 한조가 결국 유신 이후 시대의 변화에 배반당해 자신이 갇힌 방에서 보이지 않는 적을 향해 똥을 내던지고 끝내는 미쳐 죽는 이야기이다. 한조의 인생을 이처럼 틀어지게 한 최초의 사건이 바로 '산림 사건'이었다.

한조는 누구나 자유롭게 산림을 사용할 수 있는 고대와 같은 시대를 꿈꾸지만 산림이 국유화되어 지쿠마현의 관리를 받게 되면서 모든 벌채가 금지된다. 한조는 정부에 계속 항의하다가 촌장 자리에서 쫓겨나고 만다. 이것은 기소(木曾) 지방의 이야기이지만 유신 후 토지 국유화에 따른 분쟁이 일본 각지에서 발생했고, 그것이 의미하는 바를 일본의 근대화가 본질적으로 안고 있었던 모순과 왜곡으로 근본적으로 되물은 소설이 바로 시마자키 도손의 《동트기 전》이었다.

1935년에 완결된 《동트기 전》에서 작가는 이 문제가 그 후 어떤 역사적 경로를 따르게 되는지는 말하지 않는다. 1943년 8월에 사망한 시마자키 도손은 사태의 전말을 마지막까지 지켜보지는 못했다. 그와 달리 미시마는 국유지가 되었던 산림이 결국은 다시 마을의 소유로 돌아오긴 했지만, 돌고 돌아 혼다의 우행(愚行)을 낳기에 이르는 것을 분명하게 그린다. 미시마는 전후 일본인을 허무의 막다른 골목으로 내모는 숙명의 씨앗이 이미 메이지 초기 단계에서 싹 트고 있었다는 것을 뚜렷하게 보고 있었던 것이다.

눈에 보이긴 하지만 어떻게 대처할 것인가, 대답을 찾기가 어렵다. 또는 이렇게 말해야 할지도 모른다. 교활한 시대는 스스로를 잠식하는 허무를 인간 개인의 문제로서 모두 미시마 한 사람에게 강요하고 말았다고.

"선생님은 언제 죽습니까?"

《봄눈》이래 매월 연재를 이어 온 《풍요의 바다》는 이 지점에 이르러 처음으로 2개월 동안 연재를 쉴 수밖에 없었다. 미시마는 작가로서, 아니 인간 존재로서 위기에 처한다.

다른 한편, 많은 독자들은 고도 경제성장 하의 생활에 쫓겨 이른바 사고 정지를 강요받았고, 미시마가 무엇을 하려 하는지, 무엇 때문에 괴로워하는지, 그것이 자신들의 삶과 어떤 관련이 있는지 이해하려 하지 않았다. 아니, 이해할 수 없었을 것이다. 유식사상을 펼쳐도 그 의미를 추측할 수 없어 아예 무시하기로 작정한 독자와 문인이 많았다.

그러나 그러한 상황 속에서도 인간의 가장 본질적인 부분을 이해할 수 있는 보기 드문 순간이 없을 리 없다. 하나의 예를 소개하면서 이 장을 마무리하기로 한다.

〈독락(獨樂)〉이라는 에세이가 있다(《변경》, 1970. 9.). 그 내용은 이러하다. 어느 봄날 아침, 모르는 남자 고등학생이 미시마의 집을 찾아와 세 시간이나 문 앞에 서 있다가 외출하러 나선 미시마를 만나

딱 5분 동안 면회를 허락받는다. 그런데 소년은 아무런 말이 없다. 미시마가 "학생이 하고 싶은 질문이 몇 가지 있다면 그 가운데 가장 하고 싶은 질문 하나만 하라"며 재촉하지만 그래도 소년은 아무런 말이 없다.

"질문할 게 없는가?"
나는 조금 귀찮아하며 다시 한번 시계를 보았다.
"있습니다."
"그래, 가장 대답을 듣고 싶은 질문 하나가 뭔가?"
소년은 말이 없다. 눈초리에 힘이 들어가는가 싶더니 그 눈이 나를 노골적으로 직시했다.
"가장 묻고 싶은 건 …… 선생님은 언제 죽습니까?"
이 질문은 나의 폐부를 찔렀다.
내가 횡설수설 우스꽝스러운 대답을 한 것은 말할 것도 없다. 그 대답을 듣고 소년이 만족했을 것이라고는 생각하지 않지만, 그 대답을 듣고 나서 소년의 태도는 갑작스럽게 편안해졌다.

이 일화를 소개한 다음 미시마는 "소년이라는 것은 독락이다"라고 말한다. 독락은 돌아서 겨우 자리를 잡지만 "잘 되면 맑아진다". "독락이 맑아질 때만큼 온갖 일이 무서울 정도의 정확함에 도달할 때는 없다." 이것이 '독락'이라는 제목의 유래이다.
미시마는 이 이상 이야기를 하지 않는다. 다만 "그 질문을 할 때 소년은 분명히 그곳에 있었지만, 다분히 소년의 독락은 맑았기 때문에 그가 그곳에 있지 않았던 것도 확실하다. 소년은 지금 한 질문을 다음 순간 잊어버리고 말았을지도 모른다."라고 말할 뿐이다.

하지만 이 소년이 그때 미시마의 존재의 핵심을 '무서울 정도로 정확하게' 꿰뚫은 것이 틀림 없다.

이런 의미에서 〈독락〉이라는 에세이가 대단히 중요하다고 생각한 나는 《결정판 미시마 유키오 전집》 제42권 연보에 그 취지를 기재했다. 하지만 유감스럽게도 소년이 미시마의 집을 찾은 날이 언제인지는 분명하지 않았다.

그런데 《전집》의 연보를 간행한 후 신초샤 편집부로 발신인 불명의 편지가 왔고, 읽어보았더니 그 미지의 남자 고등학생이 자신이라고 했다. 편지에는 "제가 미시마 유키오 선생을 만나뵈 온 것은 쇼와 45년 1월 5일입니다"라고 한 다음 이렇게 적혀 있었다.

> 집 안에서는 당초의 예정을 넘어 15분 남짓 말씀을 하실 수 있었습니다. 저는 '평가(値踏み)'를 위한 구두시험 후 질문을 허락받고 맨 처음 예의 질문도 했습니다만, 그 질문은 선생께 절대 돌아가셔서는 안 된다는 바람을 담은 것이었습니다. 또 그 대답은 "횡설수설 우스꽝스러운" 게 아니라 명료했습니다. (내심은 알기 어렵습니다만……)
>
> 어쨌든 저는 선생이 그해에 돌아시지는 않겠구나 안심했고, "태도는 갑작스레 편안"해졌으며, 생각나는 범위 안에서 많은 질문을 했습니다.

미지의 발신인은 이 사건에 관하여 "저는 미시마 선생의 하루하루가 이렇겠구나 생각하고(평생 발언하지 않을 작정이었습니다만), 편집위원들께는 알려드리고 싶어서 이렇게 편지를 씁니다"라고 했다.

위 편지의 내용을 굳이 의심할 이유는 없다. 죽음을 바랬지만 죽을 기회를 놓친 당시 미시마의 상황을 놀라울 만큼 적확하게 알아채고 한순간이나마 그 핵심에 육박한 사람도 있었던 것이다.

제20장
허무의 바다

두 가지 계획

《새벽의 사원》을 마무리한 후 미시마는 그의 생애를 통틀어 가장 위태로운 정신 상황에 처해 있었던 듯하다. 사실《풍요의 바다》도 1970년 5월과 6월에는 연재가 중단되었다.

그러나 미시마는 두 가지 계획을 동시에 세움으로써 자신을 옥죄어 오는 시대의 공격을 되받아쳤다. 하나는 칼에 죽임을 당할 기회가 주어지지 않는다면 스스로 목숨을 끊겠다는 자결 계획이었고, 다른 하나는《풍요의 바다》를 세계 문학사상 유례가 없는 작품으로 완결짓겠다는 집필 계획이었다.

결과적으로 미시마는 죽는다. 그러나 그렇게 함으로써 허무의 바닥을 빠져나왔고,《풍요의 바다》는 우리들에게 하나의 비전을 제시한다. 그것은 어떤 비전일까.

그러나 그 전에 미시마가 어떻게 이 두 가지 계획을 하기에 이르렀는지, 그 과정을 되돌아볼 필요가 있다.

《새벽의 사원》최종회 원고를 편집자에 건네고 10일쯤 지난 시점, 그러니까 3월 1일부터 28일까지 미시마는 육상자위대 후지학교 다키가하라 분둔지에서 방패회 회원을 인솔하고 다섯 번째 체험 입대를 한다. 실제로 미시마 자신이 입대를 한 것은 처음과 마지막 일주일씩이었는데, 그 사이 미시마는 《풍요의 바다》 마지막 권을 어떤 내용으로 써야 할지 철저하게 검토했다. 그 시점에는 아직 11월에 자결하는 것은 생각하고 있지 않았다.

미시마가 한 장의 원고용지에 《풍요의 바다》 제4권의 대략적인 계획을 처음으로 적은 것은 《새벽의 사원》 제2부를 본격적으로 쓰기 직전이다. 앞에서 소개했듯이 그 단계에서 전권(全卷)의 결말은 해피엔드였다. 하지만 한마디로 해피엔드라고 해도 구체적으로 어떻게 줄거리를 전개할 것인가. 미시마는 체험 입대 중에 몇 가지 플랜을 생각했다. 그것은 3월부터 4월에 걸쳐 쓰인 '제4권 플랜'이라는 제목의 창작 노트에 적혀 있다(《결정판 전집》 12. 《미시마 유키오 연구》 14, 2014. 5.).

이 노트의 개략을 보기로 하자. '제4권 플랜'의 구성은 이상하게도 표제와 어울리지 않는다.

그도 그럴 것이 표지의 뒷면에는 자위관에 관한 메모, 노트의 1페이지와 2페이지에는 체험 입대 참가자에 관한 메모가 적혀 있고, 입대 첫날인 3월 1일의 날짜도 거기에 적혀 있다. 그리고 제4권의 플랜에 관해서는 노트 끝에서 권두로 거슬러 올라가는 형태로 17페이지(중간의 여백 페이지는 제외)에 걸쳐 검토하고 있다. 다만 그 도중에도 3월 1일부터 4일까지 일지와 같은 메모가 한 페이지 삽입되어 있으며, 제4권의 구상에 이어지는 페이지에는 시미즈 항구와 이곳의 선박 감시 업무에 관한 취재 메모가 역시 권두로 거슬러 올라가는 형태로 10페이지에 걸쳐 이어진다. 그리고 그 부분의 첫머리에는 4월 21일이라는 날짜도 기재되어 있다.

이렇게 말해서는 이해하기가 쉽지 않을 것이므로 표로 만들어보면 다음과 같다. ABC……는 노트의 첫머리에서 내용에 따라 편의상 구분한 지표이며, 실제 집필 순서는 AEDCB이다. 또 제4권 플랜에 관해서는 입대 일지를 전후로 ①, ② 둘로 나누기로 한다.

	내용	페이지 수	일자 기재	기술 방향
A	자위관에 관한 메모 체험 입대 참가자에 관한 메모	1(표지 뒷면) 2	없음 3월 1일	전 → 후
B	시미즈항, 선박 감시 업무에 관한 취재	10	4월 21일	후 → 전
C	제4권 플랜 ②	4	없음	후 → 전
D	체험 입대 일지	1	3월 1일~4일	—
E	제4권 플랜 ①	13	없음	후 → 전

'제4권 플랜' 노트의 성립에 관해서는 다음과 같이 추측할 수 있다. 즉 미시마는 체험 입대 때 이 노트를 휴대했다. 처음 그것은 방패회나 체험 입대에 관한 사항을 기술하기 위한 노트였을지도 모른다. 또는 당초 제4권의 구상을 검토하기 위한 노트였지만 다른 내용까지 적어 넣었는지도 모른다. 어느 쪽이든 미시마는 일단 체험 입대에 관한 메모 A를 작성한 후 제4권의 플랜 E, C를 노트의 말미에서부터 쓰기 시작한다. 미시마는 체험 입대 중 개인 방으로 돌아온 후 이 노트를 작성했을까.

다른 한편, 시미즈 항구이나 선박 감시 업무에 관한 취재 B는 제대 후 3주일 이상 지난 후에 쓴 것이다. 실제로 발표된 《천인오쇠》

에서는 야스나가 도루(安永透)라는 소년이 선박 감시 회사인 시미즈 항구 사무소에 근무하는 통신사로 설정되어 있는데, B가 그것을 위한 취재라는 것은 의심의 여지가 없다. 다만 '천인오쇠(天人伍衰)'*라는 타이틀이 정해진 것은 잡지 《신초》에 제4권의 첫 회 원고 마감 직전인 1970년 5월 20일 무렵이었다.

그렇다면 '제4권 플랜' 노트에 적힌 E(플랜 ①)의 내용은 무엇인가.

신문의 사람 찾기 난을 이용해 응모자에게 현상금을 걸거나 사립 탐정에게 조사를 시키는 방법을 활용해 혼다는 잉 찬을 잇는 환생자를 찾는다. "무엇을 찾고 있습니까?"라고 묻는 편지를 사토코로부터 받은 혼다는 사토코를 방문한다. 그 후 혼다는 불치병에 걸려 쓰러지고 병상에서 환생 후보자들이 쓴 수기를 읽는데, 그들은 모두 가짜 환생자이다. 이윽고 혼다는 젊은 전기공사 기술자가 떨어져 죽은 것을 보고, 그의 죽음에 이끌리듯 임종을 맞으며 대단원에 이른다.

이것이 E 단계의 기본적인 골격이다. 전기공의 등장은 갑작스럽지만, 원고용지 한 장에 쓴 개략적인 안(제18장 참조)의 '18세 소년'에 해당하는 인물로 간주해도 좋을 것이다.

이러한 골격을 생각하는 과정에서 미시마는 몇 가지 논점을 깊이 파고들면서 검토를 거듭한다.

---

* '천인오쇠'는 불교의 육도윤회(六道輪回) 중 천계(天界)의 중생이 수명을 다하여 죽을 때가 되면 보인다는 다섯 가지 징후, 즉 의복에 때와 기름이 배어 나오는 의상구니(衣裳垢膩), 머리 부분의 화만(華鬘)이 시들어 썩는 두상화위(頭上華萎), 신체가 더럽혀져 냄새가 나는 신체취예(身體臭穢), 겨드랑이 밑에서 땀이 흐르는 액하한출(腋下汗出), 앉은 자리가 즐겁지 않게 되는 불락본좌(不樂本座)를 뜻한다.

그 가운데 하나는 가짜 환생자들을 어떤 인물로 설정한 것인가라는 문제이다. 자위대원? 항만에서 일하는 사람? 시인? 소시민적인 청년? 도시 사람? 지방 출신? 아니면 미친 여자?

항만에서 일하는 사람이라면 밀수나 북한 간첩과 관련이 있는 드라마틱한 사건에 휘말리는 것으로 설정할까. 또 작중에 가짜 환생자를 몇 명이나 등장시킬까. 다섯 명? 세 명? 그리고 그들은 서로 관계가 있는가, 없는가.

나아가 그들은 단순히 현상금을 목적으로 한 이기주의자들인가, 재산을 노리고 혼다를 죽이려 하는 범죄 소년인가. 아니면 비극적인 생활을 원하지만 비극이라는 것이 성립하지 않는 현대에 좌절을 강요당한 사람인가. 또 그들은 '행복'한 사람들인가, 그들의 '행복'이란 어떤 것인가……. 이처럼 미시마는 가짜 환생자의 인물 설정에 관하여 복수의 가능성을 두고 비교 검토한다. 그 가운데 몇 명은 《교코의 집》이나 〈시를 쓰는 소년〉 등 미시마의 작품에 등장했던 인물과 결부되어 있다.

다음으로 개개의 화제를 배열하는 문제와 관련된 작품 구성에 대해서도 미시마는 다양한 각도에서 검토한다. 가짜 환생자들의 이야기를 직렬적으로 묘사할 것인가, 병렬적으로(동시진행적으로) 묘사할 것인가. 혼다가 가짜 환생자들이 쓴 수기를 작품 속의 작품으로서 그 전후에 프롤로그와 에필로그를 덧붙이는 형식으로 제4권 전체를 구성하면 어떨까. 또 사토코와의 면회 장면은 프롤로그의 장면으로 그릴까, 에필로그에 놓아야 할까.

실제로 미시마가 노트에 기록한 구체적인 안을 소개하면 이러하다. 노트의 맨 앞에 '3부'라고 적혀 있는데 이는 환생 후보자를 예컨대 바다나 항만과 관련된 직업에 종사하는 청년, 도회에서 생활하는 미친 여자, 전원에서 사는 시인으로 할 경우, 이 세 사람의 수기를 제4권의 작중 3부작으로 간주하여 말한 것이다.

△3부 모두 '나'로 쓴다. 사소설. 일인칭으로 제1은 행동적, 제2는 심리적, 제3은 시적.
○일 년 동안 일어난 일을 (죽어야 할 해까지) 수기로 쓴다. 그 대가로 돈을 준다.
세 사람 모두 19세. 그러나 세 사람 모두 죽지 않는다. 혼다는 그때 병상에서 수기를 읽는다.
(병상에 눕기 전 사토코 방문―회상으로 나온다)
최후에 전기공의 죽음.
→ 시기는 태어난 지 막 스무 살이 된 시기로 설정하고, 회상을 통해 거슬러 올라간다. 제4권은 회상으로 시작해 회상으로 끝나며, 최후의 시점에서 아뢰야식의 모습. 제4권 시작 부분, 혼다는 이미 병상에 있고 사토코를 만난 후이다. 제4권 시작 부분, 사토코와 만나는 장. 그 후 곧 병이 든다.
'노인병 연구.'
여기에서 시작해 수기를 읽고 있는 지점에서 (모집 당시로 시간을 소급하여) 세 사람의 수기가 교차하여 등장한다.

여기에서는 원고용지 한 장에 썼던 개략적인 안의 내용이 어느 정도 구체화되어 있다. 하지만 이렇게 적고서 얼마 지나지 않아 미시마는 애써 생각했던 플랜을 깨버리고 만다. 그리고 노트에 다음과 같이 적는다.

◎ 장대하고 드라마틱한 전개, 신과 악마의 대투쟁 같은 것이 없으면 제4권의 결말로서 무게가 없다. 이 무게를 위해 큰 대립이 필요. 이 대립은 혼다와 젊은이의 대립이 아니라 다른 성격의 대립, 예컨대 사랑과 죽음, 정치와 운명의 대립이어야 한다. 여기에는 행동하는 사람과 기술하는 사람, 존재와 행위, 육체와 정신 등 인간의 가장 중요한 대립이 있어야 한다. 〔……〕 〔제1〕 〔제2〕 〔제3〕이 단순한 이야기의 나열이어서 전체적인 필연성이 없다.

이리하여 E(플랜 ①)는 더 진전되지 않는다. 그것을 상징이라도 하듯이 '제4권 플랜' 노트를 보면 이 지점에서 갑작스럽게 3월 1일부터 4일까지의 일지와 같은 메모가 삽입된다. 그 후 미시마는 다시 기운을 차리기라도 한 듯 C(플랜 ②)를 검토하는데, 그것은 실제로 《천인오쇠》를 본격적으로 집필하기에 앞서 가다듬은 작품 구상으로서는 마지막이었다.

이 플랜에서는 "〔제1〕 〔제2〕 〔제3〕이 단순한 이야기의 나열이어서 전체적인 필연성이 없다"라는 자기 비판에 근거하여 세 사람의 수기로 이루어진 3부작 구성은 폐기되고, 대신 악마와 같은 가짜 환생자인 소년과 노인 혼다의 대결이 골격을 이룬다. 그러나 결국 소년은 자살에 실패하고 혼다는 병으로 쓰러지고 만다.

그런데 그 후 사토코와 재회한 혼다는 진짜 환생자인 젊은 전기공에게 이끌려 행복한 죽음이라는 해탈을 맞이한다. 주목해야 할 것은 노트의 여백에 매월 50매씩 16회면 총 800매, 연재 기간은 일

년 4개월이 된다는 계산 메모가 적혀 있다는 점이다. 이 사실은 3월 이 시점에는 약 8개월 후의 죽음 계획이 아직 결정되지 않았음을 보여준다.

《잃어버린 시간을 찾아서》

이 C 플랜은 제18장 마지막에 소개한 한 장짜리 원고용지에 기록된 구상이 최종적으로 발전한 형태이다. 원고용지에는 "혼다가 죽어 해탈에 들 때 광명한 하늘로 막 출범하려는 소년의 모습, 창 너머로 보인다"라고 적혀 있었는데, 젊은 전기공은 그 '소년'에 해당하는 인물이다.

덧붙이자면 구상의 말미에 적힌 '발타자르의 죽음'은 잘못 표기한 것인데, 정확하게는 원고를 마무리한 날짜가 1894년 10월로 적혀 있는 프루스트의 초기 단편소설 〈실바니아 자작 발다사르 실방드의 죽음〉을 가리킨다.

당시 23세였던 프루스트는 이 작품에서 인도로 향하는 배를 창 너머로 바라보고 미지의 세계로 가는 선원들의 갈망을 상상하면서, 마을의 종소리에 이끌리기라도 하듯 되살아난 과거의 다채로운 기억에 감싸여 행복한 임종을 맞이하는 발다사르를 그린다. 이 작품을 좋아한 미시마는 1945년 3월 〈마르셀 프루스트의 발다사르 실방드의 죽음〉이라는 글을 쓰기도 한다(《결정판 전집》 36). 미시마는 그의 죽음에 혼다의 죽음을 겹쳐놓으려 했던 것이다.

여기에서 잊지 말아야 할 것은 종소리가 과거를 상기시키는 에피소드는 《잃어버린 시간을 찾아서》에서 홍차와 마들렌의 맛과 게

르망트 공작 부인의 냅킨이 화자에게 과거를 떠오르게 하고 결국은 그를 존재 회복으로 이끄는 에피소드의 원형이라는 점이다. 미시마는 기억을 둘러싼 이러한 프루스트적 비전에 유식의 해탈론[1]을 접합함으로써 혼다를 행복한 임종으로 이끌고자 했던 것이다.

아울러 프루스트의 이 초기 단편에는 아직 맹아의 형태이긴 하지만 머잖아 《잃어버린 시간을 찾아서》에서 본격적으로 전개되고 미시마에게도 영향을 끼치는 중요한 요소가 있다. 그것은 소설에서 폭넓게 시대와 사회를 파악한다는 것이다. 결국 《잃어버린 시간을 찾아서》는 단순히 기억에 의한 존재의 회복이나, (같은 이야기이긴 하지만) 미래 지향과 과거 지향이 합치함으로써 현재가 생겨난다는 시간 구조(제4장 참조)를 보여주는 선에서 멈추는 작품이 아니다. 프루스트는 여기에서 19세기 말부터 20세기 초에 이르는 시기 파리의 화려한 사교계를 묘사하면서 시민사회의 인간 군상, 몰락 귀족과 신흥 부르주아의 항쟁, 유대인 문제와 정치 사회 상황 등을 각각 따로 노는 단편이 아니라 시대의 전체상으로 드러내어 보여주었던 것이다. 그것은 발자크가 《인간희극》에서 혁명 후(특히 왕정복고 시기부터 7월 왕정 시기)의 프랑스 사회를 무질서한 것으로 본 게 아니라 유기적으로 연결된 것으로 파악했기 때문에 다이내믹하게 변동하는 사회로 그릴 수 있었던 것을 모방한 것이다.

그리고 이것은 미시마가 《풍요의 바다》에서 지향한 것이 무엇이었는가라는 물음을 재확인할 것을 촉구한다.

《풍요의 바다》도 표면적인 줄거리는 다이쇼 초기 이후의 환생 이야기이지만, 이 작품에서는 메이지 시대 이후 일본 근대가 걸어온 길이, 그리고 현재 《풍요의 바다》를 하루하루 쓰고 있는 전후 고도 성장기의 시공간 그 자체가 그려진다.《풍요의 바다》를 전체 소설이라고 말할 수 있는 것은 이런 의미에서이다.

자크 뒤부아와 바르가스 요사

여기에서 논의를 진전시키기 위해 전체 소설이란 무엇인가에 관하여 다시 한번 생각할 필요가 있다.

앞에서 로빈 윌리엄 피디안의 논문을 인용해 우리는 아직 전체 소설이라는 개념을 엄격하게 정의하지 않았다고 언급했는데. 그런 상황에서 주목할 만한 논지를 펼친 사람이 있다. 프랑스의 문학 연구자이자 사회학자인 자크 뒤부아(Jacques Dubois)이다. 그는 이렇게 말한다.

> 물론 엄밀한 의미의 전체 소설은 존재하지 않는다. 전체 소설이라는 관념을 주는 소설이 있을 따름이다. 지금까지 서술한 몇 가지 눈에 띄는 특징은 어쩔 수 없이 그러한 관념을 불러일으킬 것이다. 정보의 누적, 에크리튀르(écriture, 글쓰기)의 확장, 거대한 건조물, 외견상의 완결성. 그러나 전체성의 효과가 완전한 형태로 달성되려면, 모든 요소를 하나의 원환 속에 묶어 세우는 특수한 장치가 필요하다. 소설 세계가 충분한 밀도와 내용을 갖추어 그것 자체로 닫힌 체계를 이루고, 그럼으로써 자율성을 확보하는 것처럼 보이지 않으면 안 된다.《보바리 부인》은 지나치게 엄밀하게 계산된 작품이라 다른 소설들처럼 확장성을 띠기는 어렵다. 그러나 모든 부분이 정밀하게 호응하고 하나의 '작은 전체 세계'의 이미지를 지극히 강고하게 형성하기 때문에 독

자에게 자족적인 완결성의 감각을 줄 수 있다.[2]

뒤부아의 논의는 그야말로 뛰어난 고찰이어서 이 논점에 입각해서 바라보면 발자크, 프루스트, 혹은 조이스 이후 세계 소설사에서 《풍요의 바다》를 어떤 위치에 두고 또 이것과 어떻게 마주 세울 것인가 하는 방향이 한층 명확해진다.

여기에서 중요한 것은, 전체 소설이라고 하면 그 소설 속에 세계의 전체가 그려지는 것처럼 생각될지도 모르지만, 생각해보면 그것은 원리적으로 불가능하다는 점이다. 그러나 독자에게 '전체성의 효과(effet de totalité)'를 체험하도록 촉구할 수는 있을 것이다. 그런 의미에서 전체 소설이란 어떤 실체라기보다 실은 독자가 읽는 방식의 문제인 셈이다.

다만 그런 효과가 발생하기 위해서는 조건이 필요한데, 그것은 뭔가 '특이한 요인(élément particulier)'에 의해 작품이 통합되는 것이라고 뒤부아는 말한다. 이 '요인'은 단순히 개개의 요소를 가리키는 게 아니다. 오히려 세계의 구성 원리를 가리킨다. 체계적, 포괄적인 세계관 내지 철학이라고 말해도 좋을 것이다. 고대 그리스에서 흙, 물, 불, 공기를 '4원소(four elements)'라고 부를 때, 그것은 단순히 개개의 요소를 의미하는 것이 아니라 이 요소들로 우주가 구성되어 있다는 세계관, 철학을 의미하는 것과 마찬가지다.

조금 더 구체적으로 얘기하면, 발자크라면 그것을 박물학이나 생물학의 지식을 바탕으로 삼은 원리에서 파생된 여러 전형적(유형적) 인간상과 생활양식이 사회를 유기적으로 구성한다는 세계관으로 설명했을 것이다. 그것은 동시에 등장인물이나 각각의 에피소드가 인간의 정열과 욕망에 의해 유기적으로 맞물려 있는《인간희극》이라는 작품 세계의 구성 원리이기도 했다.

프루스트라면 정태적인 시공간을 초월한 우주론적 세계관이라고 불렀을 것인데, 그것은 무의지적 기억을 통해 드러나는 초시간적 지복의 체험을 초점으로 삼아 구성된 작품 구조에 대응한다.

이와 같은 세계관이나 철학이 뒷받침된 작품이기 때문에 독자는 이 소설들을 읽고 시대와 세계 전체를 상상할 수 있게 된다는 것이 뒤부아의 사고방식이다. 아울러 이 논의는 시와 소설의 차이를 생각하는 데에도 중요한 논점을 제공한다.[3]

또 뒤부아보다 먼저 마리오 바르가스 요사가 당대 전체 소설의 전형으로 생각한《백년의 고독》의 작가 가르시아 마르케스를 논한 저서에 다음과 같은 유명한 구절이 있다.

> 소설을 쓴다는 것. 그것은 현실에 대한, 신에 대한 반역 행위이며, 그리고 바로 그것이 현실이기에 신의 창조물에 대한 반역 행위이다. 그것은 실제의 현실을 바로잡고, 변혁하고, 철폐하고, 소설가가 창조한 허구의 현실로 치환하려는 시도이다. 소설가는 이의를 제기하는 사람이고, 가공의 인생을 살며, 언어의 세계를 낳는다. 그것은 그들이 인생과 세계를 원래 그렇게 있는 그대로는(혹은 그러하다고 그들이 믿고 있는 그대로의 형태로는) 받아들이지 못하기 때문이다. 소설가의 작업의 근저에 자리 잡고 있는 것은 생에 만족할 수 없다는 생각이다. 모든 소설은 비밀스러운 신(神) 살해이고, 현실의 상징적인 암살이다.[4]

바르가스 요사와 뒤부아의 사고방식을 연결하면 다음과 같이 말할 수 있다. 즉 소설가는 '특이한 요인'에 의해 작품을 낳지만 그것은 '신 살해'를 통해 새로운 비전을 독자에게 제시하는 것이기도 하다.

뒤바뀐 결말

이상의 논의를 토대로 생각할 때, 만약 C(플랜 ②) 단계에서《풍요의 바다》를 전체 소설이라는 관점에서 본다면 어떤 것을 지적할 수 있을까.

이 플랜에서는 가짜 환생자인 소년이 자살을 시도했지만 미수에 그치고 혼다가 병으로 쓰러진다는 설정을 통해 전후 일본이 기만의 구도에 얽매이게 되고, 가치관은 잇달아 붕괴하며, 생의 의미는 더는 어디에서도 찾을 수 없게 됐다는 것을 엿볼 수 있다. 아니, 그것은 전후 일본에 한정된 이야기가 아니라 근대라는 시대 자체가 내포하고 있는 어둠이었다.

중요한 것은 여기에서 미시마가,《새벽의 사원》제2부에서 시도한 것처럼, 이러한 사태를 유식의 '동시상호인과'라는 생각에 기초해 매 순간의 단절, 파멸로서 다시 포착하고자 한 점이다. 결국 '동시상호인과'를 뒤부아가 말하는 '특이한 요인'으로 간주하고 이 요인에 따라 작품을 구성한다. 동시에 그 관점에서 사회, 시대, 역사를 해석하고 그 전모를 표현하고자 한 것이다.

다른 한편, '동시상호인과'의 개념을 따르면 매 순간의 단절과 파멸에도 불구하고, 오히려 바로 그것 때문에 연속성이 싹트고 생의 일관성이 보증될 터이다. 혼다가 최후에 진짜 환생자의 인도를 받아 행복한 죽음이라는 해탈을 맞이하는 줄거리는 이 원리를 체현한 것이다. 그 결과 남들 앞에서의 자위 행위나 이마니시와 쓰바키하라 부인의 밀회로 대표되는 추악한 현실의 일본을 넘어서는 구제(救濟)의 비전이 독자에게도 전달될 것이다. 이런 의미에서《풍요의 바다》는 정확하게 전체 소설이라는 이름에 어울린다.

그런데 만약 이러한 작품 창작에 성공했더라면《새벽의 사원》에서는 분열했던 '동시상호인과'의 양면성이 융합하여 달리 유례가 없는 시적 결정(結晶)이 현현할 가능성까지 있었을지도 모른다. 이것은《잃어버린 시간을 찾아서》의 연장선상에 놓이는 방법이라고 말할 수 있을 듯하다.

그러나 3월 말이 되자 미시마는 이 플랜을 파기하고《풍요의 바다》결말을 전혀 새로운 것으로 바꿔버린다.

왜 그랬을까.

《새벽의 사원》을 탈고할 때 미시마는 바닥 모를 허무에 짓눌렸는데, 그 허무는 미시마 개인의 문제가 아니라 시대를 잠식하는 허무이자 나아가 시대 그 자체이기도 했다. 우리들은 기만의 구도에 휩쓸려 불편한 현실에서 눈을 돌리고 눈앞의 풍요만을 좇아 내달린 결과 생의 장소 그 자체를 상실했다. 그런 현실이 구제되느니 시적 조화가 이루어지느니 하는 말은 새빨간 거짓에 지나지 않는다. 프루스트가 근거지로 삼은 기억에서 이제 생을 회복할 힘 따위는 남아 있지 않다.

사정이 그러하다면 있지도 않은 구제의 비전이 아니라 오히려 이 소름 끼치는 허무와 절망 그 자체를 철저하게 그려내야 할 게 아닌가.

그것은 시대에 지는 것을 의미하지 않는다. 반대로 시대의 정체를 두려움 없이 폭로하는 작업이다.

"이 정원에는 아무것도 없다"

새롭게 구상을 가다듬은《풍요의 바다》제4권의 제목은 '천인오쇠'였다. 천인오쇠란 천인(天人)에게마저 수명이 있고 죽음 직전에 다섯 가지 징조가 나타나는 것을 말한다.

잡지에 발표된《천인오쇠》(《신초》, 1970. 7. ~ 1971. 1.)의 내용을 보기로 하자. 이 작품의 시간적 배경은 앞선 세 권과 달리 발표 시점을 기준으로 근미래로 설정되어 있다.

1970년, 79세의 혼다는 항만 통신사인 소년 야스나가 도루를 새로운 환생자로 생각하고 양자로 들인다. 그것은 이번에야말로 혼다가 단순한 방관자를 넘어 환생자와 관계를 맺기 위해서이지만, 선발된 사람인 환생자들을 자신과 같은 범용한 수준으로 끌어내리기 위해서이기도 했다. 하지만 가짜 환생자인 도루는 혼다의 이마를 난로용 부삽자루로 때리는 등 양부를 무자비하게 다룬다. 게다가 혼다는 잉 찬의 동성애 행위를 엿보기 이전부터 한밤에 공원에서 다른 사람의 정사를 훔쳐보는 기벽(奇癖)에 사로잡혀 있었던 것이 주간지에 폭로되면서 명예도 체면도 잃어버리고 만다.

혼다가 기요아키, 이사오, 잉 찬으로 이어지는 환생자의 일원으로서 자신을 양자로 받아들인 사정을 안 도루는 과거의 환생자와 마찬가지로 스무 살에 죽으려고 메탄올 음독자살을 시도하지만 실패하고 실명한다. 1975년, 스물한 살이 된 도루는 여전히 살아 있고, 반대로 자신이 죽을 때가 다가온 것을 안 혼다는 기요아키의 옛 연인이며 지금은 월수사 주지로 있는 사토코를 약 60년 만에 찾아간다.

그런데 혼다의 윤회전생 이야기를 들은 사토코는 그것은 모두 꿈 이야기가 아니냐고 답하면서, "마쓰가에 기요아키란 분은 이름을 들은 적도 없습니다. 애초에 그런 분은 계시지 않았던 게 아닌지요? 혼다 씨는 왠지 있었다고 생각하시는 듯한데 사실은 처음부터 어디에도 없었던 것은 아닌지요? 이야기를 들노라니 아무래도 그런 생각이 드는군요."라고 말한다.

혼다는 충격을 받은 나머지 자신의 존재가 순식간에 사라져 가는 듯한 생각에 휩싸인다.

"하지만 만약 기요아키가 처음부터 없었다면" 하고 다시 말을 꺼낸 혼다는 구름과 안개 속을 헤매는 듯하고 지금 이곳에서 주지를 만난 일도 반쯤은 꿈인 것만 같아, 마치 옷칠 쟁반 위에 불어 놓은 흐린 숨결이 금세 흩어지는 것처럼 사라져 가는 자신을 일깨우고자 자신도 모르게 외쳤다. "그랬다면 이사오도 없었던 게 됩니다. 잉 찬도 없었던 게 됩니다. ……게다가 어쩌면 나조차도…….“

주지의 눈은 처음으로 조금 날카롭게 혼다를 바라보았다.

"그것도 각자의 마음에 달려 있겠지요."

《천인오쇠》의 끝부분, 혼다는 주지의 안내를 받아 정원으로 나온다.

이렇다 할 기교가 없는 조용하고 우아한 밝고 넓은 정원이다. 염주를 매만지는 듯한 매미 소리가 가득하다.

그 외에는 아무 소리도 들리지 않고 극도로 적막하다. 이 정원에는 아무것도 없다. 기억도 없고 아무것도 없는 곳에 자기는 와버렸다고 혼다는 생각했다.

정원은 여름 한낮 햇빛 속에서 고요하기만 하다…….

이것이《풍요의 바다》전권의 결말이다.

여기에는 '동시상호인과'의 원리도, 유식의 해탈론도 없다. '동시상호인과'의 양면성 중 음화의 표현처럼 보이기도 하지만 사실은 그마저도 아니다.

그도 그럴 것이 그 음화에서 존재(세계)는 매 순간 소멸하지만《천인오쇠》의 결말에서는 모든 것이 이미 영원으로 사라지고 있기 때문이다. 다만 이 세상의 모든 것은 실재하지 않고, 모든 것은 마음(識)이 만들어낸 헛것에 지나지 않으며, 그 마음조차 존재하지 않는다고 말하는 유식의 기본적인 사고방식을 빌려 허무의 극한이 형상화되어 있을 따름이다.

미시마가 보기에 그것은 한 인간을 잠식하는 허무가 아니라 전후 일본과 근대라는 시대 자체의 실제 풍경이었다.

미시마는 1970년 7월 22일 월수사의 모델이 된 나라의 원조사(圓照寺)를 취재했다. 그 후《천인오쇠》의 결말 부분을 마무리한 다음, 8월 11일 머물고 있던 시모타토큐 호텔에서 도널드 킨에게 이 원고를 보여준 것으로 알려져 있다.[5] 그러나 결말의 방향은《천인오쇠》

의 첫 번째 원고를 신초샤에 건넨 5월에는 거의 정해져 있었던 것으로 보인다.

코카콜라, 아우슈비츠, 우슈말

그러나 《풍요의 바다》가 완결된 1970년의 일본은 이미 막바지에 이르렀다고는 해도 아직은 고도 경제성장기였다. 그랬기 때문에 미시마의 호소는 독자의 마음에 와닿지 않았다.

그런데 버블 붕괴, 동일본 대지진과 핵발전소 폭발 사고를 경험한 우리들은 조금씩이나마 알아채기 시작했다. 미시마는 21세기의 우리들이 어떤 장소에 있게 될지를 이미 꿰뚫어 보고 있었으리라는 것을 말이다. 아니, 미시마가 간파한 것은 일본만의 이야기가 아니다. 다음은 《천인오쇠》의 끝부분, 월수사 주지 사토코를 60년 만에 방문하기 위해 혼다가 교토에서 나라까지 전용 택시를 타고 가면서 본 차창 밖의 풍경이다.

다이고(醍醐) 근처부터는 새 건축 자재와 파란 유약 기와지붕들, 텔레비전 안테나, 고압선과 작은 새, 코카콜라 광고, 주차장이 딸린 스낵바 등 일본 전역 어디에서나 볼 수 있는 새롭고 쓸쓸한 풍경이 펼쳐졌다. 높게 자란 실망초가 하늘을 찌르는 절벽 끝에 자동차 폐기장이 있어서 파란색, 검은색, 노란색 차 세 대가 위태롭게 쌓인 채 차체의 도색을 강렬하게 햇빛에 태우고 있는 것이 잔해 사이로 보였다. 혼다는 평상시 자동차가 결코 보이지 않는 그런 상스러운 누적의 자태에서, 어린 시절에 읽은 모험담 중 코끼리가 죽으러 오는, 상아가 쌓인 늪 이야기를 떠올렸다. 자동차 또한 죽을 때를 알고 그렇게 제각각 묘지로 모여드는 것인지도 모르지만, 확실히 밝고 부끄럼 없고 사람 눈에 노골적으로 드러나는 점이 자동차다웠다.

《봄눈》의 기요아키가 눈길을 걷다가 환영처럼 보았던 '순금 조각상'은 이미 사라지고 없다. 그곳에 보이는 것이라곤 즐비하게 늘어선 무인 가게와 자동차의 잔해뿐이다. 바로 그것이 일본 근대화가 도달한 막다른 곳의 광경이라고 미시마는 생각했는데, 나는 아우슈비츠를 방문했을 때 이 묘사가 떠올랐다.

내가 그곳을 방문한 것은 2015년인데, 놀란 것은 수용소 자체보다 그 근처에 쇼핑몰과 영화관이 있고, 켄터키치킨이나 카르푸의 대형 간판이 늘어서 있는 것을 보고서였다. 사람의 그림자는 드물었다. 나는 가스실과 소각로가 순식간에 사라지고 모든 것이 보잘것없는 테마파크에서나 있을 법한 일인 것만 같은 착각에 휩싸였다. 그때 위에 인용한, 나라로 향하는 차창 밖 풍경이 오버랩되었다.

그리고 2016년 우슈말의 유적에서도 같은 체험을 했다. 유적의 고대(高臺)에서 지평선 저쪽을 건너다보면서 산 채로 심장을 도려냈다는 치첸이트사의 인간 희생 의식을 상상하고 있던 나는 유적 입구의 주차장으로 밀려 들어오는 여행객의 리무진 버스를 보고 암울한 생각에 사로잡혔다. 그리고 지금 코비드19의 영향으로 그 주차장은 텅 비었다고 한다. 미시마는 거기까지 꿰뚫어 보고 있었던 게 아닐까.

시작으로 돌아가다

　물론 미시마는 예언자가 아닌 까닭에 그의 눈에 21세기의 세계가 정확하게 보였을 리 없다. 하지만 《풍요의 바다》라는 작품은 우리들이 그렇게 해석할 수 있는 깊이를 갖추고 있다. 이런 작품을 쓰는 것은 살아 있는 사람이 쉽게 할 수 있는 일이 아니다. 현세로부터 떨어진 시점에 서지 않고서는 하기 어려운 일이다. 사실 지금 우리가 읽을 수 있는 《천인오쇠》의 작품 구상은 죽음의 결의와 함께 미시마에게 다가온 것이었다. 그것은 1970년 3월부터 4월에 걸친 시기의 일이다.

　전하는 바에 따르면, 4월 말 미시마는 3월에 막 간행된 오타카 곤지로의 《하스다 젠메이와 그의 죽음》을 들고 야마모토 기요카쓰의 집을 찾아가 "오늘은 이 책으로 정했습니다"라고 말했다. 죽음을 결의한 이 시기에 하스다 젠메이가 미시마에게 끼친 영향은 결정적이다. 그것은 《군상》 1970년 6월호에 발표된 《〈회풍조〉와 《고킨와카슈》—〈일본문학소사〉의 안〉에 뚜렷하게 나타나 있다.

　미시마가 《회풍조(懷風藻)》*에서 고른 작품은 아버지 덴무(天武) 천황이 붕어한 후 역심(逆心)을 품었다는 혐의로 체포되었다가 스물네 살의 나이로 자해한 오쓰(大津) 황자의 한시인데, 여기에서 미시마는 하스다 젠메이의 평론 〈청춘의 시종(詩宗) — 오쓰 황자론〉(《문예문화》 5호, 1938. 11.)에 기대 자신의 논의를 펼친다. 덧붙여 말하면, 하스다 젠메이는 〈오쓰 황자론〉 발표를 전후하여 1938년 10월

---

* 현존하는 일본 최고(最古)의 한시 선집.

17일 최초의 소집 통지를 받는다.

하스다의 이 평론은 "이 시인은 오늘 죽는 것이 자신의 문화라고 알고 있는 듯하다"라는 일절로 잘 알려져 있다. 하스다는 이렇게 말하기도 한다.

> 나는 이런 시대의 사람은 젊었을 때 죽어야 하는 게 아닐까 생각한다. 새로운 시대를 표명하기 위해서는 젊어서 죽는—우리들의 메이지의 젊은 시인들을 생각하고 싶다. 그것은 세대의 싸움이다. 이러한 젊은 죽음에 의해 새로운 세대는 쓰러지는 게 아니라 오히려 새로운 시대를 그 묘표(墓標) 위에 세우는 것이다.

이 관점에 서면 미시마의 죽음도 모리타의 죽음도 오쓰 황자의 죽음과 같은 의미를 지닐 것이다. 그것은 스사노오노미코토(速須佐之男命)와 야마토타케루(倭建命)에서 미나모토노 다메토모(源爲朝) 그리고 2·26 사건의 청년 장교로 이어지는 계보에 미시마와 모리타가 놓인다는 것을 의미한다. 미시마가 《회풍조》와 《고킨와카슈》에서 그렇다고 확실히 적은 것은 아니지만, 이런 생각은 행간에서 스며 나온다.

예를 들면 다음과 같은 문장은 어떤가.

> 〔……〕 한번 반심(叛心)을 품었던 자의 가슴을 스쳐 지나가는 바람의 쓸쓸함은 1300년 후 오늘 우리들의 가슴에도 바로 지나간다. 이 처량한 바람이 한번 가슴 속에 인 이상, 사람은 최종적 실행 말고는 끝내 이것을 잠재울 방법을 알지 못한다.

이어서 미시마는 《고킨와카슈》를 거론하는데, 이 지점에서는 다시 하스다의 〈시와 비평―고킨와카슈에 관하여〉를 바탕에 두고 이렇게 쓴다.

이(《고킨와카슈》의 가타카나에 따른 차례―인용자) 모두(冒頭)의 일절에는 고킨와카슈의 문화 의지가 응결되어 있다. 꽃에서 우는 꾀꼬리, 물에서 사는 개구리까지 언급되는 것은 가도(歌道, 와카에 수반되는 일체의 규범)의 범신론의 제시이고, 고킨슈의 수많은 자연의 의인화는 단순한 의인화가 아니라 이러한 범신론을 통해 '우아함'의 형성에 참여한다. 예컨대 매화조차 노래를 통해 관직을 하사받는다.
고킨슈 편찬에 즈음하여 모든 자연(노래의 대상임과 동시에 주체)에 대해 엄밀하게 재점검했다고 생각한다. 그것은 지상의 '왕토(王土)'에 대한 재점검임과 동시에 그 왕토와 정확하게 조응하고 중복하여 존재해야 할 시의 왕토, 정신의 왕토, 지적 왕토의 영역 확정이었다. 지명, 이름, 꽃, 꾀꼬리, 개구리, 모든 물명(物名)이 이 엄격한 점검에 의해 제자리를 찾게 되었다. 무한을 향해 비상하고자 하는 바로크적 충동을 억누르고 사물은 사물의 질서 속에 정연하게 배열됨으로써만 '천지를 움직일' 능력을 얻을 것이라 생각했던 것이다.

이 논의는 시미즈 후미오가 히로시마대학 퇴임을 기념하여 쓴 〈고킨슈와 신고킨슈〉의 '우아함(みやび)'론을 더 심화한 것이다. 여기에서 주의해야 할 것은 관위를 내려야 할 물상(物像)과 관위를 받는 주체의 관계가 염오법과 아뢰야식의 관계와 등가의 구조라는 점이다. 그렇다면 관위를 주는 주체란 무엇일까. 그것이 바로 '문화 개념으로서 천황'이다.

천황이 고유한 실체로서 영속한다고 간주한다면, 이는 미시마 생각과는 다르다. 미시마의 입장에서 말하면, '문화 개념으로서 천황'은 그때마다 죽음으로써 시간적 연속성이 보증된다. 그 연속성이란 스사노오노미코토와 야마토타케루에서 미나모토노 다메토모, 그리고 미시마와 모리타까지 이어지는 계보와 다르지 않다.

그렇다면 '문화 개념으로서 천황'은 그때그때마다 물상에 관위를 줌으로써 공간에 질서를 부여한다는 의미에서는 "시간의 축과 공간의 축이 교차하는 한 점에 존재한다"고 말할 수 있고, 그 계보가 이어짐으로써 문화의 체계가 계승된다는 의미에서는 "시간적 연속성과 공간적 연속성의 좌표축"으로 규정되기도 한다. 덧붙이자면, **"시간의 축과 공간의 축이 교차하는 한 점에 존재한다(강조는 원문)"는 것**은 《새벽의 사원》에서 "세계의 일체를 현현케 하는 아뢰야식"에 관하여 말하고 있는 것이고, "시간적 연속성과 공간적 연속성의 좌표축"이라는 것은 《문화방위론》에서 제시한 '문화 개념으로서 천황'의 정의였다.

여기에 이르면 무엇이 중요한지 명확해진다. 요컨대 미시마에게 유식 사상과 천황은 같은 것을 가리킨다. 미시마가 처음 유식 사상을 언급한 것은 윤회전생을 설명하는 이론으로서였다. 머잖아 미시마는 존재(세계)는 찰나마다 멸하지만 그럼에도 불구하고(혹은 바로 그렇기 때문에) 존재(세계)가 현존한다는 '동시상호인과'라는 사고방식에서 유식의 본질을 찾았고, 그것이 전쟁 말기 공습 속의 세계관과 동형이라는 것과 거기에 그치지 않고 그것이 근대 일본의 상태(常態)라는 것을 읽어내고자 했다. 하지만 거기에서 시야가 한 단계 앞으로 펼쳐졌고 그것이 '문화 개념으로서 천황'이라는 견해와 겹쳤던 것이다.

하스다에 이끌려 죽음을 결의하는 것과 《풍요의 바다》 최종 구상이 확고해지는 것이 정확하게 동시에 이루어졌다. 그것은 미시마가 미시마 개인의 세바스티아누스 콤플렉스를 형상화하는 것을 넘어서 '문화 개념으로서 천황'의 계보에 이어지는 것이고, 미시마 자신을 엄습하는 허무를 형상화하는 것을 넘어 시대라는 허무 그 자체를 형상화했던 것이다. 그리고 그것은 미시마가 종전 직전 시기에 빠져나오려고 했던 《문예문화》의 세계로 한층 깊이 회귀하는 것을 의미했다.

그 시점에 미시마는 감히 헌법 개정이라는 것도 주장했다. 〈2·26 사건과 나〉에서는 헌법보다 천황 자신의 '인간 선언'이 문제라고 했지만 이제는 강조점이 바뀐 것이다.

앞에서 서술했듯이 1969년 10월 21일 국제 반전 데이 시위 후 열린 회의에서 모리타는 헌법 개정을 호소했는데, 그 시점에 미시마는 모리타의 방안에 소극적이었다는 것이 미시마 재판에서 고가 마사요시(小賀正義)의 발언을 통해 알려졌다. 이것과 직접 관계가 있는 것은 아니지만 '제4권 플랜' 노트 중 A 부분에 빠뜨릴 수 없는 내용이 있다. 미시마는 방패회 회원 가지 구니오(加地邦雄)의 말이라면서 "모리타는 지금이라도 죽을 것 같다"라고 적었던 것이다. 10·21 이후 사회를 잠식하는 기만의 구도가 점점 무너뜨리기 어려워지고 말았다는 것에 모리타는 미시마 이상으로 절망하고 있었는지도 모른다. 그런 모리타가 외치는 헌법 개정 호소를, 궐기 계획을 세운 시점에 미시마가 자신의 견해로 받아들였다고 보아도 좋을 것이다.

다만 나는 헌법 개정 그 자체가 미시마의 목적이었다고는 생각하지 않는다. 헌법은 전후 일본을 칭칭 얽어맨 기만의 구도에 편입되고 말았다. 그 점을 외면하고서 그저 헌법을 지키느니 부정하느니 해봐야 폐해만 낳을 뿐이다. 결국 기만을 거듭하다 돌이킬 수 없는 사태에 빠질 따름이고, 현재의 상황이 그러하다. 먼저 그 사실을 직시할 것, 미시마는 그 무엇보다 그렇게 말하고 싶었을 것이라고 나는 생각한다.

최후

궐기에 이르는 과정을 확인하기로 하자. 먼저 4월 상순, 미시마는 방패회의 고가 마사요시(가나가와대학 학생)와 오가와 마사히로(메이지대학원대학 학생)에게 각각 궐기에 참가할 것을 요구한다. 이 단계에서 이미 미시마와 모리타 사이에서는 그해가 가기 전에 무슨 일을 일으킨다는 것이 확정되어 있었다.

다른 한편, 4월 11일 미시마는 갓 소위가 된 니시무라 시게키(西村繁樹) 등 자위관을 자택으로 부른다.[6] 니시무라는 1968년 방위대학교 4학년 하계 훈련의 일환으로 육상자위대 후지학교의 다키가하라 분둔지를 방문했을 때, 학생들을 인솔하고 두 번째 체험 입대를 한 미시마와 처음 만난 인물이다. 1970년 4월 시점에서 미시마에게는 자위관과의 연대 가능성을 타진할 생각도 있었을 것이다. 사실 5월 중순 미시마는 모리타, 고가, 오가와를 자택으로 불러 방패회와 자위대가 함께 무장 봉기해 국회로 들어가서 헌법 개정을 호소하는

방법이 가장 좋겠다는 뜻을 내비쳤다.[7)]

　그러나 그 직후였던 것 같은데, 니시무라가 미시마의 집으로 전화해 면담 예약을 하려 했을 때 미시마는 이를 거절했다. 그리고 6월 3일, 호텔 오쿠라에 미시마, 모리타, 고가가 모였을 때 미시마는 자위대는 기대할 수 없으니 자신들만으로 실행할 것, 그 방법으로는 자위대 탄약고를 점령해 폭파하겠다고 위협하든가 동부 방면 총감을 구속하든가 하여 자위대원을 집합시켜 자신들의 주장을 호소하고, 궐기하는 자가 있다면 함께 국회를 점거하여 헌법 개정을 결의하도록 하자고 제안했다. 토의 결과 11월 방패회 결성 2주년 기념 퍼레이드를 총감이 사열하도록 하고, 그때 총감 구속을 실행하는 안을 검토하게 되었다.

　이어서 6월 21일과 7월 5일 네 사람은 야마노우에 호텔에서 이 방안을 가다듬어, 이치가야 주둔지의 헬리포트를 이용해, 총감이 아니라 그 근처에 사는 32연대장을 구속하기로 했으며, 결행일은 11월의 월례회 날로 하기로 상의했다.

　이렇게 계획이 진행되는 동안 이런 일도 있었다. 7월 13일 음식점 깃초(吉兆)에서 호리 시게루(保利茂) 관방장관이 초청하여 모임이 열렸는데, 미시마는 무라마쓰 다케시, 기무라 도시오(木村俊夫) 관방부장관, 야스오카 마사히로(安岡正篤) 등과 함께 이 자리에 참석했다. 호리가 미시마를 접촉한 것은 자민당 내에서 1971년 도쿄 도지사 선거 후보자로 미시마를 추천하는 움직임이 있어서 미시마의 생각을 내밀하게 확인하기 위해서였다. 미시마는 물론 그럴 생각이 없었지만, 이 무렵 그는 호리와 여러 차례 간담회를 갖고 헌법 개정의 필요성을 주장하고 자위대의 관료주의적 타락을 비판하기도 했다(〈무사도와 군국주의〉, 〈정규군와 비정규군〉은 그 내용을 구술한 것이다. 《결정판 전집》 36).

9월 들어서 계획은 구체화했고, 모리타와 고가 마사요시의 권유로 고가 히로야스(古賀浩靖)도 궐기에 참가하기로 했다. 미시마는 자위대원 중에서 우리들과 함께 행동하는 자가 나오지는 않겠지만 어차피 자신은 죽지 않으면 안 된다고 말했고, 결행일은 11월 25일로 잡혔다.

그리고 9월 29일 미시마는 긴자의 요릿집 다이니하마사쿠(第二浜作)로 다카하시 무쓰오를 부른 자리에서 모리타에게 성장 과정을 얘기하게 하고 다카하시에게는 모리타의 일을 기억해주기 바란다고 부탁한다. 궐기 준비가 충분히 됐기 때문에 모리타의 기념비를 남겨 두고 싶다는 생각이 미시마에게는 있었던 것이다.[8]

그 후의 주요 사건은 다음과 같다.

10월 19일 미시마, 모리타 등 다섯 명과 도조회관에서 방패회 제복을 입고 기념 촬영.

11월 3일 미시마, 롯본기의 사우나 미스티에서 고가(小賀), 오가와, 고가(古賀) 세 명에게 함께 자결할 것이 아니라 연대장을 호위하고 체포되어 법정에서 방패회의 정신을 밝히기로 한다는 임무를 부여함.

11월 12일 이케부쿠로의 도부 백화점에서 '미시마 유키오전' 개최 (17일까지).

11월 19일 신주쿠의 이세탄 회관 내 고라쿠엔 사우나 신주쿠에서 협의. 요구를 들어주지 않을 경우 연대장을 죽여도 좋은가라는 모리타의 물음에 미시마는 연대장은 아무런 상처도 입히지 말고 돌려보내야 한다고 대답.

11월 21일 결행 당일 32연대장이 부재한다는 것이 분명해지자 구속 상대를 동부 방면 총감으로 변경.

11월 23일 다음날까지 팔레스호텔 519호실에서 궐기 예행 연습 진행.

11월 24일 밤, 신바시의 요정 스에겐에서 이별연.

그리고 11월 25일 밤이다. 이날을 집필을 끝낸 날로 표기한《천인오쇠》최종회 원고를 가정부를 통해 신초샤의 고지 지카코에서 건네도록 한 후, 미시마는 군도용(軍刀用)으로 마련한 일본도 세키마고로쿠(關孫六), 단검, 격문 등을 휴대하고 모리타 등 네 명과 함께 고가(小賀)가 운전하는 자동차로 자신의 집을 떠났다.

11시경, 미시마는 이치가야의 육상자위대 동부 방면 총감부 2층의 총감실로 들어가 마시타 가네토시(益田兼利) 총감에게 모리타 등 네 명을 소개한다. 그리고 틈을 보아 다섯 명이 총감을 구속하고 총감실에 바리케이드를 쌓고, 사태를 알아채고 총감을 구조하려 한 막료부장 야마자키 아키라(山崎皎) 등에게 총감실에서 나가지 않으면 총감을 죽이겠다고 협박하면서 일본도 등으로 여덟 명에게 상해를 입힌다. 미시마는 연설을 할 것이니 자위관을 모으라고 요구했고, 정오에 자위관 800명이 모인다.

총감실 앞 발코니에서 미시마는 연설을 시작하지만 야유를 하는 등 자위관들의 반응은 차가웠다. 여기에 헬리콥터 소음까지 더해지는 바람에 10분 정도만 연설을 하고 총감실로 돌아와 발코니를 향하도록 정좌하고 할복한다. 그리고 모리타가 세 번에 걸쳐 가이샤쿠(介錯)*를 시도했지만 실패하고, 고가(古賀)가 한 번 칼을 휘둘러 목을 아슬아슬하게 남긴다는 고식(古式)에 따라 절단하고 최후로 고가(小賀)가 단검으로 목을 동체에서 떼어낸다. 미시마에 이어 모리타도 할복하고 고가(古賀)가 단번에 목을 벤다.

문예의 '동시상호인과'

이리하여 우리들 앞에 놓인 것이 《풍요의 바다》 전 4권이다. 그것은 21세기 우리들을 엄습하는 허무의 극한을 반세기도 전에 형상화하고 있다. 우리들을 둘러싼 세계는 이미 무(無)이고, 재로 돌아간 세계의 전모를 형상화하고 있다는 의미에서 《풍요의 바다》를 전체소설이라 불러도 좋을 것이며, 미시마는 이러한 형식으로 시대의 '폭류'를 타고 넘었다고 말해도 좋을 것이다.

그렇다 해도 몇 가지 의문이 남는다. 미시마는 작품의 완성과 자신의 죽음을 겹쳐놓음으로써 시대라는 허무를 형상화함과 동시에 스스로 '문화 개념으로서 천황'의 계보를 잇고자 했다. 그러나 《풍요의 바다》의 결말이 허무의 극한이라고 한다면 거기에서는 '동시상호인과'의 원리까지 부정되고 마는 게 아닐까. 결국 미시마는 전체 소설 시도에 실패했고, 시대의 '폭류'에 휩쓸려버린 게 아닐까. '문화 개념으로서 천황'의 계보를 잇는다는 기도(企圖)도 그저 서툰 연극으로 끝난 게 아닐까.

---

* 일본의 할복 의식에서 할복하는 사람의 고통을 줄이기 위해, 다른 사람이 칼로 목을 베어 죽이는 행위.

1969년 11월 25일, 육상자위대 총감실 앞 발코니에서 연설하는 미시마 유키오. 이 연설 후 그는 할복자살로 삶을 마쳤다.

아니, 그렇지 않다.

여기에서 나는 하나의 독해를 제시하고 싶다. 이것은 반드시 미시마 자신이 의도한 것은 아닐지도 모른다. 그러나 미시마의 입장을 가장 바람직한 형태로 받아들여 발전시킨 하나의 방법이라고 생각한다. 그때 전체 소설은 어떤 실체라기보다 실은 독자의 독해 방법의 문제라는 사고방식을 상기하자. 결국 우리들의 독해 방법에 따라 《풍요의 바다》의 세계는 허무의 바닥에서 되살아나는 것이다.

내가 제기하고 싶은 것은 '동시상호인과'라는 세계관과 그 시간론을 새로운 관점에서 포착하는 것이다. 그것은 매 순간의 단절에도 불구하고, 아니 오히려 바로 그 단절 때문에 거기에서 연속성이 싹트고 생의 일관성이 보증된다는 견해이다. 단적으로 말하면 지금 죽음으로써 지금 산다라는 견해이다. 나는 이것을 문예 작품의 문제로 생각하고자 한다.

무슨 말인가.

《봄눈》을 논할 때 조금 신중하게 언급했거니와, 미시마는 개요를 생각할 때 모리 오가이, 요사노 아키코, 이토 사치오 등 과거의 문예 작품을 참조한다. 그것도 단순히 인용하는 선에 머무는 게 아니라 그 취지를 아이러니하게 뒤집는다. 바꿔 말하면 미시마는 과거의 문예 작품을 일단 죽인 다음 그 위에 새로운 생명을 싹틔운다. 나는 이러한 사태를 문예의 '동시상호인과'라고 부르려 한다.

문예의 '상호동시인과'가 가장 현저하게 드러나는 부분은 《풍요의 바다》 전권의 결말에서 노인 혼다가 주지인 사토코의 안내로 월수사 정원으로 나오는 장면이다. 다시 한번 읽어보자.

이렇다 할 기교가 없는 조용하고 우아한 밝고 넓은 정원이다. 염주를 매만지는 듯한 매미 소리가 가득하다.

그 외에는 아무 소리도 들리지 않고 극도로 적막하다. 이 정원에는 아무것도 없다. 기억도 없고 아무것도 없는 곳에 자기는 와버렸다고 혼다는 생각했다.

정원은 여름 한낮 햇빛 속에서 고요하기만 하다…….

이 결말은 C(플랜 ②)에서 볼 수 있었던 프루스트적 비전을 부정하는 것인데, 그때 미시마가 바탕으로 삼은 문예 작품이 있다. 《겐지 이야기》의 마지막 권인 〈꿈속 다리(夢浮橋)〉이다.

이미 서술했듯이 《풍요의 바다》는 헤이안 시대 후기 작품인 《하마마쓰 중납언 이야기》를 전거로 삼는데, 이것은 환생담이라는 것과 주인공 중납언-오히메의 관계가 기요아키-사토코의 관계와 겹친다는 점과 관련된다. 이에 대해 《천인오쇠》의 결말 장면은 〈꿈속 다리〉의 다음과 같은 부분에 기초하고 있다.

옛날 일을 떠올려보아도 생각나는 것은 전혀 없고, 꿈같은 일이라지만 어떤 꿈인지도 알 수 없습니다. 조금 마음이 가라앉으면 이 편지도 납득할 수 있을지 모릅니다. 오늘은 도로 가지고 가세요. 만일 편지 받을 사람이 다르다면 우스꽝스러운 일이 될 터니까요.

이는 가오루(薫)의 애인이면서 니오미야(匂宮)와도 관계를 가진 것을 두고 한탄하고 번뇌하다가 도망해, 물에 빠지지만 죽지 못하고 출가한 우키후네(浮舟)가, 그 거처를 알아낸 가오루가 보낸 편지를 읽고 다른 여승(우키후네를 도와준 요카와의 승려의 여동생)에게 하는 말이다. 전후의 문맥을 보완해 번역하면 다음과 같다.

옛날 일을 생각하려 해도 정말이지 아무것도 마음에 떠오르지 않습니다. 편지에서는 우키후네를 잃은 것은 꿈과 같은 일이었다고 하지만, 도대체 어떤 꿈을 말하는지 전혀 짚이는 데가 없습니다. 다소라도 마음이 가라앉으면 이 편지에서 말한 것도 수긍할 수 있을지 모르겠지만, 오늘은 이대로 가지고 돌아가주세요. 만약 편지를 받을 사람이 다르기라도 하면 정말로 난처한 일입니다.

한눈에 알 수 있듯 일천 년 가까운 시간을 사이에 두고 《겐지 이야기》와 《풍요의 바다》의 끝부분이 명확하게 조응하고 있다.

그러나 양자 사이에는 커다란 차이가 있다. 〈꿈속 다리〉에서는 "생각나는 것이 전혀 없"다고 말하지만 우키후네는 정말로 모든 것을 망각해버린 것이 아니며, 이것은 오히려 당황해 곤혹스러워하는 심리를 그리는 유형적 표현이다.

그런데 《천인오쇠》에서 사토코가 "마쓰가에 기요아키란 분은 이름을 들은 적도 없습니다. 애초에 그런 분은 계시지 않았던 게 아닌지요?"라고 묻는 장면은 사정이 전혀 다르다. 사토코는 원래 기요아키라는 인간의 존재 자체를 부정하고, 나아가 《풍요의 바다》라는 작품 세계 그 자체를 부정해버리는 것이다.

그렇다면 《천인오쇠》의 결말은 〈꿈속 다리〉를 바탕으로 삼고 있긴 하지만, 미시마는 단순히 그 작품에 참조하고 있는 것은 아니다. 오히려 《겐지 이야기》의 세계를 디딤돌로 삼으면서도 그것을 일단 부정하지만, 거기에서 곧바로 비상하여 새로운 작품 세계를 낳았다고 말해야 할 것이다. 이것을 독자 쪽에서 말하자면 《천인오쇠》를 읽는 사람의 마음속에 《겐지 이야기》의 세계가 떠오르자마자 사라짐과 동시에 새로운 세계가 나타난다고 할 수 있을 것이다. 그리고 새롭게 나타난 세계는, 지금 우리들이 있는 곳은, 근대라는 시대의 막다른 지점인 허무의 극한이라고 우리에게 고하는 것이다. 나는 여기에서 문예 작품의 '동시상호인과'의 예를 확인할 수 있다고 생각한다.

《천인오쇠》의 결말 부분과 관련된 일본 고전 문예로《겐지 이야기》만 있는 게 아니다. "염주를 매만지는 듯한 매미 소리가 가득하다. 그 외에는 아무 소리도 들리지 않고 극도로 적막하다."라는 부분은 바쇼(芭蕉)의 《오쿠로 가는 좁은 길》의 다음과 같은 구절을 디딤돌로 삼고 있다. 히라이즈미(平泉)를 경유해 야마가타(山形)로 들어가, 860년 세이와(淸和) 천황의 칙원에 따라 자각대사(慈覺大師) 엔닌(円仁)이 창립한 것으로 알려진 입석사(立石寺)를 방문한 장면이다.

야마가타 땅에 입석사라는 절이 있다. 자각대사가 창립했으며, 정말로 청한(淸閑)한 곳이다. 꼭 한번 봐야 한다고 사람들이 권하기에 오바나자와(尾花澤)에서 되돌아갔더니 7리*밖에 되지 않는다. 해가 아직 떨어지지 않았다. 산기슭의 동네에 숙소를 마련해 두고 산상의 불당을 향해 오른다. 암석이 겹겹이 산을 이루었는데, 송백(松柏)은

---

* 1리는 약 3.9킬로미터. 한국의 10리에 해당한다.

연륜이 깊고 토석(土石)도 오랜 세월을 간직하고 있으며 이끼는 미끄럽다. 바위 위 두 원(院)의 문은 닫혀 있고, 아무 소리도 들리지 않는다. 절벽을 돌고 바위를 기어올라 불당에 절을 올린다. 아름다운 경치 적막도 하여 마음이 더없이 맑아진다.

 고요하구나 바위에 스며드는 매미 소리.[9]

"고요하구나 바위에 스며드는 매미 소리." 이 하이쿠의 배경은 바쇼의 젊은 주군이었던 센긴(蟬吟)을 애도하는 마음이었던 것으로 알려져 있다. 그러나 "아름다운 경치 적막도 하여 마음이 더없이 맑아진다"라고 말할 때, 여기에는 애도의 엄숙함이 마음의 평안으로 바뀌는 영적인 기적이 있다. 그런데 '적막'하기 그지없는 월수사의 정원은 마치 점묘화법의 점 하나하나처럼 분분히 해체되어 증발하고 만다. 여기에서도 고전 문예의 세계가 일단 부정되고, 그럼으로써 바닥 모를 허무 그 자체가 한 치도 틀림없이 형상화되는 것이다.

 허무를 형상화하는 것이 무슨 의미가 있느냐고 묻는 사람이 있을지도 모른다. 그것은 절망에 절망을 거듭할 뿐이지 않은가. 그런 물음에 이렇게 답하고 싶다. 우리들은 뿌리 깊게 그리고 교묘하게 뒤얽힌 기만의 구도에 얽매여 자신이 지금 어디에, 어떤 상태에 있는지 스스로 알 수가 없다. 풍부한 문예 전통의 힘을 빌려 우리들의 거처를 정확하게 가리켜 보이는 것, 그리고 그 형상을 정확하게 읽어내는 것, 바로 그것이 우리들에게 필요한 작업이자 동시에 창조적인 일이 아닐까. 왜냐하면 이렇게 해야 비로소 모든 일을 바로잡을 수 있는 출발선에 설 수 있을 테니까.

 '금빛 모래를 뿌린 듯' 불타오르는 금각, 월수사로 향하는 기요아키의 눈에 비친 '작은 순금 조각상', 그리고 《풍요의 바다》 제4권 초기 구상에서 볼 수 있는 '광명한 하늘로 막 출범하려는 소년'과 같은 명확한 미적 비전은 더는 우리에게 허용되지 않는다. 그러나 이 출발선에 선다는 것 자체가 이미 시대를 넘어서는 하나의 비전이고, 그 앞에 개인을 잠식하는 허무, 시대 그 자체인 것처럼 보이는 허무를 넘어선 우주적 시원으로서 허무가 나타날지도 모른다.

나는 《풍요의 바다》를 '동시상호인과'라는 개념에 기초한 전체 소설이라 부르고 싶다. 그것은 이 소설이 현대 독자에게 그런 독해를 촉구하고 있기 때문이다.

미시마 문학의 '정오'

시카고대학의 마이크 K. 부르다(Michael K. Bourdaghs) 교수에게 들은 얘긴데, 미시마가 자결한 직후인 11월 27일 CIA는 비밀 보고서를 작성했다. 2003년 8월에 공개된 이 보고서는 "미시마 유키오가 장렬하게 자결했다. 일본의 우익 세력은 소규모지만 그들에 의해 미시마는 전후 최초의 순교자가 될 것"이라고 한 다음 기록한다.[10]

아시아에서 일본 군국주의의 부활을 우려하는 목소리가 높아지고 있기 때문에 정부는 모든 방법을 이용해 미시마의 극적인 행위의 의미를 축소하려 노력하고 있는 듯하다. 사토 총리는 미시마의 자결에 관해 "미쳤다고밖에 생각할 수 없다"라고 즉각 비난했고, 언론도 이 견해를 지지하는 것처럼 보였다. 소규모지만 무슨 일을 벌일지 예측할 수 없는 다양한 극우 세력에 대해 정부는 경계를 더욱 강화할 예정이다. 그들 우익 세력은 미시마의 자결에 영향을 받아 폭력적 행위를 할 가능성도 있지만 일본 극우 세력의 영향력은 제한적이기 때문에 앞으로 예상되는 주요 위협은 한정적인 테러 행위 또는 자살 행위에 머무를 것으로 보인다.

일본의 동정은 이런 식으로 늘 조사되고 있다.[11] 너무나 '적확'해서 입이 다물어지지 않을 정도다. 미시마가 던진 문제를 전후 일본 사회가 결코 진지하게 받아들이려 하지 않으리라는 것을 미국은 꿰뚫어 보고 있기 때문이다.

그러나 이 조사가 굳이 말하지 않은, 또 말하려 하지 않은 영역에 얼마나 큰 문제가 가로놓여 있을까, 그리고 그것과 어떻게 맞서 싸워 나가야 할까. 내가 미시마의 생애를 따라오면서 계속 생각해 온 것은 말하자면 그런 것이었다. 문학은 사람에게 물고기를 주지는 못한다. 물고기를 잡는 방법을 가르치는 것이다. 그러나 네가 잡고 있는 건 물고기가 아니야, 이 연못에는 더는 물고기가 없다고 알려주며 눈을 뜨게 해주는 것도 문학이다. 우리들이 귀를 기울이기만 하면 《풍요의 바다》는 그러한 모습을 보일 것이고, 우리들이 그 앞의 영역으로 발을 들여놓도록 촉구할 것이다.

이 책에서 서술해 왔듯이 시대는 늘 '폭류'가 되어 미시마의 앞길을 막아서며 없애버리려 했다. 미시마는 농락당하고 몇 번이나 빠지기도 한다. 그러나 최후에는 스스로 '폭류'가 되어 시대를 이겨냈다고 나는 생각한다.

나는 미시마 문학에서 정말로 세계 문학이라는 이름에 걸맞은 최초의 작품은 《금각사》라고 말했고(제10장), 또 《금각사》 시기를 미시마 문학의 '정오'라고 불렀다(제11장).

 그러나 이 책을 마무리하면서 이렇게 말하고 싶다.

 《풍요의 바다》야말로 미시마 문학에서 최고의 세계 문학이고, 진정한 의미에서 미시마 문학의 '정오'는 우리들이 《풍요의 바다》를 읽고 있는 바로 지금 이 순간이다, 라고.

| 후기 |

'일상성'이란 무엇일까. 어제와 똑같이 오늘이 오고, 그리고 내일이 된다. 만약 그것이 '일상성'이라면 그런 '일상성'에는 지금 일면에 금이 가고 있다. 아니, '일상성'에 대한 불신은 갑자기 시작된 게 아니다. 한신·아와지 대지진과 지하철 독가스 테러 사건(1995년), 9·11 동시다발 테러(2001년), 동일본 대지진과 핵발전소 폭발 사고(2011년), 파리 동시다발 테러(2015년). 파리의 테러는 바로 도쿄대 고마바 캠퍼스에서 개최된 '국제 미시마 유키오 심포지엄 2015' 첫날, 개회 준비를 하고 있던 때 일어났다. 그 영향으로 심포지엄 셋째 날 발표할 예정이었던 라캉 학파의 정신분석가 에릭 로랑(Éric Laurent)은 일본에 올 수 없었다. 순식간에 상식이 무너지는 사태를 우리들은 되풀이해서 직면해 왔던 것이다.

그러나 지금 되돌아보면 전후 일본에서 오랜 기간 우리들은 '일상성'을 믿을 수 있었고, 게다가 그 '일상성'이 더 바람직하고 더 행복한 방향으로 발전하리라는 희망을 공유할 수도 있었다.

물론 미시마는 그 믿음이 착각이라는 것을 알아채고 있었다.

미시마 사후 50년을 계기로 삼아 책을 써보라고 제안한 사람은 헤이본샤의 명편집자 마쓰이 준(松井純) 씨다. 평전을 써보고 싶다고 말하자 즉각 꼭 그렇게 하라고 답했다. 어떻게든 쓰고 싶은 것을 써 달라, 나중에 집중해서 범위를 좁혀보기로 하자. 마쓰이 씨는 다카하시 무쓰오 선생의 《그랬던, 그랬으면 좋았을 미시마 유키오》에 해설을 쓸 수 있게 해준 이래 알고 지내는 사이다.

작년 마지막 날부터 마쓰이 씨와 나는 미시마 자신이 구성을 생각했지만 환상으로 끝난 작품집을 미시마의 자필 목차를 충실하게 따라 편집하는 일에 몰두하고 있었다(《밤을 알리는 새》, 제6장 참조). 아침 일찍 원고를 보내면 저녁 무렵에 교정쇄가 나오는 식이었다. 올해 1월 말 《밤을 알리는 새》를 무사히 간행하고 나는 일시적으로 중단했던 이 책을 쓰는 작업으로 돌아왔다. 급한 용건이 있어서 마쓰이 씨와 전화로 이야기를 한 것은 2월 10일이다. 그 후 메일을 보냈지만 답장이 없다. 아내인 지요 씨가 연락을 했고, 나는 말을 잃었다. 마쓰이 씨가 11일 갑자기 세상을 떠났다는 것이다.

그때의 일을 돌이켜 생각하면 숨이 막히도록 가슴이 아프다. 나는 이 책에서 되풀이해 모든 것은 매 순간 단절하고 멸한다고 썼다. 그것이 정말로 의미하는 것은 무엇일까. 이노우에 씨, 확실하게 대답해주시겠습니까. 마쓰이 씨는 그렇게 나에게 묻는다.

단절 때문에 거기에 연속성이 싹트고 생의 일관성이 보증된다. 나는 그렇게 쓰기도 했다. 이 책이 그러한 연속성, 일관성을 체현하고 있는지 전혀 자신이 없다. 언젠가 마쓰이 씨에게 물어보고 싶다. 물론 미시마 유키오에게도.

어쨌든 나는 이 책을 마무리할 수 있었는데, 그 작업이 나 혼자의 힘으로는 불가능했으리라는 것은 두말할 필요도 없다. 코비드19의 세계적 유행이라는 엄청난 사태 속에서 마쓰이 씨를 잃고 망연자실한 나(그런 사람은 나 말고도 많았다)를 붙들어주고, 편집 일을 인계받아 이 책을 위해 나와 함께 수고해준 헤이본샤의 가나자와 도모유키(金澤智之) 씨가 없었더라면 이 평전은 완성되지 못했을 것이다. 가나자와 씨에게 깊은 감사의 마음을 전한다. 또 많은 귀중한 정보를 알려준 미시마 연구가 이누즈카 기요시(犬塚潔) 씨에게도 감사드린다. 표지(원작)의 미시마 사진도 이누즈카 씨가 제공해주었다.

끝으로 집필을 시작하면 다른 차원으로 들어가 시야가 좁아지기 쉬운 나에게 아이디어를 주고, 그때마다 나의 위치를 검증하도록 이끌어준 가족에게도 고마움을 전하며 붓을 놓는다.

2020년 8월
저자

| 주석 |

제1장 유폐된 어린 시절

1) 《決定版 三島由紀夫全集》 26. 이후 인용하는 미시마의 문장 중 이 전집에서 처음 공표된 것, 또 이 전집 이외의 자료에서는 열람하기 어려운 것에 관해서는 《決定版 全集》으로 약기하고 그 수록 권수를 부기한다.
2) 娯野健男, 《三島由紀夫傳説》(新潮社, 1993. 2.)
3) 《東京市四谷區地籍圖》(內山模型製圖社, 1932. 8.)
4) 이와 관련하여 상세한 내용은 《新宿史 史料編》(新宿役所, 1953. 3.) 참조.
5) 村松剛, 《三島由紀夫の世界》(新潮社, 1990. 9.)
6) 高松宮, 《有栖川宮總記》(1940. 12.)
7) 平岡梓, 《伜・三島由紀夫》(文藝春秋, 1972. 5.)
8) 猪瀬直樹, 《ペルソナ三島由紀夫傳》(文藝春秋, 1995. 11.)
9) 山崎謙編, 《衆議院議員列傳》(衆議院列傳發行所, 1901. 3.)
10) 高原操, 《極北日本 樺太踏査日錄》(政教社, 1912. 12.)
11) 《原敬日記》 4(福村出版, 1981. 9.)
12) インタビュー〈三島由紀夫の學習院時代―二級下の嶋裕氏に聞く〉(聞き手 井上隆史・松本徹, 《三島由紀夫研究》 2, 2006. 6.)
13) 平岡 前揭書.
14) 平岡倭文童, 〈暴流のごとく―三島由紀夫七回忌に〉(《新潮》, 1976. 12.)
15) 《別冊文藝春秋》(1951. 3.)
16) 《群像》(1946. 11.)
17) 《決定版 全集》 37, 口繪.
18) 〈私の洋畵經歷〉, 《スクリーン》, 1953. 9.)
19) 上田敏 譯.
20) 嶋裕への前掲インタビュー. 시마 다카시는 다음과 같은 에피소드를 함께 전한다. "이건 나밖에 모르는 일이라고 생각합니다만, JR 요쓰야 역에 터널이 있지요. 시나노마치 쪽으로 가다 보면 금방 터널이 나옵니다. 그 위가 바로 초등과 운동장이었어요. 그 철로를 따라 좁은 길이 나 있었는데, 그 길에서 그가 큰소리로 엉엉 울고 있더군요. 이상하다 싶었습니다. 100

미터쯤 앞에서도 들릴 정도였으니까요.

―몇 학년쯤 됐었죠?

5학년쯤 돼 보였습니다. '뭐야, 상급생이 울기나 하고 말이야!'라고 생각했습니다. 운 원인이 무엇이었는지는 지금도 알 수 없습니다만."

21) 《小ざくら》(1935. 5.)
22) 坊城俊民, 《焰の幻影―回想 三島由紀夫》(角川書店, 1971. 11.)
23) 1943년 6월 13일 아즈마 다카시(東健)에게 보낸 편지에서 미시마는 이 와카를 좋아한다고 썼다. 《決定版 全集》 38. 앞으로 특별히 언급하지 않을 경우 서간의 인용은 이 책에 수록된 것이다.
24) 澁澤龍彦, 《三島由紀夫おぼえがき》(立風書房, 1983. 12.) 시부사와는 자기 징벌의 의미로 이 용어를 사용하는데 본서에서는 폭력적인 성충동의 의미로 쓴다.
25) 〈ラデイゲに憑かれて―私の讀書編曆〉, 《日本讀書新聞》, 1956. 2. 20.

제2장 시를 쓰는 소년

1) 前揭, インタビュー〈三島由紀夫の學習院時代―二級下の嶋裕氏に聞く〉.
2) 《文學界》(1954. 8.)
3) 澤正宏, 《西脇順三郎のモダニズム:'ギリシア的抒情詩'全篇を讀む》(双文社出版, 2002. 9.)
4) 江藤淳, 〈三島由紀夫の家〉(《群像》, 1961. 6.)
5) 《私の編曆時代》(講談社, 1964. 4.)
6) 小山書店, 1940. 1.
7) 《輔仁會雜誌》 166, 1940. 11.
8) 《三島由紀夫展》 圖錄, 每日新聞社, 1979. 1.
9) 犬塚潔, 〈東文彥宛三島由紀夫書簡の謎〉(《新潮》, 2007. 1.) 이누즈카 기요시에 따르면 실제로는 200통이 넘었던 것으로 추정된다.
10) 《決定版 全集》 20.
11) 1945년 5월 25일 집필. 《東雲》, 1945. 7.
12) 1945년 6월 집필. 《決定版 全集》 36. 2605년 황기(皇紀)이며 서기로 환산하면 1945년이다.
13) 持丸博・佐藤松男, 《證言 三島由紀夫・福田恆存 たった一度の對決》(文藝春秋, 2010. 10.)

제3장 불안의 문학적 모험

1) 《文學の世界》, 1948. 12.
2) 平岡, 前揭書.
3) 〈一册の本―ラデイゲ 《ドルヂェル伯の舞踏會》〉(《朝日新聞》, 1963. 12. 1.)
4) 《新女性》, 1956. 4.
5) 〈國家革新の原理―學生とのティーチ・イン〉 その二, 主催・早稻田大學尙友會, 1968. 10. 3.

6) 〈自己改造の試み―重い文體と鷗外への傾倒〉(《文學界》, 1956. 8.)
7) 島崎博・三島瑤子編, 《定本三島由紀夫書誌》(薔薇十字社, 1972. 1.) 장서 목록.
8) 弘文堂書房, 1940. 2.
9) 三笠書房, 1937. 5.

제4장 열여섯 살 천재 소설가

1) 原題〈夜の車〉.《文藝文化》70(終刊号), 1944. 8.
2) 졸업논문은〈和泉式部集の研究〉.
3) 清水文雄,〈《花ざかりの森》をめぐって〉(《三島由紀夫全集》1付録, 新潮社, 1975. 1.)
4)〈和泉式部日記の作者について〉,《文藝文化》43, 1942. 1.
5)《文藝文化》9, 1939. 3.
6)《文藝文化》18, 1939. 12.
7) 清水 前掲論; 栗山理一,〈蓮田のこと・三島のこと〉(復刻版《文藝文化》別冊付録, 雄松堂書店, 1971. 6.); 池田勉,〈少年の春は惜しめども〉(《ポリタイア》17, 1973. 6.); 福田秀一,〈三島由紀夫筆名誕生の經緯―池田勉氏回想の紹介〉(《解釋と鑑賞》, 2005. 11.) 한편 아라이 쿄칸에서 열린《문예문화》편집회의는 전년 11월 중국 전선에서 귀환한 하스다 젠메이의 위로를 겸한 모임이었는데, 아라이 쿄칸을 선택한 것은 이 료칸의 3대 운영자의 차남(나중에 4대 운영자가 된)이 시미즈의 세이조고등학교 교수 시절 제자였던 인연 때문이다.
8) 西法太郎,《死の貌―三島由紀夫の眞實》(論創社, 2017. 12.)
9)《文藝文化》31, 1941. 1.
10)《文藝文化》38, 1941. 8.
11) 清水文雄,《隨想集 河の音》,(王朝文學の會, 1967. 3.)
12) 小高根二郎,《蓮田善明とその死》(筑摩書房, 1970. 3.)
13) 三島由紀夫,〈私のペンネーム〉(《東京新聞》, 1953. 11. 8.〔夕刊〕)
14)〈꽃이 한창인 숲〉연재가 끝난 1941년 12월호의 다음 호 이후《문예문화》집필자의 서명이 부활한다. 그 이유는 분명하지 않은데, 서명이 부활한 1942년 1월호가 태평양전쟁 개전 후 첫 호였다는 점을 고려하면, 내무성의 검열 강화 방침에 따라 집필자 이름을 명시하기로 한 것일지도 모른다.
15) 東糸彥,《マンモスの牙》(圖書出版社, 1975. 3.)
16) 원제는 '후렴(Refrains)'. 시집《일상의 축제(Les Fêtes Quotidiennes)》, 1912에 실려 있다.
17) 三島由紀夫,《花ざかりの森・憂國》自作解說, 新潮文庫, 1968. 9.
18) 시간이 지나 미시마는 한 단계 깊은 차원에서《문예문화》의 세계로 회귀한다. 이에 대해서는 이 책의 후반 특히 제20장에서 다루기로 한다.

제5장 불타는 도쿄

1) 사다타로의 죽음 전후에 쓴 것으로 추정되는 〈친족〉이라는 습작이 있다(《決定版 全集》補卷). 이 글에서 미시마는 가라후토청 장관 시절의 사다타로를 모델로 하는 이야기를 쓰려했으나 끝내지 못하고 중단한다. 이 테마는 너무 복잡해서 당시의 미시마가 다룰 수 없었던 것도 무리는 아니다.
2) 《輔仁會雜誌》169, 1943. 11.
3) 大塚潔, 〈三島由紀夫と林富士馬―林富士馬先生の靈前に捧ぐ〉(《三島由紀夫研究》13, 2013. 4.)
4) 林富士馬·富士正晴, 《苛烈な夢―伊東靜雄の詩の世界と生涯》(社會思想社, 1972. 4.)
5) 杉山欣也, 〈《輔仁會雜誌》第二号と三島由紀夫〉(《文學》, 2000. 7~8.)
6) 사이토에게 보낸 편지는 小島千加子, 《三島由紀夫と檀一雄》(構想社, 1980. 5.) 참조.
7) 東原武文, 〈三島由紀夫の稀覯雜誌―《故園》と《しりうす》〉(《初版本》1, 2007. 7.); 大塚潔, 〈三島由紀夫の輪廻について〉(《三島由紀夫研究》19, 2019. 5.)

제6장 폐허 속의 문학

1) 三島由紀夫, 〈終末感からの出發―昭和二十年の自畵像〉(《新潮》, 1955. 8.)
2) 시마오 도시오(島尾敏雄)가 쇼노 준조(庄野潤三)와 함께 고베에서 시작한 잡지 《광요(光耀)》와 기타가와 고지(北川晃二)가 후쿠오카에서 시작한 잡지 《오전》에 미시마는 시와 소설을 발표했는데, 모두 하야시 후지마의 인맥으로 맺어진 것이다. 가쿠슈인 고등과에서 도쿄대학으로 진학한 학생들이 만든 동인지 《시리우스》2호(간기는 없지만 1946년 1월경으로 추정)에도 미시마는 원고를 보낸다.
3) 麻生良方, 《戀と詩を求めて》(根っこ文庫太陽社, 1966. 7.)
4) "1946년 2월 신슈(信州) 기타사쿠(北佐久)의 우거에서 사토 하루오 쓰다"라고 적혀 있다. 前揭, 《三島由紀夫展》圖錄.
5) 島津書房, 1989. 4.
6) 河出書房新社, 1990. 11.
7) 論創社, 2019. 1.
8) 〈佐藤春夫についてのメモ〉, 《自選佐藤春夫全集》5月報(河出書房新社, 1957. 6.)
9) 野田宇太郎, 〈大雪の日に(學生作家三島由紀夫)〉(《文藝》, 1971. 2.)
10) 가와지 류코의 아들로서 미시마의 문학 동료 중 한 사람이었던 가와지 아키라(川路明)의 권유가 집필 재개의 계기가 되었다는 것을 미시마는 미발표 원고《도적》의 서문에서 밝히고 있다.《決定版 全集》27.
11) 상세한 경위에 관해서는 櫻井毅, 《出版の意氣地―櫻井均と櫻井書店の昭和》(西田書店, 2005. 8.), 竹之內靜雄, 《先知先哲》(新潮社, 1992. 6.), 山口邦子, 《戰中戰後の出版と櫻井書店―作家からの手紙·企業整備·GHQ檢閱》(慧文社, 2007. 5.) 참조.
12) '수학장' 노트에 관해서는 《결정판 전집》1, 16, 17의 해제 참조.

13) 후지는 미시마를 위해 동분서주하면서 복수의 출판사와 관계를 맺었는데, 이는 자신을 중심으로 하는 동인지《VIKING》을 인수해 발행해줄 곳을 찾는 일이기도 했다. 그러나 이 계획도 결국 뜻대로 되지 않았다. 상세한 내용은 中尾務,〈VIKING(6)〉(《VIKING》693, 2008. 9.) 참조.
14) 坂本一龜,〈《假面の告白》のころ〉(《文藝》, 1971. 2.)

제7장 가면의 고백

1) 庄司潤一郎,〈朝鮮戰爭と日本の對應―山口縣を事例として〉(《防衛研究所紀要》, 2006. 3.)
2) 志村孝夫,〈"序曲"の時〉, 復刻版《序曲》別冊解說(日本近代文學館, 1981. 5.)
3) 《三島由紀夫短篇全集》2,〈あとがき〉(講談社, 1965. 4.)
4) 井上隆史,〈新資料から推理する自決に至る精神の軌跡 今、三島を問い直す意味―《假面の告白》再讀〉(中條省平編·監修,《續·三島由紀夫が死んだ日》, 實業之日本社, 2005. 11.)
5) 矢代靜一,《旗手たちの靑春―あの頃の加藤道夫·三島由紀夫·芥川比呂志》(新潮社, 1985. 2.)
6) 猪瀨直樹, 前揭書.
7) 덧붙이자면《가면의 고백》제4장에서 소노코가 성경험의 유무를 묻자 '나'는 "작년 봄" 본의 아니게도 어떤 여성과 관계를 가졌다고 말한다. 이 여성에게서 미시마의 누이동생 미쓰코와 세이신여자학원 전문부 동급생이었던 삿사(1949년 결혼해 성이 기히라紀平으로 바뀐다) 데이코의 그림자를 볼 수는 있지만, 실제로 두 사람 사이에 육체관계가 있었던 것은 아니다.

제8장 무대 위의 욕망

1) 本多秋伍,《物語 戰後文學史》(新潮社, 1966. 3.)
2) 木村德三,《文藝編輯者その跫音》(TBSブリタニカ, 1962. 6.)
3) Stuart Gilbert, *James Joyce's Ulysses: A Study*, London; Farber, 1930.
4) Frank Budgen, *James Joyce and the Making of Ulysses with a Portrait of James Joyce and Four Drawings of Ulysses by the Author*, New York; Harrison Smith and Robert Hass, 1934.
5) 1889년 런던에서 간행된 실존하는 소설 *Ruby: A Novel. Founded on the Life of a Circus Girl*에 기초하여 조이스가 허구화한 위서(僞書)이다.
6) 田中純夫,〈小說《禁色》の周邊〉(《ADONIS》3, 1952. 11.)
7) 도모토는 미시마를 둘러싼 회상의 일부를《回想 回轉扉の三島由紀夫》(文藝春秋, 2005. 11.)이라는 책으로 정리했다.
8) 福島次郎,《三島由紀夫―劍と寒紅》(文藝春秋, 1998. 3.)
9) 室謙二,《天皇とまっか―さのどちらが偉い?―日本が自由であったころの回想》(岩波書店, 2011. 5.)

10) 三島由紀夫, 《裸体と衣裳―日記》(新潮社, 1959. 11.)
11) 웨더비의 일본어 번역 능력에는 의심스러운 데가 있다. 무로 겐지도 훗날 미시마의 《오후의 예항》을 영역한 존 네이선(John Nathan)도, 나에게 그렇게 단언했다. 웨더비의 번역을 돕는 누군가가 있었던 게 아닐까. 이와 관련해서는 제18장에서 다시 언급할 것이다.
12) "비교적 사람이 적은 〈주신구라〉"라는 말은 15대 이치무라 우자에몬(市村羽左衛門)이 다섯 명을, 6대 오노에 기쿠고로(尾上菊伍郎)가 세 명을 연기하는 등 전체적으로 배우가 적었다는 뜻이다. 미시마가 본 것은 1938년 10월 공연이었는데, 루거우차오 사건(蘆溝橋事件)으로부터 일 년이 지나 국가총동원법이 시행된 해여서 흥행 중 2대 오노에 쇼로쿠(尾上松祿)에게 소집령이 내리는 등 엄혹한 시국이었는데도, 연일 보조의자가 필요할 정도로 만원이었다. 미시마는 조모 나쓰코와 함께 이 극을 보았고, 그로부터 3개월 후 나쓰코는 62세의 나이로 사망한다.
13) 齋藤襄治, 《日米文化のはざまに生きて―齋藤襄治論稿集》(海文堂出版, 2004. 12.) 사이토는 당시 민간정보교육국에 근무하고 있었다.
14) 12월에 분가쿠좌 아틀리에에서 공연. 연출은 아쿠타가와 히로시. 직전에 교토에서 극단 '테아트르 토훈(トフン)'의 다른 공연도 있었다.
15) 1952년 2월. 하이유좌 공부 모임 주도로 도쿄 미쓰코시극장에서 초연.
16) 분가쿠좌 아틀리에에서 초연.

제9장 태양과 신화

1) Donald Richie, *The Japan Journals 1947-2004*, Berkeley: Stone Bridge Press, 2004.
2) 《玉英堂稀覯本書目》 256, 2000. 12.
3) 도토엔을 중심으로 한 교우 관계에 관해서는 인터뷰 〈미시마 유키오와 함께한 무대의 이면―안무가 아가타 요지 씨에게 듣는다〉(山中剛史, 《三島由紀夫研究》 1, 2005. 11.) 참조. 아가타는 미시마의 작품인 오페레타 〈본디아세뉴라〉(쇼치쿠 극단 교토 공연, 1954. 9. 5~14. 교토 미나미좌)와 미시마가 연출한 〈살로메〉(분가쿠좌 공연, 1960. 4. 5~16. 도요코 홀)에서 안무를 담당한 인물이다. 마쓰나가 세이주는 《봄눈》의 주인공 마쓰가에 기요아키의 명명의 유래 중 하나다(제16장 참조). 미시마와 마쓰나가의 교제는 1955년 이후인 것으로 보인다.
4) Naoki Inose and Hiriaki Sato, *Persona: A Biography of Yukio Mishima*, Berkeley: Stone Bridge Press, 2012. (猪瀬直樹, 《ペルソナ三島由紀夫傳》의 영어판).
5) Takeshi Matsuda, *Soft Power and Its Perils: U.S. Cultural Policy in Early Postwar Japan and Permanent Dependency*, Stanford University Press and Wilson Center Press, 2007.
6) John Nathan, *Mishima: A Biography*, Boston: Little Brown, 1974. (ジョン・ネイスン, 《新版・三島由紀夫―ある評傳》, 野口武彦譯, 新潮社, 2000. 8.).

7) 宮下規久朗・井上隆史,《三島由紀夫の愛した美術》(新潮社, 2010. 10.)
8) 福島次郎, 前揭書.
9) 堂本正樹, 前揭書.
10) 三島由紀夫,〈歌右衛門丈のこと〉(《文藝》, 1952. 1.)
11) 杉山誠・郡司正勝・利倉幸との〈協同研究・三島由紀夫の實驗歌舞伎〉(《演劇界》, 1957. 5.)
12) 川島勝,《三島由紀夫》(文藝春秋, 1996. 2.)
13) 미시마 가부키의 본질과 매력에 관해서는 中村哲郎,《歌舞伎の近代》(岩波書店, 2006. 6.) 所收〈芙蓉露大內實記〉論 참조.
14) 村松剛, 前揭書.
15) 岩下尙史,《見出された戀―《金閣寺》への船出》(雄山閣, 2008. 4.), 同,《ヒタメン―三島由紀夫が女に逢う時……》(雄山閣, 2011. 12.)
16) 田中澄江,《〈沈める瀧の男と女〉》(《中央公論》, 1955. 6.)
17) 무라마쓰 다케시는《미시마 유키오의 세계》에서 특별히 사다코의 존재를 강조하는데, 그것은 동성애자로서 미시마 상(像)을 부정하기 위한 편법이다. 미시마와 도모토의 관계에 관해서도 무라마쓰는 잘 알고 있었다.

제10장 파괴의 아름다움

1) 松澤和宏,《《ボヴァリー夫人》を讀む―戀愛・金錢・デモクラシー―》(岩波書店, 2004. 10.)
2) *Yomiuri Japan News*, 1958. 2. 7, 9.《決定版 全集》30.
3) 升味準之輔,〈1955年の政治體制〉(《思想》, 1964. 6.)
4) "더는 '전후'가 아니다"라는 말은 본래는 전후의 부흥 수요에 따른 경제 회복의 시기가 끝나고 이후의 경제성장은 고통을 동반하는 사회의 '근대화'에 의해 지탱되어야 한다는 점을 호소하기 위한 표현이었지만, 오히려 고도 경제성장의 진전을 알리는 말로 유통되었다. 이 말이 처음 사용된 것은 中野好夫,〈もはや'戰後'ではない〉(《文藝春秋》, 1956. 2.)
5)《금각사》의 내용 구성과 취재, 창작 노트 등과의 조응 관계에 대한 상세한 내용은 井上隆史,〈《金閣寺》論―想像力の問題〉(《三島由紀夫研究》6, 2008. 7.) 참조.
6) Maurice Blanchot, *La part du feu*, Paris: Gallimard, 1949.

제11장 미시마 문학의 '정오'

1) 1956년 11월 27일~12월 9일, 다이이치생명 홀. 연출 마쓰우라 다케오. 각본은 1956년 12월호《문학계》의 권두를 장식했다.
2) 三島由紀夫,〈《鹿鳴館》について〉(《毎日新聞》[大阪], 1956. 12. 4.)
3)《毎日新聞》, 1956. 11. 21.
4) 이 점에 관해서는 岩下尙史, 前揭書가 상세하다.
5)《三島由紀夫短篇全集》5〈あとがき〉(講談社, 1965. 7.)

6) 1961년 7월 〈다리 밟기〉가 새로운 흐름의 연극으로 상연되었을 때 제작된 프로그램의 한 구절.
7) 岩下尙史, 前揭書, 《ヒタメン―三島由紀夫が女に逢う時……》.
8) 田中美代子, 《三島由紀夫 神の影法師》(新潮社, 2006. 10.)

제12장 허무의 숲 속에서

1) 〈內容見本〉, 新潮社, 1957. 11.
2) 다이에이. 주연은 와카오 후미코, 가라구치 히로이.
3) 닛카쓰. 주연은 쓰키모카 유메지(月岡夢路). 유부녀의 불륜을 다룬 원작 소설은 같은 해 4월에서 6월까지 《군상》에 연재되었다.
4) 猪瀨直樹, 前揭書.
5) 娛野健男, 〈文藝時評〉, 《東京新聞》(1956. 3. 28.〔夕刊〕)
6) 岩下尙史, 前揭書, 《ヒタメン―三島由紀夫が女に逢う時……》.
7) 三島由紀夫, 《旅の繪本》(講談社, 1958. 5.)
8) 미시마는 호텔 반 란세레아에서 안무가 아가타 요지에게 상세한 관극 기록을 보내면서 "뉴욕에서 정말로 보아야 할 것으로는 발란신(George Balanchine)이 안무한 시티 발레가 단연 으뜸입니다"(1957년 12월 10일 자 편지, 《三島由紀夫展 諏訪精一コレクション》, 小宮山書店, 2019. 8.)라고 썼다.
9) 猪瀨直樹, 前揭書.
10) 吉田滿, 《戰中派の死生觀》(文藝春秋, 1980. 2.) 덧붙이자면 미시마는 일찍이 도널드 리치와 함께 갔던 게이 바(메리즈)에 요시다를 데리고 간다.
11) 湯淺あつ子, 《ロイと鏡子》(中央公論社, 1948. 3.)
12) 《교코의 집》에서 분명하게 드러나는 것은 아니지만 나쓰오가 행하는 수행은 오모토(大本, 혼히 '오모토교'라고 불리지만 정식 이름은 '오모토'이다)의 원류 중 하나인 혼다 지카아쓰(本田親德)의 영학을 전하는 도모기요 요시사네의 행법이다(友淸歡眞, 《靈學筌蹄》, 天行居, 1921. 8.). 그러나 효험이 보이지 않자 나쓰오는 신도영학계의 신비주의에서 벗어난다. 신도영학은 훗날 미시마에게 큰 영향을 끼치는데, 그것은 나중의 이야기이다(제16장 참조). 아울러 나쓰오가 아오키가하라 숲에서 조우한 세계 소멸 체험은 역사를 놓친 데 따른 응보라고 생각할 수도 있다. 왜냐하면 숲의 남쪽으로 만몽개척단(滿蒙開拓團) 귀환자에 의한 정착지(만주와 몽골 지역에 개척단으로 파견되었다가 패전 후 일본으로 돌아온 사람들이 살기 시작한 곳)가 확대되고 있다는 것을 나쓰오도 독자도 망각하고 있기 때문이다. 머지않아 그곳에 옴 진리교가 진출하게 된다.
13) 吉田滿, 前揭書.
14) 岩下尙史, 前揭書, 《ヒタメン―三島由紀夫が女に逢う時……》.

제13장 어긋남과 전락

1) 江藤淳, 前揭, 〈三島由紀夫の家〉.
2) 江藤淳, 《落葉の掃き寄せ》(文藝春秋, 1981. 11.)
3) 吉田健一, 〈戰後小說に終止符打つ〉(《北海道新聞》, 1959. 10. 7.)
4) John Nathan, 前揭書.
5) 실제로 작품의 완성도가 높아서 1963년 도널드 킨의 번역으로 크노프사에서 영역본이 간행되었다. 1964년에는 잘츠부르크에서 개최된 포르멘토르 국제문학상 수상식에서 나탈리 사로트의 《황금 열매》에 이어 2위에 오른다. 포르멘토르 국제문학상은 1961년부터 1967년까지 존속했던 국제적인 문학상이다. 원래는 스페인어 문학의 국제적 보급을 목적으로 한 것이었는데, 구상의 원점은 스페인 마요르카섬의 포르멘토르에서 매년 열린 국제 소설 심포지엄이었다.
6) 가가와는 1954년 이후 네 번에 걸쳐 노벨평화상 후보가 된다. 덧붙이자면, 일본인 최초의 평화상 후보는 1909년 법학자 아리가 나가오(有賀長雄)였다
7) 이 무렵 미시마는 크노프사의 해럴드 슈트라우스의 의뢰로 다니자키를 위해 다른 추천서도 쓴다. 아울러 슈트라우스의 부탁을 미시마에게 전한 사람은 에드워드 G. 사이덴스티커였다. Edward George Seidensticker, *Tokyo Central: A Memoir*, University of Washington Press, 2002 참조.
8) 《川端康成 三島由紀夫 往復書簡》(新潮社, 1997. 12.)
9) ドナルド・キーン, 《思い出の作家たち―谷崎・川端・三島・安部・司馬》(松宮史朗譯, 新潮社, 2005. 11.). 그런데 비행기 추락은 현재로서는 함마르셸드 살해를 위한 모략이라는 견해가 유력하다.
10) 1960년 마지막 날, 발행소인 마루젠의 의향에 따라 하라노키카이 동인이 만든 잡지 《소리》가 폐간될 때(최종호인 제10호는 1961년 1월 간행) 동인 측에서 그것을 주도한 사람이 요시다였는데, 마침 외유 중이었다는 것을 이유로 미시마에게는 아무것도 알려주지 않았다. 그것도 미시마가 탈퇴한 원인 중 하나였다.
11) 井出孫六, 《その時この人がいた―昭和史を彩る異色の肖像 37》(毎日新聞社, 1987. 2.)
12) 《決定版 全集》31.
13) 戌井市郎, 《芝居の道―文學座とともに六十年》(藝術協出版部, 1999. 5.), 戌井市郎・松本徹・井上隆史・山中剛史, 〈座談會 文學座と三島由紀夫―戌井市郎氏を圍んで〉(《三島由紀夫研究》 6, 2008. 7.)
14) 三島由紀夫, 〈前書―ムジナの弁〉, 《文藝》, 1964. 2.

제14장 육체라는 오브제

1) 江藤淳, 前揭, 〈三島由紀夫の家〉.
2) 三島由紀夫, 《花ざかりの森・憂國》解說(新潮文庫, 1968. 9.)

3) 三島由紀夫,〈美の亡霊―'愛の帆影'〉,〈日生劇場プログラム〉, 1964. 10.
4) 인용은《횔덜린 시의 해명》(《하이데거 선집》3)의 개정판 참조.
5) 이 이야기는 앞에서 인용한 도모토의 책에 기록되어 있다.
6)《교코의 집》을 집필할 때 미시마가 호프만스탈을 참조했다는 점에 관해서는 제12장 참조.

제15장 전체 소설의 꿈

1) Samuel Beckett, "Dante... Bruno. Vico.. Joyce", in *Our Exagmination Round His Factification for Incamination of Work in Progress*, Paris; Shakespeare, 1929.
2) Jacques Derrida, *Deconstruction in a Nutshell: A Conversation with Jacques Derrida*, New York; Fordham University Press, 1997.
3) Hermann Broch, *James Joyce und die Gegenwart. Rede zu Joyce's 50. Geburtstag*, Wien; Reichner, 1936.
4) Robin W. Fiddian, "James Joyce and Spanish-American Fiction: A Study of the Origins and Transmission of Literary Influence", *Bulletin of Hispanic Studies*, 66, 1989.
5) 篠田一士,〈'全體小說'について〉(《文學界》, 1962. 5.)
6) 상세한 내용은 井上隆士,《三島由紀夫《豐饒の海》vs. 野間宏《青年の環》―戰後文學と全體小說》(新典社, 2020. 11.) 참조.
7) 자세한 내용은 井上隆士,《三島由紀夫 幻の遺作を讀む―もう一つの《豐饒の海》(光文社, 2010. 11.) 참조.
8)《定本三島由紀夫書誌》소재 장서목록에 따르면 미시마 장서는 1966년 3월에 발행된 제2쇄이지만, 미시마는 초판 제1쇄도 열람했던 것으로 보인다.
9) 실제 영화 제작으로부터 약 일 년 후에 쓰인 이 글은〈우국〉이 처음 발표되었을 때는 없었던 또 하나의 요인―'우국'의 본래 의미―도 반영하고 있다. 이에 대해서는 다음 장에서 언급한다.

제16장 일본 근대의 얼굴

1) 中村眞一郎,〈三島君の回想〉,《三島由紀夫全集》22 付錄(新潮社, 1957. 3.)
2) 三島由紀夫,〈私の近況―〈春の雪〉と〈奔馬〉の出版〉(《新刊ニュース》, 1968. 11. 15.)
3) ドナルド・キーンと德岡孝夫,〈沒後四十伍年'悼友'對談〉, 井上隆史ほか編,《混沌と抗戰 三島由紀夫と日本, そして世界》(水聲社, 2016. 11.)
4) 谷崎潤一郎,〈季節外れの大作品〉(《文學界》, 1961. 11.)
5)《봄눈》이라는 표제와 기요아키라는 인물명은〈목숨〉(《문예문화》1943. 1.)에서 미시마 자신이 언급하고 있듯이《료진히쇼(梁塵秘抄)》에 수록된 이마요(今樣, 헤이안 시대 중기부터 가마쿠라 시대에 걸쳐 유행한 가요―옮긴이)의 일절 "소나무 가지 머리에 꽂으면/봄눈이 내

려 앉겠네"를 잘 알고 있었던 데서 유래한다. 다만 '소나무 가지'는 미시마가 '매화나무 가지'를 잘못 기억한 것이다. 주인공의 이름에는 미시마의 개인적인 사진을 촬영했던 마쓰나가 세이주(松永清壽)의 이름도 반영하고 있다(제9장 참조).

6) 고미즈노오(後水尾天皇)의 첫째 황녀가 초대 주지가 된, 나라의 오비토케 소재 엔조지(圓照寺)가 모델이다.

7) 도호(東宝) 현대극 특별 공연. 1969년 9월 4일~12월 27일. 주연 이치카와 소메고로(市川染伍郎), 사쿠마 요시코(佐久間良子).

8) 감독 유키사다 이사오(行定勳). 2005년 10월 29일 개봉. 주연 쓰마부키 사토시(妻夫木聰), 다케우치 유코(竹內結子).

9) 각본·연출 이쿠타 히로카즈(生田大和), 2012년 10월 11일~22일. 주연 아스미 리오(明日海りお).

10) 이것은 잘 알려져 있는 법어인데, 미시마는 사이토 고이신(齋藤唯信)의 《불교학 개론》(森江書店, 1907.)의 기술에 의거하고 있다(다만 미시마 장서는 1922년판). 이 법어는 이 책 모두에서 언급한 요쓰야의 리쇼지(理性寺) 터에 전하는, 토장용 항아리에 남은 물을 매일 마시면 매독에 약이 된다는 속설을 상기시킨다. 미시마는 이러한 형태로 출생지의 기억을 작품에 받아들여 정화한 것인지도 모른다.

11) 이 시기 미시마가 시에 강한 관심을 쏟은 계기 중 하나는 재능 넘치는 젊은 시인 다카하시 무쓰오(高橋睦郎)의 시집 《장미나무 이세(二世)의 연인들》(現代詩工房, 1964. 9.)에 감명을 받은 것이다. 1964년 12월 하순 미시마는 다카하시를 긴자의 중화제일루로 초대했고 이후 교류가 이어졌다. 자세한 내용은 다카하시의 저서 《그랬던, 그랬으면 좋았을 미시마 유키오》(平凡社, 2016. 11.) 참조.

12) 〈私の文學を語る〉, 《三田文學》, 1966. 4.

13) 쿠데타의 위기를 모면한 전 대신이 그 후 살아 있는 시체가 되는 모습을 그린 희곡. 분가쿠좌 창립 25년 기념 공연(1961년 11월 29일~12월 17일. 다이이치생명 홀)에서 무대에 올랐다.

제17장 죽음의 미학

1) "달빛을 깔고"에서 '깔고(かたしく)'란 옛날 남녀가 동침할 때 두 사람의 옷을 겹쳐 깔았는데, 지금은 자신의 옷만 깔고 혼자 잠을 잔다는 뜻이다.

2) 《심지관경》의 이 구절은 윤회에 관한 설명으로서 후카우라 세이분의 《윤회전생의 주체》에 인용되어 있다. 미시마는 이 책을 참조했을 것이다.

3) 오리구치 노부오(折口信夫)가 〈대상제의 본의〉에서 주장하는 진상복침설(眞床覆衾說). 이것을 비판하는 오카다 쇼지(岡田莊司)의 주장에서도 같은 구조를 확인할 수 있다('진상복침'은 황손임을 증명하는 물건인 이불을 뜻한다 — 옮긴이).

3) 희곡 〈스자쿠가(朱雀家)의 멸망〉(극단 NLT, 1967. 10. 13~29. 기노쿠니야 홀. 이때부터

'NLT'가 '극단 NLT'로 불린다)은 그리스 신화의 영웅 헤라클레스가 광기에 휩싸여 자식과 아내를 살해하는 에우리피데스의 비극을 바탕으로 한 것인데, 태평양전쟁 말기 스자쿠가의 당주 쓰네타카(經隆)가 천황에 대한 충의를 끝까지 지킨 결과 가족을 죽음으로 몰아넣는다는 이야기이다. 천황에 대한 극단적인 충의가 상식을 깨버린다는 점에서 〈스자쿠가의 멸망〉은 〈영령의 소리〉, '도의적 혁명'의 논리〉와 주제가 동일하다.

4) 西村繁樹, 《三島由紀夫と最後に會つた青年將校》(並木書房, 2019. 10.)
5) 村松剛, 前揭書. ドナルド・キーンと徳岡孝夫, 前揭 對談.
6) 安藝遼介, 《改訂版・菊は咲くか——三島由紀夫とそして自衛隊の若き士官たち》(私家版, 1997. 6.)
7) 田中清玄・大須賀瑞夫, 《田中清玄自傳》(文藝春秋, 1993. 9.)
8) 《オーラル・ヒストリー——伊藤圭一》上卷(政策研究大學院大學, 2003. 9.)
9) 宮崎正弘, 《三島由紀夫 '以後'——日本が日本でなくなる日》(並木書房, 1999. 10.)
10) 무라마쓰는 앞의 책에서 〈조국방위대 '초안'〉과 거의 같은 시기에 쓰였고 내용도 겹치는 〈'국토방위대' 초안(미시마 유키오안)〉을 소개하고 있는데, 이 안에 따르면 민병 조직의 지휘명령 계통은 내각 총리대신에게 직속하는 것이었다.

제18장 폭류의 언어

1) 村松剛, 前揭書.
2) 다치바나 아케미(橘曙覽)의 "폐하의 강한 방패(醜の御楯)는 이런 것이라며 앞으로 나아가기 바로 전에"라는 구절과 《만엽집》의 "오늘부터는 뒤돌아보지 않고 폐하의 강한 방패가 된 나는"이라는 구절과 관련이 있다.
3) 山本舜勝, 《自衛隊 '影の部隊'——三島由紀夫を殺した眞實の告白》(講談社, 2001. 6.). 인용은 이 책의 오리지널 원고를 활자화한 사가판 《나의 생애와 미시마 유키오》(2017. 11.)를 따른다.
4) 前揭, 《オーラル・ヒストリー——伊藤圭一》上卷.
5) Giles Scott-Smith & Charlotte A. Lerg(eds.), *Campaigning Culture and the Global Cold War: The Journals of the Congress for Cultural Freedom* (London: Palgrave Macmillian, 2017.)
6) Edward George Seidensticker, 前揭書.
7) 〈한여름의 죽음〉을 포함한 복수의 미시마 작품은 *Death in Midsummer and Other Stories*라는 제목으로 1966년 뉴디렉션스에서 간행되었고, 1967년 튀니지에서 개최된 포르멘토르 국제문학상 수상식에서 2등상을 받았다(본상은 곰브로비치의 《코스모스》).
8) 미시마는 〈나의 벗 히틀러〉(극단 낭만극장, 1969. 1. 18～31, 기노쿠니야 홀)에서 히틀러에게 숙청당한 에른스트 룀에 의탁하여, 배신당하고 끝내는 살해되지만 그럼에도 불구하고 믿기로 결심한 것을 맹목적으로 끝까지 믿는 것의 미학을 그렸다. 이 작품은 조국방위대 구상이 난관에 부딪치자 생각을 바꿔 방패회를 결성한 미시마 자신의 행보와 겹치는데, 제목

자체가 유대인 사회에서는 도저히 받아들이기 어려운 것이었다. 한편, 1968년 4월, 미시마는 마쓰우라 다케오(松浦健郎), 도모토 마사키 등과 함께 극단 NLT를 탈퇴하고 극단 낭만극장을 결성했는데, 그 첫 번째 공연작이 〈나의 벗 히틀러〉였다.

9) 미시마가 참고한 저서에 관한 상세한 내용은 井上隆士, 前揭書《三島由紀夫 幻の遺作を讀む―もう一つの《豐饒の海》》 참조.
10) 삼성설이란 존재의 모습을 변계소집성(遍計所執性, 실체처럼 망상된 것), 의타기성(依他起性, 연기에 의해 생겨난 것), 원성실성(圓成實性, 진실한 것)으로 나누는 사고방식이다.
11) 앞에서 인용한 《〈풍요의 바다〉에 관하여》에서 미시마는 "내가 찾고 있는 것은 유식론에, 그 중에서도 특히 무착의 《섭대승론》에 있다"고 했는데, 이 표현은 엄밀하게 말하면 적절하지 않다.
12) 이 소년의 착상은 1968년 12월 도모토 마사키의 소개로 미시마를 만난 가노 고이치(狩野晃一)에게서 촉발된 것이다. 가노는 이때 고등학생이었다. 미시마 사후에 마쓰나가 나오미(松永尙三)라는 필명으로 소설, 희곡 등을 발표한다. 그 필명의 유래에 관하여 영원히 미시마를 소중히 여긴다는 의미가 아니냐는 나의 물음에 그는 웃으며 부정했다. 아울러 가노의 이미지는 《천인오쇠》의 주인공 도오루에게도 반영되어 있는데, 미시마는 소설에서 그의 이름을 사용했다며 제3절 끝에서 세 번째 단락을 가노에게 보여주었다고 한다. 그 부분에는 "환하게(晃晃) 빛나는 달밤"이라는 표현이 있다. 도오루의 조형에는 가스가이 겐(春日井建), 모리타 마사카쓰도 부분적으로 반영되어 있다.

제19장 종말 전야

1) 1952년 샌프란시스코 강화조약 발효에 따라 오키나와가 일본에서 분리된 날. 1969년에는 사회당과 공산당 주최로 중앙집회가 열렸고, 참가를 거부당한 반일본공산당계 전학련 각 파는 도쿄 곳곳에서 게릴라 활동을 펼치며 기동대와 충돌했다. 이때 미시마는 야마모토 기요카쓰와 함께 시위를 시찰한다.
2) 단가(短歌)나 와카(和歌) 같은 전통 시가(詩歌)를 짓는 시인들의 활동 무대
3) 《討論 三島由紀夫 vs. 東大全共鬪》(新潮社, 1969. 6.) 단지 인용은 이 책의 본문을 토론회 기록영화에 기초하여 재교정한 것을 수록한 芥正彦, 〈原爆/天皇 そして三島由紀夫と東大全共鬪〉(前揭書,《混沌と抗戰―三島由紀夫と日本, そして世界》)에 의거했다.
4) 芥正彦, 前揭 〈原爆/天皇 そして三島由紀夫と東大全共鬪〉.
5) 森田必勝,《わが思想と行動》(新裝版, 日新報道, 2002. 11.)
6) 덧붙이자면, 헌법을 개정하는 것은 전후 일본을 얽어매고 있는 기만의 구도를 폭로한다는 의미가 있지만, 모리타가 관여하지 않은 헌법개정초안연구회는 방패회 내부에서 보완적인 조직에 지나지 않는다.

제20장 허무의 바다

1) 유식의 해탈론을 법상종의 입장에서 설명하는 하나의 방법은 모든 미혹의 원인이 되는 아뢰야식을 깨달음의 근거지(擧所)로 전환함으로써 사람은 해탈로 향한다는 것이다.
2) ジャック デュボア, 鈴木智之譯,《現實を語る小說家たち―バルザックからシムノンまで》(法政大學出版局, 2005. 12.)
3) "정보의 누적, 에크리튀르의 확장, 거대한 건조물, 외견상의 완결성" 가운데 앞의 세 가지는 시가 아니라 바로 소설(장편소설)을 특징짓는 요인이다. 이와 관련하여 미시마가 보낸 편지에 대해 다카하시 무쓰오는 나와 함께한 대담〈시를 쓰는 소년의 고독과 영광〉(髙橋睦郎,《在りし, 在らまほしかりし三島由紀夫》, 平凡社, 2016. 11. 所收)에서 이렇게 말한다. "내가 몹시 낙담하고 있던 때 미시마 씨가 보낸 편지가 있는데, 여기에 '시와 단편은 공중에 전체가 떠 있는 구체(球體)거나 공중누각이다. 그래서 전체가 보인다'라는 의미의 구절이 있습니다. '장편소설은 땅 위에 세워진, 어떤 의미에서는 보기 흉한 건축물이다'라고도 했습니다. 시는 대단한 것이니까 더 자신감을 가지라는 내용의 편지였는데, 맨 마지막에 '토건업자 미시마 유키오'라고 썼더군요."
4) Mario Vargas Llosa, *García Márquez : Historia de un Deicidio*, Barcelona : Barral Editores, 1971.
5) ドナルド・キーン,〈下田の一夜〉,《三島由紀夫全集》19 附錄(新潮社, 1973. 8.)
6) 西村繁樹, 前揭書.
7) 伊達宗克,《裁判記錄'三島由紀夫事件'》(講談社, 1972. 5.). NHK 방송 사회부 기자 다테 무네카쓰는《잔치가 끝나고》의 프라이버시 재판을 취재하면서 미시마와 만난 이래 친교를 이어왔고, 자결 당일에는《선데이 마이니치》의 도쿠오카 다카오와 함께 미시마에 의해 이치가야 회관으로 호출됐다.
8) 이날 미시마는 다카하시에게 "스물다섯 살의 모리타를 누군가 기억해주었으면 싶어서 이런저런 사람을 생각해봤지만 당신밖에 없는 것 같다. 그래서 오늘은 모리타가 태어나서 살아온 이야기를 빠짐없이 해줄 것이다."라고 말한 다음 모리타에게 이야기를 하게 했다고 한다(髙橋, 前揭書). 다카하시에게 그날 무슨 일이 있었냐고 물으면 자신은 취해서 기억이 나지 않는다고 말하지만, 다카하시의 최근 저서《저 깊은 곳에서 들려오는 스물일곱의 소리》(思潮社)의 서표에 적힌〈전통이라는 명계(冥界) 아래에서〉에는 모리타의 영혼과의 대화가 기록되어 있다.
9)《新編日本古典文學全集》71, 小學館, 1997. 9.
10) Central Intelligence Bulletin, 27 November 1970. CIA의 기밀 지정문서였는데 2003년 8월 21일 해제되었다.
11) 에드윈 라이샤워가 존 네이션에게 미시마 평전을 쓰게 한 배경에 CIA 내지 미국 정부의 의향이 깔려 있었을 가능성도 부정할 수 없다. 라이샤워는 그 의향을 따르는 것처럼 보였다가 비밀리에 이를 배신하려 한 것으로 생각할 수도 있다.

| 옮긴이 후기 |

다시, 미시마 유키오를 읽기 위하여

    1970년대 반독재 민족주의 문학 운동을 이끌었던 김지하는 월간 《다리》 1972년 3월호에 일본 군국주의 부활을 외치며 할복한 미시마 유키오의 죽음을 풍자한 시 〈아주까리 神風〉를 발표한다.

    별것 아니여
    조선놈 피 먹고 피는 국화꽃이여
    빼앗아 간 쇠그릇 녹여 벼린 일본도란 말이여
    뭐가 대단해 너 몰랐더냐
    비장처절하고 아암 처절하고 말고 처절비장하고
    처절한 神風도 별것 아니여
    조선놈 아주까리 미친 듯이 퍼먹고 미쳐버린
    바람이지, 미쳐버린
    네 죽음은 식민지에
    주리고 병들어 묶인 채 외치며 불타는 식민지의
    죽음들 위에 내리는 비여

> 역사의 죽음 부르는
> 옛 군가여 별것 아니여
> 벌거벗은 女軍이 벌거벗은 갈보들 틈에 우뚝 서
> 제멋대로 불러대는 미친 군가여.
>
> 　　　　　　(《김지하 담시 모음집》, 동광출판사, 1990, 181~182쪽)

김지하를 따르면 미시마 유키오의 죽음은 "조선놈 피 먹고 피는 국화꽃", 조선에서 강탈한 "쇠그릇 녹여 버린 일본도"에 지나지 않는다. 처절하고 비장한 가미카제(神風)처럼 보이지만 그것은 "조선놈 아주까리 미친 듯이 퍼먹고 미쳐버린" 탓이며, 그의 미친 죽음은 "불타는 식민지의 죽음들 위에 내리는 비"와 같은 것이다. 그리고 그것은 "역사의 죽음을 부르는 옛 군가", 그것도 "제멋대로 불러대는 미친 군가" 이상의 그 무엇일 수 없다.

1970년 11월 25일 미시마 유키오가 헌법 개정과 자위대 궐기를 주장하며 이치가야의 육상자위대에서 할복자살한 사건으로부터 일년 몇 개월이 지난 시점에 발표된 이 시는 그 후 한국에서 미시마 유키오가 소비되는 하나의 방향성을 제시했다는 점에서 눈길을 끈다. 일본 제국주의의 조선 지배를 강력하게 비판하는 민족주의자 김지하의 관점에서 보면 미시마의 죽음은 한갓 "미친 짓"에 지나지 않았던 것이고, 한국의 많은 독자들도 이러한 인식에서 크게 벗어나지 못했던 듯하다.

　한국에서 미시마는 다니자키 준이치로, 가와바타 야스나리와 함께 패전 후 1950년대와 1960년대 일본 문학을 대표하는 작가로서 움직일 수 없는 위상을 차지하고 있다. 미시마 유키오의 대표작《금각사》는 1970년대를 전후해 간행된 세계문학전집 라인업에서 빠진 적이 거의 없었고, 그의 출세작《가면의 고백》도 독자층이 꽤 두터운 편이라는 게 이를 방증한다. 최근에는 필생의 대작으로 일컬어지는《풍요의 바다》4부작《봄눈》《달리는 말》《새벽의 사원》《천인오쇠》가 완간되는 등 미시마 유키오에 대한 관심은 수그러들지 않고 있다.

　이러한 관심은 할복자살한 미치광이 군국주의자라는 이미지만으로는 설명할 수 없는 '뭔가'가 미시마 유키오 문학에 내장되어 있기 때문일 것이다. 그 '뭔가'를 미학이라 해도 좋고, 사상이라 해도 좋다. 그 미학과 사상을 제대로 그리고 온당하게 포착하기 위해서는 미시마 유키오가 살았던 시대, 다시 말해 그의 문학이 생산된 역사적, 정치적, 경제적, 사상적 토양을 살펴보는 게 필수적이다. 좋은 전기 또는 평전이 필요한 이유도 여기에 있다.

　코비드19가 맹위를 떨치고 있던 2020년 10월 초판이 간행된 이 책은 미시마 유키오의 삶과 문학과 사상을 포괄하는 평전이다. 가족사를 포함한 개인의 삶이나 노벨문학상 수상을 둘러싼 문단 이면의 이야기도 흥미롭지만, 미시마 유키오 문학 전반을 시대적·사상적 맥락 속에서 아우르고 있다는 것이 이 평전의 가장 큰 강점이다. 청소년 시절에 쓴 시와 소설,《가면의 고백》《금색》《가라앉는 폭포》《금각사》《교코의 집》 그리고 《풍요의 바다》 4부작, 〈소토바 고마치〉〈로쿠메이칸〉을 비롯한 희곡 등을 역사와 현대, 전후 일본 사회와 미시마 개인, 세계 문학과 일본 근대 문학, 문학과 사상 등의 관점에서 입체적으로 조명하려 공을 들인 흔적이 역력하다.

*

 이 책에서 저자가 미시마 문학을 관통하는 키워드로 맨 먼저 제시하는 것은 그의 독자적인 내면 우주의 두 초점인 '허무'와 '세바스티아누스 콤플렉스'이다. 미시마의 문학, 특히 습작기에서 《가면의 고백》에 이르는 초기의 문학은 이 콤플렉스와의 한판 대결이라 해도 좋을 듯하다. 물론 이 콤플렉스는 쉽게 극복될 성질의 것이 아니어서 《교코의 집》과 마지막 작품 《천인오쇠》가 막을 내리는 장면에서도 그 얼굴을 뚜렷이 드러낸다. 어쩌면 미시마 유키오는 죽음의 미학을 실행에 옮긴 후에야 이 콤플렉스에서 벗어날 수 있었는지도 모른다.
 또 다른 키워드는 '전체 소설'이다. 사회, 시대, 역사의 전모를 포착하고자 하는 미시마의 문학적 야망을 표현하는 이 키워드는 특히 《풍요의 바다》 4부작을 해석하는 핵심적인 개념이다. 이 개념을 활용하여 소설을 분석하는 저자의 태도랄까 의도를 보면 미시마의 문학을 위대한 세계 문학의 반열에 올려놓으려는 노력이 뚜렷하다. 마르셀 프루스트, 제임스 조이스, 귀스타브 플로베르 등을 미시마 문학의 배경으로 배치한 이유도 이와 관련이 있는 듯하다.
 미시마의 전체 소설을 가능케 하는 철학적 근거로 저자가 제시하는 것이 유식 사상이다. 유식론은 우리가 경험하는 모든 것은 외부 세계에 실재하는 것이 아니라 마음의 작용이라고 보는 학설을 가리킨다. 유식론에서는 마음의 작용을 여덟 가지 식(識)으로 구분하는데, 여섯 가지 감각적 인식과 자아 의식인 말나식과 윤회전생하는 아뢰야식이 그것이다. 이 가운데 여덟 번째 아뢰야식은 "살아 있는 온갖 것의 모든 행위의 결과", "상주(常住)하는 게 아니라 다만 생멸하면서 상속(相續)하여 잠시도 끊이지 않는 것", "폭류와 같은 것"이다. 이는 《풍요의 바다》 4부작의 핵심인 '환생'과 관련되어 있으며, 나아가 순간과 영원, 육체와 정신, 삶과 죽음, 영원한 문화적 표상으로서 천황 등 미시마 사상의 고갱이와 긴밀하게 연결된다.

이 키워드들을 중심에 두고 이 책에서 저자가 힘주어 강조하는 것은 미시마 유키오가 일본 사회의 '기만의 구도'를 고발하고 타파하고자 했다는 점이다. 저자는 전후 일본 사회 특히 한국전쟁을 계기로 본격화한 일본의 고도성장은 기만의 구도 위에서 가능했으며, 민주주의와 번영에 현혹되어 속국화의 수렁으로 빠져드는 일본 사회를 향한 비판이 《가면의 고백》《금각사》《금색》을 비롯한 작품의 핵심, 즉 "기만의 구도를 폭로하고 폐기하며 미적 비전으로 시대를 굴복시키고자 하는 미시마 유키오의 결의"라고 말한다.

*

삶이 우연의 연속이라고들 하지만, 그야말로 어쩌다가 미시마 유키오 평전까지 번역하기에 이르렀다. 이렇게 말하는 것은 이미 《기타 잇키》(오석철과 공역), 《도조 히데키》《쇼와 육군》으로 이어지는,

일본 우익의 사상과 행동에 관련된 책들을 번역한 바가 있기 때문이다. 이 책을 번역하면서 절감한 것이지만 미시마 유키오의 사상과 행동은 기타 잇키의 사상과 행동에 맞닿아 있다. 그리고 도조 히데키를 비롯해 죽은 쇼와 육군의 모습이 어른거린다.

1868년 메이지 유신으로 출발해 1945년 패전으로 일단락된 일본의 근대는 이들을 연결고리로 하여 끊임없이 부활의 길을 모색한다. 천황을 정점으로 한 '대일본제국의 영광'을 되찾으려는 움직임은 지칠 줄 모른다. 미시마 유키오가 하나의 정점이라 할 수 있으리라. 그리고 다시 그를 연결고리로 하여 '대일본제국의 영광'을 향한 일본의 꿈은 계속될 것이다.

그 '영광'의 실체가 무엇이었는지를 파악하는 것만큼이나 그것을 향한 원망(願望)이 어떤 방식으로 드러날 것인지 예의 주시할 필요가 있다. 싫든 좋든 우리는 일본이라는 문제를 피할 수 없기 때문이다. 내가 생각하기에 일본이라는 문제를 풀어갈 때 부딪힐 수밖에 없는 가장 어려운 문제 중 하나가 미시마 유키오이다.

그는 탐미적이고 외설적인 작가 수준을 뛰어넘는 사상가다. 그의 죽음을 "조선놈 아주까리 미친 듯이 퍼먹고 미쳐버린" 자의 한바탕 활극으로 소비해서는 아무것도 배울 수가 없다. 복잡한 다면체의 모습을 유감없이 보여주는 그의 삶과 문학과 사상을 입체적으로 파악하고 나아가 일본의 패전을 전후한 일본 현대사를 깊이 이해하는 데 이 평전이 많은 도움이 되기를 바란다.

2025년 11월
정선태

| 연보 |

1925년 1월 14일 도쿄 요쓰야에서 출생. 본명 히라오카 기미타케. 태어난 지 49일 만에 조모 나쓰코가 아이를 어머니 품에서 빼앗아 자신의 방에서 키우기 시작했다. 어린 기미타케는 어두운 병실에 틀어박혀 그림을 그리며 공상에 잠기곤 했는데, 조모의 "병적이고 집요한 애정"을 완전히 싫어하지만은 않았다고 기억했다. 이때의 고립된 생활이 미시마 특유의 조숙한 감수성과 내면의 우주를 키웠다.

1930년 여동생에 이어 남동생이 태어나 삼 남매의 맏이가 된다. 유년기 내내 허약하여 '습관성 구토'를 할 만큼 예민한 신경질환(자가중독)에 시달렸다.

1931년 4월 도쿄 가쿠슈인 초등과 입학. 병약하여 결석이 잦았고, 또래와 어울리기보다 독서를 즐겼다. 미시마는 어려서부터 글짓기에 재능을 보였으나, 공무원인 아버지 아즈사는 아들이 시짓기에 심취하는 것이 달갑지 않아 꾸짖고 억눌렀다.

1933년 봄 도쿄 시나노마치로 이사하면서 히라오카 가족은 서로 떨어진 두 채의 집에 거처를 정했는데, 이때에도 미시마는 조모 나쓰코와 한집에서 생활했다.

1937년 가쿠슈인 중등과 진학. 아버지가 오사카에 부임하면서 미시마 가족은 도쿄에 남아 셋집으로 이사했고, 이때 비로소 조부모와 떨어져 지내게 되었다.

12월 가쿠슈인 문예지인 《보인회 잡지》 160호에 처음으로 자신의 시

작품을 발표.

1938년 3월 《보인회 잡지》 161호에 처음으로 자신의 산문 작품을 발표.

1939년 1월 조모 나쓰코의 죽음.

1940년 초여름 아버지의 지인 소개로 시인 가와지 류코에게 시 창작을 지도받음. 그러나 시작을 지도받은 지 얼마 지나지 않아 시에서 소설로 창작의 방향을 바꿈.

11월 《보인회 잡지》 166호에 단편 소설 〈채색 유리〉 발표. 미시마는 여기서 몰락한 자신의 조부 사다타로와 이미 별세한 조모 나쓰코를 남작 부부 캐릭터로 형상화했다. 미시마는 훗날 "진정한 의미에서 처녀작이라고 생각한다"라며 이 작품을 자신의 첫 소설로 인정했다.

1941년 자전적 단편 〈꽃이 한창인 숲〉을 문예지 《문예문화》에 투고하여, 9~12월호에 4회에 걸쳐 연재. 이때 처음으로 '미시마 유키오'라는 필명을 사용했다. 중등과 5학년(16세)인 미시마는 이 작품으로 "유구한 일본 역사가 점지한 아이", 즉 천재 소설가라는 찬사를 받았다.

1944년 9월 가쿠슈인 고등과를 수석 졸업하고 10월 도쿄제국대학 법학부 입학.

10월 첫 단행본 소설집 《꽃이 한창인 숲》 간행.

1945년 8월 일본 패전.

1947년 11월 단편소설집 《곶에서 있었던 이야기》 발간. 대학 졸업 후 12월 대장성 은행국에서 근무.

1948년 8월 가와테쇼보에서 장편소설 집필 제안받음. 9월 2일 대장성 사직하고 전업 작가의 길로 들어섬. 단편소설집 《도적》(11월), 《밤의 준비》(12월), 《보석 매매》(1949년 2월) 발간.

1949년 7월 첫 장편소설 《가면의 고백》 발간. 자신의 내밀한 성적 자각과 죽음과 미의 결합을 정면으로 고백하는 이 작품은 '전후 소설가 미시마 유키오의 본격적인 출발'을 알리는 중요한 성취였다. 문단의 호평을 받으며 스물넷 젊은 작가는 단숨에 전후파 그룹을 이끄는 '귀재'로 격찬받았다.

1951년 1월 잡지 《군상》에 《금색》 제1부 연재. 11월에 단행본 간행.

11월 미국과 남미, 유럽을 돌며 반년간 세계 여행. 고대 그리스의 유산과 서구의 예술을 직접 마주한 경험은 그의 미의식을 한층 자극했다.

1953년 8월 《금색》 제2부 단행본 간행. 미시마 자신의 체험 속에 전후 일본이 겪은 점령과 독립의 의미를 묻는 작품이었다.

1954년 6월 《파도 소리》 출간. 그리스 여행에서 느낀 기쁨과 고양감을 담은 이 소설은 명랑한 청춘 로맨스로 대중의 마음을 사로잡으며 출간 3개월 만에 70쇄를 돌파하는 베스트셀러가 되었고 영화로도 제작되었다. 1955년 1월 이 작품으로 첫 번째 문학상인 신초샤 문학상을 받았다.

7월 가부키좌에서 19세의 도요타 사다코와 만나 깊은 관계를 맺는다. 사다코는 미시마의 《가라앉는 폭포》, 〈다리 밟기〉, 《금각사》 등의 여성 인물의 모델이었다.

11월 가부키 〈정어리 장수의 사랑의 그물〉 발표. 우타에몬과 17대 간자부로의 협연으로 호평받은 미시마의 두 번째 걸작 가부키이다.

1955년 9월 보디빌딩을 시작했다. 어린 시절부터 병약했던 미시마는 육체적 존재감 결여 때문에 괴로워했는데 이를 극복하고자 했다.

1956년 1월 잡지 《신초》에 《금각사》 연재 시작. 1950년 실제로 일어난 금각사 방화 사건을 소재로 삼아 전후 일본의 기만적 현실에 정면으로 도전한 작품이었다. 황홀한 미(美)의 집착과 파괴 충동을 그려낸 이 소설은 "세계 문학이라는 이름에 어울리는 작품"이다.

11월 희곡 〈로쿠메이칸〉 발표. 메이지 시대 외교 연회장인 로쿠메이칸을 무대로 삼아 정치적 음모와 애증극을 그렸다. 미시마를 대표하는 걸작 희곡이다.

12월 단편소설 〈다리 밟기〉 게재. 미시마 단편소설 가운데 가장 뛰어난 작품으로 평가받는다.

1958년 6월 일본화가 스기야마 야스시의 장녀인 21세의 스기야마 요코와 결혼.

1959년 6월 장녀 노리코 출생.

9월 3년에 걸쳐 구상하고 1년 넘게 집필한 《교코의 집》 출간. 전후 세대 청년 네 명의 방황을 그린 이 작품은 "《금각사》를 뛰어넘는 대작"으로 대대적인 광고와 함께 큰 기대를 모았으나 막상 출간되자 악평이 이어지며 혹독한 평가를 받았다. 인간 존재의 고독과 니힐리즘을 정면으로 다룬 시도가 실패로 돌아가자, 미시마는 적지 않은 타격을 입었다

1960년 1월 《잔치가 끝나고》 연재. 문단의 혹평에 심기일전한 미시마는 설욕을 다짐하며 실제 정치가와 그의 아내 이야기를 소재로 삼은 정치적 멜로드라마를 연재했다.

3월 주연으로 출현한 영화 〈실없는 놈〉 개봉.

11월 아내와 함께 세계 여행 출발. 1961년 1월 20일 귀국.

1961년 1월 잡지 《소설 중앙공론》에 단편소설 〈우국〉 발표. 여기서 할복이라는 테마를 소설화한다.

3월 《잔치가 끝나고》의 모델이 된 정치인 아리타 하치로가 프라이버시의 권리를 침해한다는 이유로 미시마를 고소. 일본 최초의 프라이버시 재판이 6년간 이어지면서 미시마에게 큰 부담이 되었다.

1962년 5월 장남 이이치로 출생.

1963년 3월 《장미형(薔薇刑) ― 호소에 에이코 사진집》 간행. 영화 〈실없는 놈〉에 이어 '오브제'가 되는 경험을 했다.

9월 《오후의 예항》 출간. 인간 존재의 심연에 잠재한 빛과 어둠의 보

편적인 상징이 된 책이다. 1965년 존 네이선에 의해 영역되어 외국에서도 인기가 높았다.

1964년 1월 《비단과 명찰》 연재. 하이데거 철학에 영향을 받아 허무를 구조적으로 형상화하고 사회, 시대, 역사의 전모를 포착하려 시도하는 작품 중 하나다. 1954년 일어난 오미 견사 노동쟁의 사건을 소재로 삼아 시대에 품은 깊은 거리감과 일체화를 표현했다. 마이니치 예술상을 받았다.

5월 희곡 〈기쁨의 거문고〉 발표. 본래 분가쿠좌의 1964년 신년 공연용으로 집필했다. 작품의 소재가 된 마쓰카와 공산당 테러 사건이 정치적 논란을 불러오자 분가쿠좌는 공연 보류를 제의했고, 미시마가 이를 거부하며 분가쿠좌를 탈퇴했다. 이 사건은 분가쿠좌 분열과 '새로운 분가쿠좌'(NLT) 결성으로 이어지는 계기가 되었다. 이후 작품은 닛세이극장에서 상연되었다.

1965년 1월 〈우국〉 영화화 기획. 4월에 직접 각색하고 연출하여 35밀리 흑백 영화로 완성했는데, 미시마는 여기서 육군 중위 역을 맡아 실제 할복자살 연기를 펼쳤다. 1966년 1월 프랑스 투르 국제단편영화제에 출품했다.

9월 일생의 대작 《풍요의 바다》 4부작 중 제1권 《봄눈》 연재 시작. 불교의 윤회전생 사상을 바탕으로 시대의 허무를 형상화한 미시마의 마지막 작품.

11월 걸작 희곡 《사드 후작 부인》 출간 및 초연.

1967년 2월 《풍요의 바다》 제2권 《달리는 말》 연재 시작.

4월 자위대 체험 입대. 46일간 훈련을 받았다. 간접 침략에 대항하는 대규모 민간 방위 조직 일명 '조국방위대'를 조직하기 위한 준비였다.

1968년 3월 학생들을 이끌고 자위대 체험 입대 재개. 조국방위대 '간부 교육'에 해당했다.

9월 《풍요의 바다》 제3권 《새벽의 사원》 연재 시작.

10월 5일 '방패회' 결성. 도쿄도방위협회, 방위청, 재계 등과 제휴하는 대규모 민간 방위 조직(조국방위대)을 설립하는 계획을 단념하고, 그 대신 그 조직의 간부가 될 가능성이 높아 보이는 젊은이들과 함께 소규모 그룹을 결성했다.

10월 17일 가와바타 야스나리 노벨문학상 선정. 여러 해 후보에 올랐던 미시마는 마음 한편으로 좌절과 허탈감을 맛보았다.

1969년 1월 《풍요의 바다》 4부작 중 제1권 《봄눈》 출간. 2월에 제2권 《달리는 말》 출간.

5월 도쿄대학교에서 전국학생공동투쟁회의(전공투) 주최로 열린 공개 토론회에 초청받은 미시마는 좌익 학생들 앞에서 치열한 논전을 벌였다.

11월 국립극장 개관 3주년 기념 공연으로 가부키 〈진세츠 유미하리즈키〉 초연.

1970년 7월 《풍요의 바다》 제4권 《천인오쇠》 연재 시작.

11월 25일 《풍요의 바다》 제4권 《천인오쇠》 마지막 원고 출판사에 전달. 그 직후 방패회 회원 네 명과 함께 이치가야의 육상자위대 동부방면 총감부로 향했다. 총감실을 접거한 미시마는 자위관 800명을 총감실 앞 발코니 아래 모아놓고 일본 헌법 개정을 촉구하는 연설을 했다. 자위관들의 반응은 차가웠고 10분 정도의 연설을 끝낸 후 정오 무렵 미시마는 총감실에서 할복자살로 생을 마감했다.

정선태

1963년 전북 남원에서 태어났다. 서울대학교 국어국문학과와 같은 대학원을 졸업했으며, 현재는 국민대학교 한국어문학부 교수로 재직하고 있다. 저서로《심연을 탐사하는 고래의 눈》《근대의 어둠을 응시하는 고양이의 시선》《시작을 위한 에필로그》등이 있으며, 역서로《쇼와 육군》《도조 히데키와 제2차 세계대전》《속국 민주주의론》《영속패전론》《일본문학의 근대와 반근대》《가네코 후미코》《일본어의 근대》《창씨개명》《기타 잇키》(공역) 등이 있다.

미시마 유키오, 죽음의 충동과 허무의 미학

2025년 12월 15일 초판 1쇄 발행

- ■ 지은이 ──────── 이노우에 다카시
- ■ 옮긴이 ──────── 정선태
- ■ 펴낸이 ──────── 한예원
- ■ 편집 ────────── 이승희, 양경아
- ■ 본문 조판 ─────── 성인기획
- ■ 펴낸곳 **교양인**
  우04015 서울 마포구 망원로6길 57 3층
  전화 : 02)2266-2776 팩스 : 02)2266-2771
  e-mail : gyoyangin@naver.com

ⓒ 교양인, 2025
ISBN 979-11-93154-54-0   03830

* 잘못 만들어진 책은 바꾸어드립니다.
* 값은 뒤표지에 있습니다.